es 1176

edition suhrkamp

Neue Folge Band 176

Die deutsche Wirtschaft erlebt gegenwärtig ihre schwierigste Phase seit dem Zweiten Weltkrieg – ohne Aussicht auf eine schnelle Besserung. Zwei, bald drei Millionen Arbeitslose lasten schwer auf einer Gesellschaft, die Wachstum und Vollbeschäftigung sichern wollte. Diese Krise wird verstärkt durch das Bemühen der Unternehmer, den negativen Auswirkungen der veränderten Weltmarktbedingungen durch eine »Modernisierung der Volkswirtschaft« (und den daraus folgenden Rationalisierungen) zu begegnen. Deutlich zeigen sich diese Strategie und deren Auswirkungen in der seit Mitte der siebziger Jahre andauernden weltweiten Stahlkrise; die deutsche Stahlindustrie versucht dieser Krise durch ein massives Modernisierungs- und Gesundschrumpfungskonzept zu begegnen, um ihre führende Position auf dem Weltstahlmarkt zu behaupten. Besonders hohe finanzielle und soziale Kosten fordert diese kapitalistische »Reinigungskrise« im Ruhrgebiet und im Saarland. In der vorliegenden Studie wird gezeigt, warum deren politisch-soziale Bewältigung entgegen rechten Krisenängsten und linken Krisenhoffnungen ohne nennenswerte soziale Konflikte durchgesetzt wird. Die Autoren untersuchen, was die »Verantwortlichen« aus Staat, Unternehmen und Gewerkschaften dazu bringt, ihre unterschiedlichen Interessen kartellartig aufeinander abzustimmen; welches Verfahren sie wählen, um die ökonomische Depression politisch aufzufangen; und warum ihre »Opfer« diese Behandlung schicksalsgleich hinnehmen. Struktur, Funktionsweise und Erfolgsbedingungen dieser Art Krisenregulierung können als exemplarisch für den Prozeß der Modernisierung angesehen werden. Zu der staatstheoretischen Klärung der Krisenregulierung tritt in dieser Studie die Frage, warum die nachteilig Betroffenen diese Krisenregulierung ohne Proteste und Gegenwehr dulden.

Josef Esser/Wolfgang Fach
Werner Väth

# Krisenregulierung

*Zur politischen Durchsetzung ökonomischer Zwänge*

Suhrkamp

edition suhrkamp 1176
Neue Folge Band 176
Erste Auflage 1983

Erstausgabe

Satz: Janß, Pfungstadt
Druck: Nomos Verlagsgesellschaft, Baden-Baden
Umschlagentwurf: Willy Fleckhaus
Printed in Germany

1 2 3 4 5 6 – 88 87 86 85 84 83

## *Inhalt*

»Die jeweils Herrschenden sind aber die Erben aller, die je gesiegt haben. Die Einfühlung in den Sieger kommt demnach den jeweils Herrschenden allemal zugut ... Wer immer bis zu diesem Tage den Sieg davontrug, der marschiert mit in dem Triumphzug, der die heute Herrschenden über die dahinführt, die heute am Boden liegen. Die Beute wird, wie das immer so üblich war, im Triumphzug mitgeführt ... Die Tradition der Unterdrückten belehrt uns darüber, daß der ›Ausnahmezustand‹, in dem wir leben, die Regel ist. Wir müssen zu einem Begriff der Geschichte kommen, der dem entspricht.«

*Walter Benjamin*

# Einleitung

Mit welcher Strategie versucht die Bundesrepublik den nationalen Verlauf der weltweiten Wirtschaftskrise seit 1974 sach- wie sozialadäquat zu regulieren? Und welchen Faktoren verdankt sie ihren relativen Erfolg? Seinen besonderen Akzent erhält das Problem *erstens* dadurch, daß im Laufe des letzten Jahrzehnts Wachstumseinbrüche, Konsumeinbußen und Arbeitslosenziffern zu »verdauen« waren, die nach bestimmten »kritischen« (marxistischen, sozialistischen usw.) Theorien systemgefährdende Konflikte auslösen müßten – was nicht der Fall ist. Den *zweiten* Aspekt des Themas bildet die sozialdemokratische »Fehlspekulation«, die davon ausging, daß zur reibungslosen »Modernisierung der Volkswirtschaft« planungsstaatliche Orientierungshilfen und Anpassungsdirektiven vonnöten seien – was offenkundig auch nicht der Fall ist. Eine *dritte* Perspektive liefert jene konservative Position, die, derzeit mit viel Resonanz, das zwangsläufige Versagen des gewachsenen Wohlfahrtsstaats sozialdemokratisch-gewerkschaftlicher Prägung behauptet und einen existenzgefährdenden Zustand totaler »Unregierbarkeit« prognostiziert – diese Diagnose ist allem Anschein nach so falsch wie die anderen.

Der internationale Vergleich zeigt: Die Bundesrepublik bewältigt ihre Wirtschaftskrise ökonomisch von Anfang an effektiv und sozial friedlich – besser wenigstens als fast alle Weltmarktkonkurrenten. Spekulationen mit dem Ernstfall, gleichgültig in welcher Absicht, waren verfrüht.

Stabilität und Effektivität sind zwei Seiten derselben Medaille: einer *volkswirtschaftlichen Modernisierung*, die allgemein akzeptiert wird, weil sie Erfolg hat, und die Erfolg hat, weil sie allgemein akzeptiert wird. Daß diese voraussetzungsvolle Gleichung immer wieder aufgeht, dafür sorgen »politische und organisatorische Reserven« des kapitalistischen Staates, über die der bundesrepublikanische in besonderem Maße verfügt:

> »Der Staatsapparat ist sehr viel widerstandsfähiger, als man oft meinen könnte, und in Zeiten der Krise gelingt es ihm, Kräfte zu organisieren, die dem Regime treuer ergeben sind, als die Tiefe der Krise vermuten ließe.« (Antonio Gramsci, zit. nach Priester 1977, 517)

Der Staat, dem Gramsci solche ungeahnten Loyalitätsreserven bescheinigt, ist ein »integraler«, d. h., er umfaßt potentiell das Gesamtsystem der ideologisch stabilisierenden Institutionen und aktuell jene institutionelle Gruppierung, die mobilisiert wird, um anfallende Krisen zu meistern. Dieses Staatsverständnis stellt eine traditionelle Denkfigur des »bürgerlichen« wie »kritischen« Gesellschaftsbilds in Frage: den *Gegensatz von Politik und Ökonomie,* begriffen als Scheidung zweier abgegrenzter Sphären mit je eigenen Bewegungsgesetzen, deren Überlagerungen nachträglich Modifikationen bewirken mögen, aber keine konstitutive Bedeutung haben.

Wie nun dieser »integrale« Staat seine politisch-organisatorischen Reserven notfalls aktiviert – das wird hier an zwei Beispielen demonstriert: den Stahlkrisen im Saarland und im Ruhrgebiet.

Diese Fälle sind ihrer *sozialen* Seite nach besonders aufschlußreich, betreffen sie doch Regionen, die unter dem ökonomischen Einbruch stärker als andere zu leiden haben und gleichzeitig über eine Arbeiterschaft verfügen, deren gewerkschaftliche Organisation optimale Chancen für den Klassenkonflikt »alter Art« geboten hätte: aus Verelendung gegen die Kapitalherrschaft.

Zum anderen sind die Fälle von ihrer *ökonomischen* Seite her besonders typisch, behandeln sie doch eine Branche in volkswirtschaftlicher Schlüsselstellung unter hohem internationalem Modernisierungsdruck: daher erlaubt der konkret gewählte Anpassungsweg (Rationalisierung, Spezialisierung, Konzentration, Zentralisation) Rückschlüsse auf das »deutsche Modell« als Ganzes.

Der »Ernstfall«-Einsatz staatlicher Steuerungsreserven, die *politische Krisenregulierung* in ihrer »deutschen« Form, dem *politischen Krisenkartell,* steht im Mittelpunkt des folgenden Berichts (Kap. III). Ergänzt wird diese Analyse um zwei komplementäre Aspekte: einmal die Situation der betroffenen Stahlindustrie – Anlaß aller Aktivitäten und zugleich ihre Richtschnur (Kap. II); sodann das Verhalten der »Basis« – Stahlarbeiter, deren Schicksal mitreguliert wird und deren Reaktion den Erfolg des Projekts mitbestimmt (Kap. IV). Über staatstheoretische Zusammenhänge (Politik – Ökonomie) orientiert einleitend eine kurze Skizze (Kap. I), die am Ende noch einmal aufgenommen wird (Kap. V).

Die vorliegende Studie faßt Ergebnisse eines von der Universität Konstanz finanzierten Forschungsprojekts zusammen, an dem neben den Autoren Gerd Gierszewski maßgeblich beteiligt war.

Wir möchten ihm an dieser Stelle für seine Mitarbeit, seine Anregungen und wichtige Kritik besonders danken. Zu Dank verpflichtet fühlen wir uns auch gegenüber den zahlreichen Gesprächspartnern bei Gewerkschaften, Parteien, Unternehmen und Ministerien auf Bundes- und Landesebene sowie den Betriebsräten und gewerkschaftlichen Vertrauensleuten, die uns alle – trotz oft unterschiedlicher Auffassungen – geduldig Auskunft gaben und mit Ratschlägen halfen. Zuletzt und ganz besonders möchten wir jenen Stahlarbeiterfamilien danken, die uns so ausführlich wie eindringlich ihre Situation geschildert haben. Wir glauben, sie jetzt besser zu verstehen, weil klar geworden ist, daß sich im »Arbeiterbewußtsein« viele Züge widerspiegeln, mit denen auch andere »Bürger« leben – nur etwas komfortabler. Für uns war das eine Gelegenheit, die »Einfühlung in den Sieger« durch die vernachlässigte »Tradition der Unterdrückten« zu korrigieren.

Berlin, Frankfurt, Konstanz im Februar 1983

# I. Politische Krisenregulierung als staatstheoretisches Problem

Daß Staat und Gesellschaft, Politik und Ökonomie voneinander »getrennt« und einander »äußerlich« seien – diese Vorstellung beherrscht das bürgerliche Weltbild so sehr wie die marxistische Orthodoxie oder vermittelnde, »kritische« Positionen; ohne sie wäre weder das Wort vom liberalen »Nachtwächterstaat« verständlich noch jene These von einer »Politisierung« der Ökonomie im »späten« Kapitalismus. Trotzdem ist sie problematisch.

## 1. Politik und Ökonomie

Gegen die populäre »Nachtwächter«-Idylle eines fast nicht-existenten »Minimalstaates« (Nozick 1974) hat schon Polanyi (1944) die sich gegenseitig konstituierende »Doppelbewegung« von Marktregulierung und Staatsintervention nachgezeichnet und gezeigt, daß nur diese den Bestand marktwirtschaftlicher Systeme über so lange Zeit sichern konnte; und von Franz Neumann stammt die bündigste Kritik:

»So zwiespältig wie die Anthropologie des bürgerlichen Menschen, so ambivalent ist seine Haltung zu Staat und Recht. Faschistische und sozialreformerische Kritiker pflegen den liberalen Staat einen negativen zu nennen, und Lassalles Charakterisierung des liberalen Staats als eines ›Nachtwächterstaats‹ ist heute in diesen Kreisen eine allgemein akzeptierte Formulierung. Daß auch der Liberalismus selbst die höchste Tugend des Staates in seiner Nicht-Existenz erblickt, ist so offensichtlich, daß es keiner Belege dafür bedarf. Nach dieser Ideologie soll der Staat sich selbst unbemerkt machen, soll wahrhaft negativ sein. Wollte man unter negativ allerdings schwach verstehen, dann fiele man einer Geschichtstäuschung zum Opfer. Der liberale Staat war immer so stark, wie die politische und soziale Situation und die bürgerlichen Interessen es erforderten. Er führte Kriege und schlug Streiks nieder, er schützte seine Investitionen mit starken Flotten, er verteidigte und erweiterte seine Grenzen mit starken Heeren, er stellte mit der Polizei ›Ruhe und Ordnung‹ her. Er war stark genau in den Sphären, in denen er stark sein mußte und wollte. Dieser Staat, in dem Gesetze, aber nicht Menschen herrschen sollen (die anglo-amerikanische

Formel), dieser Rechtsstaat (die deutsche Formulierung) beruht auf zwei Elementen: auf Gewalt *und* Gesetz, auf Souveränität *und* Freiheit. Der Souveränität bedarf das Bürgertum, um lokale und partikulare Gewalten zu vernichten, die Kirche aus den weltlichen Angelegenheiten zurückzudrängen, eine einheitliche Verwaltung und Rechtssprechung herzustellen, die Grenzen zu sichern und Kriege zu führen und um alle diese Aufgaben zu finanzieren. Politische Freiheit braucht das Bürgertum, um seine ökonomische Freiheit zu sichern. Beide Elemente sind konstitutiv. Es gibt keine bürgerliche Rechts- und Staatstheorie, in der nicht Gewalt und Gesetz bejaht sind, wenn auch der Akzent, der auf beide Elemente gelegt wird, je nach der historischen Situation verschieden ist. Selbst da, wo behauptet wird, daß sich Souveränität ausschließlich aus der Konkurrenz entwickeln müsse, selbst da ist in Wahrheit die gesetzlose Gewalt unabhängig von der Konkurrenz gefordert.« (1967, 7)

Allerdings: Neumanns Argumentation stellt deutlich auf die *gewaltförmige* Intervention des bürgerlichen Staates ab; sie kann daher nicht ausschließen, daß eine Zunahme staatlicher Regulierung in anderen Formen und auf anderen Gebieten eingesetzt haben mag – was eben jene »Politisierungs«these (Habermas 1973, Offe 1972) zu ihrer Rechtfertigung anführt. Danach hat sich im Zuge des fortschreitenden Kapitalismus und als Folge seiner zunehmenden Krisenanfälligkeit tendenziell eine staatliche Generalkompetenz herausgebildet, die sich über den *repressiven Eingriff* hinaus in Versuchen *ökonomischer Steuerung* (Systemintegration) und *sozialer Daseinsvorsorge* (Sozialintegration) niederschlägt; außerdem nimmt zu Zeiten materieller Knappheit die *ideologische Formierung* eine wichtige Funktion als sozialintegrative Ersatzlösung wahr (Opferideologie).

In dieser Situation drängen sich zwei Fehlschlüsse auf – die auch allgemein gezogen worden sind:

– entweder die kritische These eines linearen Aufstiegs vom minimalen Rechtsstaat zum tendenziell allzuständigen Interventionsstaat: sie wird dementiert durch den neo-konservativen Trendwechsel nach englischem oder amerikanischem Muster, das den Rückzug staatlicher »Agenturen« auf ein Mindest-, jedenfalls minderes Maß vorsieht;

– oder die konservative Idee einer rechtlich-repressiven Kernstruktur als des ruhenden Pols, um den herum sich ökonomische, soziale, ideologische Eingriffskonjunkturen auf und ab bewegen: sie vernachlässigt, daß die Repression ebenso ihre Konjunktur hat wie das übrige Steuerungsinstrumentarium seine strukturelle Untergrenze (auch davon zeugen die angelsächsischen Tendenzwenden, diesmal in ihrer relativen Begrenztheit).

Diesen Vorstellungen ist die Neigung gemein, eine bestimmte Entwicklungsphase – sei es den »frühen«, sei es den »späten« Kapitalismus – zu hypostasieren: wobei jedesmal die Trennung Staat/Gesellschaft bzw. Politik/Ökonomie als Referenzpunkt dient.

Doch nicht nur die *Phasen* des wechselseitigen Durchdringungsprozesses werden verzerrt (Konjunktur- vs. Strukturphänomene), auch seine materialen *Folgen* erscheinen in falschem Licht. Beide Positionen gehen davon aus, daß eine »Politisierung der Ökonomie« stattgefunden habe und die Gesetzmäßigkeiten des infiltrierten Sektors dadurch tendenziell aufgehoben würden; sie unterscheiden sich lediglich in der strategischen Bewertung: jene prognostiziert eine krisenfreie Ökonomie zu Lasten der politischen Stabilität (Legitimitätskrise); diese klagt umgekehrt, politische Stabilität werde mit einem ökonomischen Funktionsverlust erkauft (»Unregierbarkeit«). Daß eine Politisierung der Ökonomie bedeuten kann (»auf sozialdemokratisch« auch bedeutet), daß deren krisenhafte Imperative mit staatlicher Hilfe konsensuell durchgesetzt werden – das muß ihnen verschlossen bleiben wie übrigens auch dem vermittelnden Vorschlag, generell alle Möglichkeiten der Problemlösung (»privat«, »quasi-staatlich«, »staatlich«) offenzuhalten und speziell das Krisenmanagement »am Staat vorbei« miteinzuplanen (Ronge 1979; 1980).

Es scheint so, als ob der staatstheoretische Ansatz von Poulantzas (1974, 1975, 1978) – im Anschluß an Gramsci und kritisch gegen das Basis-Überbau-Modell von II. und III. Internationale gewendet – aus dieser Sackgasse herausführen könnte.

Einmal deshalb, weil er die *strukturelle Verflechtung* von Ökonomie, Politik und Ideologie in gleichem Maße reflektiert wie ihre *konjunkturell* schwankende Ausgestaltung:

»Der Raum und der Ort der Ökonomie, der der Produktions- und Ausbeutungsverhältnisse (der Raum der Reproduktion und Akkumulation des Kapitals und der Abpressung von Mehrarbeit in der kapitalistischen Produktionsweise) stellten niemals, weder im Kapitalismus noch in den anderen (vorkapitalistischen) Produktionsweisen, eine hermetische und abgeschlossene Ebene dar, die sich selbst reproduziert und ihre eigenen ›Gesetze‹ der inneren Funktionsweise besitzt. Der Staat/das Politische (das trifft genauso für die Ideologie zu) existierte immer schon konstitutiv, wenn auch in unterschiedlichen Formen, in den Produktionsverhältnissen und ihrer Reproduktion, übrigens auch im vormonopolistischen Stadium des Kapitalismus – im Gegensatz zu einer Reihe von falschen Auffassungen über den liberalen Staat, der nicht in die Ökonomie eingreift, es sei denn, um die ›materielle Infrastruktur‹ der Produktion zu schaffen und aufrechtzuerhalten. Zwar modifiziert sich die Rolle des Staates in der Ökonomie nicht nur im Laufe der verschiedenen Produktionsweisen, sondern auch entsprechend den Stadien und Phasen des Kapitalismus. Aber diese Modifikationen können auf gar keinen Fall mit der topologischen Figur der Äußerlichkeit beschrieben werden: Der Staat als stets der Ökonomie äußere Instanz griffe entweder in die Produktionsverhältnisse ein und würde in diesem Fall den ökonomischen Raum durchdringen, oder er bliebe außerhalb der Ökonomie und fungiere nur an ihrer Peripherie. Die Rolle des Staates im Verhältnis zur Ökonomie ist stets nur die Modalität einer konstitutiven Präsenz des Staates innerhalb der Produktionsverhältnisse und ihrer Reproduktion.« (Poulantzas 1978, 15)

In dieser Perspektive sind die kapitalistischen Produktionsverhältnisse von Anfang an politisch-ideologisch (mit-)konstituiert; der Staat ist also niemals nur »Überbau«, sondern immer schon integraler Bestandteil kapitalistischer Produktion und Reproduktion. Weiterhin hat niemals eine Staatsfreiheit der Wirtschaft (oder ihr Komplement: eine Wirtschaftsfreiheit des Staates) im liberalen Sinn existiert, und keinen Sinn macht es, von einer neuen *Qualität* des Kapitalismus im 20. Jahrhundert zu reden: gleichgültig, ob interventionsstaatlich, staatlich organisiert oder staatsmonopolistisch.

Zum andern und vor allem kann Poulantzas' Theorie das Prinzip angeben, das die *Struktur* der politisch-ideologischen Intervention prägt und dem ihre *konjunkturellen* Verschiebungen gehorchen. Es liegt im Doppelaspekt des Staates: Auf der *einen Seite* fungiert er

»als *politischer Organisationsfaktor* der herrschenden Klassen, die in der Mehrzahl der Fälle infolge der Vereinzelung in den ökonomischen Gesellschaftsverhältnissen, der Aufspaltung der Bourgeoisklasse in Fraktionen usw. nicht in der Lage sind, sich aus eigener Kraft gegenüber den unterdrückten Klassen in die hegemoniale Position zu erheben«;

Es gilt also, jeweils einen Kompromiß zwischen den Fraktionen dieses »Blocks an der Macht« zustande zu bringen, eine gemeinsame »Politik des Kapitals« zu artikulieren und auch durchzusetzen. Auf der *anderen Seite* fungiert er

»als Faktor der *politischen Desorganisierung*, d. h.« mit dem Ziel »der Verhinderung der Organisierung der Arbeiterklasse zu einer politisch ›selbständigen‹ Partei. Die politische Organisation der Arbeiterklasse, ihr politischer Kampf, ist ein Faktor, der von der hegemonialen Organisation der herrschenden Klassen gleichzeitig erforderlich gemacht und verhindert wird.« (Poulantzas 1974, 299)

Das meint: Da jede staatliche Maßnahme zur Organisation des Machtblocks spezifische Auswirkungen auf die unterdrückten Klassen hat, deren Integration andererseits funktionaler Imperativ für die Sicherung bürgerlicher Herrschaft ist, muß der Staat auch diesen gegenüber einen Kompromiß zustande bringen. Dieser besteht inhaltlich jeweils aus einem Gemisch *materieller* Zugeständnisse, *ideologischer* Mobilisierungsstrategien und *repressiver* Gewaltanwendung. Poulantzas nennt dies politische Desorganisierung, weil ihr Ziel darin besteht, den Bewußtwerdungs- und Organisierungsprozeß der Arbeiterklasse zu verhindern und existierende Kollektivorganisationen zu spalten oder in den bestehenden Formen bürgerlicher Politik zu institutionalisieren.

Organisiert wird also die Hegemonie des »Machtblocks«, desorganisiert wird die Autonomie des »Volkes« – so Poulantzas' strukturfunktionale Grundbestimmung des kapitalistischen Staates.

## 2. Der Poulantzas-Ansatz im Kontext

Wie es aber keinen Sinn macht, Politik (Staat) und Ökonomie (Gesellschaft) »logisch« zu trennen – um sie gegebenenfalls im Nachhinein wieder aufeinander zu »beziehen« –, so wäre das andere Extrem freilich auch verkehrt: Politik und Ökonomie sind natürlich nicht identisch. Poulantzas kennzeichnet ihr Verhältnis als »relative Autonomie«. Staatliches Handeln reflektiert zwar gesellschaftliche Macht, aber nicht ungebrochen, sondern gefiltert durch Strukturen einer »materiellen und spezifischen Verdichtung« (1978, 177ff.).

Daß sich im Staat Kräfteverhältnisse »verdichten«, meint: er ist Knotenpunkt der Strategien von Klassen/Klassenfraktionen, steht also nicht über den gesellschaftlichen Widersprüchen (innerhalb des »Machtblocks«, zwischen ihm und dem »Volk«) und kann darum immer nur *relativ* autonom agieren. Jene »Kräfteverhältnisse« strukturieren den staatlichen Handlungsraum, sie integrieren ihn in das globale System der kapitalistischen Abhängigkeits- und Konkurrenzbeziehungen.

Andererseits: Vermöchte der Staat nicht relativ *autonom* zu intervenieren, d. h., wäre er nichts anderes als der politische »Ort« des Zusammenpralls gegensätzlicher Interessen, könnte er seine systemnotwendige (Des-)Organisierungsfunktion nicht erfüllen. Gesellschaftliche Anarchie- und Konfliktpotentiale würden nicht »domestiziert«, sondern mit Hilfe der staatlichen Machtmittel weiter verschärft. Für diese funktionale Mindestautonomie sorgt die »Materialität« des Verdichtungsraumes:

»Das materielle Gerüst seiner Institutionen wird durch die Beziehung des Staates zu den Produktionsverhältnissen und der gesellschaftlichen Arbeitsteilung konstituiert, die sich in der kapitalistischen Trennung des Staates von diesen Verhältnissen konzentriert . . . Der Staat hat eine eigene Dichte und Widerstandskraft und reduziert sich nicht auf ein Kräfteverhältnis. Eine Veränderung des Kräfteverhältnisses zwischen Klassen hat sicherlich immer Auswirkungen innerhalb des Staates, sie überträgt sich jedoch nicht direkt und unmittelbar. Sie paßt sich der Materialität der verschiedenen Apparate an und kristallisiert sich im Staat nur in gebrochener und differenzierter, den Apparaten entsprechender Form.« (Poulantzas 1978, 121)

Anders gesagt: Der Staat ist eine »Arena« mit eigenen Gesetzmäßigkeiten – das differenzierte, »schwerfällige« System staatlicher Ordnungen, Verfahren, Vorschriften, Kompetenzen, Kontrollen, Hierarchien, Traditionen schafft Distanz zur Gesellschaft. »Innere« Entscheidungskriterien etablieren sich, nach denen die »äußeren« Einflüsse selektiert, modifiziert und kombiniert werden.

Diese relative Autonomie verschafft dem Staat Spielraum, seinen Aktionen eine (begrenzte) *politische Offenheit:* normal ist nicht die umstandslose Repression des »Schwachen« durch den »Starken«, sondern das (asymmetrische, labile) Kompromißgleichgewicht.

Zwar existiert

»eine Prioritätendetermination, die in dem organisatorischen Aufbau des einen oder anderen Apparats oder Zweigs des Staates in ihrer eigenen Materialität und entsprechend den von ihnen repräsentierten verschiedenen Interessen präsent ist, aber auch eine Determination von ›Gegenprioritäten‹. Und zwar in einer für jeden Zweig oder Apparat, Netz oder Ebene unterschiedlichen, ihrer Stellung in der Konfiguration des Kräfteverhältnisses entsprechenden Rangordnung: eine Reihe von unter sich widersprüchlichen Prioritäten und Gegenprioritäten.« (Poulantzas 1978, 124f.)

Daraus folgt: Form und Funktion des kapitalistischen Staates unterliegen eigenen, von den Produktionsverhältnissen freilich abhängigen Bestands- und Durchsetzungsmechanismen. Sie sind nicht – wie ein funktionalistischer Fehlschluß nahelegen könnte – vorgegeben, sondern müssen in einem *offenen historischen Prozeß* immer wieder gegen konträre Tendenzen neu hergestellt werden, bei dem die Möglichkeit des Scheiterns besteht (Esser/Hirsch 1982).

Wie und warum der »inkohärente« Staatsapparat die systemnotwendigen Organisations- und Desorganisationsleistungen trotzdem dauerhaft in geforderter Qualität erbringt – dazu allerdings sagt Poulantzas wenig. Vielmehr löst er das Problem konsequent funktionalistisch:

»Der Staat kann sich zum Beispiel als der politische Garant der Interessen der verschiedenen Klassen und Fraktionen des Machtblocks gegenüber den Interessen der hegemonialen Klasse oder Fraktion darstellen, und manchmal diese Klassen oder Fraktionen gegen letztere ausspielen: dies jedoch nur im Rahmen seiner Funktion als politischer Organisationsfaktor der hegemonialen Klasse, der er die für die Aufrechterhaltung ihrer Hegemonie notwendigen Opfer auferlegt.« (1974, 313)

Was für das strategische Gewicht der Machtblock-Fraktionen (hegemonial/monopolistisch vs. nicht-monopolistisch) gilt, setzt sich im Innenbereich des staatlichen Herrschaftsapparats fort. Daß seine verschiedenen Zweige (Legislative, Exekutive) von verschiedenen Fraktionen »erobert« werden können, bedeutet keine wirkliche Machtaufteilung:

»Davon kann keine Rede sein. In Wirklichkeit wird in diesem Fall die Einheit der institutionalisierten Macht durch deren Konzentration um den dominanten Ort aufrechterhalten, an dem sich die hegemoniale Klasse oder Fraktion festgesetzt hat. Die anderen Gewalten fungieren in erster Linie als *Widerstände* gegenüber der dominanten Gewalt; eingebettet in die Vereinheitlichungsfunktion des Staats, leisten sie einen Beitrag zur Organisierung der Hegemonie derjenigen Klasse oder Fraktion, die sich als politische Kraft in der dominanten Gewalt zu erkennen gibt.« (1974, 317)

Später heißt es ganz allgemein (und lapidar):

»Der Staat behält immer gegenüber dieser oder jener Fraktion des Blocks an der Macht (einschließlich dieser oder jener Fraktion des Monopolkapitals) eine relative Autonomie, um so die Organisierung des Allgemeininteresses der Bourgeoisie unter der Hegemonie einer ihrer Fraktionen sicherzustellen.« (1978, 118)

Kombiniert mit der These, daß *genetisch* dieser konstruktive Reibungswiderstand sich destruktiven Kräften verdankt – dem »Widerstand des nicht-monopolistischen Kapitals« (1975, 141), darüber hinaus auch den »Volkskämpfen« der »beherrschten Klassen« (1978, 130ff.) –, gewinnt Poulantzas' Konzeption fast magische Züge: Funktionalität wird durch Funktion erklärt.

Um den Poulantzasschen Hyperfunktionalismus auf ein theoretisch plausibles, empirisch faßbares Funktionsmuster zurückzuführen, müssen objektive Systemwirkungen an intentionale Handlungskalküle gekoppelt werden. Dazu bietet sich der Gedanke des *staatlichen Selbsterhaltungsinteresses* an – freilich in einem anderen als dem von Offe (1975) gemeinten Sinne: Die Existenz eines systembedingten Staatsinteresses – genauer: eines Konglomerats solcher Interessen, zusammengehalten durch formale (rechtliche) Strukturen und materiale Ideologie (getragen von den »Staatsparteien«) – kann erklären, weshalb der Staat den monopolistisch dominierten Machtblock organisiert, selbst wenn er klassenmäßig anders »besetzt« ist – nach Poulantzas das Normale:

> »Die *hegemoniale Fraktion* hat sich häufig, und tut es je nach den Gesellschaftsformationen noch immer, von der *regierenden* Klasse oder Fraktion unterschieden, in deren Innern sich die höheren Mitglieder oder das politische Personal der Staatsapparate herausbilden – Klassenherkunft – oder der sie zuweilen angehören.« (1975, 159)

»Dieses Phänomen«, so weiter, habe »indes nirgends den objektiven Zusammenhang von staatlicher Politik und den Interessen der hegemonialen Fraktion verhindert«. Die Frage ist nur, warum nicht. Die (mögliche) Antwort: Jene politische Offenheit der staatlichen Aktion findet fallweise ihre Grenze am materiellen Eigeninteresse des staatlichen Apparates, das seinerseits abhängt von einem funktionierenden Machtblock. Dieser funktioniert, wenn es gelingt, den kapitalistischen Akkumulationsprozeß in seinem monopolistischen Stadium ökonomisch, politisch und ideologisch zu stabilisieren – auf nationaler Basis, unter Bedingungen kapitalistischer Weltmarktkonkurrenz. Dem Akteur Staat muß daran liegen, weil er »von der kapitalistischen Produktion sowohl ausgeschlossen als auch abhängig ist« (Offe 1975, 24).

Darin ist zweierlei impliziert: Nach *innen* müssen sich staatliche Organisationsleistungen auf die aus den Produktionsverhältnissen resultierenden Klassenkräfteverhältnisse beziehen, diese politisch zu stabilisieren versuchen. Staatliche Macht ist also *geliehene Klas-*

*senmacht* – so Poulantzas' treffender Ausdruck. Nach *außen* müssen sich staatliche Organisationsleistungen auf die gegebene Stellung der eigenen Gesellschaftsformation innerhalb des kapitalistischen Weltmarktes beziehen und dafür Sorge tragen, daß sich jene an dessen Entwicklungslogik und -dynamik jeweils erfolgreich anpaßt. Staatliche Politik muß also im Rahmen weltmarktvermittelter Kapitalakkumulation eine Innen–Außendifferenz zwischen innergesellschaftlicher Hegemonie und kapitalistischem Weltmarkt herzustellen und zu stabilisieren versuchen.

Eine geglückte *Organisation* des Machtblocks verschafft dem bürgerlichen (Wohlfahrts-)Staat materielle Ressourcen, um sich selbst »auszustaffieren« – speziell für die allzeit prekäre Behandlung der »Volksmassen«, d. h. ihrer *Desorganisation*:

»Die Beziehung der Massen zur Macht besitzt in dem, was man insbesondere als Konsens bezeichnet, *stets ein materielles Substrat.* Unter anderem deshalb, weil der Staat in dem Feld eines instabilen Kompromißgleichgewichts zwischen den herrschenden und beherrschten Klassen für die Erhaltung der Klassenhegemonie agiert. Der Staat übernimmt daher ständig eine Reihe von positiven materiellen Maßnahmen für die Volksmassen, selbst wenn diese Maßnahmen durch den Kampf der beherrschten Klassen durchgesetzte Konzessionen darstellen. Es handelt sich dabei um einen grundlegenden Tatbestand; man kann der Materialität der Beziehung zwischen dem Staat und den Volksmassen nicht Rechnung tragen, wenn man sie auf das Paar Repression/Ideologie reduziert.« (Poulantzas 1978, 28f.)

Dabei lassen sich Kompensation, Repression und Ideologie weder trennscharf auseinanderhalten – Kompensation ist zugleich Repression/Ideologie, Ideologie wirkt repressiv/kompensatorisch, Repression schafft ihre eigene Ideologie –, noch existieren sie an der empirischen Oberfläche in solcher Allgemeinheit – gleich der Zielfunktion »Selbsterhaltungsinteresse« zeigt auch das Instrumentarium vielfältige Brechungen. Sie sind Resultat spezifischer Klientelbeziehungen zu verschiedenen »Volksmassen« samt den daraus resultierenden Konflikten: Es

»verlaufen die Volkskämpfe quer durch den Staat, und zwar nicht in der Weise, daß sie von außen in ein in sich geschlossenes Ganzes eindringen. Die politischen Kämpfe, die auf den Staat zielen, durchziehen seine Apparate, weil sie bereits in das Raster des Staates eingeschrieben sind.« (Poulantzas 1978, 130f.)

In seiner ganzen (abstrakten) Komplexität erscheint das im Staat »verdichtete« gesellschaftliche Machtverhältnis dann, wenn der

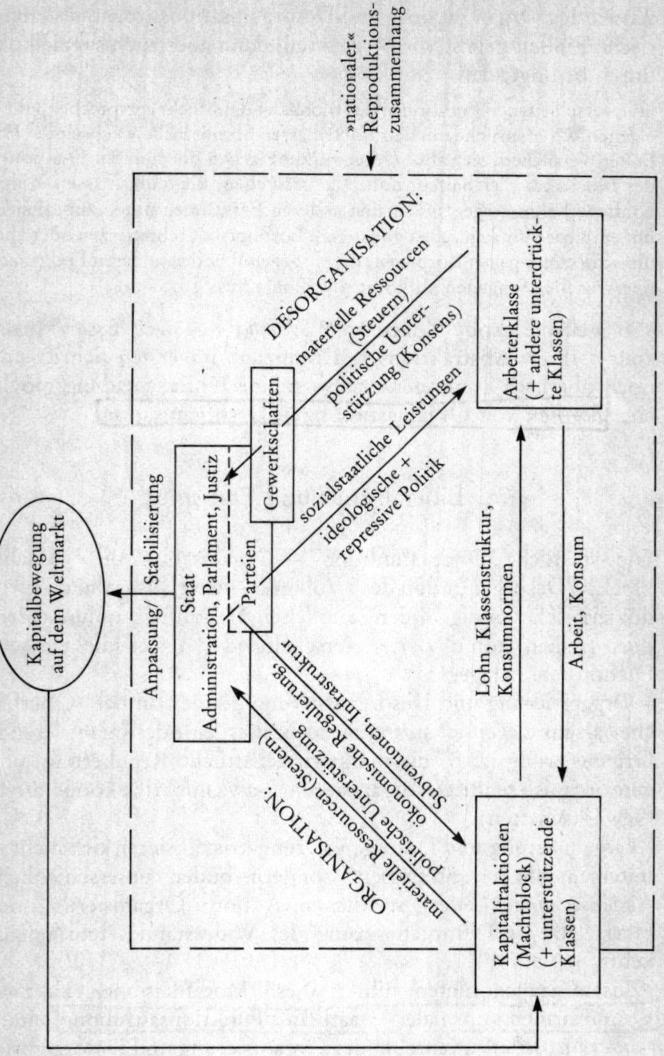
»nationaler«
Reproduktions-
zusammenhang
Kapitalbewegung
auf dem Weltmarkt
Anpassung/
Stabilisierung
Staat
Administration, Parlament, Justiz
Parteien
Gewerkschaften
DESORGANISATION:
materielle Ressourcen
(Steuern)
politische Unter-
stützung (Konsens)
sozialstaatliche Leistungen
ideologische +
repressive Politik
Arbeiterklasse
(+ andere unterdrück-
te Klassen)
Lohn, Klassenstruktur,
Konsumnormen
Arbeit, Konsum
ORGANISATION:
materielle Ressourcen (Steuern)
politische Unterstützung
ökonomische Regulierung,
Subventionen, Infrastruktur
Kapitalfraktionen
(Machtblock)
(+ unterstützende
Klassen)

*Schema 1*

schwierige Organisations- und Desorganisationsprozeß als empirische Einheit gefaßt wird – generell, dann aber auch speziell dadurch bedingt, daß

> »die verschiedenen Fraktionen des Blocks an der Macht entsprechend ihrer eigenen Widersprüche mit den Volksmassen oft mit Hilfe wechselnder Politiken versuchen, sich ihre Unterstützung gegen die anderen Fraktionen des Blocks zu verschaffen; d. h., sie versuchen, die Volksmassen in ihre Kräfteverhältnisse gegenüber den anderen Fraktionen miteinzubeziehen, um entweder für sich selbst günstigere Lösungen durchzusetzen oder aber um wirksamer gegen Lösungen, die sie gegenüber den anderen Fraktionen übervorteilen, angehen zu können.« (Poulantzas 1978, 134)

So weit die grobe Skizze (vgl. *Schema 1* – nach Esser/Hirsch 1982). Ihren Abstraktionsgrad reduziert im ersten Schritt und noch oberhalb konkreter Analysen eine Unterscheidung möglicher *Formen* von Organisation bzw. Desorganisation.

## 3. Liberalismus und Etatismus

Die staatliche Doppelfunktion – Organisation des »Machtblocks«/Desorganisation des »Volkes« – materialisiert und reproduziert sich ständig in den staatlichen Handlungskonjunkturen, dort freilich komplizierter »erscheinend«, als es die einfache Dichotomie nahelegt:
– Organisierung und Desorganisierung können an der »Oberfläche« als ihr *Gegenteil* auftreten; so existiert eine desorganisierende Organisierung (z. B. die marktwirtschaftliche Regulierung) und eine organisierende Desorganisierung (etwa mit Hilfe kooperativer Gewerkschaften);
– Organisierung und Desorganisierung kristallisieren sich nicht in unterschiedlichen Strategien, sondern bilden unterschiedliche Aspekte *einer* (jeder) staatlichen Aktion: Organisierung der Herrschaft ist Desorganisierung des Widerstandes und umgekehrt.

Zusammengenommen führen diese Modifikationen zu zwei Grundformen »normaler« staatlicher Funktionsausübung: eine
– *liberalistische* Variante, in der Organisierung und Desorganisierung durch staatliche Nicht-Intervention erfolgen (»minimaler« Staat); sowie eine
– *etatistische* Variante, die Organisierung und Desorganisierung

zum Gegenstand staatlicher Intervention macht (»maximaler« Staat).

Im ersten Fall läßt der Staat den gesellschaftlichen Kräften freien Lauf: der Stärkere setzt sich gegen den Schwächeren durch; soweit überhaupt politische Aktionen erfolgen, dienen sie dazu, das »freie Spiel der Kräfte« zu ermöglichen und systematische Wettbewerbsverzerrungen abzubauen – etwa nach der Art jenes früher diskutierten »Verbändegesetzes« zur Schwächung des gewerkschaftlichen Verbandseinflusses. Die Reduzierung sozialstaatlicher Schutzvorkehrungen oder industriepolitischer Subventions-/Protektionismusmaßnahmen fällt in dieselbe Kategorie.

Im zweiten Fall greift der Staat steuernd in gesellschaftliche Auseinandersetzungen ein. Dies geschieht entweder *»dirigistisch«*, so daß sich die politische Administration auf ihr technisches Expertentum und polizeiliches Instrumentarium verläßt, um unabhängig von der »gesellschaftlichen Produktivkraft Partizipation«, im Zweifel auch gegen sie, den »richtigen« Entwicklungsweg durchzusetzen. Oder es geschieht *»korporatistisch«* mit Hilfe des Adressatenkreises staatlichen Handelns. Hier will der Staat alle Beteiligten »an einen Tisch« bringen, um anstehende Streitfälle allgemein akzeptabel zu schlichten. Diese Strategie der »konzertierten Aktionen« und »tripartistischen« Runden geht davon aus, daß unter gegebenen Umständen das »sachlich Gebotene« dank eines staatlich vermittelten »neuen Sozialvertrags« oder »neuen sozialen Konsenses« effektiver ins Werk gesetzt werden kann als durch »staatsfrei« ausgetragene Klassenkonflikte.

Welche Regulierungsvariante jeweils gewählt wird (werden kann), in welcher Form sie abläuft, nach welchen Mechanismen sie funktioniert und welchen polit-ökonomischen Bedingungen sie ihren Erfolg oder Mißerfolg verdankt, ist eine empirische Frage: beantwortbar anhand konkreter Krisen, die dem Staat strategische Kalküle abverlangen.

# II. Das objektive Problem: Die Stahlkrise seit 1975

## 1. Die Stahlbranche in der internationalen Arbeitsteilung

Seit 1975 durchlaufen die Stahlindustrien aller westlichen Haupterzeugerländer (EG-Staaten, USA, Japan) eine tiefgreifende Struktur- und Absatzkrise. Die ganze Schärfe des Einbruchs zeigt sich darin, daß die Rohstahlproduktion 1975 in der EG um rund 20 %, in Japan um rund 13 % und in den USA um rund 16 % zurückging und bisher dieser Rückgang nirgendwo vollständig wettgemacht werden konnte. Unausgelastete Kapazitäten, Preisverfall, Betriebsverluste, Betriebsstillegungen und Massenentlassungen, vor allem aber verschärfter Preiskampf und Verdrängungswettbewerb auf dem Weltstahlmarkt sind die Folge. Die Entwicklung der Stahlindustrie in allen Stahlerzeugerländern läßt sich nicht aus nationalen Produktions- und Reproduktionsbedingungen erklären, weil diese Industrie eine sogenannte »internationale Branche« darstellt: einmal wuchs und wächst der Anteil von Im- und Exporten an Stahlprodukten in allen Stahlländern kontinuierlich an; zum anderen existiert heute in jedem Stahlerzeugerland das gleiche »Modell« technisch-ökonomischer Produktions- und Austauschnormen, das wiederum durch die Determinante »kapitalistischer Weltmarkt als Steuerungszentrum« allen Produzenten bei Strafe des Untergangs aufgezwungen wird. Um folglich die Ursachen dieser Strukturkrise einerseits, ihre polit-ökonomische Bewältigung in der Bundesrepublik Deutschland andererseits analysieren zu können, müssen die Besonderheiten dieser Branche im Kontext internationalisierter, d. h. vom Weltmarkt gesteuerter Kapitalakkumulation berücksichtigt werden (Palloix 1979).

Charakteristisches technisch-ökonomisches Kennzeichen dieses Modells ist die Stahlproduktion in *hochgradig kapitalintensiven, vertikal integrierten Hüttenwerken* (Hochofen, Stahl- und Walzwerk) mit großen Kapazitäten von 5 bis 10 Millionen Tonnen pro Jahr auf Basis hochentwickelter Technologie (Blasstahlverfahren, d. h. Oxygenstahl und automatisierte, die kontinuierliche Weiterverarbeitung des Rohstahls garantierende Stranggußanlagen) (Stora 1980). In solcherart integrierten Stahlkomplexen, die sämtliche Produktionsschritte von der Roheisenerzeugung bis zu den verschiedenen Verarbeitungsformen des Stahlprodukts räumlich vereinigen, werden weltweit heute über 90 % des Stahls erzeugt (Zimmermann 1979). Und nur in ihnen ist eine kostenoptimale und auf dem Weltmarkt wettbewerbsfähige Stahlproduktion möglich. Daraus folgt, daß diejenigen Stahlproduzenten die Standards für Produktivität, Stückkosten und Preis auf dem Weltstahlmarkt bestimmen, die sowohl arbeitsorganisatorisch als auch technologisch die strategischen Schlüsselpositionen zur Durchführung und Weiterentwicklung dieser integrierten Produktionsweise besitzen. Und daraus folgt weiter, daß alle anderen Produzenten nur mittels Anpassung an diese Normen konkurrenzfähige Wettbewerber sein oder werden können.

Demgegenüber sind die sogenannten Mini-Stahlwerke (Direktreduktionsanlagen), die unter Umgehung der traditionellen Hochofenphase Schrott oder aufbereitetes Eisenerz (Eisenschwamm) in Elektroöfen zu Stahl verarbeiten, auf lokale oder regionale Märkte spezialisiert. Sie besitzen bei weitem nicht die Bedeutung für den Kampf um Anteile auf dem Weltstahlmarkt, die ihnen häufig in der öffentlichen Diskussion zugeschrieben wird. Sie werden vor allem in energiereichen Ländern wie Iran, Venezuela, Nigeria oder Ländern mit hohem Schrottanteil an der Stahlerzeugung wie in Italien (»Bresciani« – das sind die rund 75 Ministahlwerke um die norditalienische Stadt Brescia) errichtet. Ihr Produktionsanteil beträgt derzeit weltweit etwa 3 % (Gaebe 1979, 114); in den USA und der Bundesrepublik werden ca. 4 %, in Japan 10 % und in Italien 20 % Rohstahl im Direktreduktionsverfahren erzeugt; freilich dürfte ihr Kapazitätsanteil in einigen »jungen« Stahlländern bei jeweils 40 bis 50 % der Gesamtkapazität liegen (Zimmermann 1979, 52). Da die Ministahlwerke darüber hinaus nur eine schmale Produktpalette (Beton-, leichter Profilstahl und Draht) anbieten und Flachstahl (Warmbreitband, Grob- und Feinbleche) sowie viele Profilstahlsorten mit dieser Technologie entweder gar nicht oder nur zu sehr hohen Preisen hergestellt werden können (Gaebe, 114; Zimmermann, 54), spielen sie für die weltmarktvermittelte Stahlkonkurrenz nur insofern eine Rolle, als sie es jungen Industrieländern ermöglichen, Teile ihres Eigenbedarfs selber kostengünstig zu produzieren und damit ihre Abhängigkeit von Importen aus den großen Erzeugerländern zu vermindern.

Daß die hochautomatisierte und vertikal integrierte Stahlproduktion zur dominanten Produktionsnorm werden konnte und sich unter kapitalistischen Verwertungsbedingungen als die profitabelste erwies und erweist, hat nicht allein ökonomische, sondern vor allem gesellschaftlich-politische Ursachen. Sie basiert nämlich auf einem veränderten kapitalistischen Vergesellschaftungsmodell, dem sogenannten *Fordismus,* der sich in den USA in den zwanziger Jahren dieses Jahrhunderts allmählich durchsetzte und – als Ergebnis der ökonomischen und politisch-militärischen Hegemonie der USA nach dem Zweiten Weltkrieg – die Lebensverhältnisse auch in Europa drastisch veränderte. Der Taylorismus, eine mechanisierte und hochstandardisierte, bis in kleinste Arbeitsprozesse zerlegte Produktionsweise, avancierte zum dominanten Typ kapitalistischer Produktionstechnik. Ermöglichte dieser einerseits die permanente Ausweitung und Verbilligung der Produktion (Massenproduktion), so war andererseits deren Profitabilität nur dann gewährleistet, wenn es gelang, die Reproduktions- und Konsumtionsbedürfnisse der Bevölkerung immer stärker in die Verwertungsstrategien der Einzelkapitale einzubeziehen. Und dies seinerseits gelang durch die kontinuierliche Steigerung von Reallöhnen und Sozialleistungen (Braverman 1977; Aglietta 1976). Damit bewirkte die Ausdehnung der Massenproduktion, daß die neuen Konsumgüterbranchen sich relativ stärker als der traditionelle Produktionsmittelsektor entwickelten und seither den Motor kapitalistischer Akkumulation bilden.

Für die Stahlbranche folgt daraus einerseits eine Produktionsausweitung bisher nicht gekannten Ausmaßes: während sich die Weltstahlproduktion von 1913 bis 1938 von 86 auf 110 Mill. Tonnen nur um 28 % erhöht, verdreifacht sie sich bis 1963 auf 389 Mill. Tonnen, um dann bis zum Ausbruch der Krise 1975 nochmals um 300 Mill. auf 710 Mill. Tonnen zuzunehmen (SJES 1982, 300f.); andererseits steigt die Produktion von Flachstählen (Bleche, Rohre) für Automobile, Elektrohaushaltsgeräte, Wohnungen, Verpackung überproportional an und sinkt relativ die Nachfrage nach Profilstählen, dem traditionellen Erzeugnis der Stahlindustrie für Eisenbahnen und Produktionsmittelindustrie. Inzwischen steht die »gesamte Entwicklung der Metallinfrastruktur auf dem Flacherzeugnis«, da es möglich ist, »Profilstähle ausgehend von

Flachstählen herzustellen« (Palloix 1979, 129). Das Entstehen und stetige Anwachsen der von Flachstahl ausgehenden Produktionsketten ist also die zentrale Ursache für die beschriebene technisch-ökonomische Restrukturierung, und zwar für alle auf dem Weltstahlmarkt konkurrierenden Produzenten. Mit anderen Worten:

»Trotz der Produktivitätsunterschiede, die durch die Zeitverschiebung im Kapazitätsaufbau entstehen, sind in allen wichtigen kapitalistischen Metropolen die Bedingungen der Stahlproduktion gleich. Da überall die vom Flachstahl ausgehenden Produktionsketten dominieren, ist unter den Bedingungen der Konkurrenz (oligopolistischer Konkurrenz) keine andere Produktionsform denkbar als die des große Kapitalmassen bindenden, integrierten, automatisierten Hüttenwerks.« (Zimmermann 1979, 58)

Mit dieser Entwicklung ist aber zugleich eine hohe und ständig steigende Kapitalintensität – weit über dem Durchschnitt anderer Branchen – verbunden. Und dies wiederum verstärkt die Gefahr sinkender Gewinnmargen, *dem* historischen Dauerproblem der Stahlbranche. Um diesem Problem jeweils zu begegnen, mußten die Stahlunternehmer wesentlich früher als andere den Weg der »Vergesellschaftung auf kapitalistischer Grundlage« über Kapitalkonzentration und -zentralisation einschlagen; und zwar in Form der Ausschaltung existenzvernichtender Preiskämpfe (Marktkartellierung) sowie der Verschmelzung mit Bergbau- und Bankkapital (Bünnig/Zundel 1981).

Betrachten wir vor diesem Hintergrund die *Struktur des Weltstahlmarktes* bis zum Ausbruch der Krise 1975, so lassen sich folgende signifikante Merkmale herausarbeiten (nach Scheider 1978):

– Wie bereits angeführt, wächst die Weltstahlproduktion in dieser Zeitspanne aufgrund des »neuen« fordistischen Akkumulationsmodells zwar diskontinuierlich, aber dennoch stetig an. Zugleich bilden sich in der Welt *vier große Wirtschaftsregionen* heraus, die 1974 84 % der Weltrohstahlerzeugung auf sich vereinigen und gleichzeitig 77 % des produzierten Stahls verbrauchen: die *Europäische Gemeinschaft,* die *USA, Japan,* die *Staatshandelsländer* des Ostens, die in der Wirtschaftsorganisation des COMECON zusammenarbeiten. Stahlerzeugerregionen und große Stahlverarbeitungszentren sind also fast identisch. Bei deren *Gewichtung* ist zunächst der enorme Aufstieg der japanischen Stahlproduzenten von faktisch null auf 16,5 % der Weltstahlproduktion bemerkenswert. Darüber hinaus besitzt die japanische Stahlindustrie den höchsten

Konzentrationsgrad und die international produktivsten Anlagen und bestimmt damit für alle anderen Weltmarktkonkurrenten die Standards der Produktionsbedingungen und wettbewerbsfähigen Preise. Das läßt sich zum *einen* mit der folgenden Tabelle 1 demonstrieren, die die wichtigsten Indikatoren für den Modernitätsgrad der jeweiligen nationalen Stahlindustrien, nämlich Oxygenstahl- und Stranggußanteil an der gesamten Rohstahlerzeugung (Stand 1975) sowie Anzahl der Oxygenstahlwerke mit einer Kapazität von mindestens 4 Mill. Jahrestonnen (Stand 1977), gegenübergestellt:

*Tabelle 1:*

| | Oxygenstahlanteil an der Rohstahlerzeugung (1975) (in %) | Stranggußanteil | Oxygenstahlwerke mit mind. 4 Mio. Jato (1977) |
|---|---|---|---|
| UdSSR | 25 | 7 | 2 |
| USA | 60 | 9 | 3 |
| Japan | 83 | 31 | 13 |
| BRD | 69 | 24 | 5 |
| VR China | ? | ? | 0 |
| Italien | 46 | 27 | 2 |
| Frankreich | 63 | 13 | 1 |
| Großbritannien | 50 | 8 | 1 |
| EG (ohne BRD) | 60 | 13 | 5 |

Quelle: Dzielak u. a. 1980, 52

Zum *zweiten* beträgt 1975 die Arbeitszeit eines Arbeiters zur Erzeugung einer Tonne Rohstahl in Japan 6,2, in der Bundesrepublik 8,9, in den USA 10,5, in Frankreich 12,1 und in Großbritannien 17,4 Arbeitsstunden (*Die Zeit* v. 21. 4. 78, Nr. 17, 22). Zum *dritten* schließlich produzieren die vier größten Konzerne in Japan 1976 70 % des gesamten Stahls, in der EG dagegen nur 42 % und den USA nur 53 % (Zimmermann 1979, 83). Der Anteil der USA an der Weltstahlproduktion, der 1966 noch rund 26 % betragen hatte, sinkt demgegenüber bis 1974 auf 19 % ab, während die EG bei über 23 % (1966) und noch rund 22 % (1974) ihren Anteil in etwa halten kann. Auch der Anteil der Bundesrepublik, als des größten europäischen und – wie aus Tabelle 1 hervorgeht – dem japanischen Modernitätsgrad am nächsten kommende Stahlproduzent, beträgt sowohl 1966 als auch 1974 jeweils 7,5 %. Das COMECON beteiligt sich 1974 mit rund 26 % an der Weltstahlproduktion und hat damit neben Japan den klassischen kapitalistischen Stahlerzeugerländern in Europa und den USA ihre monopolistische Position entrissen. Dabei nimmt innerhalb des COMECON die Sowjetunion mit allein 19 % Weltstahlproduktionsanteil und als größter Stahlproduzent der Welt eine dominierende Stellung ein (SJES 1982, 301).

– Nur die EG und Japan treten auf dem Weltstahlmarkt als *Nettoexporteure* auf: Japan 1974 mit ca. 30 %, die EG mit ca. 20 % ihrer Produktion. Neben der Größenordnung der Exporte unterscheiden sich diese beiden auch darin, daß Japan keinen Stahl importiert und nur als Exporteur am Welthandel beteiligt ist, die EG dagegen einen Teil (ca. 8 Mill. Tonnen pro Jahr) außerhalb ihrer eigenen Region einkauft. Das COMECON hat eine ausgeglichene Stahlbilanz, wobei es jährlich sowohl aktiv als auch passiv mit 20 Mill. Tonnen am Weltstahlaustausch teilnimmt. Die USA dagegen nehmen als Stahlimportregion jährlich 11 Mill. Tonnen ab. Hauptabnehmer des exportierten Stahls ist mit netto fast 50 Mill. Tonnen jährlich die sogenannte »übrige Welt«, also die jungen Industriesowie die Entwicklungsländer. Mit anderen Worten: der Kampf um den Stahl wird im wesentlichen von den Japanern und den Europäern auf den Märkten der USA und der sogenannten Drittländer ausgetragen.

– Das *Welthandelsvolumen* in Stahl, definiert als Stahlmenge, die zwischen diesen fünf Regionen ausgetauscht wird, macht 1974 lediglich etwas mehr als 10 % der Weltrohstahlerzeugung, also ca. 70 Mill. Tonnen, aus.

– Bis 1974 funktioniert der Weltstahlmarkt nach den Prinzipien *»regionale Kartellierung«* und *»gespaltene Preispolitik«*:

»Fragt man nach den Spielregeln, die im Weltstahlaustausch angewandt werden, so kann vereinfachend gesagt werden: a) man achtet allgemein auf die Ordnung in der eigenen Region; b) wenn die Nachfrage nach Stahl zurückgeht, so reagiert man darauf durch eine Anpassung der Produktion, denn die Erfahrung zeigt, daß es wenig Sinn hat, einem Verarbeiter, der keinen Bedarf hat, den Stahl aufzudrängen. Er wird ihn selbst zu einem sehr niedrigen Preis nicht nehmen. Mit anderen Worten: man zieht die durchaus richtige Folgerung aus einer in bezug auf den Preis fast unelastischen Nachfrage. c) Im übrigen bemüht man sich aber, den Rückgang in der einen Region möglichst durch einen höheren Export in andere Gebiete zu kompensieren.« (Scheider 1978, 475)

Welche ökonomische Rationalität liegt nun der »Ordnung in der eigenen Region« zugrunde? Wie bereits ausgeführt, haben wir es in der Stahlbranche mit einer kapitalintensiven, d. h. mit hohem Fixkostenanteil behafteten Industrie zu tun. Bei sinkendem Stahlbedarf müßte also jeder Stahlproduzent versuchen, eine möglichst hohe Kapazitätsauslastung zur Deckung der hohen Fixkosten zu halten und den Absatz über Preissenkungen zu sichern. Freilich würde eine solche einzelkapitalistische Strategie die Branche insgesamt in einen oligopolistischen Preiskrieg ungeahnten Ausmaßes stürzen mit der längerfristigen Perspektive der Vernichtung der gesamten Branche bzw. dem Überleben weniger »Riesen«. Einem solchen Vernichtungskampf versucht man zunächst durch private und – wenn dies nicht ausreicht – durch *politische Kartellierung* entgegenzuwirken. Denn die politischen Instanzen müssen bei einem Scheitern der kartellierten Preisordnung durch die Konzerne aktiv werden, da die Vernichtung der gesamten Stahlbranche eines Landes kein rein ökonomisches, sondern ein gesamtgesellschaftliches Problem wäre. Der Stahlsektor bildet immer noch einen zentralen Stützpfeiler der nationalen Industriestrukturpolitik.

Beide Kartellierungsvarianten sind in den Stahlregionen der Welt anzutreffen: in *Europa* die zahlreichen privaten Walzstahlkontore oder Rationalisierungsgruppen, die Bildung der kartellartigen Vereinigung aller großen Stahlproduzenten »Eurofer«, schließlich die vielfältigen Maßnahmen der Europäischen Kommission (Quotenregelung, Mindestpreisfestsetzung), wie sie im Montanvertrag niedergelegt sind; in *Japan* das seit 1958 bestehende institutionalisierte Preissetzungsgremium für den Binnenmarkt, »in dem korporativistisch der Staat (MITI = Handels- und Industrieministerium – d. Verf.), die Stahlkonzerne und die Stahlhändler zusammenarbeiten« (Zimmermann 1979, 97); in den *USA* schließlich die faktisch bestehende Preisführerschaft des Branchenleaders *United Steel Corporation* sowie zahlreiche von der Washingtoner Regierung angewendete Regulierungspraktiken (siehe zuletzt: Trigger-Price-System).

Das »Stillhalten« in der eigenen Region wird freilich kompensiert durch den harten, offenen Preiskampf auf den Drittmärkten, so daß faktisch einem geordneten Preis in der Region ein wesentlich niedrigerer Preis auf den jeweiligen Drittmärkten gegenübersteht.

». . . beim Versuch, in der eigenen Region Ordnung zu halten, werden im Inland auskömmliche Erlöse angestrebt und auf den Drittlandsmärkten eine Preisstellung nach der jeweiligen Angebots- und Nachfragesituation praktiziert. In Zeiten schlechter Nachfrage wird also beim Export nach dem Prinzip der Deckungsbeitragsrechnung so lange mitgehalten, wie der Erlös über den variablen Kosten liegt. Der Ausgleich der Rechnung erfolgt immer dann, wenn die Nachfrage nach Stahl stärker ist als das Angebot, zuletzt in den Jahren 1973/74.« (Scheider 1978, 479)

Erst vor dem Hintergrund dieser Struktur- und Funktionsweise des Weltstahlmarktes bis 1974 kann man das Ausmaß der *Strukturkrise ab 1975* richtig einschätzen:
– Die entscheidende Ursache für diese Krise liegt in der *allgemeinen Weltrezession von 1973/75*. Als Grundstoff- und Produktionsgüterindustrie ist die Stahlbranche sehr stark vom Nachfrageausfall ihrer wichtigsten Kunden im Investitionsgüterbereich, des Bauwesens und der Leichtmetallerzeugung betroffen. Dieser Nachfrageausfall ist wiederum Bestandteil einer allgemeinen, alle kapitalistischen Metropolen erfassenden Überakkumulationskrise. Sie entstand aus der Verbindung von tendenziell gesunkener Kapitalproduktivität und verbesserten Verteilungsrelationen zugunsten der Lohnabhängigen mit der Folge sinkender Kapitalrentabilität und folglich Stagnation der Kapitalakkumulation (Altvater/Hofmann/Semmler 1979; Busch 1979). Weitergehende Krisenanalysen gehen sogar von der Hypothese aus, daß die Weltrezession von 1975 den Beginn einer umfassenderen Krise des fordistischen Vergesellschaftungsmodells darstelle, und zwar sowohl von dessen spezifisch tayloristischer Arbeitsorganisation (größerer Widerstand der Arbeiterklasse) als auch seiner auf Massenkonsum basierenden Reproduktion (Marktsättigung, Zerstörung der Umwelt usw.) (Aglietta 1976; Bühler 1981; Simonis 1982).
– Hinzu kommen *stahltypisch-strukturelle* Ursachen, die zwar bereits länger wirksam sind, in der Zeit allgemeiner Hochkonjunktur jedoch nicht ernst genommen wurden: 1. *Sättigung* bzw. *Stagnation* der Nachfrage nach Stahl auf den Binnenmärkten hochentwickelter kapitalistischer Industrieländer: Bei stagnierendem Wertschöpfungsanteil des stahlnachfragenden Industriesektors und gleichzeitigem Ausbau der weniger stahlabnehmenden

Wachstumsbranchen Chemie, Datenverarbeitung, Mineralölindustrie, Dienstleistungssektor nimmt die Wachstumsrate des Stahlverbrauchs pro Kopf der Bevölkerung bei steigendem Sozialprodukt ab (Wolter 1974); hinzu kommt die Substitution von Stahl durch andere Werkstoffe (Kunststoff, Aluminium). 2. Verschiebungen in der Konkurrenzposition zwischen alten und jungen Industrieländern: Nicht nur Japan und die Stahlhandelsländer des Ostens, sondern auch andere aufstrebende Industrieländer, beispielsweise Brasilien, Mexiko, Argentinien, Venezuela, Iran, Südkorea, Taiwan, erreichen zunehmend die Deckung ihres Eigenbedarfs, um sich dann mehr oder weniger stark mit dem einen oder anderen Stahlprodukt am Kampf um den Weltstahlmarkt zu beteiligen und die Vorrangstellung der bisherigen Monopolisten anzugreifen. Durch den Verkauf hochmoderner Stahlwerke an die aufstrebenden Industrieländer wurde diese Entwicklung von den traditionellen Erzeugerländern selbst hervorgerufen; zum anderen können Mini-Stahlwerke – auch wenn deren Anteil, wie gesagt, noch gering ist und erst in den achtziger Jahren mengenmäßig ein größeres Konkurrenzproblem darstellen wird – bestimmte Beton- und Stabstähle kostengünstig herstellen und bei niedrigen Energie-, Erz- und Lohnkosten Wettbewerbsvorteile auf dem Weltmarkt erlangen.

»Die ›übrige Welt‹ ist zwar per Saldo auch heute noch ein Block von Nettoimportländern, aber diese Länder haben doch erheblich mehr zur eigenen Versorgung beigetragen als in der Vergangenheit. Darüber hinaus haben sich einige von ihnen aktiv in den Welthandel eingeschaltet und machen nicht nur den Europäern ihren bisherigen Platz streitig, sondern akzeptieren auch keineswegs eine japanische Führungsrolle.« (Scheider 1978, 477)

Tabelle 2 verdeutlicht die starke Ausweitung der Stahlkapazitäten vor allem der jungen Industrieländer zwischen 1956 und 1976, während Tabelle 3 das bereits bestehende bzw. geplante Ausmaß von Großanlagen (über 1 Mill. Jahrestonnen) in diesen Ländern ausweist:

– Die durch diese Faktoren bewirkten Nachfrage- und Produktionsausfälle im Stahlsektor haben die *regionale Kartellierung auf dem Weltstahlmarkt* zerstört und eine enorme Verschärfung der Konkurrenz eingeleitet. Obwohl weltweit um nur 5 %, geht der Stahlverbrauch in Japan zwischen 1974 und 1977 um 22 %, in den USA um 10 %, in der EG um 9 % und in der »übrigen Welt« um rund 4 % zurück (siehe Tabellen 4 und 5).

*Tabelle 2:* Entwicklung der Stahlkapazitäten 1956–1976

| Ländergruppen | Zunahme der Stahlkapazität 1956–1976 in % | Stahlkapazität 1976 in Mill. t | Stahlproduktion 1976 in Mill. t |
|---|---|---|---|
| EG | + 144 | 198 | 134 |
| Übrige westeurop. Länder | + 503 | 41 | 25 |
| Sowjetunion | + 211 | 165 | 145 |
| Übrige Comeconländer[1] | + 274 | 63 | 57 |
| USA | + 42 | 165 | 119 |
| Kanada | + 221 | 18 | 13 |
| Lateinamerika | + 887 | 31 | 19 |
| Afrika | + 600 | 12 | 9 |
| Mittlerer Osten | + 1700 | 2 | 2 |
| Japan | + 1253 | 157 | 107 |
| VR China | + 602 | 33 | 21 |
| Übriger Ferner Osten | + 612 | 24 | 18 |
| Australien | + 254 | 10 | 8 |
| Welt insgesamt | + 199 | 919 | 677 |

[1] einschl. Jugoslawien (assoziiert)

Quelle: Gaebe 1979, 110

*Tabelle 3:* Oxygenstahlwerke mit einer Kapazität von mindestens 1 Mill. Jahrestonnen (Bestand und Planung) in jungen Industrie- und Entwicklungsländern

| Land | Standort | Jahr der Inbetriebnahme | Kapazität einer Produktionseinheit | Kapazität des Standortes insgesamt Mill. t/Jahr 1977 | Kapazität des Landes 1977 | Kapazität des Landes geplant |
|---|---|---|---|---|---|---|
| *Ägypten* | Heluan/Kairo | 1974–76 | 1,2 | 1,2 | 1 | 1 |
| *Algerien* | El Hadjar | 1979 | 1,3 | 0,5 | 0,5 | 12 |
| | Sidérurgie Ouest | 1983–88 | 10,0 | – | | |
| *Argentinien* | San Nicholas | 1973 | 1,6 | | 2 | 3 |
| | | 1976 | 1,3 | 2,9 | | |
| *Brasilien* | Volta Redonda | 1977 | 2,5 | | 7 | 16 |
| | | 1981 | 2,1 | 2,5 | | |
| | Piacaguera | 1965–67 | 1,5 | | | |
| | | 1978–80 | 1,8 | 1,5 | | |

| Land | Standort | Jahr der Inbetriebnahme | Kapazität einer Produktionseinheit | Kapazität des Standortes insgesamt Mill. t/Jahr 1977 | Kapazität des Landes 1977 | Kapazität des Landes geplant |
|---|---|---|---|---|---|---|
| | Belo Horizonte | – | 1,0 | 0,4 | | |
| | Tubarao | 1980 | 2,7 | – | | |
| | Ipatinga | 1963–73 | 1,6 | 2,2 | | |
| *Chile* | Talcahuano | 1976 | 1,1 | 1,1 | 1 | 2 |
| *VR China* | Anshan | – | 1,5 | 1,5 | 4 | – |
| *Indien* | Bokaro Steel City | 1973–76 | 1,3 | | 3 | 7 |
| | | – | 4,0 | 1,3 | | |
| | Rourkela | 1959–67 | 1,6 | 1,6 | | |
| *Iran* | Aria Mehr | 1972–76 | 2,0 | 2,0 | 2 | 2 |
| *Marokko* | Nador | 1980 | 1,0 | – | – | 1 |
| *Mexiko* | Monclova | 1971–74 | 1,4 | 1,4 | 5 | 11 |
| | Monterrey | 1975 | 1,5 | 1,5 | | |
| | Lazaro Cardenas | 1976 | 1,3 | | | |
| | | 1979–90 | 6,0 | 1,3 | | |
| *Peru* | Chimbote | 1982 | 1,8 | 0,3 | 0,3 | 2 |
| *Philippinen* | Tagoloan | 1982–83 | 2,0 | – | – | 2 |
| *Spanien* | Sestao | 1967–69 | 1,5 | 1,5 | 8 | 9 |
| | Sagunto | 1969–76 | 1,0 | 1,0 | | |
| | Aviles | 1966 | 1,5 | | | |
| | | 1969– | 2,3 | 2,7 | | |
| | Gijon | 1971 | 2,4 | 2,4 | | |
| *Südafrika* | Newcastle | 1974–75 | 2,8 | | 7 | 18 |
| | | 1987–88 | 3,0 | 2,8 | | |
| | Vanderbijlpark | 1974–75 | 3,3 | | | |
| | | 1985–86 | 3,3 | 3,3 | | |
| | Pretoria | 1990–91 | 3,5 | | | |
| *Südkorea* | Pohang | 1973–76 | 2,2 | 2,2 | 2 | 9 |
| *Taiwan* | Kaohsiung Taiwan | 1977 | 1,5 | 1,5 | 2 | 2 |
| *Türkei* | Eregli | 1965–76 | 1,8 | 1,8 | 3 | 5 |
| | Iskenderum | 1977–80 | 2,4 | 1,1 | | |
| | Karabuk | 1980 | 1,0 | | | |
| *Venezuela* | Maracaibo | – | 6,0 | – | – | 6 |

Quelle: Gaebe 1979, 116

Lediglich im COMECON ist ein Zuwachs von 8,5 % zu verzeichnen. Zugleich findet eine regionale Umverteilung der Weltrohstahlerzeugung statt: der Anteil der EG sinkt von 22 auf 18 %, der Japans von 17 auf 15 % und der der USA von 19 auf 17 %. Während somit die führenden Stahlerzeuger ihren Anteil an der Produktion von 58 auf 50 % verringern müssen, steigt der

*Tabelle 4:* Entwicklung des Stahlverbrauchs und der Produktion von 1974 bis 1977

Mio t Rohstahl

| | Stahlverbrauch | | | Stahlproduktion | | |
|---|---|---|---|---|---|---|
| | Mio t 1974 | Mio t 1977 | Differenz % | Mio t 1974 | Mio t 1977 | Differenz % |
| EG | 129 | 117 | − 9,3 | 156 | 126 | − 19,2 |
| Japan | 82 | 64 | − 21,9 | 117 | 102 | − 12,8 |
| USA | 146 | 131 | − 10,3 | 135 | 113 | − 16,3 |
| COMECON | 189 | 205 | + 8,5 | 185 | 205 | + 10,8 |
| Übrige Welt | 162 | 156 | − 3,7 | 115 | 127 | + 10,4 |
| Welt | 708 | 673 | − 4,9 | 708 | 673 | − 4,9 |

Quelle: Scheider 1978, 475

*Tabelle 5:* Regionale Umverteilung der Weltrohstahlerzeugung 1974/77

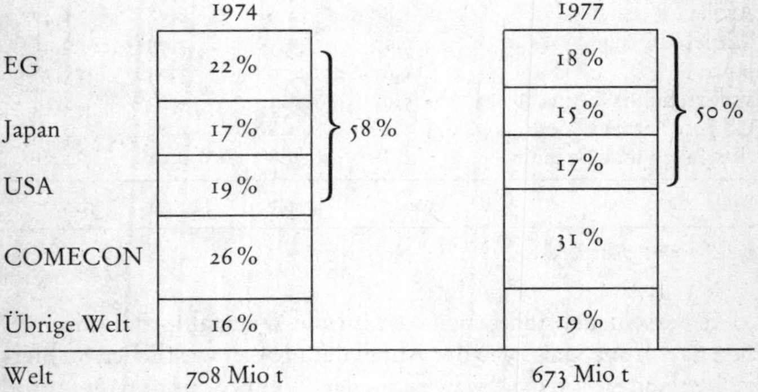


Quelle: Scheider 1978, 476

COMECON-Anteil von 26 auf 31 % und der der »übrigen Welt« von 16 auf 19 %. Dieser Trend hat sich in den nächsten Jahren fortgesetzt: 1979 beträgt der Anteil von EG, USA und Japan zusammengenommen – trotz Steigerung der Weltproduktion um rund 4 % – ebenfalls nur 50,4 % (EG 18,7 %, USA 16,8 %, Japan 14,9 %); 1980 sinkt er gar auf 47,8 % (EG 17,8 %, USA 14,5 %, Japan 15,5 %), während das COMECON bei 29 % liegt und die

»übrige Welt« auf über 22 % ansteigt (SJES 1982, 301 f.; *Handelsblatt* v. 6. 5. 82). Tabelle 6 macht deutlich, daß 1956 noch zwei Drittel der Kapazitäten in den USA und der EG standen und 1981 davon gerade noch ein Drittel übriggeblieben sind:

*Tabelle 6:* Entwicklung der Weltrohstahlkapazitäten von 1956–1981

| | Rohstahlkapazität (Millionen Tonnen) | | Prozentualer Anteil an der Weltrohstahlkapazität | |
|---|---|---|---|---|
| | 1956 | 1981 | 1956 | 1981 |
| EG | 83,1 | 197,9 | 26,85 | 20,28 |
| Übriges Westeuropa | 6,8 | 48,8 | 2,19 | 5,01 |
| Sowjetunion | 53,2 | 184,0 | 17,19 | 18,86 |
| Übriges Osteuropa | 16,8 | 73,1 | 5,43 | 7,49 |
| USA | 116,4 | 148,0 | 37,61 | 15,17 |
| Kanada | 5,6 | 21,0 | 1,81 | 2,15 |
| Lateinamerika | 3,1 | 40,4 | 1,0 | 4,14 |
| Afrika | 1,8 | 13,9 | 0,58 | 1,42 |
| Mittlerer Osten | 0,1 | 3,5 | 0,03 | 0,36 |
| Japan | 11,6 | 154,0 | 3,75 | 15,78 |
| Volksrepublik China | 5,0 | 40,5 | 1,62 | 4,15 |
| Übriger Ferner Osten | 3,2 | 40,8 | 1,03 | 4,18 |
| Australien und Ozeanien | 2,8 | 9,8 | 0,91 | 1,01 |
| Welt | 309,5 | 975,7 | 100,00 | 100,00 |

Quelle: *Wirtschaftswoche* v. 28. 1. 83, Nr. 5, 89

Die verschiedensten Prognosen für die Weltstahlproduktion gehen davon aus, daß 1990 der Anteil der großen westlichen Stahlerzeugerländer – trotz Steigerung der Weltproduktion um rund 30 % – bei nur noch 45 % liegt (EG 16 %, USA 14 %, Japan 15 %), das COMECON auf 27 % sinken, die »übrige Welt« jedoch auf 28 % ansteigen wird (*Handelsblatt* v. 6. 5. 82). Von diesen Steigerungen sollen insbesondere Länder Asiens – wie China, Indien, Südkorea, Taiwan –, Süd- und Mittelamerikas – wie Brasilien, Argentinien, Mexiko, Venezuela – und Afrikas profitieren (Ollig 1980, 424f.).

– In dieser Zeit bemerkenswerter Umstrukturierung auf dem Weltstahlmarkt sind folgende Einzelstrategien der traditionellen

Stahlerzeugerländer feststellbar: *Japan* nimmt eine unterdurchschnittliche Anpassung seiner Produktion an den Verbrauchsrückgang vor und verstärkt seine Exporte, um den überproportionalen Rückgang des heimischen Absatzes auszugleichen. Sein Außenhandelssaldo steigt zwischen 1974 und 1976 um mehr als 10 % auf ca. 40 Mill. Tonnen und bleibt 1977 in dieser Größenordnung. Zugleich fährt man fort, den eigenen Markt gegen Stahlimporte abzuschotten und behält die gespaltene Preispolitik bei:

»In Japan gibt es zwar keine Importrestriktionen, ein Produzent der EG, der nach Japan liefern will, sieht sich aber – aus hiesiger Sicht – immer einem Wall in Form eines monolithischen Blockes von Händler-, Erzeuger- und Verbraucherinteressen gegenüber, der – wie viele Ansätze gezeigt haben – undurchbrechbar ist. Konkrete Versuche, in Japan im Edelstahlbereich Fuß zu fassen, sind selbst bei dem Versuch größter Preisflexibilität gescheitert, da die japanischen Verbraucher wegen der Gefahr eines Boykottes durch die japanischen Stahlerzeuger und Banken nicht bereit waren, europäische Produkte abzunehmen. Auf dieser Basis ist es in Japan gelungen, die Inlandspreise auf einem auskömmlichen Niveau zu halten.« (Scheider 1978, 480)

Demgegenüber müssen die *USA* und die *EG* ihre Produktion wesentlich mehr reduzieren als den jeweiligen Verbrauch, was mit steigenden Importen (vor allem aus Japan) einhergeht. Wegen »Schwächen« in der eigenen Kartell- und gespaltenen Preispolitik verliert die EG, neben Japan einziger Nettoexporteur auf dem Weltmarkt, wichtige Bastionen: ihr Außenhandelssaldo reduziert sich zwischen 1974 und 1977 von 27 auf 9 Mill. Tonnen.

»Die Länder der Europäischen Gemeinschaft sind von dieser Entwicklung besonders betroffen. Nicht nur, daß sie aus ihrer früheren Rolle als Hauptstahlexporteur der Welt heute fast in eine Außenseiterrolle gedrängt sind, sondern sie sind selbst auf das höchste betroffen von den Auswirkungen einer *Preisstrategie*, die sie selbst einmal mit großer Kunst gehandhabt haben. (Gemeint ist die gespaltene Preispolitik – die Verf.) . . . Die jetzt anhaltende längere Krise deckt aber die Schwächen eines solchen Systems schonungslos auf. Über eine längere Zeit betrieben, führt der theoretisch an sich richtige Ansatz der gespaltenen Preispolitik in die Irre, weil ein vermeintlich zusätzliches Geschäft bei einem transparenten Markt für homogene Massengüter die Erlöse der übrigen Geschäfte nicht unberührt läßt. Insbesondere, nachdem in anderen Regionen der Welt der EG entsprechende Produktionszentren entstanden sind mit Kapazitäten, die auch in der Lage sind, den Stahlbedarf an anderen Stellen der Welt zu decken, wird bei einer insgesamt liberalen europäischen Handelspolitik für solche

Länder der EG-Markt zum Drittlandsmarkt aus deren Sicht mit der damit einhergehenden Preispolitik auf Basis von Teilkosten.« (Ebenda, 479)

*Zusammengefaßt:* Die weltweite kapitalistische Überakkumulationskrise, verstärkt um stahlspezifische Faktoren, hat auf dem Weltstahlmarkt zu Kapazitätsüberhängen von über 100 Mill. Tonnen geführt und das oligopolistische System regionaler Kartellierung zusammenbrechen lassen. Gemäß einzelkapitalistischer Verwertungslogik kommt es zu einem harten, über den *Preis* geführten *Macht*kampf,

»und es ist nicht verwunderlich, wenn wir insbesondere im Jahre 1975 einen nie dagewesenen Preisverfall für Exportlieferungen in sogenannte dritte Länder zu beobachten hatten, wenn wir USA und das COMECON hier einmal beiseite lassen . . . es zeigt sich, daß Feinblech Ende 1977 bei 36 % der Preisliste von 1974 liegt und Formstahl bei 61 %. Bezieht man zusätzlich die Kostensteigerungen für wesentliche Einsatzfaktoren zur Stahlherstellung in die Überlegung ein, so werden die negativen Auswirkungen auf den wirtschaftlichen Erfolg der Stahlunternehmen noch gravierender.« (Ebenda, 477)

Hierbei erweisen sich wiederum die Japaner als die Aggressivsten und zugleich Erfolgreichsten: Sie bieten in Europa und auf den überseeischen Märkten

»den Stahl zu Preisen an, die 35 bis 50 Prozent unter den Listenpreisen von 1974 und nach Schätzungen je Tonne Walzstahl um 70 bis 100 DM unter dem eigenen Kostenpreis lagen. Zu diesen Dumpingpreisen waren die Japaner in der Lage, weil sie aufgrund eines abgestimmten Verhaltens von Produzenten, Händlern, Banken und Stahlverbrauchern Stahlimporte abwehrten und so um 30 bis 50 Prozent höhere Inlandspreise realisieren konnten.« (Dzielak u. a. 1980, 53 f.)

Aber auch innerhalb der EG verkaufen die meisten Konzerne ihre Produkte weit unter ihren Produktionskosten, so daß sich bis 1977 über 5 Mrd. DM Verluste angesammelt haben (ebenda, 54).

Diesen Machtkampf über den Preis kann freilich längerfristig nur der gewinnen, der die auf dem Weltmarkt herrschenden Produktivitätsstandards erfüllt und versucht, diese über zusätzliche Modernisierungs- und Rationalisierungsmaßnahmen bei gleichzeitiger Stillegung veralteter Anlagen und massenhafter Freisetzung von Arbeitskräften zu sichern oder wiederherzustellen. Für das vor allem gefährdete »EG-Kartell« organisiert die Europäische Kommission diese »Gesundschrumpfungspolitik«: Nach *außen* durch Abkommen mit stahlexportierenden Drittländern (vor allem Japan) zur »freiwilligen« Beschränkung ihrer Exporte in die EG-Länder einerseits, Verhandlungen mit der US-Regierung zur Offenhaltung des amerikanischen Marktes für die europäischen Produzenten andererseits. Nach *innen* erstens durch ein dichtes Netz von Maßnahmen zur Marktregulierung (Festlegung von *Orientierungspreisen* zunächst für einige, danach für fast alle Stahlsorten; später Fixierung von *Mindestpreisen*, die von den Stahlunternehmen nicht unterschritten werden dürfen, um ruinösen Preiswettbewerb innerhalb des europäischen Marktes auszuschließen; schließlich ab 1980 Zuteilung von *Produktionsquoten* für eine Reihe von Erzeugnissen); zweitens durch Investitionszuschüsse für kapazitätsvermindernde Modernisierungs- und Rationalisierungsinvestitionen sowie durch Schaffung eines Sozialfonds, aus dem Übergangshilfen, Umschulungen und Mobilitätsförderung für die freigesetzten Arbeitskräfte finanziert werden sollen.

Innerhalb dieses von der EG-Kommission abgesteckten Rahmens bewegen sich – trotz Differenzen im einzelnen – auch die Restrukturierungsmaßnahmen der westdeutschen Stahlindustrie. Bevor wir deren polit-ökonomische Bewältigung in den Krisenregionen Saarland und Ruhrgebiet näher analysieren, ist freilich ein Blick auf Struktur und Entwicklung der westdeutschen Stahlindustrie im Kontext des Weltstahlmarktes vonnöten.

## 2. Struktur und Entwicklung der Stahlbranche in der Bundesrepublik Deutschland

1977 waren im Bereich der westdeutschen Stahlindustrie insgesamt 110 rechtlich selbständige Unternehmen tätig, die zusammen einen Umsatz von 43 Mrd. DM erwirtschafteten – das sind 4,46 % des Gesamtumsatzes der Industrie. Gemessen am Branchenumsatz betrug der Umsatzanteil

- für die 3 größten Unternehmen 35,2 %;
- für die 6 größten Unternehmen 53,7 %;
- für die 10 größten Unternehmen 69,9 %;
- für die 25 größten Unternehmen 91,7 %.

Die Stahlindustrie liegt damit hinsichtlich des Konzentrationsgrades der 33 wichtigsten Wirtschaftszweige an achter Stelle.

Deutlicher wird die Konzentration, wenn nicht die gesamte Stahlindustrie zugrunde gelegt wird, sondern nur die Hochofen-, Stahl- und Warmwalzwerke (ohne Herstellung von Stahlrohren). Hier waren nur noch 53 Unternehmen tätig, also weniger als die Hälfte der Zahl für die gesamte Stahlindustrie; sie vereinigten aber mit 37 Mrd. DM 86 % des Gesamtumsatzes auf sich. Die Umsatzanteile für die großen Unternehmen im einzelnen:

- für die 3 größten Unternehmen: 40,1 %
- für die 6 größten Unternehmen: 58,6 %
- für die 10 größten Unternehmen: 76,3 %
- für die 25 größten Unternehmen: 96,6 %.

(Memorandum 1981, 226f.)

Fast die gesamte Produktion von Eisen und Stahl in der Bundesrepublik konzentriert sich auf 7 Konzerne. Von den 46 Mill. Tonnen Rohstahl, die 1979 erzeugt worden sind, stammen 43,3 Mill. Tonnen, also 94,1 %, von:

1. *Thyssen Gruppe* 12,4 Mill. Tonnen
2. *Hoesch-Werke AG* 6,0 Mill. Tonnen
3. *Arbed* 5,9 Mill. Tonnen
4. *Krupp Stahl AG* 5,4 Mill. Tonnen
5. *Klöckner-Werke AG* 5,0 Mill. Tonnen
6. *Mannesmann AG Hüttenwerke* 4,3 Mill. Tonnen
7. *Stahlwerke Peine-Salzgitter AG* 4,3 Mill. Tonnen

(ebenda, 227).

Das mit Abstand größte Zentrum der deutschen Stahlindustrie bildet die Achse *Duisburg–Essen–Dortmund* mit einer größeren Anzahl von Unternehmen und Betrieben rheinaufwärts bis Neuwied und ins Sauerland bis Niederschelden. Hier produzieren die großen Konzerne *Thyssen, Krupp, Hoesch* und *Mannesmann.* Allein in Duisburg war 1979 etwa die Hälfte der gesamten Rohstahlproduktion und -kapazität konzentriert. Ein zweites, allerdings wesentlich kleineres Zentrum liegt im *Saarland* (Dillingen–Völklingen–Saarbrücken–Neunkirchen). Dort haben die *AG der Dillinger Hüttenwerke,* die *Stahlwerke Röchling-Burbach GmbH* sowie das *Neunkircher Eisenwerk AG* ihre Produktionsstätten. Während die *AG der Dillinger Hüttenwerke* von dem französischen Stahlkonzern *SACILOR* kontrolliert wird, befinden sich die *Stahlwerke Röchling-Burbach GmbH* und das *Neunkircher Eisenwerk AG* seit 1978 im Besitz des luxemburgischen *Arbed-Konzerns.* Außerhalb dieser beiden Zentren gibt es vier weitere Standorte: die Gegend um Sulzbach/Rosenberg, in der die zum *Klöckner-Konzern* gehörige *Max-Hütte* der weitaus größte Arbeitgeber ist; die Gegend um Peine–Ilsede–Salzgitter mit der bundeseigenen *Stahlwerke Peine-Salzgitter AG*; Bremen mit der *Klöckner-Werke AG*, Hütte Bremen, sowie Osnabrück mit der *Georgsmarien-Hütte*, die ebenfalls zum Klöckner-Konzern gehört (siehe Standortkarte).

In der Bundesrepublik arbeiteten 1979 etwa 1,8 % aller Erwerbstätigen im Produktionsbereich Eisen und Stahl, 1970 waren es noch 2,1 %. Dieser Sektor ist neben der Chemie der wichtigste Grundstoffbereich; innerhalb des Bereiches »Produzierendes Gewerbe« hält er die fünfte Position (hinter dem Maschinenbau, dem Straßenfahrzeugbau, der Elektrotechnik und der Chemie) mit Anteilen von 6,2 % an den Beschäftigten und 6 % am Umsatz. Als Grundstoffsektor beliefert die Stahlindustrie fast ausschließlich den intermediären Bereich mit Vorleistungen. Ein sehr hoher Anteil – etwa 53 % des Produktionswertes – besteht aus intrasektoralen Leistungen innerhalb des Sektors selbst; zu den wichtigsten übrigen Abnehmern gehören der Maschinenbau (6 %), der Straßenfahrzeugbau (5 %), die EBM-Warenproduktion (4 %), der Stahlbau (3 %) und die Elektrotechnik (2 %); der Anteil der Ausfuhr am Produktionswert ist mit 16 % hoch, die direkten Lieferungen an die übrigen Endnachfragebereiche sind bedeutungslos (unter 1 %). Mit seiner Produktion deckt der Stahlsektor etwa 94 % des gesamten inländischen Bedarfs (ebenda, 233). Sein Anteil an der Rohstahlproduktion der Europäischen Gemeinschaft liegt 1977 bei 31 %. Gemessen an Größe, Arbeitsproduktivität sowie technologischem Modernitätsgrad besitzt er in Europa eine führende Position: In der Bundesrepublik werden 1977 74 % des Rohstahls als *Oxygenstahl* (Sauerstoff-Blasverfahren) hergestellt; der EG-Durchschnitt beträgt zur gleichen Zeit 68 %; Frankreichs Oxygenstahl-Anteil an der Gesamtproduktion beläuft sich auf 73 %, der Italiens auf 44 % und der Großbritanniens auf 53 %. 33,5 % des in der EG 1977 produzierten Oxygenstahls kommt aus der Bundesrepublik, 19,5 % aus Frankreich, 12 % aus Italien und 12,5 % aus Großbritannien (SJES 1981, 91). Der *Edelstahl*anteil der Bundesrepublik an der Gesamtproduktion der EG beläuft sich im gleichen Jahr auf 54 %; Frankreich trägt 21,5 % und Italien 30 % bei (ebenda, 94). Bei der *Arbeitsproduktivität* (»Leistung pro Mann und Jahr in Tonnen Rohstahl«) beträgt der Vorsprung der

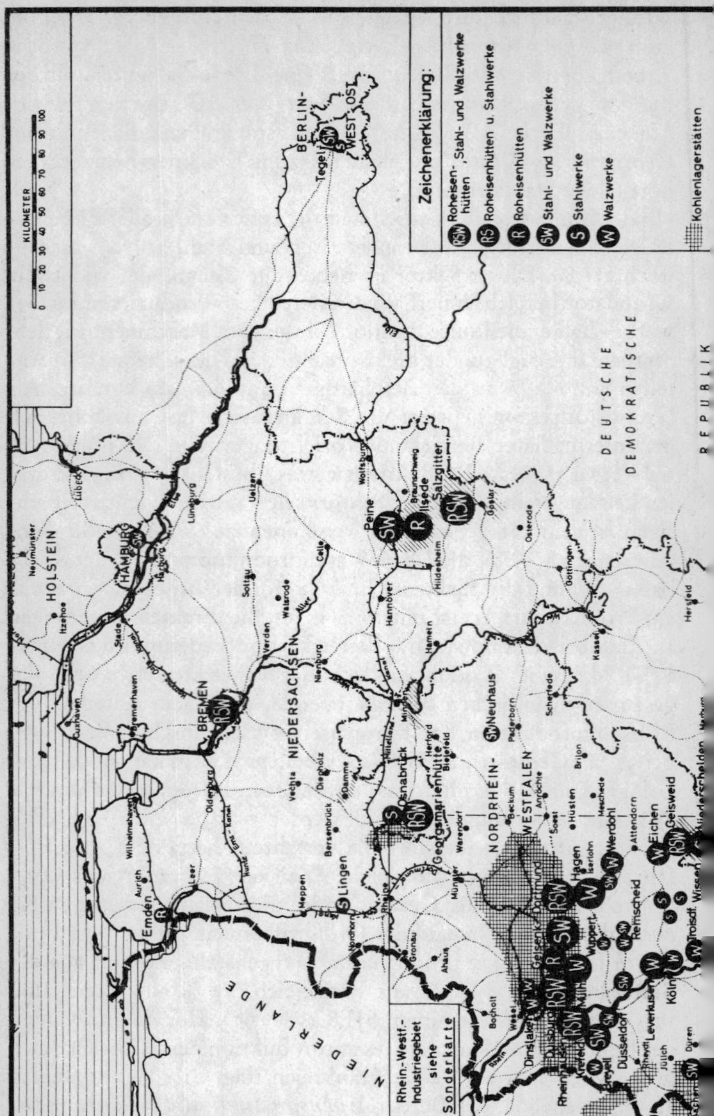
KILOMETER
0 10 20 30 40 50 60 70 80 90 100
Zeichenerklärung:
RSW Roheisen-, Stahl- und Walzwerke hütten
RS Roheisenhütten u. Stahlwerke
R Roheisenhütten
SW Stahl- und Walzwerke
S Stahlwerke
W Walzwerke
Kohlenlagerstätten
Rhein.-Westf.-Industriegebiet siehe Sonderkarte
HOLSTEIN
NIEDERSACHSEN
NORDRHEIN-WESTFALEN
NIEDERLANDE
DEUTSCHE DEMOKRATISCHE REPUBLIK
BERLIN-WEST
OST
Tegel
HAMBURG
BREMEN
Emden
Lingen
Osnabrück
Georgsmarienhütte
Peine
Ilsede
Salzgitter
Neuhaus
Hagen
Eichen
Geisweid
Remscheid
Düsseldorf
Duisburg
Dinslaken
Köln
Leverkusen
Wissen
Troisdf.
Werdohl
Wuppert.
Krefeld
Rheinhausen
Dortmund
Gelsenk.
Cuxhaven
Bremerhaven
Wilhelmshaven
Aurich
Leer
Itzehoe
Neumünster
Lübeck
Lüneburg
Uelzen
Celle
Soltau
Walsrode
Verden
Nienburg
Hannover
Hildesheim
Braunschweig
Wolfsburg
Goslar
Osterode
Göttingen
Kassel
Hersfeld
Hameln
Minden
Herford
Bielefeld
Paderborn
Scherfede
Brilon
Meschede
Attendorn
Soest
Hüsten
Iserlohn
Beckum
Warendorf
Münster
Rheine
Nordhorn
Gronau
Ahaus
Bocholt
Wesel
Meppen
Bersenbrück
Vechta
Diepholz
Damme
Oldenburg
Stade
Harburg
Jülich
Düren
Aachen
Rheydt
Breyell

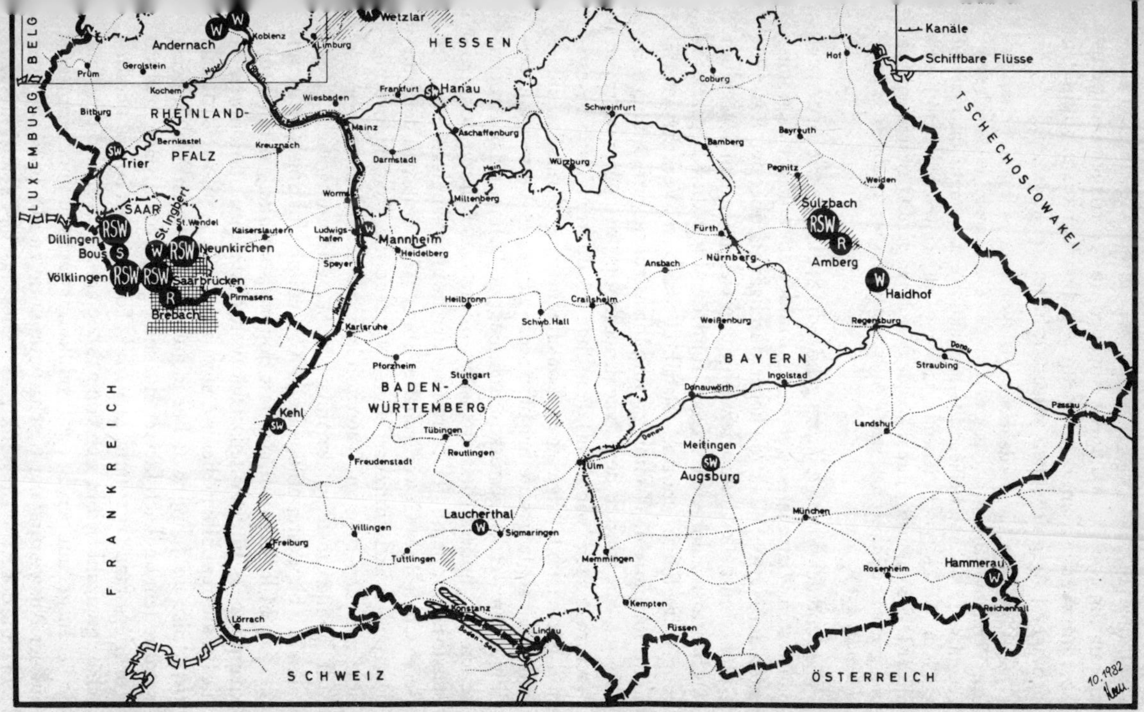


Stahlstandorte in der Bundesrepublik. Quelle: SJES 1982

Deutschen 1977 186,1 gegenüber 175,2 in der Gesamt-EG (Memorandum 1981, 236). Diese Angaben dürfen freilich nicht darüber hinwegtäuschen, daß die europäischen Konkurrenten in den siebziger Jahren erheblich aufgeholt haben:

»Den Vorsprung, den die deutschen Stahlkonzerne 1970 noch bei modernen Verfahren hatten (Oxygenstahl 50 %, Elektrostahl 30 %, Flachererzeugnisse 42 % der jeweiligen EG-Produktion), schrumpfte bis 1978 auf 33 %, 20 % bzw. 32 %« (ebenda, 234) – so daß sich feststellen läßt, »daß die BRD-Stahlindustrie ihre führende Position in der EG zwar im großen und ganzen behauptet hat, sich jedoch keineswegs weiter abgesetzt hat.« (Ebenda, 236)

Während der *fünfziger Jahre* gehört die Stahlindustrie zu den expansivsten Wirtschaftszweigen der Bundesrepublik; die Zuwachsraten der Nettoproduktion liegen durchgängig über den Raten im Durchschnitt aller Industriezweige und weit über dem Wachstum des Bruttosozialprodukts. Der Grund: der durch die Kriegszerstörungen bedingte enorme Nachholbedarf an Verkehrswegen, Transportmitteln, Wohnungs- und Infrastruktureinrichtungen einerseits, die durch den Nachkriegsboom bedingte weltweite Nachfrage nach (vor allem) deutschen Produktions- und Investitionsgütern und langlebigen Konsumgütern andererseits. Diese von der Nachfrageseite her besonders günstigen Verwertungsbedingungen werden gestützt durch niedrige Löhne, lange Arbeitszeiten und hohe Arbeitsintensität – Folgen der durch hohe Arbeitslosigkeit bedingten Schwäche der Lohnabhängigen bzw. der Bereitschaft ihrer Gewerkschaften, beim Wiederaufbau der Bundesrepublik aktiv mitzuarbeiten. Während die Weltstahlproduktion zwischen 1950 und 1960 von knapp 200 Mill. auf knapp 350 Mill. Tonnen ansteigt, also um ca. 75 %, wächst im gleichen Zeitraum die bundesrepublikanische Rohstahlproduktion von 14 auf über 34 Mill. Tonnen, also fast doppelt so schnell, nämlich um knapp 150 %. Ihren Anteil an der Weltrohstahlproduktion steigert die Bundesrepublik in dieser Zeit von rund 7,5 % auf 10 %. Bereits 1955, also 10 Jahre nach Beendigung des Zweiten Weltkrieges, wird in dem ungleich kleineren Bundesgebiet der bislang höchste Vorkriegsstand (1939) mit 24,5 Mill. Tonnen überboten. Die Beschäftigtenzahl erhöht sich von 230000 auf 420000, also um rund 80 %. Insgesamt beruht das Produktionswachstum noch zu 60 % auf der Ausweitung der Beschäftigung und zu nur 40 % auf einer Zunahme der Arbeitsproduktivität. Diese rasche Expansion ist zugleich mit einem ersten umfassenden Restrukturierungsprozeß verbunden: Rücknahme der von den Siegermächten zunächst durchgesetzten Nachkriegsentflechtung; Rückverflechtung, verbunden mit erneuter Konzentration und Zentralisation; Aufbau integrierter Hüttenwerke und Wiederherstellung der traditionellen Verbundwirtschaft zwischen Kohle und Stahl; Modernisierung und Rationalisierung von Produktionsstruktur und Produktionsverfahren durch Aufbau größerer, technologisch den neuesten Stand repräsentierender Hochöfen, Stahlwerk- und Walzwerkkapazitäten und zugleich gezielte Umstellung auf die Flachstahlproduktion.

Zu Beginn der *sechziger Jahre* ist diese Aufbauphase abgeschlossen und die »alte (aus der Weimarer Zeit bekannte) Krankheit«: Verwertungskrise wegen gestiegener organischer Zusammensetzung des Kapitals (latente Überakkumulation), bricht erneut aus. Ab etwa 1962/63 liegt das Wachstum stets unter dem der Gesamtindustrie und dem des Bruttosozialproduktes. 1961, 62, 63, 65 und 66 ist die Stahlproduktion rückläufig, und aufgrund »allseits gewachsener Produktionskapazitäten wurden die Absatzmärkte eng, verschärfte sich die Preiskonkurrenz, stieg die Gefahr chronischer Unterauslastung, machte sich zunehmender Kostendruck geltend« (Bünnig/Zundel 1981, 37). Dabei erweist sich die Finanzstruktur als zusätzlicher Kostenfaktor für die einzelnen Stahlkonzerne: da die enormen Modernisierungsinvestitionen der fünfziger Jahre nicht ohne Erhöhung des Fremdkapitalanteils zu bewältigen waren, müssen entsprechend hohe Zinsen gezahlt werden. Ähnliche Verwertungsprobleme haben die wichtigen Weltmarktkonkurrenten, so daß sich der Konkurrenzkampf in Form eines Preiswettbewerbs auf dem Weltmarkt zusehends verschärft. Hinzu kommen die Stahlindustrie benachteiligende Nachfrageverschiebungen, wie die Senkung des spezifischen Stahlverbrauchs bei den Abnehmern und die Substitution von Stahl durch Aluminium, Kunststoff oder Beton. Obwohl im Zeitraum von 1960 bis 1974 die Weltrohstahlproduktion von 348 Mill. auf 710 Mill. Tonnen ansteigt, sich also verdoppelt, erhöht sich die der Bundesrepublik nur um ca. die Hälfte, von 34 Mill. auf 53 Mill. Tonnen. Zugleich sinkt der deutsche Anteil an der Weltrohstahlproduktion von rund 10 % auf rund 7,5 %.

Durch einen zweiten Modernisierungs- und Rationalisierungsschub mit dem Ziel arbeitsteiliger Spezialisierungs- und Programmbereinigung, durch weitere Konzentrationsprozesse, einen kontinuierlichen Beschäftigungsabbau, eine massive Ausweitung des Exportanteils sowie die Rückkehr zum traditionellen Mittel der Marktkartellierung versucht man, die neuen Probleme zu bewältigen. Allerdings vermögen die Ruhrkonzerne den Anpassungsprozeß wesentlich effizienter zu gestalten als die saarländischen; denn letztere sind aufgrund der gerade erfolgten politischen und wirtschaftlichen Eingliederung in die Bundesrepublik noch zu sehr mit Sonderproblemen beschäftigt und wesentlich weniger dem weltweiten Anpassungsdruck ausgesetzt:

– In der zweiten Hälfte der sechziger Jahre vereinigen sich *Hoesch* und die *Dortmunder Hörder-Hütten-Union.* Zur gleichen Zeit beginnt die enge Zusammenarbeit zwischen *Hoesch* und dem niederländischen Konzern *Hoogovens,* die dann 1971 zur Fusion führt. Die *Thyssen-Gruppe* gliedert sich 1968 die *Hüttenwerke Oberhausen AG* an. Außerdem vollziehen *Thyssen* und *Mannesmann* ein Tauschgeschäft: *Thyssen* erhält von *Mannesmann* dessen gesamte Flachstahlproduktion, während die *Thyssen*-Rohrproduktion in die *Mannesmann*-Röhrenwerke eingebracht wird. Ebenso schreitet die Diversifizierung der Produktionsstruktur mit der Fusion *Thyssen/Rheinstahl* bzw. *Mannesmann/Demag* in den Maschinen- und Anlagenbau voran. *Krupp* erwirbt die *Stahlwerke Südwestfalen* und *Klöckner* die *Max-Hütte* in Sulzbach/Rosenberg. Neben diesen Spezialisierungs- und Programmbereinigungsmaßnahmen orientiert sich *Krupp* zusätzlich auf den zukunftsträchtigen Edelstahlbereich. Und lediglich *Hoesch* verbleibt wegen der Fusion mit *Hoogovens* im Kernbereich der traditionellen Stahlproduktion, was sich bei der derzeitigen Krise für *Hoesch* problemverschärfend auswirkt.

– Modernisierung und Rationalisierung werden durch die forcierte Umstellung auf Blasstahlverfahren, Stranggußtechnik und computergestützte Anlagensteuerung einerseits, Programmrationalisierung und räumliche Konzentration auf die jeweils optimalen Anlagen andererseits vorangetrieben. Dies führt zu einer erneuten Steigerung der Kapitalintensität, die 1971 um rund das Dreifache über dem Durchschnitt aller deutschen Unternehmen liegt.

– Die Reduzierung der Beschäftigten erfolgt in dieser Zeit kontinuierlich, »und zwar ohne größere soziale Spannungen« – wie sowohl der *Arbeitgeberverband Eisen und Stahl* (1981) als auch die

*Gewerkschaft IG Metall* (Peters u. a. 1979) bemerken. Die Gesamtbelegschaft geht von 418000 (1960) auf 345000 (1974) um rund 17 % zurück. Dabei ist besonders bemerkenswert, daß in der Boomzeit zwischen 1970 und 1974, als die Nettoproduktion um über 25 % ansteigt, allein rund 30000 Arbeitsplätze abgebaut werden. Dieser Belegschaftsabbau in der Boomzeit bleibt in der EG ohne Beispiel. Mit Ausnahme Großbritanniens haben alle anderen Stahlerzeugerländer in dieser Zeit ihre Personalbestände sogar aufgestockt.

– Sowohl Modernisierungsmaßnahmen als auch kontinuierlicher Beschäftigtenabbau bewirken eine große Produktivitätssteigerung: Während die Rohstahlproduktion zwischen 1962 und 1970 nur um rund ein Drittel von 32 auf 45 Mill. Tonnen ansteigt, erhöht sich die Produktivität je Arbeitsstunde von 100 auf 167, also um mehr als zwei Drittel (SJES 1970). Im Langzeitvergleich erhöht sich die Produktivität je Arbeitsstunde zwischen 1952 und 1960 um 47 %, zwischen 1961 und 1970 um 73 % und zwischen 1971 und 1974 nochmals um rund 34 %. Dagegen steigen die Lohnstückkosten in den fünfziger und sechziger Jahren wesentlich geringer: zwischen 1952 und 1960 um 18 % und zwischen 1961 und 1970 um 18,5 %; freilich zwischen 1970 und 1975, als die Stahlarbeiter in Folge der September-Streiks von 1969 wesentlich höhere Löhne durchsetzen, um 48 % (AES 1976–78, 88).

– Der Exportanteil am Gesamtumsatz der Stahlindustrie erhöht sich von 17,8 % im Jahre 1958 über 30,3 % im Jahr 1967 auf über 35 % im Jahr 1974 (Altvater u. a. 1979, 156). Diese direkte Exportabhängigkeit wird noch durch eine indirekte verstärkt, da die Stahlindustrie als Grundstoffindustrie von der Exportausweitung des gesamten Investitionsgüterbereichs sowie der Automobilindustrie profitiert (Stäglin/Wessels 1976, 275).

– Aufgrund der immer schärfer werdenden Preiskonkurrenz greifen die deutschen Stahlhersteller ab 1966 zum traditionellen Mittel des Marktkartells. Vier *Walzstahlkontore* werden gebildet, über die der Produktabsatz zu einheitlichen Preisen und Lieferbedingungen garantiert werden soll. Diese »Trainingszentren der Unternehmenskonzentration« – so der damalige Bundeswirtschaftsminister *Schiller* – werden dann 1971 nach Interventionen der *Europäischen Kommission* in vier Rationalisierungsgruppen zur Marktlenkung durch Abstimmung der Investitionen und der Produktion umgewandelt. Erleichtert wird diese, wenn auch nicht reibungslos funktionierende Absprache durch das bei allen Konzernen präsente Bankkapital, das nicht nur in großem Maße die Interessen vereinheitlicht, sondern faktisch als privatwirtschaftliche Investitionslenkungsinstitution wirkt.

Trotz dieser kontinuierlichen Modernisierungs- und Rationalisierungsmaßnahmen, denen die deutsche Stahlindustrie vor allem ihre Stellung als größter, produktivster und technologisch führender Stahlerzeuger in Europa verdankt, wird auch sie von der *Krise 1975* hart getroffen: Von 1974 auf 1975 sinkt die Rohstahlproduktion um 24 % und hat auch 1981 mit 41,6 Mill. Tonnen noch nicht wieder den Stand von 1970 (45 Mill. Tonnen) erreicht, geschweige den Spitzenwert von 1974 mit 53 Mill. Tonnen. Die Kapazitätsauslastung beträgt seit dieser Zeit lediglich um die 60 %. Von 1974 auf 1976 geht auch der hohe und als Ausgleich für eine betriebswirtschaftlich optimale Auslastungsrate dienende Exportanteil von 40 % auf unter 32 % zurück, kann dann aber in den nachfolgenden Jahren wieder auf 39 % gesteigert werden. Ungünstig freilich entwickelt sich der Anteil an Weltrohstahlproduktion und Weltstahlausfuhr: während ersterer 1974 noch 7,5 % beträgt und auf 5,8 % sinkt, reduziert sich letzterer von 17,4 % (1974) auf 12,6 % (1977) und erreicht auch 1978 nur gerade 14 % (Memorandum 1981, 222f.). Während der Anteil an den Weltstahlimporten sich von 7,2 % (1974) auf 9 % (1977) erhöht (Statistics of World Trade in Steel, 1974–77), steigt allein der Anteil der Importe an der Marktversorgung der Bundesrepublik mit Walzstahl-Fertigerzeugnissen bis 1980 um 35 % – das ist eine Verdreifachung gegenüber 1974 (AES 1978–80, 17). Dramatisch wirkt sich der Fall der Eigenkapitalrendite aus (Eigenkapital im Verhältnis zum Jahresüberschuß) – ein Indikator, der in etwa die Profitratenentwicklung wiedergibt: sie fällt von 22,7 % (1974) auf 10,6 % (1975) und 6,5 % (1977) (Deutsche Bundesbank, Monatsbericht 11/75 und 11/80). Schließlich schnellt auch die Zahl der abgebauten Arbeitsplätze in die Höhe: von Ende 1974 bis Ende 1982 um 88000, also um mehr als ein Viertel in 8 Jahren (AES 1980–82, 46). Wurden im Durchschnitt der Jahre 1960 bis 1974 die Beschäftigtenzahlen um ca. 1000 pro Quartal reduziert, so sind es in Zeiten der Krise rund 1000 pro Monat (Kuda 1979, 26).

Obwohl die Stahlbranche insgesamt als schrumpfende Branche zu gelten hat, deren Anteil an der Nettoproduktion des verarbeitenden Gewerbes von 4,5 % 1974 auf 3,5 % 1978 zurückgeht (der

Anteil der chemischen Industrie, der Elektrotechnik und des Maschinenbaus liegt demgegenüber jeweils bei ca. 10 %), versucht sie weiterhin, durch eine offensive Modernisierungs- und Spezialisierungsstrategie ihre Spitzenposition innerhalb der Europäischen Gemeinschaft zu halten und sich den vom Weltstahlmarkt ausgehenden Zwängen zu unterwerfen. Damit ist inhaltlich auch der *Handlungskorridor* vorgegeben, innerhalb dessen sich eine politische Regulierung der Stahlkrisen an Saar und Ruhr zu bewegen hat – auch wenn der soziale Preis sehr hoch ist.

## 3. Exkurs: Allgemeine Stahlpolitik in der Bundesrepublik Deutschland

Nach der von allen wichtigen gesellschaftlichen und politischen Kräften (einschließlich der Gewerkschaften) akzeptierten marktwirtschaftlichen Ideologie, die freilich lediglich die Dominanzposition der deutschen Wirtschaft auf dem Weltmarkt reflektiert (Schlupp 1979; Esser/Fach/Simonis, 1980), gibt es *keine* besondere Stahlpolitik in der Bundesrepublik:

»Das Verhältnis Staat und Stahl ist . . . in die allgemeine Wirtschaftspolitik eingebettet. Die Stahlindustrie handelt – wie alle Industriezweige – eigenverantwortlich innerhalb eines vom Staat gesetzten, allgemeinen wirtschaftspolitischen Rahmens. Dieser Rahmen ergibt sich aus den Elementen unserer marktwirtschaftlich orientierten Wirtschaftsordnung: zum Beispiel aus der Lenkungsfunktion der Marktpreise, aus den Leistungsanreizen für die am Wirtschaftsprozeß – auf der Basis des Prinzips der Eigenverantwortlichkeit – Beteiligten und aus der Form der Wettbewerbssicherung als der notwendigen Leistungskontrolle. Neben diesen beispielhaft aufgeführten Grundelementen unserer Wirtschaftsordnung gibt es eine Reihe von Zusatzbedingungen, die auf die Sozialverantwortung in unserem Wirtschaftssystem abstellen, z. B. die Mitbestimmungsregelungen für die Arbeitnehmer und – im weiteren Sinne – die Regionalpolitik und die Umweltschutzvorschriften.« (Ollig 1980, 427)

Innerhalb dieses Kontextes soll es Aufgabe der politischen Instanzen sein, die gesellschaftlichen und politischen Rahmenbedingungen zu schaffen, um die Anpassungsfähigkeit und -bereitschaft der Industrie zu stärken und ihre Bemühungen zu unterstützen, die internationale Wettbewerbsfähigkeit zu erhalten oder – bei Krisenlagen – wiederherzustellen. Mit anderen Worten: Die Stahlpolitik ist in eine allgemeine Strukturpolitik eingeordnet, die aufgrund des spezifischen, stark exportorientierten Wirtschaftssystems die Fähigkeit von Wirtschaftseinheiten zum Abbau überholter Strukturen und zur Sicherung oder Rückeroberung einer Spitzenposition auf dem Weltmarkt flankierend abzusichern hat.

Da man jedoch realistischerweise eingesteht, daß lang andauernde Markteinbrüche möglich und die »Selbstheilungskräfte des Marktes« zu überstürzten oder verfälschten Auslesefolgen führen können, kann es notwendig werden, »dem Wettbewerb für eine zeitlich eng begrenzte Dauer nicht völlig freien Lauf zu lassen« (ebenda, 429). In diesem Fall akzeptiert man dann staatsinterventionistische Mengen- und auch Preisstützungsregelungen – wie sie die Europäische Kommission seit 1977 praktiziert. Freilich sitzt die Furcht des stärksten europäischen Stahlproduzenten Bundesrepublik tief, bei der Hinnahme solcher Regelungen die eigene Spitzenposition durch staatlich unterstützte Aufholjagden der Konkurrenten einzubüßen.

»Die staatliche Intervention behindert regelmäßig die Energie der unmittelbar Betroffenen und lähmt ihren Willen zur Selbstheilung. Das System begibt sich durch die Intervention seiner flexiblen Anpassungsfähigkeit. Der intervenierende Staat gerät in die Defensive und rechtfertigt sich durch weitere Interventionen. Schließlich kommt er mehr und mehr in die Rolle des unbeschränkt Nachschußpflichtigen – alles auf Kosten der Steuerzahler und der Unternehmen, die keine Subventionen erhalten. Wir haben in Europa eklatante Beispiele dafür. Die Unternehmen der Branche, die sich aus eigener Kraft und unter harten Opfern angepaßt haben, werden durch diese Vorgänge entmutigt ... Wie viel besser eine konsequente Wettbewerbsorientierung Arbeitsplätze dauerhaft sichert sowie technischen Fortschritt und Wachstum zum Wohle aller fördert, zeigt das Beispiel einer Reihe von vorwiegend privaten Stahlunternehmen in nahezu allen EG-Mitgliedsstaaten, die die Jahre seit 1974 dank unternehmerischer Weitsicht und Initiative, dank konsequenten Handelns und vor allem auch dank verantwortungsbewußtem Einsatz und Mitwirken der Belegschaften bis heute ohne erhaltende Subventionen aus Steuermitteln überstanden haben. Sollten auch sie eines Tages wegen der zögerlichen Anpassung alter Anlagen in Schwierigkeiten kommen und vor der Frage stehen, moderne Produktionslinien stillegen oder Staatshilfen anfordern zu müssen, droht ein chaotischer Wettbewerb der Staatskassen. Dieses wäre fatal: in der europäischen Stahlindustrie würden nicht die wettbewerbsfähigsten, produktivsten Anlagen erhalten, sondern die am höchsten subventionierten.« (Ebenda, 430f.)

Setzt die deutsche Stahlpolitik deshalb einerseits auf zeitlich befristete, der mittelfristigen Gesundschrumpfung auf privatkapitalistischer Grundlage dienende Maßnahmen der Europäischen Kommission, so kann sie andererseits ihre häufig vorgetragene Drohung, bei Nichteinhaltung des Kapazitäts- und staatlichen Subventionsabbaus der europäischen Sanierung ihre Unterstützung zu versagen und den eigenen Markt gegen subventionierten Stahl abzuschotten, aus drei Gründen nicht wahrmachen: Zum einen ist auch die deutsche Bundesregierung gezwungen, in vielfältiger, teils versteckter, teils offener Weise die Stahlbranche vor dem Ruin zu schützen und die notwendigen Modernisierungsmaßnahmen zu subventionieren; denn die langanhaltende Krise hat die Eigenmittel der Unternehmen zur Finanzierung neuer Investitionen stark zusammenschmelzen lassen. Zum zweiten kann auch sie nicht übersehen, daß im weltweiten Konkurrenzkampf die Produktivitätsvorsprünge der Japaner noch längst nicht eingeholt sind und außerdem wegen der erfolgreichen Preiskartellierung in Japan und den USA höhere Stahlpreise als in Europa gezahlt werden, was den Spielraum japanischer oder amerikanischer Unternehmen zur Finanzierung einer weiteren Modernisierung der Produktionsstruktur erhöht. Drittens würde eine Ablehnung europäischer Regelungen möglicherweise zu einem ruinösen Konkurrenzkampf auf dem europäischen Binnenmarkt führen, der nicht nur zur protektionistischen Abschottung im Stahlsektor, sondern zur totalen Desintegration des europäischen Marktes führen könnte – eines Marktes, den die gesamte deutsche Wirtschaft immerhin mit über 48 % ihrer Ausfuhrwaren versorgt und von dem sie existentiell abhängt.

Die aus all dem resultierenden allgemeinen staatlichen Unterstützungsmaßnahmen für die Stahlindustrie haben deshalb trotz marktwirtschaftlicher Ideologie Tradition. Bereits in den fünfziger und sechziger Jahren waren sie nämlich in Form von Steuererleichterungen und Investitionsbeihilfen an der Tagesordnung. Und zum größten Subventionsfall kam es in den sechziger Jahren, als die Stahlindustrie die Weichen für die Modernisierung stellte. Stillegungsprämien, Investitionsbeihilfen und Übernahme der defizitären Bergwerke von den Altgesellschaften, die zu einem großen Teil die Stahlkonzerne sind, bei Herauslösung aller profitablen Zweige der Kohlengesellschaften (Kraftwerke, moderne Hütten-Kokereien usw.) aus der damals gebildeten Ruhrkohle AG bedeuteten faktisch eine erhebliche Subventionierung für die Stahlindustrie. Die Kokskohlenbeihilfen und andere Subventionen für den Bergbau beliefen sich zwischen 1966 und 1978 auf ca. 15 Mrd. DM. Zwar kann man die Kokskohlenbeihilfen nicht als direkte Subventionen der Stahlindustrie bezeichnen, aber immerhin wird dadurch der hohe Kokskohlepreis fast auf Weltmarktniveau heruntersubventioniert. Durch den Hüttenvertrag wird darüber hinaus absolute Versorgungssicherheit garantiert, die z. B. im Boomjahr 1974, als Kokskohle auf dem Weltmarkt knapp war, erlaubte, die Produktion maximal auszudehnen (Memorandum 1981, 246ff.)

Gegenwärtig sind – neben den noch im einzelnen zu untersuchenden *direkten* Organisationsversuchen zur Bewältigung der Stahlkrise an Saar und Ruhr – von seiten des Staates folgende offen oder versteckt gewährten *allgemeinen* Hilfsmaßnahmen feststellbar, die zumindest Zweifel an der gängigen These erlauben, nur die europäischen Konkurrenten hätten mit inzwischen über 80 Mrd. DM staatlichen Subventionen gegen den Geist des Montanvertrages verstoßen und die aktuelle Misere der deutschen Stahlindustrie verursacht. Diese Maßnahmen stützen die Auffassung, daß es im Kapitalismus die staatsfreie, rein marktwirtschaftliche Lösung für ökonomische Anpassungsprobleme nicht gibt (und nie gegeben hat).

– Ein 1978 im Rahmen der technologischen Schwerpunktprogramme des Bundesministeriums für Forschung und Technologie beschlossenes *Stahlforschungsprogramm* (Laufzeit bis 1984) soll der Gefahr begegnen, daß die deutsche Stahlproduktion wegen der langandauernden schlechten Ertragslage ihre Forschungs- und Entwicklungsmaßnahmen vernachlässigt. Schwerpunkte der Förderung liegen auf den Gebieten der Verfahrenstechnik (z. B. energiesparende Verfahren), der Werkstoffeigenschaften (z. B. Entwicklung von Stahlsorten, die knappe Legierungselemente ohne Verlust ihrer Verbrauchseigenschaften einsparen) sowie der Anwendungstechnik (z. B. Anwendung von Stahl in Meerestechnik und Nukleartechnologie). Bis Mitte 1980 wurden im Rahmen des Programms gut 200 Projektanträge von 64 Antragstellern bewilligt. Zu den Antragstellern gehören Universitäten, Forschungsinstitute, die meisten deutschen Stahlunternehmen und Unternehmen der Weiterverarbeitung. Die Förderung erfolgt in Form von finanziellen Zuwendungen, die nach Abschluß des Forschungsprojekts abzurechnen sind. Der Zuwendungsempfänger muß in der Regel mindestens die Hälfte der Forschungsaufwendungen selbst tragen (Ollig, 436).

– Im Juli 1981 wird ein *Hilfsprogramm für die Stahlindustrie* beschlossen, das verteilt über die Jahre bis 1985 Finanzhilfen von rund 1,8 Mrd. DM vorsieht, und zwar für Investitionszulagen, Fortsetzung des Stahlforschungsprogramms und Sozialmaßnahmen für ausscheidende Stahlarbeiter. Neben den neuen Beihilfen sollen *strukturpolitische Hilfen* aus der *»Gemeinschaftsaufgabe zur Verbesserung der regionalen Wirtschaftsstruktur«* im Verbund mit den Bundesländern die Durchführung von Umstrukturierungsprogrammen unterstützen. Daher wurden im Rahmen eines Sonderprogramms die betroffenen Stahlstandorte in die geförderte Gebietskulisse der Gemeinschaftsaufgaben aufgenommen. Am *Sonderprogramm zur Schaffung von Ersatzarbeitsplätzen in Regionen mit Stahlstandorten* will sich die Bundesregierung mit einer auf drei Jahre befristeten Investitionszulage von 8,5 % beteiligen. Weiter sind direkte Investitionszulagen von 10 %, ebenfalls befristet auf drei Jahre, für Umstellung und grundlegende Rationalisierung vorgesehen. Für die Investitionszulagen werden Steuerausfälle bis 400 Mill. DM beim Bund einkalkuliert. Ein ähnlicher Betrag wird bei den Ländern und rund 50 Mill. DM werden bei den Gemeinden anfallen. Bei den sozialen Maßnahmen (Abfindungen, Übergangshilfen) für die von Umstrukturierungen und Arbeitsplatzabbau betroffenen Stahlarbeiter sind in den nächsten vier Jahren jährlich etwa 70 Mill. DM veranschlagt. Dabei rechnet man mit der Entlassung von 24 000 Stahlarbeitern in den nächsten vier Jahren. Rückwirkend vom 1. Juli 1981 an gelten folgende verbesserte Sozialmaßnahmen: Für ausscheidende Arbeitnehmer, die mindestens 50 Jahre alt sind, wird die Abfindung von bisher 4000 auf 6000 DM erhöht. Die Bemessungsgrundlage für eine bereits bestehende Übergangshilfe erhöht sich von 1500 auf 2500 DM, um die Differenz zwischen Arbeitslosengeld und ehemaligem Einkommen zu schließen. Die Kosten tragen anteilig Bund und Unternehmen. Der mit Abfindung und Übergangshilfe geförderte Personenkreis wird erweitert: Zukünftig reicht eine 10jährige Beschäftigung in der Stahlerzeugung aus (*Frankfurter Allgemeine Zeitung* v. 1. 8. 81).

– Die eben angesprochene *Gemeinschaftsaufgabe zur Verbesserung der regionalen Wirtschaftsstruktur* besteht seit Anfang der siebziger Jahre und hat bereits seit diesem Zeitpunkt die Investitionen von Teilen der westdeutschen Stahlindustrie subventioniert: Max-Hütte in Sulzbach-Rosenberg mit 20 %, Stahlwerke Peine-Salzgitter mit 25 % bzw. 15 %, Arbed-Hütten im Saarland mit 20 % Investitionsprämie; hinzu kommen aus Landesmitteln finanzierte Zulagen für alle Stahlkonzerne an der Ruhr von jeweils 5 %. Darüber hinaus finanziert das Land Nordrhein-Westfalen über ein *Ruhrgebietsaktionsprogramm* mit weiteren 125 Mill. DM Forschungen im Stahlsektor. Dieses Programm enthält ebenfalls 700 Mill. DM für die Sanierung stark umweltbelastender Anlagen.

– 1979 verabschiedet die Bundesregierung ein *arbeitsmarktpolitisches Sonderprogramm für Problemregionen.* Unternehmen erhalten für ein Jahr hohe Zuschüsse, wenn sie innerbetriebliche Weiterqualifizierungsmaßnahmen durchführen oder schwer vermittelbare Arbeitslose einstellen. An diesem Sonderprogramm, für das 900 Mill. DM bereitgestellt werden, sind faktisch alle Stahlstandorte der Bundesrepublik beteiligt, und die Stahlkonzerne beanspruchen einen hohen Anteil der ausgegebenen Mittel.

– Ein wesentlicher Teil der nationalen, den Anpassungsprozeß flankierender Maßnahmen in der Bundesrepublik bezieht sich auf Entscheidungen des Artikel 56 Montan-Union-Vertrag, also auf den *sozialen Bereich.*

»Zusammen mit der Europäischen Gemeinschaft wurden und werden die Möglichkeiten des Montan-Union-Vertrages weitgehend ausgeschöpft, um die Situation der von Anpassungsmaßnahmen betroffenen Arbeitnehmer zu erleichtern. Umschulungshilfen, Wartegeld, Übergangshilfen, Umzugshilfe, Abfindung und andere soziale Hilfen wurden und werden gezahlt. Dadurch wurden die Mobilität der Arbeitnehmer gefördert und untragbare soziale Härten vermieden. Diese speziellen Hilfen für die Montanarbeiter treten neben und ergänzen das generelle, staatliche soziale Netz wie z. B. Arbeitslosen- und Rentenregelung. ... Die Stahlarbeiter haben durch die zusätzlichen Hilfen nach Art. 56 EGKS-Vertrag, die seit 1974 etwa 14000 Arbeitnehmern gewährt wurden, eine gewisse Vorzugsstellung erhalten. Ein entscheidendes Anliegen bei der Gewährung dieser Hilfen ist es, die Situation der Arbeitnehmer zu erleichtern, ohne weitere Arbeitsplätze der Stahlunternehmen zu gefährden. Deshalb dürfen die Hilfen die lebensfähigen Unternehmen oder Produktionslinien nicht zusätzlich belasten.« (Ollig, 433)

– Schließlich sind auch *versteckte Subventionen* und *gezielte Steuererleichterungen* zu notieren. Da gibt es einmal den *Bodenfonds* in Höhe von 500 Mill. DM als Bestandteil des Ruhrgebietsaktionsprogramms: Die Kosten für die Rekultivierung alter Zechen- und Industriegelände im Ruhrgebiet werden vom Land bzw. den Kommunen getragen. Sie kaufen diese Flächen zu hohen Preisen auf, kultivieren mit enormen Kosten und führen sie dann der Wiederverwendung zu. Daneben wäre hier der Wegfall der *Lohnsummensteuer* zu nennen, der den Stahlkonzernen Steuern in Millionenhöhe erspart hat (Memorandum 81, 247).

# III. Die Krise »von oben«: Das politische Kartell

## 1. Saarland: Das funktionierende Kartell

Das Saarland wurde von allen Stahlstandorten in der Bundesrepublik Deutschland durch die Stahlkrise seit 1975 am frühesten und härtesten getroffen. Wir wollen zunächst die Gründe dafür benennen. Daran anschließend werden die Auswirkungen der Krise in der Region, in den Kommunen und in den Betrieben dargelegt. Den Schwerpunkt der Analyse bildet dann die politische Bewältigung der Krise, wobei sich die Untersuchung auf die Erarbeitung eines Sanierungskonzeptes in den Jahren 1977 und 1978 sowie dessen versuchter Realisierung bis etwa zum Herbst 1982 erstreckt. Dabei wollen wir zeigen, daß und warum sich ein politisches Kartell zur erfolgreichen, d. h. sachadäquaten und sozialkonsensualen Bewältigung der Krisenfolgen herausgebildet hat. »Erfolgreiche Krisenbewältigung« und »funktionierendes Kartell« meint hier den Prozeß der Erstellung einer allseits gebilligten unternehmerischen und sozialen Konzeption in der ersten Phase nach 1977. Eine endgültige Stabilisierung oder Rettung der saarländischen Stahlindustrie bedeutet dies freilich noch längst nicht. Vielmehr verschärft sich die Krise während der Durchführung des Restrukturierungsprogramms dramatisch. Der erneute Kriseneinbruch ab Mitte 1982 ist so hart, daß das politische Regulierungskartell daran zerbrechen könnte. Obwohl bisher keine offene Aufkündigung des festgeschriebenen Konsenses zwischen den beteiligten Akteuren erfolgte, bleibt dennoch festzuhalten, daß politische Kartellbildung keineswegs als dauerhaft stabiler Mechanismus anzusehen ist, sondern eine durchaus labile Machtbalance repräsentiert, die nur unter spezifischen historischen Bedingungen funktioniert.

### *1.1 Auswirkungen der Stahlkrise im Saarland*

#### *1.1.1 Historische Ausgangsbedingungen*

Die politische und wirtschaftliche Geschichte des Saarlandes weicht in den letzten 60 Jahren deutlich von der Entwicklung anderer industrieller Zentren Deutschlands ab und ist deshalb zu Recht als »Sonderentwicklung« (Zenner 1979) gekennzeichnet worden. Dies erklärt, warum es in dieser Region bereits 1977 zu einer ökonomischen und sozialen Zuspitzung von Krisenphänomenen kam, die der politischen Regulierung bedurften. Diese Sonderfaktoren können freilich nicht – wie das häufig geschieht – zur Begründung für den sogenannten Ausnahmecharakter der Stahlkrisenregulierung an der Saar herangezogen werden. Es zeigt sich nämlich, daß beim Verhalten der Akteure Staat, Kapital und Gewerkschaft Strukturmerkmale wirksam sind, die für die Bundesrepublik insgesamt Geltung besitzen.

*Politik:* Als im Saarland 1918 die mehr als 100jährige Zugehörigkeit zur preußischen Rheinprovinz endete, folgten nicht weniger als vier unterschiedliche politische Regime. Seit dem Ende des Ersten Weltkrieges stand die Region fast drei Jahrzehnte – wenn auch nicht ununterbrochen – unter dem politischen und ökonomischen Einfluß Frankreichs. Diese Situation bedeutete für sie zwar nicht – wie zuweilen angenommen wurde (vgl. hierzu etwa Schmidt, 1959, I–131) – ein besonderes Problem hinsichtlich ihrer nationalen Identität, aber die Frage der nationalstaatlichen Zugehörigkeit absorbierte einen großen Teil des politischen Handlungspotentials und überdeckte zugleich vorhandene soziale Konflikte.

Nachdem im Versailler Vertrag »zum erstenmal in der Geschichte aus dem Land an der Saar ein geschlossenes politisches Territorium« (Zenner 1979, 588) gebildet worden war, wurde dieses neu entstandene »Saargebiet« Anfang 1920 der treuhänderischen Verwaltung des Völkerbundes unterstellt. Als oberste staatliche Autorität setzte der Völkerbund eine mehrheitlich französisch orientierte Regierungskommission ein, gegen die sich allerdings – unter Berufung auf das im Saarstatut des Versailler Vertrages festgeschriebene nationale Selbstbestimmungsrecht – innerhalb von zwei Jahren eine breite antifranzösische Einheitsfront in der Bevölkerung herausbildete. Die französische Politik war als Ersatz für die von den USA verhinderte Annexion des Gebietes relativ deutlich auf Reparationsleistungen ausgerichtet. So gingen die Bergwerke in das Eigentum des französischen Staates über und gelangten unter z. T. massivem politischen Druck 60 % der Eisen- und Stahlindustrie in französischen Besitz; außerdem wurde die Region dem französischen Zoll- und Währungssystem eingegliedert (Schmidt 1959, 87ff.; Zenner 1979, 589).

Unmittelbare Konsequenz dieser französischen Politik war der für die politische Bewußtseinsbildung folgenreiche Tatbestand, daß sich soziale Konflikte nicht zwischen Arbeit und Kapital artikulierten, sondern die Form nationaler Selbstbehauptung gegenüber der französischen Okkupation annahmen. Diese Überlagerung der sozialen durch die nationale Problematik zeigte sich erstmals in voller Deutlichkeit anläßlich des 100tägigen Bergarbeiterstreiks 1923. Ausgelöst durch Forderungen nach Lohnerhöhungen und einer Teuerungszulage (Blies 1978, 39), geriet er durch die Maßnahmen der Regierungskommission – Verhängung des Belagerungszustandes, Einsatz von französischem Militär und organisierten Streikbrechern – sehr schnell zu einem Kampf um nationale Selbstbehauptung. Daß ein solches Umbiegen sozialer in nationale Probleme im Interesse des saarländischen Kapitals lag, belegt eindrücklich die aktive Unterstützung, die der Bergarbeiterstreik durch den Eigentümer der Völklinger Hütte, *Hermann Röchling*, erfuhr. Dieser betrieb eifrig die Umdeutung des Arbeitskampfes in eine nationale Auseinandersetzung mit den französischen Okkupanten, da eine potentielle Übernahme auch der Völklinger Hütte durch konkurrierendes französisches Kapital nicht ausgeschlossen werden konnte (Röchling 1934, 89ff.).

Die parteipolitische Entwicklung während der Zeit des Völkerbundregimes läßt sich an den Wahlen zum saarländischen »Landesrat«, eine Art Quasi-Parlament ohne Entscheidungs- und Gesetzgebungsbefugnisse, demonstrieren. Sie ist zunächst durch einen rapiden Niedergang der SPD gekennzeichnet, dem allerdings ein deutlicher Anstieg der KPD gegenübersteht. Das Zentrum, das bei einem fast 75 %igen katholischen Bevölkerungsanteil die dominierende politische Kraft repräsentierte, hatte nur relativ geringe Verluste zu verzeichnen, während die liberalen und bürgerlichen Parteien, bedingt auch durch häufige interne Machtverschiebungen, in ihrer Bedeutung kontinuierlich und deutlich zurückgingen. Seit Anfang der dreißiger Jahre ist schließlich ein relativ schnelles Anwachsen der NSDAP zu beobachten (Schmidt 1959, 102ff.; Dingel 1978).

Auf Gewerkschaftsseite standen sich zwei große Blöcke, die christlichen und die freien Gewerkschaften, gegenüber. Während die christlichen Gewerkschaften vom Beginn des Ersten Weltkrieges bis zum Ende der zwanziger Jahre kontinuierlich steigende Mitgliederzahlen (von 11 500 auf ca. 35 000) zu verzeichnen hatten, erreichten die freien Gewerkschaften, die vor Ausbruch des Ersten Weltkrieges nur gut 1000 Arbeiter organisierten, bereits 1920 mit mehr als 40000 Mitgliedern den Höhepunkt ihrer Entwicklung. Danach sank ihr Mitgliederpotential ständig, und die dominierende Rolle mußten sie den christlichen Gewerkschaften überlassen (Schmidt 1959, 111).

Die politische Entwicklung in den letzten Jahren des Völkerbundregimes bis 1935 mündete schließlich in Stagnation und Niedergang der Arbeiterbewegung, der insbesondere ab 1933 ein rapider Aufstieg der nationalen Sammlungsbewegung »Deutsche Front« unter der Führung *Hermann Röchlings* gegenüberstand. Diese Bewegung, die auch die NSDAP einschloß, konnte, indem sie das nationale Moment geschickt in den Vordergrund rückte, ihre nationalsozialistische Stoßrichtung (bei Blies 1978, 172 wird Röchling als »Panzerplattenpatriot« bezeichnet) erfolgreich kaschieren. Gleichzeitig gerieten SPD, KPD und Gewerkschaften in eine hoffnungslose Defensive. Weder wollten sie das Völkerbundregime verteidigen, noch konnten sie einen Anschluß an das nationalsozialistische Deutschland befürworten. So kam eine gemeinsame Linie von SPD und KPD gegen die »Deutsche Front« erst im Sommer 1934, ein halbes Jahr vor der Volksabstimmung, zustande. Die propagierte Strategie: Sicherung des Status quo, d. h. Beibehaltung des Völkerbundregimes und Verschiebung der Volksabstimmung, konnte aber selbst in der Arbeiterschaft kaum Resonanz finden. So besiegelte die Volksabstimmung vom Januar 1935, bei der mehr als 90 % der Stimmen zugunsten einer Rückgliederung des Saargebietes in das Deutsche Reich abgegeben wurden, auch die endgültige Niederlage der Arbeiterbewegung.

Die Zeit der nationalsozialistischen Herrschaft bedeutete vorerst das Ende der saarländischen Sonderentwicklung; nach erfolgter politischer und ökonomischer Gleichschaltung wurde das Gebiet 1940 zunächst mit der Pfalz zum »Gau Saar-Pfalz« zusammengeschlossen, 1941 – nach der De-facto-Annexion von Elsaß-Lothringen – wurde es schließlich Teil der »Westmark«.

Mit der Niederlage des Faschismus 1945 wiederholte sich für das Saarland – wenn auch unter anderen Bedingungen – die Situation, die bereits nach dem Ende des Ersten Weltkrieges bestanden hatte. Frankreich besetzte die Region militärisch und begann unmittelbar nach Kriegsende damit, sie ökonomisch nutzbar zu machen. Der intensiven wirtschaftlichen Penetration entsprach der politische

Status des Gebietes als einem Protektorat mit begrenzter Autonomie. Diese wirtschaftliche Dominanz Frankreichs provozierte bei der wiederaufgebauten Sozialdemokratischen Partei und bei den Gewerkschaften rasch wieder eine oppositionelle, d. h. antifranzösische Haltung. Und wie nach 1920 wurden nahezu alle sozialpolitischen Vorstellungen wiederum von nationalen Aspekten überlagert (Zenner 1979, 599). Dies manifestierte sich deutlich im großen Metallarbeiterstreik und dem sich anschließenden Generalstreik vom Februar 1955. Begonnen als Lohnauseinandersetzung, weitete er sich bald aus zu einer politischen Auseinandersetzung der Arbeiterschaft mit der Regierung unter dem Ministerpräsidenten *Johannes Hoffmann* (Christliche Volkspartei) um Streikrecht, Versammlungsfreiheit und die Unterdrückung oppositioneller Gewerkschaften und Parteien durch die Regierung (Schmidt 1962, III-135 ff.). Dessen Regierung folgte der französischen Politik, die – wenn auch vorsichtiger als in den zwanziger Jahren – eine Europäisierung des Saargebietes mit deutlicher wirtschaftlicher Anlehnung an Frankreich propagierte. Eine solche Konstruktion, die auch die Grundlage des im Herbst 1954 zwischen der französischen und der deutschen Regierung unterzeichneten Saarstatuts bildete, wurde allerdings ein Jahr später von einer Zwei-Drittel-Mehrheit der saarländischen Wähler abgelehnt. Diese Abstimmung bildete die Grundlage für den Luxemburger Saarvertrag, der die politische Rückgliederung der Saar zum 1. 1. 1957 und die wirtschaftliche Rückgliederung drei Jahre später vorsah. Damit endete die saarländische Sonderentwicklung, für die konstitutiv war, »daß die französische Wirtschaftspenetration jedesmal entscheidend in das Leben der Arbeiterschaft dieses hochindustrialisierten Gebietes eingegriffen hatte und die französische Politik mit realen Interessen der Arbeiterschaft und ihren gesellschaftspolitischen Vorstellungen in Konflikt geriet« (Zenner 1979, 603).

*Ökonomie:* Die politische Sonderentwicklung des Saarlandes war in starkem Maße vom ökonomischen Potential dieser Region bedingt, wie auch umgekehrt dessen häufig krisenhafte Entfaltung von politischen Faktoren abhing. Die schwerindustrielle Entwicklung des Saarlandes begann in den zwanziger Jahren des 19. Jahrhunderts mit der Übernahme der Kohlengruben durch den preußischen Staat. Von der Mitte des 19. Jahrhunderts bis zum Ausbruch des Ersten Weltkrieges verzwanzigfachte sich die Steinkohlenförderung auf mehr als 13 Mill. Jahrestonnen, die Belegschaft verzehnfachte sich im gleichen Zeitraum auf etwa 56000 (Schmidt 1959, I-81).

Zu einem international bedeutsamen Industrierevier avancierte die Region, als die eisenschaffende Industrie im letzten Drittel des 19. Jahrhunderts stark expandierte und zusammen mit dem Bergbau das zweite schwerindustrielle Zentrum des Deutschen Reichs begründete. Seit dieser Zeit dominierte der Verbund von Kohle und Stahl einschließlich seiner vor- wie nachgelagerten handwerklichen und industriellen Betriebe und einschließlich seiner Infrastruktur die gesamte sozioökonomische Struktur des Saarlandes. Und die Region profitierte als Ganze davon, solange der Montansektor den Industrialisierungsprozeß vorantrieb und Einkommen wie Beschäftigung sicherte. Der Niedergang, den dieser Sektor mit dem Übergang in »reifere« Entwicklungsstadien erfuhr, bedeutete zugleich auch den Niedergang der gesamten Region.

Diese Konstellation trat in voller Schärfe zum erstenmal Mitte der sechziger Jahre auf, als der Steinkohlenbergbau in eine massive Strukturkrise geriet. Im Jahrzehnt zwischen 1960 und 1970 verringerte sich die Steinkohlenförderung von ca. 16 auf 10 Mill. Jahrestonnen und wurde die Belegschaft von knapp 60000 auf ca. 27000 mehr als halbiert (Saarwirtschaft 1981, II-48). Während dieser Krise gelang es auch nicht, durch Ansiedlung neuer Industrien die alte Monostruktur aufzulockern. Zwar wurden in neuen Industriebetrieben an der Saar in den zwei Jahrzehnten zwischen 1960 und 1980 mehr als 40000 Arbeitsplätze geschaffen (ebenda, 36), doch reichte dies nicht aus, den Verlust an industriellen Arbeitsplätzen zu kompensieren. Diese verringerten sich vielmehr im gleichen Zeitraum per saldo um ca. 20000 (ebenda, 40/41). Diese Zahlen sind bereits ein deutlicher Indikator für die passive Sanierungsstrategie, die sich im Saarland durchsetzte. In dem Maße nämlich, in dem die alten Industrien an Bedeutung verloren, und nicht durch neue Sektoren ersetzt wurden, entstand ein Druck auf die Arbeitskräfte, aus der Region abzuwandern. So verließen zwischen 1963 und 1980 notgedrungen mehr als 50000 Erwerbspersonen das Saarland (ebenda, 18), was eine soziale Erosion für eine relativ kleine Region bedeutet, die bei einer Bevölkerungszahl von wenig mehr als 1 Mill. 1981 noch 360000 Arbeitsplätze, gemessen an den versicherungspflichtig Beschäftigten, besitzt (ebenda, 26).

Fast vier von zehn Industriebeschäftigten und jeder fünfte Erwerbstätige arbeiteten 1970 im Saarland noch in der Montanindustrie. Damit war deren regionale Konzentration rund dreimal so hoch wie in Nordrhein-Westfalen und sechsmal höher als der Bundesdurchschnitt. Vom Ausbruch der Stahlkrise im Jahr 1975 war auch eine Fülle von um den Stahlkern gruppierten und von ihm abhängigen Zulieferer- und Komplementärindustrien betroffen. Und auch das schon geschrumpfte zweite Bein des Montankerns, der Bergbau mit seinen immerhin noch rund 22000 Beschäftigten, mußte die Krise der Saarhütten, des Hauptabnehmers seiner Kohle, verkraften. Darüber hinaus gefährdet nach Berechnungen der Industrie- und Handelskammer Saarbrücken der Verlust eines industriellen Arbeitsplatzes zwei bis drei weitere bei Handel, Verwaltung und Kleingewerbe (Schütze 1978, 37). Diese Zahlen zeigen bereits die durch die Stahlkrise bewirkten Gefahren für die ökonomische Existenz des Saarlandes; verschärfend kommt noch hinzu, daß sein industrieller Sektor im Verhältnis zur Bundesrepublik mit ca. 60 % überdurchschnittlich viele Lohnabhängige beschäftigt, während der Dienstleistungssektor mit rund 40 % hinterherhinkt und der primäre Sektor (Landwirtschaft) kaum noch präsent ist.

Warum konnte diese montanspezifische Monostruktur bisher nicht abgebaut werden? Nach dem Zweiten Weltkrieg führte zunächst der Grenzlandcharakter des Saarlandes zu einer schweren Beeinträchtigung seiner wirtschaftlichen Entwicklung: Zum einen wurde das Saargebiet während der zehn Jahre seines Anschlusses an Frankreich nicht in dem Maße wie andere Regionen aus Mitteln des Marshall-Plans gefördert; zum anderen war zum Zeitpunkt seiner Rückgliederung 1957 die erste Phase des Wiederaufbaus in der Bundesrepublik beendet und die wirtschaftliche Entwicklung so weit fortgeschritten, daß die Standorte für die Ansiedlung neuer Industriebetriebe (außerhalb des Saarlandes) bereits feststanden. Kurz: Das Saarland hinkt seither der ökonomischen Entwicklung im übrigen Bundesgebiet hinterher.

In Zeiten ökonomischer Prosperität bis Ende der sechziger Jahre wurde dieses Problem von der Landespolitik verharmlost – ja, es gelang den starken und auch politisch einflußreichen Stahl- und Bergbauunternehmern sogar, jeglichen Ansatz zu einer der Diversifizierung dienenden Industrieansiedlungspolitik zu verhindern. Denn immerhin bedeuten andere Industrien Konkurrenz bei Lohnhöhe und inhaltlicher Ausgestaltung der Arbeitsbedingungen, die die Stahl- und Kohleunternehmen jetzt unangefochten bestimmen konnten. Erst als es bereits zu spät war, nämlich seit 1969, versuchte die Landesregierung, die Ansiedlung neuer verarbeitender Industrien und Dienstleistungsunternehmen zu forcieren. Bisher ist diese Politik hinter den prognostizierten Soll-Werten zurückgeblieben – obwohl sich der Anteil der Investitionsgüterindustrie – gemessen an der Anzahl der Beschäftigten – von rund 25 % 1965 auf rund 34 % 1976 erhöhte, gleichzeitig der Anteil der Montanindustrie von rund 50 % auf rund 40 % sank und die Verbrauchsgüterindustrie mit rund 13 % ziemlich konstant blieb (Arbeitskammer 1977, 341 ff.). Die Ansiedlungstätigkeit zwischen 1970 und 1976 (96 Betriebe mit 10050 Beschäftigten) reichte nicht einmal aus, die Stillegungen (214 Betriebe mit 11 115 Beschäftigten) zu kompensieren, geschweige denn den durch Rationalisierungen bewirkten Arbeitsplatzabbau auszugleichen. Seit 1974/75 erlitt diese Politik rezessionsbedingt sogar einen Rückschlag mit Betriebsstillegungen, Rationalisierungsmaßnahmen und dem Abwandern gerade angesiedelter, mit Subventionen geförderter Betriebe. Man muß also insgesamt den Erfolg dieser Neuansiedlungen als gering ansehen: sie konnten den eingetretenen Substanzverlust nicht ausgleichen. Erschwerend kommt noch hinzu, daß zum einen die Qualität der Arbeitsplätze in den neu angesiedelten Betrieben problematisch ist:

»Gemessen an der Zahl der Arbeitsplätze übertrifft das Strukturgewicht der Zweigwerke im Saarland (ca. 80 % aller neugeschaffenen Arbeitsplätze) das Strukturgewicht im gesamten Bundesgebiet (ca. 60 % aller neugeschaffenen Arbeitsplätze) erheblich . . . die Qualitätsstruktur der Arbeitsplätze in den neuen Saarbetrieben ist spürbar ungünstiger als in der übrigen Saar- und Bundesindustrie.« (Georgi/Giersch 1977, 37 u. 48)

Zum zweiten sind die von der Montanindustrie geprägten Standorte (vor allem in den Räumen Neunkirchen und Völklingen) bei der Neuansiedlung nicht genügend berücksichtigt worden. Dadurch findet insgesamt eine beträchtliche räumliche Umverteilung der industriellen Aktivitäten im Saarland statt. Der Landesentwicklungsbericht von 1979 bezeichnet es als

»eine der Merkwürdigkeiten dieses Wirtschaftsraumes, daß sein Standortmuster trotz vergleichsweise bescheidenen Agglomerationsgrades innerhalb des industriellen Kernraumes in einem kurzen Zeitraum eine starke zentrifugale Dynamik entwickelt hat und dies bei insgesamt stark abnehmender Industriebeschäftigung. Der sektorale Umschichtungsprozeß, den das Saarland seit fast knapp 2 Jahrzehnten nicht stetig, sondern in Entwicklungsschüben vollzieht, ist vielmehr dadurch gekennzeichnet, daß innerhalb des Raumes mit den größten Verlusten an montanindustriellen Arbeitsplätzen vergleichsweise wenig Arbeitsplätze durch Neuansiedlungen oder Expansion vorhandener Industriebetriebe entstehen. Positive Salden hatten vor allem die Standorte am Ostrand (Homburg) und Westrand (Saarlouis) des Verdichtungsraumes. Ihre Arbeitsplatzgewinne reichten aber bei weitem nicht aus, die Verlustsalden im Raum zwischen Neunkirchen–Saarbrücken–Völklingen auszugleichen. Die sektorale Umschichtung hat demnach einen Entleerungseffekt gehabt.« (Ebenda, 48)

Diese ökonomischen Strukturdefekte führten dazu, daß die Arbeitslosigkeit im Saarland zwischen 1974 und 1977 bereits überdurchschnittlich anstieg: von 3,9 % auf 7,4 % (in der Bundesrepublik insgesamt von 2,7 auf 5,3 %). Hinzu kam eine Kurzarbeiterquote um 5 % mit Schwerpunkt im Kohlebergbau, der Stahlindustrie und der Investitionsgüterindustrie. Während im Bundesgebiet vier Arbeitslose auf eine offene Stelle kamen, lag das Verhältnis im Saarland 1976 bei 11 zu 1 und 1977 bei 15 zu 1. In Neunkirchen betrug die Arbeitslosenquote 1976 bereits 9,3 %, in Saarbrücken und Völklingen, den anderen Stahlstandorten, 7,4 % (Arbeitskammer 1977, 44ff.). Die Stahlkrise verschärfte diese Situation: 1977/78 reduzierte die Stahlindustrie die Arbeitsplätze um rund 5500 (insgesamt fielen zwischen Ende 1974 und Ende 1978 23 % der Stahlarbeitsplätze im Saarland fort) – ihr Anteil an der Gesamtbeschäftigtenzahl der Industrie ging von 23,9 % 1976 auf 20,1 % 1979 zurück. Folgende Negativwirkungen kommen hinzu: Die von der Stahlindustrie nicht mehr aufgenommenen Arbeitskräfte, seien es in früheren Jahren freigesetzte oder durch Fluktuation ausgeschiedene, bewirken einen arbeitsmarktpolitischen Verdrängungseffekt, zumal es sich in der Regel um eine relativ robuste Gruppe handelt (Lebensalter, Qualifikation, formale Arbeitsdisziplin usw.). Während also die Stahlindustrie auf diese Weise ihre traditionelle Rolle als größter und zum Teil alternativloser Arbeitgeber verliert, werden andererseits kaum Ersatzarbeitsplätze geschaffen, so daß vor allem Jugendliche keine Arbeitsplätze in der Region finden. Bei der Jugendarbeitslosigkeit liegt das Saarland an der Spitze in der Bundesrepublik: 1978 9,2 % gegenüber 4,1 % in der Bundesrepublik; die Stahlstädte Neunkirchen, Saarbrücken und Völklingen weisen Jugendarbeitslosigkeitsquoten von 9,4 %, 8,9 % bzw. 10,1 % auf. Daneben besteht im Saarland eine, verglichen mit dem Bundesgebiet, überdurchschnittlich hohe

»Problemarbeitslosigkeit« (Arbeitslose mit gesundheitlicher Beeinträchtigung, ältere und längerfristig Arbeitslose, Arbeitslose mit niedrigen Qualifikationen): ein typisches Produkt der Stahlkrise. Schließlich treffen Verdrängungswettbewerb auf dem Arbeitsmarkt und Stagnation der regionalwirtschaftlichen (von der Stahlkrise mit beeinflußten) Entwicklung die Frauen besonders hart. Ihr Arbeitslosenanteil ist doppelt so groß wie der der Männer – obwohl sie in den Stahlbezirken weniger als ein Drittel der Beschäftigten ausmachen, stellen sie die Hälfte der Arbeitslosen. Die in diesen Zahlen deutlich werdende partielle ökonomische Verödung des Saarlandes wird noch dadurch bestätigt, daß die bereits längerfristig erfolgende Abwanderung von jüngeren und qualifizierten Arbeitskräften in andere Regionen anhält, ja sich noch verstärkt (Arbeitskammer 1980, 358).

*Die Stahlindustrie:* Die saarländischen Hüttenwerke sind seit über 100 Jahren das Zentrum der ökonomischen Entwicklung der Region. Für sie gilt im besonderen Maße, daß politische Konjunkturen ihre wechselvolle Entwicklung mitbestimmten und daß umgekehrt ihr ökonomisches Potential immer eine wesentliche Determinante der politischen Entwicklung bildete: Wer an der Saar über die Hüttenindustrie verfügte, stellte einen bedeutenden politischen Machtfaktor dar.

Hütten existierten an den Standorten, die auch heute noch eine Rolle spielen: ab Mitte des 19. Jahrhunderts in Neunkirchen und Dillingen; 1856 wurde mit Hilfe von belgisch-luxemburgischem Kapital die Burbacher Hütte in Saarbrücken gegründet – die Gruppe nennt sich seit 1911 Arbed; nach dem deutsch-französischen Krieg 1870/71 kam schließlich das Werk in Völklingen hinzu, das später die Familie Röchling übernahm (Latz 1979; Schmidt 1959, 82ff.). Ermöglicht durch die Annexion Elsaß-Lothringens, verlagerten die Unternehmen in der Folgezeit ihre Roheisenbasis nach Lothringen in die Nähe der dortigen Erzgruben. Die Bismarcksche Schutzzollpolitik begünstigte in den Jahrzehnten vor dem Ersten Weltkrieg einen bedeutsamen Aufschwung: Die Belegschaft stieg von 12000 (1890) auf mehr als 30000 (1913) an und erzeugte 1913 mehr als zwei Mill. Tonnen Rohstahl (Schmidt 1959, 83).

Das Ende des Ersten Weltkrieges bedeutete für die saarländische Eisen- und Stahlindustrie auch das Ende günstiger ökonomischer Entwicklungsbedingungen: Seither krankt sie an den negativen

Folgen der politischen Sonderentwicklung. Daraus resultierte, daß sie gegenüber den anderen deutschen Stahlstandorten, insbesondere dem Ruhrgebiet, zurückblieb und den Rückstand bis heute nicht aufholen konnte. In Zeiten ökonomischer Normalisierung, etwa nach 1935 und nach 1960, gelang es zwar – begünstigt durch gezielte Fördermaßnahmen – diesen Rückstand zu vermindern – an der Spitzenposition der führenden Ruhrkonzerne konnte jedoch nicht ernsthaft gerüttelt werden.

Während der Zeit des Völkerbundregimes nach 1920 bewirkten hauptsächlich drei Faktoren das Zurückbleiben gegenüber dem Ruhrgebiet, obwohl auch dort die Entwicklung keineswegs friktionsfrei verlief:

– Der Erwerb von Anteilen oder Mehrheiten an den Hütten durch französisches Kapital (mit Ausnahme von Völklingen, das im Eigentum von Röchling blieb) beeinträchtigte eine kontinuierliche Modernisierung der Produktionskapazitäten, weil die französischen Eigner eher an einer raschen Verwertung ihres Kapitals als an einer langfristig angelegten Investitionsstrategie interessiert waren.

– Gleichzeitig mußte die in Lothringen verlorengegangene Roheisenbasis ersetzt werden. Optimaler Ersatz konnte freilich unter den herrschenden Bedingungen nicht erreicht werden – ein Umstand, der sich als Disproportionalität der Produktionsstruktur bis in die jüngste Vergangenheit hinein auswirkte.

– Die 1925 erfolgende Einbeziehung des Saargebietes in das französische Zoll- und Währungssystem bedeutete zugleich die Errichtung von Zollschranken gegenüber dem Deutschen Reich und bedrohte ernsthaft die traditionellen, insbesondere süddeutschen Absatzmärkte. Zwar stundete und erließ die Reichsregierung auf Intervention des Deutschen Stahlwerksverbandes den Unternehmen die Zölle (Röchling 1934, 104ff.), doch war am Ende der zwanziger Jahre der Anteil der saarländischen Unternehmen an der deutschen Rohstahlerzeugung, der vor dem Ersten Weltkrieg bei knapp 14 % gelegen hatte, deutlich zurückgegangen und sollte auch in Zukunft nicht mehr die ursprüngliche Größenordnung erreichen (Reis 1979).

Mit der Rückgliederung in das deutsche Wirtschaftsgebiet 1935 verloren die Saarhütten zwar einen großen Teil ihrer französischen Absatzmärkte, doch dieser Verlust wurde durch eine Reihe von Hilfsmaßnahmen relativ rasch ausgeglichen (RKW 1938). Der ökonomische Aufschwung des Deutschen Reichs seit Mitte der dreißiger Jahre ermöglichte einerseits, den Rückstand gegenüber den anderen Stahlrevieren teilweise aufzuholen; andererseits verdeckte die forcierte Kriegsproduktion nur die strukturellen Mängel der Unternehmen, ohne sie zu beseitigen.

Das Jahr 1945 brachte erneut eine Zäsur in der Entwicklung der saarländischen Stahlindustrie. Unmittelbar nach Kriegsende wurden die Unternehmen unter Sequesterverwaltung gestellt und verblieben über 10 Jahre in diesem Zustand. Dies bedeutete eine Benachteiligung in dreifacher Hinsicht. Anders als die Stahlindustrie im übrigen Bundesgebiet konnten die saarländischen Hütten sich zum einen nicht an der Rekonzentrationsbewegung beteiligen, die nach den alliierten Entflechtungsmaßnahmen bereits seit Anfang der fünfziger Jahre wieder einsetzte. Zum zweiten hatte die Unternehmensführung durch die französische Sequesterverwaltung massive negative Auswirkungen auf die Art des Wiederaufbaus der saarländischen Hütten sowie das Niveau und die Struktur der Investitionstätigkeit. Die französische Seite zeigte sich zwar an einer raschen Wiederherstellung der Werke interessiert, um ihr Produktionspotential der französischen Wirtschaft nutzbar zu machen, doch geschah dies deutlich nachrangig gegenüber dem Wiederaufbau der lothringischen Hütten. Investitionen wurden nur getätigt, um die laufende Produktion wieder in Gang zu setzen, nicht jedoch, um die Produktionsanlagen planmäßig zu erneuern und zu modernisieren (Bosch 1954, 66 ff.). Auf diese Weise gelang es zwar bis zur Mitte der fünfziger Jahre, das Produktionsniveau und den Beschäftigungsstand zu erhöhen, doch war gleichzeitig ein deutlicher Investitions- und Modernisierungsrückstand sowohl gegenüber der lothringischen als auch der übrigen deutschen Stahlindustrie unverkennbar. Zum dritten schließlich bewirkte die Anbindung der Hüttenwerke an den französischen Wirtschaftsraum, daß sich die Infrastrukturausstattung gegenüber dem übrigen Bundesgebiet verschlechterte – insbesondere in der für die Schwerindustrie so wichtigen überregionalen Verkehrsanbindung.

Aufgrund des Modernisierungsrückstandes und der damit verbundenen verminderten Konkurrenzfähigkeit (Schluppkotten 1969) waren die Startbedingungen der saarländischen Stahlindustrie nach der Eingliederung in die Bundesrepublik Deutschland denkbar schlecht. Aber auch die sogleich von der Bundesregierung gewährten Hilfen[1] hatten höchst ambivalente – und bei Ausbruch der Krise 1975 eindeutig nachteilige – Auswirkungen. Einerseits ermöglichten die Anpassungshilfen ein teilweises Aufholen des Rückstandes, insbesondere gegenüber dem Ruhrgebiet; andererseits bestand seit Beginn der sechziger Jahre eine künstliche Reservat-Situation, die wegen der mit Ausnahme von 1966/67 günstigen konjunkturellen Entwicklung bis Anfang der siebziger Jahre bestehen blieb, jedoch den permanenten Modernisierungszwang einschränkte. Auch die Fusion der im Besitz des luxemburgischen *Arbed*-Konzerns befindlichen Burbacher Hütte mit den *Röchlingschen Eisen- und Stahlwerken* in Völklingen, die 1971 erfolgte, war nicht mit einer umfassenden Umstrukturierung und dem Ausnutzen von Rationalisierungseffekten zwischen den beiden Werken verbunden. Die Entwicklung bis zu Beginn der siebziger Jahre läßt sich als zurückgestauter Anpassungsbedarf, der durch eine Reihe begünstigender Faktoren verdeckt blieb, charakterisieren – die vollständige Konkurrenzfähigkeit mit den führenden Unternehmen der deutschen Stahlindustrie wurde nicht verwirklicht.

Im Sog einer allgemein günstigen konjunkturellen Entwicklung stieg die Rohstahlerzeugung der saarländischen Hüttenbetriebe in den Jahren zwischen 1971 und 1974 um mehr als 40 % bis auf 6,4 Mill. Jahrestonnen an (IHK des Saarlandes 1981, 49). Dennoch gelang es auch in dieser Phase nicht, die folgenden vier gravierenden Strukturprobleme der Saarhütten zu lösen: eine zersplitterte und langfristige Unternehmensentscheidungen erschwerende Eigentümer- und Kapitalstruktur; eine im Vergleich zum erreichten Stand der technologischen Entwicklung zu geringe Größe der Produktionsanlagen; eine veraltete und qualitativ unzureichende Produktstruktur; allgemeine Nachteile des Binnenstandortes Saar.

Beim *Neunkircher Eisenwerk AG,* ausgestattet mit einem Grundkapital von 135 Mill. DM, wurden 50 % der Anteile von den *Eisen- und Hüttenwerken AG Köln* gehalten, die sich ihrerseits wieder mehrheitlich im Besitz der *Otto Wolff AG Köln* befanden. Die restlichen Anteile gehörten der Familiengemeinschaft *Stumm,* wurden allerdings in den betrügerischen Bankrott der Fa. *Stumm Handel,* Mannheim, einbezogen und schließlich von der Hamburger Ölhandelsgesellschaft *Marquard und Bahls GmbH & Co. (Mabanaft)* zu spekulativen Zwecken erworben.[2] Die *Stahlwerke Röchling Burbach GmbH,* ausgestattet mit einem Grundkapital von 330 Mill. DM, waren je zur Hälfte Eigentum der *Röchling Industrie Verwaltung GmbH Saarbrücken* und des luxemburgischen *Arbed-Konzerns.* Insbesondere die Röchlingsche Familiengesellschaft betrieb keine langfristige Investitionsstrategie, vielmehr wurde ihr eine »Flucht des Kapitals in den Waffensektor« (Abgeordneter Hoffmann, Deutscher Bundestag, 9. Wahlperiode, 125. Sitzung, 28. 10. 1982, 7530) vorgeworfen. Die *Aktiengesellschaft der Dillinger Hütte* schließlich, ausgestattet mit einem Grundkapital von 157,5 Mill. DM, gehörte zu 60 % der französischen Holding *Marine-Wendel*, ein Drittel hielt das *Neunkircher Eisenwerk AG*. Aufgrund ihrer engen Produktions- und Lieferverflechtung mit dem französischen Konzern SACILOR und ihrer Spezialisierung auf bestimmte Flachstähle wurde die Dillinger Hütte von der Krise bisher wenig betroffen, weshalb sie bei der Analyse der Krisenbewältigung weitgehend ausgeklammert bleibt.

Die zersplitterten Eigentumsverhältnisse hatten relativ *kleine Betriebsgrößen* zur Folge: Anfang der siebziger Jahre waren in der saarländischen Stahlindustrie insgesamt ca. 42000 Arbeitskräfte beschäftigt, davon in den Dillinger Hüttenwerken ca. 5500, im Neunkircher Eisenwerk (einschließlich Tochterunternehmen) ca. 10000 und in den Stahlwerken Röchling-Burbach ca. 22000, wobei letztere nochmals an zwei Standorten, Völklingen und Saarbrücken-Burbach, Stahl erzeugten. Die Rohstahlproduktion betrug in dieser Phase knapp 5,5 Mill. Jahrestonnen (Saarländische Wirtschaftsvereinigung Eisen und Stahl 1971). Davon entfielen auf die Stahlwerke Röchling-Burbach knapp 2,9 Mill. Jahrestonnen und auf das Neunkircher Eisenwerk gut 1,2 Mill. Jahrestonnen Rohstahl (jeweilige Geschäftsberichte). Ihren Höchststand erreichte die Rohstahlerzeugung bei beiden Werken im Jahr 1974 mit knapp 3,4 Mill. bzw. knapp 1,3 Mill. Jahrestonnen (ebenda). Mit diesen Produktionsergebnissen tauchten beide Unternehmen nicht einmal mehr in der Rangliste der 30 größten Stahlunternehmen der westlichen Welt auf, die – um die Größenverhältnisse deutlich zu machen – von dem japanischen Unternehmen Nippon Steel mit einer Rohstahlproduktion von 33 Mill. Jahrestonnen (1972) angeführt wurde (Klaus/Lang 1974, 12).

Erschwerend kam zu diesen ungünstigen Produktionsbedingungen der Einsatz *veralteter Produktionstechnologie* hinzu. So erzeugten die Stahlwerke Röchling-Burbach noch 1972 über 60 % ihres Rohstahls nach dem Thomas-Verfahren, das zu diesem Zeitpunkt nur noch im Saarland und von der oberpfälzischen Maxhütte angewandt wurde, während die gesamte Welterzeugung zu 3 % nach diesem Verfahren erfolgte. (Klaus/Lang 1974, 14) Dementsprechend lag der Anteil des Oxygenstahls noch deutlich unter 20 %, während dessen durchschnittlicher Anteil für die gesamte Bundesrepublik bereits fast zwei Drittel betrug.

Schließlich wiesen die Saarhütten auch in ihrer *Produkt- und Erzeugnisstruktur* einen *deutlichen Rückstand* auf. Ihre Haupterzeugnisgruppen waren Massenstähle, deren Technologieintensität gering, daher weltweit verfügbar war und die deshalb nur noch in den größten integrierten Hüttenwerken konkurrenzfähig produzierbar sind. Dagegen erfolgte der Einstieg in die konkurrenzfähigeren Qualitäts- und Edelstähle nur mit großen Verzögerungen. Und auch eine kontinuierliche Entwicklung von Weiterverarbeitungsstufen, die auf der Stahlerzeugung hätten aufbauen können, unterblieb weitgehend. Hinzu kam, daß in der Angebotspalette – mit Ausnahme der Dillinger Hüttenwerke – Profilstähle, deren Bedeutung gegenüber Flachprodukten seit längerer Zeit deutlich sinkt, dominierten.

Die skizzierte Situation der Werke war zu einem großen Teil Resultat ihrer *unzureichenden Investitionstätigkeit.* Zwischen Mitte der fünfziger und Mitte der siebziger Jahre hatte die Saar – trotz eines bereits deutlichen Innovationsrückstandes in der Flüssigphase gegenüber den Stahlrevieren in Lothringen und an der Ruhr – »im Durchschnitt weniger, von 1955 bis 1959 sehr viel weniger, von 1960 bis 1970 etwas mehr und dann wieder weniger als Lothringen und die Ruhr investiert« (Latz 1978, 130).

Bei dieser Konstellation – durchschnittlich niedrigere Investitionsraten und genereller Innovationsrückstand – wird auch verständlich, daß die getätigten Investitionen nicht kontinuierlich auf Erneuerung und Modernisierung des gesamten Produktionsprozesses ausgerichtet sein konnten, sondern nur punktuell die jeweils größten Rückstände und Engpässe beseitigt wurden. So besaßen die Saarhütten zwar teilweise modernisierte, teilweise sogar technologisch führende Einzelaggregate – der gesamte Produktionsapparat freilich stellte sich höchst uneinheitlich dar. Daran hatten auch die Walzstahlkontore bzw. Rationalisierungsgruppen nichts zu ändern vermocht, denen die Saarhütten zwischen 1967 und 1971 – wie alle anderen deutschen Werke auch – angehörten. Vielmehr waren diese eher defensiv ausgerichtet und führten nicht zu weiterreichenden Kooperationen oder Investitionsstrategien (vgl. hingegen Köhler 1967). Zusammenfassen läßt sich der Zustand der Saarhütten vor Ausbruch der Krise von 1975 folgendermaßen:

»Die zu geringe Innovationsrate der Profilstahlhersteller macht sich in der Krise am stärksten bemerkbar; die zu geringe Innovation verursacht erhöhte Stückkosten, beläßt in Teilen veraltete Fertigungsfächer, deren Produkte überdies zu höheren Kosten hergestellt werden müssen, als dies bei konkurrierenden Werken im In- und Ausland der Fall ist. Die Saarwerke mit ihren zu kleinen Einheiten, veralteten und zu kleinen Hochöfen sowie den zu kleinen und teils veralteten Stahlkonvertern laufen der Entwicklung hinterher. Da in zu geringem Maße rationalisiert worden war, hatten die Profilstahlhersteller überhöhte Rohstoffkosten und hohe Instandhaltungskosten. Der Arbeitskräftebedarf war mangels zeitgemäßer Rationalisierung überhöht, was für den Saar-Arbeitsmarkt zwar eine Entspannung bewirkte, die Kostenstruktur der Werke aber verschlechterte.« (Latz 1978, 132f.)

Die ohne Zweifel vorhandenen *Standortprobleme* der Saarhütten werden meistens mit dem Fehlen eines insbesondere bei Massengütern transportkostensenkenden Wasserstraßenanschlusses erklärt (so z. B. von der saarländischen Landesregierung, Memorandum 1967, 61 f.). Eine nähere Anlayse zeigt aber, daß der entscheidende Standortnachteil darin liegt, daß im regionalen Einzugsbereich – im Gegensatz zur Stahlindustrie an der Ruhr – nicht genügend weiterverarbeitende Industrien liegen. Das läßt sich an der ungünstigen Entwicklung der regionalen Absatzströme zeigen: So sank der Anteil der Walzstahlerzeugnisse, die unmittelbar im Saarland abgesetzt werden konnten, zwischen 1960 und Mitte der siebziger Jahre von 25 % auf unter 10 %. Im gleichen Zeitraum stieg der Absatz in das übrige Bundesgebiet von 25 % auf etwa 40 % und in sonstige Länder (außer Frankreich) von 10 % auf etwa 20 %. Die Lieferverflechtungen mit Frankreich sind besonders problematisch. Der Absatzanteil Frankreichs sank in den eineinhalb Jahrzehnten der Zugehörigkeit des Saarlandes zur Bundesrepublik um knapp 10 % auf ca. 30 %. Den größten Anteil daran haben allerdings die vertraglich festgelegten Lieferungen von Flachstahlhalbzeugen der Dillinger Hütte innerhalb des SACILOR-Konzerns. Ohne diesen konnten Mitte der siebziger Jahre gerade noch etwa 5 % der saarländischen Stahlerzeugung nach Frankreich verkauft werden (alle Angaben nach Latz 1978, 138ff.). Der drastische Rückgang im Saarland selbst erklärt sich vor allem aus der Krise des Bergbaus und der daraus resultierenden Auflösung des engen Montanverbundes zwischen Kohle und Stahl. Der gleichzeitige Anstieg des relativen Exportanteils wirkte sich insofern ungünstig aus, als bei der Existenz eines gespaltenen Inlands- und Export-Preissystems (vgl. Kap. II) die Exporterlöse lange Zeit nicht kostendeckend waren. Aufgrund dieser Lage wird auch die im Jahr 1983 vollendete Saarkanalisierung, die nur eine bescheidene Verbesserung der Bezugsbedingungen für Rohstoffe zur Folge hat, keinen Ausgleich der Standortnachteile bewirken.

### *1.1.2 Der Ausbruch der Stahlkrise 1975*

Dem massiven Nachfragerückgang, der im Anschluß an das Boomjahr 1974 einsetzte, maß man zu Anfang deshalb keine besondere Bedeutung bei, da die Stahlnachfrage schon immer besonders konjunkturempfindlich war und die Stahlproduktion von den generellen Konjunkturzyklen jeweils stark abwich. Hinzu kam, daß sich diese Verlaufstypik an der Saar schon immer überdurchschnittlich ausgeprägt hatte. So ging beispielsweise 1970/71 die Produktion um mehr als 16 % zurück, stieg aber in den Folgejahren um fast denselben Prozentsatz wieder an. Aufgrund dieser überdurchschnittlichen Konjunkturreagibilität standen daher auch bereits routinisierte Auffangmechanismen wie Blockstillstände oder Kurzarbeit bereit, um konjunkturbedingte Nachfrageausfälle abzufangen. Von diesen wurde zunächst der übliche Gebrauch gemacht. Binnen kurzem stellte sich freilich heraus, daß der Einbruch nach Tiefe und zeitlicher Dauer stärker auf strukturelle denn konjunkturelle Faktoren zurückzuführen war.

Während im gesamten Bundesgebiet die Rohstahlproduktion von 1974 auf 1975 um gut 24 % sank, betrug der Rückgang im Saarland ca. 28 %; das Neunkircher Eisenwerk mußte sogar einen Produktionsausfall von knapp 31 % verkraften. Abgesehen von geringen Schwankungen verblieb die Produktion der Saarhütten bis heute auf diesem Niveau. Damit sank die Kapazitätsauslastung auf durchschnittlich unter 60 %, was bei den hohen Fixkosten der Stahlerzeugung sehr schnell die Substanz der Unternehmen angreifen mußte (Dey/Müller 1979, 46ff.). So stieg der Konzernverlust des Neunkircher Eisenwerks bis Ende 1977 auf über 40 % des Grundkapitals, gleichzeitig betrugen die Verbindlichkeiten fast das Dreieinhalbfache des Grundkapitals, wobei die langfristigen Verbindlichkeiten immerhin fast das Anderthalbfache ausmachten (Geschäftsbericht des Neunkircher Eisenwerks 1977). Die Stahlwerke Röchling-Burbach erwirtschafteten im gleichen Zeitraum Verluste von knapp 90 % des Grundkapitals; hier beliefen sich die

Verbindlichkeiten auf mehr als das Dreifache des Grundkapitals, die langfristigen Verbindlichkeiten auf gut das Anderthalbfache (Geschäftsbericht der Stahlwerke Röchling-Burbach 1977).

Anhaltspunkte dafür, daß die Unternehmen den Einbruch fast zwei Jahre lang als konjunkturelles Phänomen deuteten, liefern die Beschäftigungsentwicklung und die betriebliche Personalpolitik. So ging die Zahl der Beschäftigten in der Stahlindustrie des Saarlandes zwischen 1974 und 1976 nur um gut 2000 auf ca. 36 500 zurück, sank also weit weniger als Produktion und Umsatz. Statt dessen versuchte man durch Überstundenabbau und Kurzarbeit die Zahl der Arbeitsplätze zu stabilisieren. Indiz hierfür ist der Rückgang der geleisteten Arbeitsstunden zwischen 1974 und 1976 um mehr als 17 % (Statistisches Handbuch für das Saarland 1976).

Spätestens Ende 1976 wurde jedoch endgültig deutlich, daß der Nachfragerückgang keine vorübergehende Erscheinung, sondern Ausdruck einer Strukturkrise im Stahlsektor war. Die tiefgreifenden Veränderungen auf dem europäischen und dem Weltstahlmarkt ließen eine Rückkehr zu Verhältnissen, wie sie bis 1974 geherrscht hatten, immer illusorischer werden. Anpassung an die neuen Bedingungen lautete jetzt die Devise für alle deutschen Stahlhersteller. Und die saarländischen Werke, als die Grenzanbieter auf dem deutschen Markt, bekamen diesen Anpassungsdruck am härtesten zu spüren. Ende 1976 war das Neunkircher Eisenwerk faktisch zahlungsunfähig, und der Bankrott konnte nur durch eine Bundes- und Landesbürgschaft vorläufig abgewendet werden (Landtag des Saarlandes, 7. Wahlperiode, 21. Sitzung, 16. 2. 1977, 114). Bei Röchling-Burbach GmbH hatten sich so hohe Verluste angesammelt, daß die für die weitere Existenzsicherung notwendigen Investitionen nicht mehr aus eigener Kraft zu bewältigen waren. Bei beiden Werken hing das Überleben an grundlegenden Sanierungsmaßnahmen.

Die dabei einkalkulierten Massenentlassungen trafen auf eine Arbeitsmarktsituation, die – ohne daß es in der Stahlindustrie bereits zu Freisetzungen gekommen war – durch eine Arbeitslosenquote von knapp 8 % in der Ostregion des Saarlandes, über 10 % in der Stadt Neunkirchen und über 8 % in Völklingen gekennzeichnet war (IG Metall 1977). Diese Zahlen deuten bereits darauf hin, daß die Krise der Stahlindustrie zugleich als massive regionale Krise auftritt. Bei den weiterhin vom Montansektor dominierten industriellen Strukturen des Saarlandes kann eine Krise des größeren der beiden Montansektoren nicht auf diesen beschränkt bleiben, sondern muß Konsequenzen für die gesamte regionale Arbeitsplatz-, Beschäftigungs- und Einkommensstruktur haben. Das Saarland geriet also fast übergangslos von einer Strukturkrise in die nächste, nachdem im Jahrzehnt zwischen 1964 und 1974 die Beschäftigung im Bergbau um die Hälfte zurückgegangen und auf einen Tiefstand von ca. 21 500 Beschäftigten angekommen war (IHK des Saarlandes 1978, II, 45). Das ganze Ausmaß dieser regionalen Krise verdeutlichen freilich erst die Verflechtungen zwischen Vorleistungs- und nachgelagerten Bereichen. Man geht davon aus, »daß alles in allem ein Arbeitsplatz in der eisenschaffenden Industrie gut zwei Arbeitsplätze in der übrigen Wirtschaft ermöglicht« (Schütz 1978, 39). Dieser Multiplikatoreffekt hatte um so gravierendere Folgen, als im Jahrfünft vor Ausbruch der Stahlkrise im Raum Saarbrücken/Völklingen die Zahl der industriellen Arbeitsplätze bereits um mehr als 12 % und im Raum Neunkirchen um knapp 18 % zurückgegangen war (IHK des Saarlandes 1978, 52f.).

## *1.2 Krisenregulierung durch politische Kartellbildung*

### *1.2.1 Der Regulierungsprozeß*

Der erforderliche Sanierungsbedarf ging über industrielle Anpassungsmaßnahmen, wie sie im Normalfall des ökonomischen und sozialen Wandels erforderlich werden, weit hinaus. Da die Entscheidungen über Art, Ausmaß, Richtung und Geschwindigkeit der einzuschlagenden Strategien fundamentale Interessen von Staat, Kapital und Arbeit unterschiedlich tangierten, erscheint die Feststellung beinahe trivial, daß die Krisenbewältigung einen konflikthaften Verlauf nahm. Versucht man, den Regulierungsprozeß graphisch zu illustrieren (Schema 2), so ergibt sich die Linie einer Konfliktkonjunktur nicht unähnlich dem üblichen konjunkturellen Schema. Allerdings sind die Phasen hoher und niedriger Konfliktintensität höchst ungleich verteilt: Der Gesamtprozeß konnte offenbar über weite Strecken auf einem niedrigen Niveau offener Konfliktaustragung gehalten werden. Außerdem demonstriert die Kurve des Konfliktverlaufs die Bedeutung politischer Interventionen, da an den beiden bisherigen Scheitelpunkten der Konfliktlinie politische Regulierungsmechanismen eingesetzt

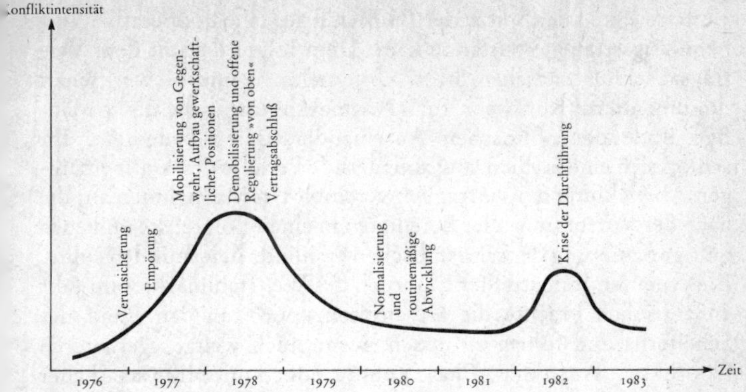


*Schema 2:* Der Konfliktverlauf an der Saar

wurden, die den sich manifestierenden sozialen Konflikt abbauen und die Intensität der Auseinandersetzungen immer rasch auf ein Maß unterhalb der Schwelle größerer öffentlicher Aufmerksamkeit absenken konnten.

Bisher lassen sich sieben Phasen unterschiedlicher Konfliktintensität identifizieren:[3] Die im Gefolge des Liquiditätsengpasses beim Neunkircher Eisenwerk Ende 1976 entstehenden vagen Stillegungs- und Entlassungsgerüchte führten zur ersten Verunsicherung, da fraglich wurde, ob die seit 1975 praktizierten Maßnahmen (Einstellungsstop und Nichtersatz der üblichen Fluktuation) ausreichten. Daß dies nicht der Fall war, zeigte ein Anfang 1977 von der Unternehmensleitung vorgelegter Sofortkatalog, der als einschneidendste Maßnahme 900 Entlassungen vorsah. Bei den von Entlassung Bedrohten, der übrigen Belegschaft sowie den Gewerkschaften provozierte er kollektive Empörung. Die Betroffenen antworteten in der nächsten Phase mit Demonstrationen, Resolutionen und der Androhung einer Konfliktausweitung. Denn zwischenzeitlich hatten auch die Stahlwerke Röchling-Burbach »Maßnahmen zur Sicherung des Unternehmens«, d. h. Entlassung von 1300 Beschäftigten, beschlossen. Diese Phase der öffentlich bekundeten kollektiven Abwehrbereitschaft war freilich nur von kurzer Dauer. Abgelöst wurde sie von einer Phase der Demobilisierung, die durch die signalisierte Bereitschaft des Staates zur Mitwirkung an der Krisenbewältigung sowie dem demonstrativen

Einschwenken der Spitze der IG Metall auf eine kooperative Verhandlungsstrategie zustande kam. Dem folgte die mit dem Vertragsabschluß zwischen Staat, Unternehmen und Gewerkschaft dokumentierte Rückkehr zur »Normalisierung«, die das vorläufige Ende der politischen Auseinandersetzung bedeutete. Ihr schloß sich eine zeitlich lang andauernde Periode der routinemäßigen Abwicklung der vertraglich vereinbarten Maßnahmen an, die nach der Vorstellung aller Beteiligten in eine erfolgreiche und endgültige Sanierung der saarländischen Stahlindustrie münden sollte. Ein erneuter dramatischer Einbruch des Weltstahlmarktes im Jahr 1982 freilich brachte die Gesamtkonzeption an den Rand des Scheiterns und führte zu neuen, wenn auch weitaus geringeren Konflikten. Auch diese Phase konnte jedoch mit Hilfe staatlicher Intervention rasch unter politische Kontrolle gebracht werden.

*Die Phase der Verunsicherung:* Der Liquiditätsengpaß des Neunkircher Eisenwerks Ende 1976 signalisierte das Ende der Hoffnung, die bisherigen Maßnahmen, die einen Abbau von 1000 Arbeitsplätzen bis 1980 »ohne soziale Härten« (IG Metall 1977) beinhalteten, seien zur Krisenbekämpfung ausreichend. Daß die Lage sich drohend verschärfte, bewies die Unternehmensgruppe Otto Wolff. Diese besaß bis zum 31. 12. 76 eine Option auf die restlichen 50 % Eigentumsanteile, die durch den zwischenzeitlichen Konkurs des Stumm-Konzerns zum Verkauf anstanden. Indem sie von diesem Vorkaufsrecht keinen Gebrauch machte, bekundete sie ihr Desinteresse an dieser versiegten Profitquelle. Ferner näherte sich das Ende der 24-Monatsfrist, nach deren Ablauf für ununterbrochene Kurzarbeit der gesetzliche Anspruch auf Zahlung von Kurzarbeitergeld erlosch, so daß abzusehen war, daß dieses zentrale Kriseninstrument nicht mehr im bisherigen Ausmaß eingesetzt werden konnte. Und schließlich gab der Unternehmensvorstand in seinen »Mitteilungen an die Belegschaft« vom 20. Januar 1977 bekannt, er habe eine Arbeitsgruppe eingesetzt mit dem Auftrag, »alle Maßnahmen zu prüfen, mit denen die Unternehmenstätigkeit den äußerst schwierigen Marktbedingungen angepaßt werden kann«. Daß dies auch personelle Konsequenzen haben würde, bestätigte der Arbeitsdirektor Belegschaft und Betriebsräten, die zu diesem Zeitpunkt noch nicht in die Vorbereitung der Maßnahmen einbezogen worden waren: »Um einen weiteren Abbau von Angestellten wie Arbeitern wird man nicht herumkommen. Tabus in hierarchischer und funktionaler Hinsicht gibt es hier nicht« (IG

Metall 1977). Daß die Beschäftigten in dieser Phase lediglich verunsichert waren, erscheint verständlich: Weder war zu diesem Zeitpunkt erkennbar, wer konkret entlassen werden sollte, noch verhielt sich die Unternehmensleitung als eindeutiger Gegner, gegen den man hätte kämpfen können, noch war ein Adressat für politische Forderungen auszumachen.

*Die Phase der Empörung:* Das Konfliktniveau stieg deutlich an, als am 1. 2. 1977 der Krisenplan bekanntgegeben wurde. Obwohl dieser vorgab, die Lasten dadurch sozial ausgewogen zu verteilen, daß die Einsparungen nur zu 40 % von den Arbeitnehmern und der Rest durch Senkung der Betriebskosten aufgebracht werden sollte, bedeutete er immerhin die Entlassung von 900 Beschäftigten. Eine spontane Welle der Empörung bei Belegschaften, Vertrauensleuten, Betriebsräten und den lokalen Gewerkschaftsorganisationen brach aber auch deshalb aus, weil erstmals seit Bestehen der Montanmitbestimmung in der Bundesrepublik ein mitbestimmtes Unternehmen zum Instrument der planmäßigen Massenentlassung gegriffen hatte (Judith/Peters 1980, 45). Damit gerieten auch betriebliche und gewerkschaftliche Interessenvertreter unter einen massiven Handlungsdruck; doch demonstriert die Reaktion des Betriebsrates auf die ersten großen Massenentlassungen in der Montanindustrie eher Hilflosigkeit:

> »Eine eingehende Beratung ... seitens des Betriebsrates kann noch nicht erfolgen, da seitens des Vorstandes die exakte schriftliche Benachrichtigung an den Betriebsrat ... und die zur Beratung unerläßlichen Unterlagen noch nicht vorliegen. Die Bemühungen des Betriebsrates zielen darauf ab, den bestehenden Sozialplan an die vom Vorstand verkündeten Maßnahmen anzupassen. Die Kündigungen und sonstigen Maßnahmen beim Neunkircher Eisenwerk werden unter Beachtung aller gesetzlichen, tariflichen und arbeitsrechtlichen Gesichtspunkte durchgeführt. Sobald wir in der Lage sind, die Gesamtsituation ... zu überschauen ..., werden wir unverzüglich eine außerordentliche Betriebsversammlung einberufen.« (Mitteilung des Betriebsrates an die Betriebsangehörigen, zitiert nach IG Metall 1977.)

Die scheinbare Unfähigkeit der Gewerkschaft zur politischen Organisierung der spontanen Empörung sowie das bürokratische Beharren auf korrekter Abwicklung der Entlassungen wird vor dem Hintergrund ihrer grundsätzlichen Zustimmung zur notwendigen umfassenden Sanierung der Stahlindustrie einschließlich des unumgänglichen Abbaus von Arbeitsplätzen verständlich. (»Aus all' dem Gesagten hatten die Betriebsvertretungen und auch die Mandatsträger der Mitbestimmung den Schluß gezogen: Wenn schon eine Personalanpassung an die veränderten Bedingungen unumgänglich ist, dann muß sie unblutig erfolgen.« Judith/Peters 1980, 25 f.) In ihrem Handeln mußte die IG Metall also eine glaubhafte Balance herzustellen versuchen zwischen Verständnis für die spontane Empörung der Basis einerseits, verantwortungsbewußter Mitwirkungsbereitschaft bei der Durchführung der Sanierung andererseits. Angesichts ihres Verhaltens in den frühen Phasen der Krise kann man deshalb nicht behaupten, die Gewerkschaft hätte von Anfang an eine Pazifizierungsstrategie betrieben. Vielmehr benutzte sie die aus der Verbitterung der Belegschaften gespeiste Konfliktbereitschaft als Hebel, um bei dem als unabwendbar angesehenen Sanierungsprozeß eine Mitwirkungsbefugnis zu erhalten. Damit stellte sich das bereits klassische Kontrollproblem (Scharpf 1978): Um eine partielle Kontrolle über den Ablauf der Restrukturierung beanspruchen und gewinnen zu können, mußte die Fähigkeit zur Kontrolle nach innen, also gegenüber den eigenen Mitgliedern, demonstriert werden.

*Die Phase der Mobilisierung von Gegenwehr:* Ihre Konfliktbereitschaft bewies die Gewerkschaft in einer Reihe von Kundgebungen und Versammlungen im Frühjahr 1977. Einerseits kanalisierte sie mit ihnen die Empörung der Stahlarbeiter, andererseits bereitete sie damit ihre Mitarbeit an der Sanierung auch außerhalb der existierenden Mitbestimmungsgremien vor. Besondere Schubkraft verlieh den Demonstrationen der Tatbestand, daß nach dem Neunkircher Eisenwerk auch die Stahlwerke Röchling-Burbach 1300 Entlassungen ankündigten. Gleichzeitig wurden dort eine Reihe von Anpassungsmaßnahmen im Produktionsprozeß wie Übergang vom Vierschicht- zum Dreischichtbetrieb in Burbach, Stillegungen von Walzstraßen sowie Vorbereitung der Einmottung des Stahlwerks in Burbach beschlossen (IG Metall 1977). Die Stoßrichtung der drei großen Demonstrationen in Neunkirchen, Saarbrücken und Völklingen ließ deutlich die Ambivalenz der Gewerkschaftsstrategie erkennen. Nicht die Abwehr der angekündigten Massenentlassungen und auch nicht Gegenwehr auf betrieblicher Ebene standen im Zentrum, sondern – unter dem allgemeinen und damit unspezifischen Motto »Kampf gegen die Arbeitslosigkeit – für Sicherung und Schaffung von Arbeitsplätzen« – die generellen struktur- und beschäftigungspolitischen Probleme der Ostregion um Neunkirchen. Die Forderungen lauteten: sofortige Bildung eines paritätisch besetzten Struktur- und Sozialrats, Sonderprogramm in Höhe von 1 Mrd. DM für die saarländische Ostregion, strukturpolitisches Programm für die Stahlindustrie im Saarland insgesamt (ebenda). Verabschiedet wurde zusätzlich eine Resolution der Belegschaftsmitglieder von Röchling-Burbach, die von der Unternehmensleitung Antwort auf die Fragen verlangte, welcher zeitliche Ablauf der Maßnahmen vorgesehen sei, auf welche Art und Weise der Personalabbau angestrebt werde, in welcher Höhe Sozialplanmittel zur Verfügung gestellt würden, welche Maßnahmen die Sozialpläne beinhalteten, für welchen Zeitraum sie gelten sollten und welchen Beitrag die Anteilseigner zur Standort- und Arbeitsplatzsicherung zu leisten gewillt seien (ebenda). Die Ortsverwaltung der IG Metall, Völklingen, verabschiedete zusätzlich ein 10-Punkte-Programm, das im wesentlichen die Forderungen enthielt, alle personalpolitischen Maßnahmen seien mit der IG Metall abzustimmen, das Mitbestimmungsgesetz müsse vollständig angewendet werden und Personalüberhänge seien durch Nichtersatz bei Fluktuation abzubauen. Schließlich wurde der Saarhüttenverband noch aufgefordert, ein Gesamtkonzept für die Saarhütten vorzulegen (ebenda). Die hier sichtbar werdende defensive Reaktion der Gewerkschaft auf die Entlassungspläne der Unternehmen erklärt sich zum einen daraus, daß sie kein eigenes, offensives Konzept zur Überwindung der Krise besaß. Zum anderen wollte sie mit ihren ersten Abwehrreaktionen offenkundig nicht die Voraussetzung für ein Mitwirken bei den bevorstehenden Beratungen über eine Sanierung zerstören, sondern Verantwortungsbewußtsein demonstrieren. Diese Einschätzung wurde bestätigt, als die Gewerkschaft das Anfang April bekanntgegebene »Freisetzungsschema« billigte, nach dem bei Röchling-Burbach der Beschäftigungsabbau geplant war: Ein Drittel der zu Entlassenden sollte auf dem Wege des »natürlichen Abgangs« bis zum Jahresende ausscheiden, ein weiteres Drittel nach Maßgabe des »Arbeitsbildes« »herausgekämmt« (so der Arbeitsdirektor der Stahlwerke Röchling-Burbach), das letzte Drittel schließlich vorzeitig pensioniert werden. All dies sollte von einem relativ günstigen Sozialplan begleitet werden (Betriebsvereinbarung Nr. 51 zwischen der Geschäftsführung der Stahlwerke Röchling-Burbach und dem Betriebsrat vom 21. 4. 1977). Mit ihrer Zustimmung zu dieser Form der sozialen Krisenlastverteilung trug die IG Metall dazu bei, die vorhandene Konfliktbereitschaft in den Belegschaften abzubauen; denn die durch das Freisetzungsschema bewirkte Differenzierung des Arbeitsplatzrisikos führte bei den Lohnabhängigen bald zur Entsolidarisierung.

Die Krisenpolitik zeigt in ihren frühen Phasen folgendes Verlaufsmuster: Die Initiative zum Handeln geht jeweils von den Unternehmensleitungen aus. Von einer sich rapide verschlechternden ökonomischen Situation angetrieben und mit der Erfahrung konfrontiert, daß sogenannte »weiche« personalpolitische Instrumente wie Kurzarbeit und Einstellungsstop diese Lage nicht meistern, beschließen sie Massenentlassungen. Da dieser Vorgang in der mitbestimmten Montanindustrie bisher ohne Beispiel ist und zusätzlich ohne – oder zumindest ohne ausreichende – Vorinformation der Gewerkschaft erfolgt, ist die Reaktion von Belegschaften, Betriebsräten und IG Metall glaubwürdig, sie seien »überrascht, daß die Geschäftsführung sich so unverhofft schnell zu derart einschneidenden Maßnahmen entschlossen hat, und darüber verwundert, daß die Leitung des Unternehmens ohne Absprache mit dem Betriebsrat an die Öffentlichkeit herangetreten ist« (IG Metall 1977). Und es versteht sich von selbst, daß durch ein solches Vorgehen Widerstände bei den Belegschaften provoziert werden. Da die Gewerkschaft aber in den Maßnahmen der Unternehmen erst den Beginn weitreichender Umstrukturierungen in der Stahlindustrie sieht, versucht sie einerseits, die Empörung der betroffenen Belegschaften zu artikulieren, andererseits aber ihre Mitwirkung beim weiteren Sanierungsablauf vorzubereiten.

Bemerkenswert in den ersten Phasen des Regulierungsprozesses ist die Rolle der politischen Akteure. Von nachhaltiger politischer Intervention und der Übernahme aktiver Rollen durch Bundes- oder Landesregierung, Parteien oder Parlamente kann noch keine Rede sein. Zwar behandelte der saarländische Landtag am 16. Februar 1977 die Stahlkrise aufgrund eines gemeinsamen Entschließungsantrages aller drei Fraktionen, doch beschränkte man sich weitgehend auf Appelle: »Das Gebot der Stunde ist aber ... weitgehend übereinstimmende und aufeinander abgestimmte politische Aktivitäten zu entwickeln, wobei in diese Phalanx der gemeinsamen Vertretung saarländischer Interessen auch die Organisationen der Arbeitnehmer und der Arbeitgeber sowie die Kammern einbezogen sein müssen« (Landtag des Saarlandes, 7. Wahlperiode, 21. Sitzung, 16. 2. 1977, 1118). Gleichzeitig wurde die

Notwendigkeit des Arbeitsplatzabbaus als unumgänglich dargestellt: »Ich sehe auch keinen Silberstreifen in den nächsten Monaten, daß wir Ersatzarbeitsplätze in Neunkirchen schaffen könnten« (ebenda, 1125). Konkretes Resultat der Debatte war einmal die Aufforderung an die Landesregierung, neben der Förderung im Rahmen der Gemeinschaftsaufgabe »Verbesserung der regionalen Wirtschaftsstruktur« ein zusätzliches Programm für die Ostregion aufzustellen und mit der Bundesregierung in Gang zu setzen; dann die Bildung einer interfraktionellen Arbeitsgemeinschaft für die Eisen- und Stahlindustrie. Wenngleich von der Notwendigkeit einer engeren Zusammenarbeit und einer gemeinsamen Unternehmenskonzeption für die Saarhütten überzeugt, setzte die Landesregierung – ohne über ein eigenes Sanierungsprogramm zu verfügen – in erster Linie auf Zeitgewinn. Konnten schon für die Arbeitsplatzverluste keine Ersatzarbeitsplätze geschaffen werden, sollten doch wenigstens die Stahlunternehmen dafür sorgen, »umgehend die notwendigen sozialen Flankierungsmaßnahmen durchzuführen, damit soziale Härten weitestgehend vermieden werden« (ebenda, 1127). Weitere Hoffnung setzte sie auf die supranationale Krisenregulierung durch die EG-Kommission, die inzwischen – nach dem Versuch, das Überangebot auf dem Stahlmarkt durch »Produktions- und Bedarfsvorausschätzungen« zu beschränken und so das Preisniveau anzuheben – den sog. Simonet-Plan beschlossen hatte. Erstmals für das erste Quartal 1977 waren darin unternehmensspezifische Lieferprogramme für verschiedene Walzstahlerzeugnisse aufgestellt worden, allerdings auf freiwilliger Basis, und gerade bei Massenstahl mit geringem Erfolg. Solche Lieferprogramme (Produktionsquoten) sah auch der Anfang Mai 1977 beschlossene Davignon-Plan vor, der zusätzlich verbindliche Mindestpreise für Betonstahl und »Orientierungspreise« für einige andere Produkte enthielt. Auch sollte jetzt der EG-Markt durch »freiwillige« Importbeschränkungen (vor allem Japans) nach außen abgeschirmt werden.

Sichtbare Erfolge der gewerkschaftlichen Strategie, vor allem auf eine Beteiligung an der Durchführung des Sanierungsprozesses zu dringen, stellten sich im Herbst 1977 ein. Da die Absatzlage im Massenstahlbereich sich weiter verschlechterte, reichten die bisherigen Maßnahmen der Stahlwerke Röchling-Burbach nicht mehr aus; verstärkte Anpassungsschritte waren vonnöten. Zu deren Vorbereitung zog man die IG Metall hinzu. Beschlossen wurde, die Stahlherstellung in Saarbrücken vorläufig einzustellen – eine Entscheidung, die für zwei Drittel der betroffenen 3000 Arbeiter und 500 Angestellten die Entlassung bedeutete (1100 auf dem Weg der vorzeitigen Pensionierung). Die IG Metall stimmte zu, da man prinzipiell zusagte, in Völklingen ein neues Stahlwerk zur endgültigen Sicherung dieses Standortes zu errichten. Freilich konnte die Gewerkschaft zu diesem Zeitpunkt nicht sicher sein, ob ihre Politik der Mitarbeit von einer breiten Basis innerhalb der Belegschaften getragen würde. Vielmehr forderten Betriebsversammlungen in Burbach und Völklingen von Regierung und Parlament des Saarlandes, die Vernichtung von Arbeitsplätzen durch die Überführung der Unternehmen gemäß Art. 52 der Saarländischen Landesverfassung in Gemeineigentum zu verhindern. Dies brachte die IG Metall in ein Dilemma: Unterstützte sie diese Forderung, wurde sie von Unternehmen und Regierungen nicht mehr als seriöser Partner akzeptiert. Lehnte sie ab, gefährdete sie die eigene Massenbasis, Voraussetzung für die erkämpfte Mitarbeit.

Es gelang dem IG-Metall-Vorstand, auf einer gemeinsamen Stahlkonferenz für die drei Saarhütten am 5. November 1977, seine Strategie durchzusetzen, also an der Lösung der Strukturkrise der Saarhütten mitzuarbeiten und dabei den Verlust weiterer Arbeitsplätze hinzunehmen – unter der Bedingung freilich, den Arbeitsplatzabbau zeitlich so zu strecken, bis ein Ausgleich für die verlorenen Arbeitsplätze geschaffen worden sei. Damit war für die IG Metall nicht mehr die Verhinderung des Arbeitsplatzabbaus oberstes Gebot, sondern nur noch die Forderung, »die wirtschaftspolitischen Notwendigkeiten mit den beschäftigungspolitischen Konsequenzen in einem angemessenen Zeitraum, unter Berücksichtigung sozialer Gesichtspunkte, in Einklang zu bringen« (Pressemitteilung der IG Metall, Bezirksleitung Frankfurt v. 5. 11. 77). Der Antrag der Belegschaften aus Burbach und Völklingen nach Überführung der Stahlindustrie in Gemeineigentum wurde dadurch entschärft, daß man dies nur noch für den Fall in Erwägung zog, daß »Vorstände und Anteilseigner zur Finanzierung von Sozialplänen nicht in der Lage oder willens sind« (ebenda). Charakteristisch für die jetzt von der IG Metall verfolgte Politik ist eine Sanierungsstrategie, die über die Unternehmensebene hinausgeht:

»Eine mittelfristige Verbesserung der Marktsituation im Stahlbereich ist nicht erkennbar. Damit wird offensichtlich, daß es sich hier nicht nur um eine kurzfristige wirtschaftliche Schwierigkeit, sondern um eine Strukturkrise im Stahlbereich in der Bundesrepublik Deutschland und insbesondere im Saarland handelt. Die Analyse der Situation und ihrer Auswirkungen macht klar, daß nunmehr zur Abwehr der Auswirkungen auf die Beschäftigten eine *politische Lösung* gefordert werden muß.« (Ebenda)

Unter politischer Lösung verstand die Gewerkschaft zweierlei: die »Gesundschrumpfung« bei Vermeidung sozialer Härten und mit Hilfe ansehnlicher Sozialpläne erträglich zu gestalten einerseits, durch ein Programm der Landesregierung Ersatzarbeitsplätze zu schaffen andererseits.

Die »Doppelstrategie« der IG Metall, Proteste der Belegschaften aufzunehmen und diese dann durch Kanalisierung zur Abstützung ihrer Mitwirkung beim Sanierungsprozeß einzusetzen, wurde Anfang Dezember 1977 erneut sichtbar: Gegen die Stillegung der Stahlerzeugung in Burbach organisierte sie eine Großkundgebung; im paritätisch besetzten Aufsichtsrat der Stahlwerke Röchling-Burbach stimmten nur einige Tage später drei Arbeitnehmervertreter dieser »vorübergehenden« (faktisch endgültigen) Stillegung zu. Diese Konstellation provozierte harte Auseinandersetzungen zwischen den Betriebsräten der beiden Unternehmensteile, die die Handlungsfähigkeit der Gewerkschaft zeitweise in Frage zu stellen drohten; es gelang ihr jedoch auch jetzt, die Konflikte so auszubalancieren, daß ihre Handlungs- und Kontrollkompetenz gesichert blieb.

Die geforderte »politische Lösung« zeichnete sich im Spätherbst 1977 ab: Die luxemburgische Arbed-SA, bislang schon mit 50 % an den Stahlwerken Röchling-Burbach beteiligt, zeigte sich an einer vollständigen Übernahme interessiert, um ihre Marktanteile auf dem bundesdeutschen Stahlmarkt auszudehnen – aber nur unter der Bedingung, daß die Sanierung durch massive öffentliche Hilfen flankiert werde. Inzwischen hatten die saarländische Landesregierung und die Bundesregierung erkannt, daß die Bewältigung der Strukturkrise der Saarhütten der direkten politischen Intervention bedurfte[4] und mittels öffentlicher Bürgschaften für Liquiditätskredite allein nicht zu beheben war. Bei Verhandlungen forderte der Bund von der Arbed-SA dreierlei: die Übernahme auch des Neunkircher Eisenwerks, um endlich eine große Saarlösung zu ermöglichen; ein betriebswirtschaftlich rationales Unternehmenskonzept als Voraussetzung für die Gewährung von Subventionen; schließlich einen Modus des Arbeitsplatzabbaus, den die Gewerkschaft mittragen könne. Unter diesen Voraussetzungen zeigte sich auch die saarländische Landesregierung zur politischen Mitwirkung bereit. Dies wurde ihr dadurch erleichtert, daß sie eher ordnungspolitische Grundsätze hintanstellen denn hohe Finanzmittel mobilisieren mußte.[5] Über diese Form der politischen Intervention drohte freilich der Konsens zwischen den saarländischen Parteien über die Zielsetzung der Sanierung – Umstrukturierung und sozialflankierende Maßnahmen – zu zerbrechen. Die saarländische SPD wollte, anknüpfend an die gewerkschaftlichen Diskussionen zur Anwendung des Artikels 52 der saarländischen Verfassung, die Landesregierung auffordern, »im Rahmen ihrer verfassungsmäßigen Möglichkeit die öffentliche Aufsicht über die Unternehmen anzustreben und einen eigenen Strukturplan für die saarländische Stahlindustrie vorzulegen« sowie, falls erforderlich, »eine direkte oder indirekte Beteiligung der öffentlichen Hand in die Überlegungen miteinzubeziehen« (Antrag der SPD-Landtagsfraktion, Landtag des Saarlandes, Drucksache 7/884 vom 22. 11. 1977). Mit diesem Antrag isolierte sie sich allerdings. Denn nicht nur die Fraktionen von CDU und FDP lehnten ihn als »Vorstufe einer Verstaatlichung« ab, sondern auch die IG Metall verfolgte die Sozialisierung nicht ernsthaft. Und schließlich konnte die Landesregierung darauf verweisen, daß auch die SPD/FDP-Bundesregierung sich jeder direkten staatlichen Beteiligung strikt widersetze.

Der Beitrag der Bundesregierung in dieser Phase bestand in einem »Flankierungsprogramm für das Saarland«, das am 14. Dezember vom Bundeskabinett beschlossen wurde und im wesentlichen Maßnahmen in drei Bereichen vorsah bzw. ankündigte: zum einen ein Sonderprogramm im Rahmen der Gemeinschaftsaufgabe »Verbesserung der regionalen Wirtschaftsstruktur« mit einem Volumen von 200 Mill. DM und einer Reihe von Infrastrukturmaßnahmen. Zum zweiten direkt unternehmensbezogene Subventionen. (»Für den Fall der Vorlage eines tragbaren Unternehmenskonzepts für eine dauerhafte Restrukturierung der saarländischen Stahlindustrie können zeitlich befristete Zinsbeihilfen zur Erleichterung notwendiger Anpassungsmaßnahmen gewährt werden« – Pressemitteilung Nr. 259/1977 des saarländischen Wirtschaftsministeriums vom 20. 12. 1977.) Zum dritten schließlich Mitfinanzierung von Sozialplänen bzw. Abfindungsprämien für vorzeitig und freiwillig ausscheidende Stahlarbeiter.

Damit hatte der Staat die Voraussetzung für eine »privatwirtschaftliche Lösung« der saarländischen Stahlkrise geschaffen. Um sie freilich durchzusetzen, mußte eine umfassende Neuordnung der Eigentumsverhältnisse der Saarhütten und die Vereinheitlichung der Kapitalbasis unter der Federführung des Arbed-Konzerns in die Wege geleitet werden. Die bisherigen Eigentümer sollten ihre Anteile gegen eine Abfindung in bar und in Aktien des Arbed-Konzerns an diesen abtreten. Auf der Basis dieser grundsätzlichen Einigung ging die Handlungskompetenz zur Entwicklung eines umfassenden Restrukturierungskonzeptes und seiner politischen Legitimierung an die Arbed als Träger des Konzeptes und den Bund als Geldgeber über.

Da man bereits im Juni 1977 – im übrigen gegen die Stimmen der alten Anteilseigner (Geschäftsbericht 1977 der IG Metall, Verwaltungsstelle Völklingen) – den mit weit mehr als 20 % der Investitionssumme subventionierten Neubau eines Oxygen-Stahlwerkes in Völklingen beschlossen hatte und zusätzlich eine Absichtserklärung für eine gemeinsame Roheisen-GmbH in Dillingen existierte, standen wesentliche Eckdaten der Restrukturierungskonzeption bereits fest: Die Standorte Neunkirchen und Burbach würden ihre Flüssigphase verlieren und zu reinen Walzwerk-Betrieben werden; darüber hinaus bot sich ein »ausgewogener Austausch von Produktionsprogrammen« (Emmanuel Tesch, Präsident der Arbed-SA) mit den Luxemburger Werken der Arbed an. Dieses Programm des Kapazitätsabbaus und der Ausschöpfung von Rationalisierungsreserven, das nach der Vorstellung der Arbed-SA dem »Grundsatz der Opfer- und Aufbaugleichheit« gehorchte, würde, davon ging auch die IG Metall aus, den Verlust von weiteren 8 bis 10000 Arbeitsplätzen bedeuten. Indem die Gewerkschaft diese Voraussetzung stillschweigend akzeptierte, hatte sie eine weitere Vorleistung für die Beteiligung am Restrukturierungsprozeß erbracht. Im Februar 1978 wurde dann bekannt, daß der geplante Arbeitsplatzabbau sich auf 8800 belaufen sollte. Staat und Unternehmen hielten die Mitwirkung der IG Metall zur sozialkonsensualen Realisierung dieses Konzeptes für unentbehrlich. Da diese die Mitarbeit wollte, damit aber Aushandlungsprozesse zum zentralen Element der Konfliktregulierung wurden, mußte sie eine deutliche Akzentverschiebung in der Strategie gegenüber der eigenen Basis vornehmen.

*Die Phase der Demobilisierung und offenen Regulierung »von oben«:* Die IG Metall konnte ihre neu gewonnene Position sehr rasch unter Beweis stellen: Noch im Februar 1978 verhandelte sie über die Restrukturierungskonzeption zunächst mit der Unternehmensleitung der Stahlwerke Röchling-Burbach; daran anschließend gemeinsam mit Unternehmensleitungen und saarländischer Landesregierung (IG Metall, *Nachrichten für die Beschäftigten der Stahlindustrie im Saarland* 1, 8. 3. 1978). Dabei unterstrich sie die Notwendigkeit ihrer »Zustimmung« zu den Neuordnungsvorstellungen. Den Belegschaften, deren zentrales Bedürfnis der Erhalt von Arbeitsplätzen war, teilte sie mit: »Die IG Metall kann und wird sich an Spekulationen nicht beteiligen« (IG Metall, *Der Neunkircher Eisenwerker*, 8. 2. 1978). Ebenso sagte sie den Kollegen »ganz ohne Umschweife: Die Krise der Stahlindustrie wird zu erheblichen Veränderungen führen« (IG Metall, *Nachrichten für die Beschäftigten der Stahlindustrie im Saarland* 1, 8. 3. 1978). Ein Bericht über eine Protestdemonstration gegen die geplanten Stillegungen in Neunkirchen fand nur noch auf der letzten Seite der *IG Metall-Nachrichten* Platz. Im übrigen wurde eine Kampagne gegen struktur- und landespolitische Versäumnisse der Landesregierung gestartet, um dadurch den Bedarf an gewerkschaftlicher Mitwirkung gegenüber den Belegschaften noch glaubwürdiger zu begründen. (IG Metall, *Nachrichten für die Beschäftigten der Stahlindustrie im Saarland* 2, 14. 3. 1978).

Auf der landespolitischen Ebene wurde nach dem von allen Seiten begrüßten Arbed-Engagement zwischen SPD-Opposition und Regierungskoalition vehement darüber gestritten, ob ein Mitspracherecht der öffentlichen Hand durch Kapitalbeteiligung (Sperrminorität) oder eine vertragliche Absicherung beschäftigungspolitischer Auflagen bei der Gewährung der Finanzhilfen erfolgversprechender sei, um den Beschäftigungsabbau in tragbaren Grenzen zu halten – wobei freilich sowohl Zielvorstellungen als auch Reichweiten beider Strategien nicht weiter reflektiert wurden. Obwohl diese parteipolitische Auseinandersetzung einerseits eine potentielle Gefahr für die offizielle Politik der allenfalls halböffentlichen Krisenregulierung bedeutete, lenkte sie andererseits von dem eigentlichen Konfliktfall: Reduktion der Beschäftigung im Saarland, ab – und entlastete damit die Landesregierung, die weder die Vernichtung von Arbeitsplätzen verhindern noch Ersatzarbeitsplätze in ausreichender Zahl schaffen konnte.

Die Ausgangslage vor Beginn des eigentlichen Aushandlungsprozesses im Frühjahr 1978 sah für die Hauptbeteiligten folgendermaßen aus: Das Unternehmen Arbed war zur Übernahme der saarländischen Hütten dann bereit, wenn die von ihm entwickelte Sanierungskonzeption politisch abgestützt, das für erforderlich gehaltene Investitionsprogramm durch hohe öffentliche Hilfen subventioniert sowie der daraus resultierende Personalabbau »sozial flankiert« würde. Die Bundesregierung signalisierte ihre grundsätzliche Bereitschaft, den Restrukturierungsprozeß finanziell zu unterstützen, unter der Bedingung freilich, daß das Unternehmenskonzept »tragfähig« sei – wobei die Tragfähigkeit sowohl betriebswirtschaftliche wie beschäftigungspolitische Aspekte enthalten müsse. Die saarländische Landesregierung, deren Mitwirkung wegen begrenzter finanzieller Mittel eingeschränkt war, legte sich insoweit fest, als neben dem bereits beschlossenen neuen Oxygenstahlwerk eine gemeinsame Roheisenerzeugung sowie der Bau einer Zentralkokerei »unabdingbare Voraussetzung« für ihre Zustimmung seien. Sie wollte den Abbau von Arbeitsplätzen also nicht einfach hinnehmen, sondern durch Ersatz- und Erweiterungsinvestitionen in der Stahlindustrie einen Teil und im Bergbau alle bestehenden Arbeitsplätze sichern. Zu den beschäftigungswirksamen Auflagen sollte ferner der Verzicht der luxemburgischen Arbed-Muttergesellschaft auf einen Beherrschungsvertrag über die zukünftigen saarländischen Töchter gehören. Der IG Metall ging es vor allem um eine sozial vertretbare Art der Belegschaftsreduktion sowie eine verbindliche Sicherung der eigenen Mitwirkungsmöglichkeit und nicht um eine Verhinderung des Arbeitsplatzabbaus oder die Schaffung von Ersatzarbeitsplätzen.[6]

*Vertragsabschluß:* Das betriebswirtschaftlich-technische Grobkonzept, das die Arbed im März 1978 zusammen mit einem Antrag auf finanzielle Hilfen dem Bundeskabinett vorlegte – zuvor war es auch der IG Metall mitgeteilt worden –, war nach zwei Seiten hin zustimmungsbedürftig: Den Staat interessierte vor allem, ob dessen betriebswirtschaftliche Tragfähigkeit es dem Unternehmen in angemessener Zeit ermöglichte, seine wirtschaftliche Wettbewerbsfähigkeit wiederzuerlangen; die IG Metall achtete im wesentlichen auf die sozialverträgliche Regelung der beschäftigungspolitischen Konsequenzen. Nachdem letztere einsehen mußte, daß das zunächst geforderte struktur- und beschäftigungspolitische Begleitprogramm bei der saarländischen Landesregierung nicht durchzusetzen war (*IG Metall Nachrichten für die Beschäf-*

*tigten der Stahlindustrie im Saarland* 1, 8. 3. 78), konzentrierte sie sich darauf, ihre Zustimmung zum Restrukturierungsprogramm als konstitutiven Bestandteil des Krisenregulierungsprozesses von Unternehmen und Staat bescheinigt zu erhalten.

Das Restrukturierungsprogramm der Arbed enthielt folgende wesentliche Elemente: den stufenweisen Ersatz der OBM-Stahlwerke Völklingen und Neunkirchen sowie des Siemens-Martin-Stahlwerkes Völklingen durch ein neues Blasstahlwerk mit Stranggußanlagen in Völklingen bis zum Jahre 1982/83 bei gleichzeitiger Ausrichtung auf einen höheren Anteil von Qualitäts- und Edelstählen; die Konzentration der Walzfertigerzeugnisse auf die leistungsfähigsten Walzen- und Spezialproduktstraßen im Rahmen eines umfassenden Programmaustausches zwischen allen Arbed-Unternehmen; den Aufbau einer leistungsfähigen Weiterverarbeitung; schließlich die Konzentration der Aktivitäten im Vertriebs- sowie im überbetrieblichen Bereich zwischen Arbed, den Stahlwerken Röchling-Burbach und dem Neunkircher Eisenwerk (Judith u. a. 1980, 97). Das alles bedeutete einen Personalabbau von 8800 Arbeitskräften zwischen 1978 und 1983, wovon lediglich im ersten Jahr ca. 1100 durch Kündigung realisiert werden sollten – davon wiederum ca. 600 über Auflösungsverträge mit türkischen Arbeitskräften. Arbed hatte dieses Konzept auf der Basis der bereits beschlossenen bzw. in Aussicht gestellten flankierenden Maßnahmen des Staates ausgearbeitet und angeboten, seine Einhaltung vertraglich abzusichern.

Für die Bundesregierung erfüllte dieses Konzept die vorgegebenen Kriterien: Sie akzeptierte dessen betriebswirtschaftliche Rationalität und hielt es deshalb für sozialverträglich, da eine organische Entwicklung der Beschäftigung unter Vermeidung bruchartiger Veränderungen ebenso gewährleistet schien wie eine gleichgewichtige Verteilung der Aufbauleistungen und Lasten innerhalb des Gesamtkonzerns. Da auch die bisherigen Produktionsstandorte beibehalten werden sollten, beschloß sie in einer Kabinettssitzung am 26. April 1978, die beantragten finanziellen Hilfen bereitzustellen; und zwar – bei einem vorgesehenen Investitionsvolumen von ca. 1,3 Mrd. DM sowie weiteren 500 Mill. für Sozialmaßnahmen und Liquiditätsbedarf – einen Investitionszuschuß von 244 Mill. DM, zahlbar in 5 Raten zwischen 1978 und 1982, sowie die Übernahme von Bankbürgschaften bis zu einem Gesamtbetrag von 900 Mill. DM. Erleichtert wurde diese Entscheidung noch durch den Umstand, daß man die Arbed-Konzeption für alternativenlos hielt:

»Außer dem Engagement der Arbed wird keine Möglichkeit gesehen, eine wirksame Restrukturierung der beiden Hütten auf unternehmerischer Grundlage durchzuführen. Die deutschen Stahlunternehmer haben keine Alternative angeboten. Im übrigen kommt der grenzüberschreitende Verbund einer dauerhaften Sicherung der Arbeitsplätze an der Saar zugute. Ohne Arbed-Konzept wären also auch die Perspektiven für die Arbeitnehmer wesentlich schlechter als jetzt« (Kabinettsvorlage des Bundesministers für Wirtschaft vom 19. 4. 1978).

Die Bundesregierung wußte auch, daß die IG Metall keinen Widerspruch anmelden würde. Hatte doch zwischen dem Unternehmen und der IG Metall eine »grundsätzliche Abstimmung« bereits stattgefunden, bei der die Gewerkschaft lediglich für eine größere Flexibilität im Ablauf optierte. Diese Position hatte der Vorstand der IG Metall der Bundesregierung ausdrücklich bestätigt (Kabinettsvorlage vom 19. 4. 78). Rechtlich verbindlich sollte die Subventionierung des Restrukturierungsprogramms freilich erst nach der Billigung durch die Prüfungsgesellschaft »Treuarbeit« werden.

Deren Entscheidungsniederschrift vom September 1978, die von der Arbed als Voraussetzung zur Gewährung der Hilfen eine Reihe zusätzlicher Verpflichtungen forderte, erkannte das Unternehmen an. Im einzelnen mußte Arbed garantieren, die Betriebsstätte Homburg des Neunkircher Eisenwerkes unter Aufrechterhaltung des Beschäftigungsstandes in der derzeitigen Größenordnung weiterzuführen, die traditionelle Lieferverbundenheit mit der Saarbergwerke AG aufrechtzuerhalten und die vorgesehene Opfergleichheit bei den erforderlichen Stillegungsmaßnahmen und die gleichgewichtige Verteilung der Aufbauleistungen im deutschen und außerdeutschen Bereich des Konzerns einzuhalten. Daneben verpflichtete sich die Arbed zur Offenlegung ihrer jeweiligen finanziellen Situation gegenüber dem Bund und zu einer regelmäßigen Berichterstattung über den Stand der Restrukturierungsmaßnahmen sowie die weiteren Planungen im Bereich der Roheisenversorgung und der Kokereikapazitäten. Außerdem behielt sich die Bundesregierung vor, auch weitere zeitliche Streckungen von geplanten Stillegungsmaßnahmen zu verlangen. Zur Sicherung der eingegangenen Verpflichtungen und der Bürgschaftskredite verpfändete die Arbed ihre deutschen Beteiligungen an den Bund, neben den saarländischen Stahlwerken z. B. den Eschweiler Bergwerksverein. Die Bundesregierung ist demnach berechtigt, »bei schwerwiegenden Verletzungen der Verpflichtungen die verpfändeten Anteile verwerten zu lassen« (Treuarbeit, Entscheidungsmodell vom 14. 7. 1978). Daß diese Sanktionsmöglichkeit allerdings faktisch ins Leere geht, wird daran deutlich, daß ihre Anwendung die Liquidierung der Unternehmen bedeuten würde, zu deren Rettung die gesamte vertragliche Konstruktion vorgenommen worden ist. Ein wirksames Instrument, die Sanierung der Saarhütten zu erzwingen, ist mit dem Vertragswerk jedenfalls nicht gegeben.

Dennoch bildeten diese vertraglichen Regelungen zwischen Arbed und Staat eine wichtige Voraussetzung für das weitere Vorgehen der Gewerkschaft. Die IG Metall verfolgte nämlich immer deutlicher die Strategie, die negativen Beschäftigungsfolgen des Restrukturierungskonzeptes nicht nur defensiv über Sozialpläne aufzufangen, sondern über eine industrielle Vereinbarung sui generis zu versuchen, das Unternehmen auf bestimmte Beschäftigungsgarantien zu verpflichten, den Ablauf der Restrukturierung nicht ohne Konsultation der IG Metall zu modifizieren, den gewerkschaftlichen Vertretungen weitgehende Mitwirkungsmöglichkeiten bei Freisetzungen und Umsetzungen einzuräumen sowie schließlich institutionalisierte gewerkschaftliche Betätigung auch über den gesetzlichen Mindestrahmen hinaus zuzulassen. Mit einer solchen vertraglichen Vereinbarung, parallel zu den Abmachungen zwischen Staat und Unternehmen, wollte die IG Metall also die Handlungsspielräume von Arbed im Restrukturierungsprozeß weitgehend eingrenzen und sich selbst Kontrollmöglichkeiten über den weiteren Verlauf verschaffen. Tatsächlich ließ sich das Unternehmen auf diese gewerkschaftliche Strategie ein. Nach einer nochmaligen Mobilisierung der Belegschaft auf einer Demonstration in Neunkirchen vereinbarten im Juli 1978 IG Metall und Unternehmensleitungen von Stahlwerke Röchling-Burbach und Neunkircher Eisenwerk Eckdaten, die Inhalt eines noch zu formulierenden, im Dezember 1978 endgültig unterzeichneten Vertrages wurden. (Der Vertrag ist abgedruckt bei Judith u. a. 1980, 97ff.)

Die wesentlichen Bestandteile dieses Vertrages im einzelnen:

– Das Neunkircher Eisenwerk bleibt auch nach der Übernahme durch Arbed ein rechtlich selbständiges Unternehmen; die Montan-Mitbestimmung im bisher angewandten Umfang wird durch die Neuordnung nicht eingeschränkt.

– Die kurzfristige Absatz- und Produktionsplanung für Röchling-Burbach und das Neunkircher Eisenwerk werden einem paritätisch zusammengesetzten ständigen Ausschuß, dem auf der Arbeitnehmerseite die Vorsitzenden der Betriebsräte der einzelnen Werke angehören, umfassend anhand von Unterlagen erläutert.

– Die Produktion wird langfristig an den bisherigen Standorten fortgeführt.

– Die Betriebsstätte Homburg bleibt unter Aufrechterhaltung des Beschäftigtenstandes in der derzeitigen Größenordnung bestehen.

– Im Falle von Stillegungen sind beide Unternehmen (Röchling-Burbach und Neunkircher Eisenwerk) verpflichtet, sich nachhaltig um Schaffung von Ersatzarbeitsplätzen am gleichen Standort zu bemühen.

– Wird ein Arbeitnehmer auf einen geringer bezahlten Arbeitsplatz versetzt, so hat er Anspruch auf Weiterzahlung seines bisherigen Lohnes oder Gehaltes für die Dauer von 5 Jahren.

– Aus Anlaß und im Zusammenhang mit der Durchführung des Restrukturierungsplanes sind arbeitgeberseitige Kündigungen grundsätzlich ausgeschlossen. Der Abbau von Arbeitsplätzen erfolgt allein durch Nichtersatz natürlicher Abgänge, vorzeitige Pensionierung und Umsetzungen von Arbeitnehmern auf zumutbare Arbeitsplätze in den NE-Werken Neunkirchen und Homburg oder RB-Werken Burbach und Völklingen.

– Zur Durchführung der Umsetzung werden Arbeitsplätze durch vorzeitige Pensionierung freigemacht. Unstimmigkeiten bei der Umsetzung zwischen den zuständigen Unternehmensleitungen und Betriebsräten über die Zumutbarkeit eines angebotenen Arbeitsplatzes werden von einer paritätisch mit 4 Arbeitgeber- und 4 Arbeitnehmervertretern zusammengesetzten Kommission überprüft und verbindlich entschieden. Die betroffenen Arbeitnehmer haben Anspruch auf Mehrfach-Umsetzung. Um die Umsetzung der von Stillegungsmaßnahmen betroffenen Arbeitnehmer zu erleichtern, werden betriebliche und außerbetriebliche Schulungsmaßnahmen durchgeführt.

– Sowohl RB als auch NE werden im Zuge der Neuordnung ihre jeweils bestehende Ausbildungskapazität nicht verringern.

– Die Vertragsparteien sind sich darüber einig, daß sich eine Arbeitsgemeinschaft der Betriebsräte im Konzern nach Abschluß der Unternehmensverträge konstituieren kann. Die Betätigungsmöglichkeiten der Vertrauensleute der IG Metall in der Unternehmensgruppe Röchling-Burbach/Neunkircher Eisenwerk werden durch die Neuordnung nicht eingeschränkt.

Der Vertrag enthält zusätzlich eine Reihe von Einzelbestimmungen, insbesondere einen materiell gut ausgestatteten Sozialplan, der die vorzeitige Pensionierung ab Vollendung des 55. Lebensjahres regelt (dokumentiert in ebenda, 109 ff.). Die IG Metall qualifizierte ihn als »neuen Eckpfeiler einer offensiven Gewerkschaftspolitik«, mit dem für Umstrukturierungs- und Rationalisierungsmaßnahmen neue Normen vereinbart seien und der zugleich zeige, daß auch Modernisierungsprozesse großen Ausmaßes sozial beherrschbar seien, »wenn rechtzeitig und konsequent die Interessen der Arbeitnehmer vertreten werden und wenn kein Zweifel darüber besteht, daß die Arbeitnehmer bereit sind, für ihre Interessen einzutreten« (ebenda, 57).

*Die Phase der Normalisierung und routinemäßigen Abwicklung des Restrukturierungsprogramms:* Der Vertragsabschluß zwischen Unternehmen, DGB und IG Metall stellte zweifellos einen beachtlichen Erfolg auf dem Weg dar, den die Gewerkschaft eingeschlagen hatte. Die älteren Arbeitnehmer, die ausscheiden mußten, erhielten eine überdurchschnittlich hohe monetäre Entschädigung und soziale Absicherung; den innerhalb der Werke umgesetzten Arbeitskräften gab man eine 5jährige Lohngarantie; der Gewerkschaft und ihren betrieblichen Vertretungen räumte man Informations-, Kontroll- und Mitwirkungsmöglichkeiten ein, die über die Montanmitbestimmung hinausgingen – damit hatte das Kapital die Gewerkschaft als unentbehrlichen Beteiligten am industriellen Restrukturierungsprozeß akzeptiert. Es ist daher verständlich, daß die IG Metall den Vertrag in ihren regionalen Mitgliederinformationen ausführlich darstellte und kommentierte; und die Belegschaften legitimierten zumindest nachträglich deren Vorgehensweise. Die als unumgänglich angesehenen sozialen Folgen des Sanierungsprozesses waren gemildert, und es gab keine eindeutig identifizierbare Gruppe von Beschäftigten, der unzumutbare Opfer abverlangt wurden. Die ausgeschiedenen Arbeitnehmer wurden entschädigt, die umgesetzten individuell abgesichert, die verbleibenden Arbeitsplätze sicherer gemacht – dies war das Handlungsmotiv von Staat und Gewerkschaft, und die Beschäftigten akzeptierten das. Insofern scheinen auch die hohe »Sozialfriedlichkeit« des Prozesses und die große Folgebereitschaft der Belegschaften ohne weiteres einsichtig: Die unmittelbar Betroffenen wurden abgesichert, und die mittelbar Betroffenen – also jene, die in der saarländischen Stahlindustrie zukünftig nur noch eine erheblich reduzierte Zahl von Arbeitsplätzen vorfinden werden und deren Ersatzarbeitsplätze sich allenfalls in Landesentwicklungsplänen finden – bildeten keine artikulationsfähige politische Gruppe, deren Interessen man hätte berücksichtigen müssen. Deshalb wich nach Abschluß der Verträge die noch vorhandene Konfliktbereitschaft sehr schnell dem »betrieblichen Konfliktalltag« (Lichte 1978, 40), der allerdings nicht selten, zumal bei zwischenbetrieblichen Umsetzungen, konfliktintensiver als gewohnt ablief.

Als Voraussetzung der Restrukturierung der Saarhütten war in der zweiten Jahreshälfte 1978 die Neuordnung der gesellschaftsrechtlichen Verhältnisse vollzogen worden: Die Arbed SA übernahm die bisher von der Familie Röchling gehaltenen Anteile der Stahlwerke Röchling-Burbach und wurde damit faktisch Alleingesellschafter. Gleichzeitig erwarb Arbed 97% des Aktienkapitals der Neunkircher Eisenwerke AG von den Unternehmensgruppen Otto Wolff und Mabanaft und übertrug diese Beteiligung auf Röchling-Burbach. Zum 31. 12. 1978 transferierte man schließlich auch die 32%ige Beteiligung des Neunkircher Eisenwerks an den Dillinger Hüttenwerken auf Röchling-Burbach. Als Folge dieser eigentumsrechtlichen Veränderungen traten am 1. Januar 1979 die Unternehmensverträge zwischen Röchling-Burbach und dem Neunkircher Eisenwerk in Kraft. Betriebspachtvertrag, Betriebs- und Geschäftsführungsvertrag sowie Beherrschungs- und Gewinnabführungsvertrag, in der Vereinbarung mit den Gewerkschaften festgelegt, bildeten die Voraussetzung für eine einheitliche Unternehmensführung. Auch die Verhandlungen des Unternehmens mit Bund und saarländischer Landesregierung über die Gewährung von Finanzhilfen wurden im Frühjahr 1979 mit der förmlichen Unterzeichnung der entsprechenden Verträge abgeschlossen (Angaben nach Röchling-Burbach, Geschäftsbericht 1978, 12).

Die Realisierung des technischen Restrukturierungskonzeptes begann im Frühjahr 1979 mit dem Bau des neuen Blasstahlwerkes in Völklingen, in Burbach wurden neben dem Stahlwerk auch Walzstraßen stillgelegt. Zusammen mit der Dillinger Hütte begannen die Planungen für die gemeinsame Roheisenbasis und Zentralkokerei. Während der großangelegte Abbau von 1000 Arbeitsplätzen bei den Neunkircher Eisenwerken bereits im Jahre 1977 beendet war, reduzierten die Stahlwerke Röchling-Burbach 1977 die Belegschaft um 3000 und 1978 nochmals um 1400. Allein im Jahre 1978 zahlte Röchling-Burbach mehr als 100 Mill. DM für Sozialpläne (Stahlwerke Röchling-Burbach, Geschäftsbericht 1978). Bedingt durch die relativ günstige Stahlkonjunktur des Jahres 1979 konnte die Umstrukturierung planmäßig fortgeführt werden, der Personalbestand erhöhte sich sogar leicht, und für die gemeinsame Roheisenbasis sagten Bundes- und Landesregierung Investitionszuschüsse bis zu 200 Mill. DM zu (Röchling-Burbach, Geschäftsbericht 1979). Die sich 1980 erneut verschlechternde Stahlkonjunktur änderte allerdings die Rahmenbedingungen für die Restrukturierung. Zwar nahm man Ende 1980 den ersten Bauabschnitt des neuen Blasstahlwerkes in Völklingen in Betrieb und legte die älteren Stahlwerke still, doch erwies sich bereits eine erste Modifikation des Sanierungsmodells als notwendig: Man verzichtete, entgegen der bisherigen Planung, auf die Entmottung des Stahlwerks in Burbach; und in Neunkirchen reduzierte man die Flüssigphase um ein Jahr früher als vorgesehen. Das modifizierte Konzept war nur durch Erhöhung des staatlichen Bürgschaftsrahmens um 200 Mill. DM und der Investitionszuschüsse um 170 Mill. DM zu verwirklichen (Röchling-Burbach, Geschäftsbericht 1980). Ein zusätzlicher Beschäftigungsabbau konnte allerdings noch vermieden werden. Was sich hier bereits andeutete, wurde im Laufe des Jahres 1981 dann endgültig zur Gewißheit: Das Restrukturierungsprogramm mußte an die veränderten Marktverhältnisse angepaßt werden, und die Verträge boten den Gewerkschaften dagegen keine wirksame Handhabe. Vom Stahlwerk Burbach nahm man nun endgültig Abschied, das Ende der Stahlerzeugung in Neunkirchen wurde auf Mitte 1982 vorgezogen, und die Sanierung des Werkes Homburg erfolgte jetzt unter Aufkündigung der Beschäftigungsgarantie (Röchling-Burbach, Geschäftsbericht 1981, 9). Zwar gründete man 1981 die gemeinsame Roheisengesellschaft, an der die Arbed und die AG der Dillinger Hüttenwerke je zur Hälfte beteiligt sind, und neue Hochöfen sollen zusammen mit einer Zentralkokerei, deren Besitzanteile zur Hälfte den Saarbergwerken und zu je einem Viertel den beiden Stahlkonzernen Arbed und Dillinger Hüttenwerke gehören, Anfang 1984 in Dillingen den Betrieb aufnehmen – doch war spätestens Anfang 1982 mit dem erneuten schweren Einbruch auf dem Weltstahlmarkt die Phase der Normalisierung beendet.

*Krise der Durchführung:* Anfang 1982 gerieten die Stahlwerke Röchling-Burbach erneut in eine schwere Liquiditätskrise, nicht zuletzt deshalb, weil, neben einem Rückgang der Rohstahlproduktion um mehr als 8 % 1981, rund 60 Mill. DM Sozialplanmittel fällig wurden (Stahlwerke Röchling-Burbach, Geschäftsbericht 1981). Zwar zahlte der Bund den letzten Teilbetrag der zugesagten Investitionszuschüsse früher als vorgesehen und erhöhte die saarländische Landesregierung ihren Bürgschaftsrahmen um weitere 60 Mill. DM, doch war damit der bereits erkennbare Subventionsbedarf für das Jahr 1982 längst nicht gedeckt. Weitere Zuschüsse machte die Bundesregierung freilich von zusätzlichen Konzentrations- und Rationalisierungsmaßnahmen sowie weiteren Personaleinsparungen abhängig. Und – so wurde allgemein vermutet – es »dürfte Bonn mit Blick auf die bevorstehenden Probleme mit Ruhrstahl (vgl. Kap. III. 2 – d. V.) deutliche Auflagen machen, die die Gewerkschaft dazu zwingen werden, in Teilen neu über das vielbeschworene Saarmodell zu verhandeln« (*Handelsblatt* vom 18. 2. 82).

Im Herbst 1982 spitzte sich dann die ökonomische Situation für Arbed Saarstahl – wie das Unternehmen nunmehr heißt – dramatisch zu: Aufgrund der weltweit verschlechterten Konjunktur bewegten sich die Aufträge um 35 bis 40 % unter dem Vorjahresniveau; das neue Stahlwerk war mit rund 115000 Monatstonnen kaum zur Hälfte ausgelastet; die Verluste stiegen von Monat zu Monat exponentiell an; bei einer Gesamtverschuldung von rund 3 Mrd. DM stand der Konkurs bevor. Kurzfristig mobilisierbare Rationalisierungsmöglichkeiten waren weitgehend ausgeschöpft; denn immerhin hatte man seit 1977 die Rohstahlkapazitäten bereits um 37 %, die Walzwerkskapazitäten um 27 % und die Belegschaften um 26 % reduziert. Da Positiv-Effekte aus gemeinsamer Roheisenphase und Zentralkokerei frühestens nach 1985 zu erwarten sind, blieb nur noch der Rückgriff auf die »Dispositionsmasse Personal« übrig.

Das Management setzte deshalb vor dem Hintergrund des drohenden Konkurses ein »Modell A« durch, das zwischen 1983 und 1985 eine auf drei Jahre ausgedehnte Kurzarbeit für 5500 Arbeitskräfte vorsieht. Diese sollen nicht wie bisher einen Härteausgleich erhalten und hätten damit monatliche Einkommenseinbußen zwischen 200 und 500 DM zu verkraften. Darüber hinaus sollen weitere 3500 Arbeitsplätze abgebaut werden, ohne daß für deren soziale Abfederung die 1978 ausgehandelten Sozialplanregelungen zur Anwendung kämen. Da diese Maßnahmen erst mittelfristig kostenentlastend wirken können, die Zahlungsunfähigkeit aber unmittelbar drohte, mußte man Anfang November 1982 bei der Bundesregierung einen Überbrückungskredit in Höhe von 115 Mill. DM beantragen. Gleichzeitig wurde für das modifizierte Restrukturierungsprogramm 1983 eine zusätzliche öffentliche Finanzhilfe von 310 Mill. DM einkalkuliert. Da die Bundesregierung grundsätzlich am Sanierungskonzept festhielt[7] und im Falle eines Konkurses die bisher gewährten Finanzhilfen in Höhe von 2,2 Mrd. DM vertan gewesen wären[8], gewährte Bonn zwar den Überbrückungskredit, band aber die Zusage für weitere Finanzhilfen an zusätzliche »substantielle« Sanierungsbeiträge der anderen Beteiligten: Die kreditgebenden Banken sollten einem Forderungsverzicht in Höhe von 60 Mill. DM zustimmen, das Mutterunternehmen Arbed Luxemburg SA Kapital in Höhe von 120 Mill. DM zur Verfügung stellen und die Belegschaften schließlich durch einen teilweisen Verzicht auf die Sonderzahlungen zu Weihnachten weitere 60 Mill. DM aufbringen. Diese letzte Forderung brachte die IG Metall in eine neue Zwangslage und rüttelte an den Grundlagen des bisherigen Zusammenwirkens von Staat, Unternehmen und Gewerkschaft. Bestand die Basis der bisherigen gemeinsamen Problembewältigung darin, daß alle Akteure in teils stillschweigender, teils offener Abstimmung des Verhaltens in arbeitsteiliger Weise die jeweils anstehenden Aufgaben wahrnahmen, so verließ die (mittlerweile konservativ-liberale) Bundesregierung diese Plattform. Denn sie nutzte die Schwäche der IG Metall offen aus und diktierte dieser ohne vorherige Verhandlungen einseitig neue Handlungsbedingungen, drohte gar mit dem Unternehmenskonkurs, wenn die IG Metall diese Bedingungen nicht binnen kurzer Frist akzeptiere. Ähnlich hart und kompromißlos verfuhr sie nicht mit der luxemburgischen Mutter Arbed SA. Diese hat bis heute (März 1983) den geforderten substantiellen Beitrag zur Rettung der Tochter nicht geleistet – und es wird sogar immer unsicherer, ob sie es je tut.

Als Folge dieser neuen Strategie verstärkte sich die Konfliktrhetorik: die Gewerkschaft signalisierte das Ende ihrer Kooperationsbereitschaft:

»Die IG Metall ist nicht bereit, Eingriffe in bestehende Tarifverträge hinzunehmen. Ebenso lehnt die IG Metall aus prinzipiellen Gründen eine Zusage ab, bestehende Tarifverträge in kommenden Verhandlungen verschlechtern zu lassen. Die IG Metall sieht in dem Ansinnen der Bundesregierung einen erheblichen Eingriff in die Tarifautonomie.« (Schreiben der IG Metall an die Bundesregierung, mitgeteilt in: Landtag des Saarlandes, 8. Wahlperiode, 36. Sitzung am 3. 12. 1982, 1730)

Auf der anderen Seite nahm die »öffentliche Meinung« eindeutig Partei gegen die Gewerkschaft, wie etwa in der *Saarbrücker Zeitung* Anfang Dezember 1982 zu lesen war:

»Die Sturheit der IG Metall ist völlig unverständlich. Es sei denn, man ist bereit, die Saar zugunsten der Ruhr zu opfern, wo aus Sicht der Gewerkschaften sicher mehr zu verlieren steht als im kleinen Saarland.«

Auch unter den Belegschaften selbst war ein erneuter Mobilisierungsprozeß zu beobachten, allerdings in unterschiedliche Richtungen. Zum einen existierte ein, wenn auch zahlenmäßig nicht sehr bedeutendes, radikalisiertes Potential, das sich die massive Gegenwehr in Form einer Betriebsbesetzung zum Vorbild nehmen wollte, wie sie bereits in den Monaten zuvor bei der ebenfalls von Stillegung bedrohten Georg-Heckel GmbH, Saarbrücken, einer 100%igen Tochter der Arbed, zustande gekommen war. Auf der anderen Seite wirkte der Erpressungsversuch der Bundesregierung, bei ausbleibenden Vorleistungen der Belegschaften auch den Konkurs des Unternehmens und damit den völligen Verlust der Arbeitsplätze in Kauf zu nehmen, offenbar so glaubhaft, daß »die Frage, ob geltendes Tarifrecht gebrochen werden kann, für die, deren Existenz auf dem Spiel stand, verständlicherweise nicht mehr die Hauptrolle spielte« (*Metall* Nr. 1, 7. 1. 1983). Letztere Orientierung behielt in den Auseinandersetzungen ganz eindeutig die Oberhand, und der Druck aus den Belegschaften richtete sich gegen die eigenen Organisationen, das geforderte »Solidaritätsopfer« zu bringen.[9] Die IG Metall löste dieses Dilemma mittels einer vertikalen Arbeitsteilung zwischen zentralen und regionalen Organisationseinheiten: Der Vorstand der IG Metall lehnte zwar mit dem Argument, Eingriffe in geltende Tarifverträge und Arbeitnehmerbeiträge zur Sanierung ihrer Unternehmen seien nicht hinnehmbar, Zugeständnisse ab, signalisierte aber Verhandlungsbereitschaft innerhalb der nächsten regulären Tarifrunde. Auf der lokalen Ebene hingegen setzte sich der Druck aus den Belegschaften durch. Der Gesamtbetriebsrat der Arbed Saarstahl und die örtliche IG Metall erklärten sich zu einem Verzicht auf 50 % der Weihnachtsgratifikation in den Jahren 1983 und 1984 sowie deren Nachzahlung in den Jahren 1985 und 1986 bereit. Gleichzeitig forderten sie indirekt den saarländischen Arbeitgeberverband zur Kündigung des entsprechenden Manteltarifvertrages auf, was auch unverzüglich erfolgte und zu einem ebenso raschen Neuabschluß am nächsten Tag mit den entsprechenden Regelungen führte. Durch diese Aktion erhielt Arbed Saarstahl einen zinslosen Belegschaftskredit in Höhe von 60 Mill. DM. Ebenfalls am gleichen Tage sagte die Bundesregierung die sofortige Auszahlung der Überbrückungszuschüsse für 1982 sowie weitere Investitionszuschüsse in Höhe von ca. 300 Mill. DM für das Jahr 1983 zu.[10]

Die Verschärfung der Auseinandersetzungen in der vorläufig letzten Phase hat ohne Zweifel deutlich werden lassen, daß von einem dauerhaften Erfolg der politischen Regulierung der saarländischen Stahlkrise nicht gesprochen werden kann. Die Saarhütten bleiben weiterhin, obwohl sie massiv modernisiert, rationalisiert und konzentriert haben, die »Grenzbetriebe« der deutschen Stahlindustrie. Dies vor allem deshalb, weil der Anpassungsprozeß auch in den anderen deutschen Stahlrevieren fortgeschritten ist. Daher ist die Prognose angebracht, daß weitere konfliktträchtige Anpassungsschritte folgen werden.

### *1.2.2 Politikmodus*

Wie gezeigt, interpretierten die deutschen Stahlindustriellen den Nachfragerückgang nach 1975 zunächst als konjunkturelle Erscheinung und reagierten daher mit dem traditionellen Instrumentarium: Kurzarbeit, Einstellungsstop, Abbau von Mehrarbeit. Als diese Maßnahmen nicht mehr ausreichten, änderten die saarländischen Unternehmen Anfang 1977 ihre Strategie und versuchten, durch Entlassungen und Arbeitsplatzabbau die betriebswirtschaftlich notwendige Anpassung herbeizuführen. In dem Maße, in dem die strukturellen Momente der Stahlkrise immer deutlicher hervortraten, stand eine umfassende Restrukturierung der Saarhütten an, die die Unternehmen zunächst – gegen Proteste der IG Metall – allein durchführen wollten.[11] Freilich überforderten die notwendigen Schritte das finanzielle wie organisatorische Potential der betroffenen Unternehmen – die »politische Lösung«, von der IG Metall im November 1977 explizit gefordert, war unausweichlich geworden. Zu diesem Zeitpunkt waren durch die demonstrierte

Konfliktbereitschaft der Belegschaften auch die Voraussetzungen dafür geschaffen, daß die Gewerkschaft als gleichberechtigter Partner an dieser »politischen Lösung« mitwirken konnte.[12]

Das Kennzeichen dieser politischen Lösung bestand darin, daß es den beteiligten Akteuren gelang, eine soziale oder gar politische Krise als Folge der ökonomischen zu verhindern. Vor allem die massive Intervention des Staates schaffte die Bedingungen dafür, ökonomische Krise und politischen Konflikt voneinander *abzukoppeln.* Im Zentrum der Krisenregulierung stand ein *»politisches Regulierungskartell«*: ein Verbundsystem staatlicher und gesellschaftlicher Organisationen, in dem die Unternehmen der Stahlindustrie, die staatlichen Instanzen (und zwar auf Bundes- wie auf Landesebene) und die Gewerkschaft IG Metall sich informell politisch organisierten, um in arbeitsteiliger Weise und mit unterschiedlichen Beiträgen den Verlauf der Krise zu beeinflussen.[13] Die Herausbildung und das erfolgreiche Funktionieren des Regulierungskartells waren nur möglich auf der Grundlage eines von allen Beteiligten getragenen Basiskonsenses über die Notwendigkeit ökonomischer Modernisierung und Rationalisierung, die in Fällen altindustrialisierter Branchen wie der Stahlindustrie auch deren Schrumpfung mit einschließt. Durch diese Haltung, die im wesentlichen alle Einzelgewerkschaften einnehmen (Esser 1982, 188 ff.), unterscheiden sich die deutschen wesentlich von anderen, insbesondere britischen und französischen Gewerkschaften, bei denen eine Abwehr, zumindest Skepsis gegenüber kapitalistischer Technologie weiter verbreitet ist. Demgegenüber begreifen die deutschen Gewerkschaften Technologie oder technischen Fortschritt an sich als gesellschafts- und interessenneutral – und erst deren einseitige Unterwerfung unter private Unternehmerinteressen soll, wie im Fall der Stahlindustrie, die beklagten negativen sozialen Folgen für die Arbeitnehmer bewirken (ebenda, 195). Als Gegenleistung für diese grundsätzlich positive Einstellung zu technischem Wandel und ökonomischer Modernisierung, die auch bei den gewerkschaftlichen Kadern und Betriebsräten sowie den Lohnabhängigen selbst kaum umstritten ist, erwarten die Gewerkschaften andererseits eine angemessene monetäre Beteiligung an Produktivitätsfortschritten und ein Mindestmaß sozialer Kontrolle und Steuerung im Prozeß technologischen Wandels. Das bedeutet bei Schrumpfungsprozessen wie dem in der Stahlindustrie: Schutz für die unmittelbar Betroffenen einerseits, Verteilung der

Krisenlasten, etwa durch zeitliche Streckung des Anpassungsprozesses, andererseits.

Im Fall der saarländischen Stahlindustrie handelte es sich allerdings um weit mehr als um einen »normalen« Anpassungsvorgang bei Technologie und Beschäftigung. Durch das Zusammentreffen der strukturellen Krise des Stahlmarktes und des aufgestauten Anpassungsbedarfs der rückständigen Saarhütten infolge bisherigen unternehmerischen Nicht-Handelns mußte in drei Sachbereiche regulierend eingegriffen werden:

– Die *Kapitalstruktur* mußte *vereinheitlicht* werden. Dies war insbesondere nach Meinung der Unternehmensleitungen und der staatlichen Instanzen die eigentliche Voraussetzung zum Gelingen des Restrukturierungsprozesses. Kam es doch zunächst darauf an, einheitliche Entscheidungsbefugnisse zu schaffen, um Strategien der Desinvestition und Kapitalentwertung mit Neuinvestitionen und Kapitalmobilisierung zu synchronisieren.

– Die *Produktionsbasis* mußte *restrukturiert* werden, und zwar über eine allgemeine Kapazitätsreduktion, über eine grundsätzliche Neuorganisation der einzelnen Stufen im Prozeß der Eisen- und Stahlerzeugung sowie über eine Ausschöpfung von Rationalisierungsreserven in der wechselseitigen Zuordnung der einzelnen Produktionsabläufe. Dies geschah in der Weise, daß die Unternehmerseite – Arbed – auf betriebswirtschaftlicher Kalkulationsgrundlage Konzepte vorformulierte, während der Bund als Geldgeber deren inhaltliche und formale »Tragfähigkeit« kontrollierte.

– Das *Beschäftigungsniveau* mußte *reduziert* werden, und zwar in einem für die Betroffenen sozialverträglichen Modus. Die soziale Abfederung und Legitimierung über Sozialpläne sowie die vertragliche Kontrolle seines Ablaufs stellten das Hauptbetätigungsfeld der IG Metall dar.

Der Umfang dieser Problemfelder und das Auffangen der sozialen Folgen bei ihrer Regulierung überfordern das Organisationspotential jedes einzelnen Akteurs. Da in der Bundesrepublik Deutschland zudem ein generalisiertes und verfestigtes sozialstaatliches Erwartungsniveau besteht, das eine ausschließlich ökonomische oder unternehmensgesteuerte Krisenregelung nicht zuläßt, wird die Herausbildung politischer Regulierungsformen notwendig, die deutlich vom »üblichen« Mechanismus kapitalistischer Krisenbewältigung abweichen: Der Akteur »Unternehmen« entscheidet zwar dominant, aber nicht allein über die Restrukturierungsinhalte; das zentrale Folgeproblem: Abbau von Arbeitsplätzen und Arbeitslosigkeit, wird nicht allein Staat und Gewerkschaft zur Bewältigung überlassen. Vielmehr haben sich alle drei Akteure – teils stillschweigend, teils in offener Übereinkunft – auf die Übernahme von Rollen und die wechselseitige Abstimmung ihres Verhaltens geeinigt und damit eine Kalkulation der politischen und sozialen Gesamtkosten ermöglicht. Zwischen allen Beteiligten besteht also Konsens, die Abwicklung der Krise nicht den freien Kräften des Marktes und der ökonomischen Rationalität der Kapitalverwertung *allein* zu überlassen. Statt dessen wird sie politisiert, d. h. explizit in die Regelungssphäre des politischen Systems übernommen. Der Staat freilich muß die Ausübung seiner regulierenden Funktionen davon abhängig machen, sowohl auf der Seite des Kapitals wie der Gewerkschaften verläßliche Mitwirkende zu finden, die die festgelegte Rollenaufteilung akzeptieren und zum konzertierten Einsatz ihrer jeweiligen Organisationsmittel bereit sind. Es wird deshalb ein Verbundsystem prozeduraler Steuerung (Offe 1975) etabliert, in dem – über die staatlichen Instanzen vermittelt – sowohl die privaten Interessen der Anteilseigner als auch die Bedürfnisse der in den gewerkschaftlichen Organisationen repräsentierten Arbeitskräfte zum Zuge kommen. Extrem einseitige Krisenlösungsvarianten sind damit von vornherein ausgeschlossen: Die strukturelle Vorselektion der Problemlösungen qua Errichtung eines politischen Regulierungskartells läßt sich als sozialstaatskonforme Krisenbewältigung auf kapitalistischer Grundlage charakterisieren. Allerdings ist das Kartell nur dann arbeitsfähig, wenn die fixierte Funktionsverteilung eingehalten und durch nicht-integrierbare Forderungen der »Basis« nicht gestört wird.

*Akteure und Funktionen:* Das politische Regulierungskartell im Saarland hat kein eigentliches Machtzentrum, weil es keine einheitliche Entscheidungseinheit darstellt. Vielmehr funktioniert es als verflochtenes System konfliktorischer Kooperation, in dem keine Aktion möglich ist ohne die ausdrückliche oder stillschweigende Zustimmung aller Akteure (vgl. auch Goldberg 1981). Arbeitsteilung und Kosten-Nutzenverteilung innerhalb des Kartells weisen freilich scharf asymmetrische Strukturen auf, was darauf hindeutet, daß auch die Motive zur Mitwirkung sehr unterschiedlich sind.

Der *Arbed-Konzern* übernimmt die Führungsrolle im Krisenregulierungsprozeß. Der Ursprung der Krise liegt in dem ins Stocken geratenen Produktions- und Verwertungsprozeß. Soll diese unter kapitalistischen Verwertungsbedingungen überwunden werden, ist ein von den Weltstahlmarktzwängen determinierter Sanierungsinhalt vorgegeben. Staat und Gewerkschaft anerkennen von vornherein, daß das »funktionierende Kapital« Arbed am besten weiß, wie man sich den auf dem Weltmarkt herrschenden Produktions- und Tauschnormen schnell und erfolgreich anpassen kann. Abgesehen von der peripher bleibenden Forderung nach Verstaatlichung, akzeptieren die anderen Beteiligten Arbeds inhaltliches Restrukturierungsprogramm, finanzielle Forderungen an den Staat und Höhe des Beschäftigungsabbaus als unausweichlich und alternativenlos. Allerdings scheint eine wesentliche Erfolgsvoraussetzung für das Funktionieren des Regulierungskartells im Saarland darin zu bestehen, daß Arbed nicht von Anfang an im Krisenprozeß präsent war, sondern erst zu einem späteren Zeitpunkt und mit Hilfe des Staates unter der Bedingung einstieg, die staatliche Organisationsmacht zu akzeptieren. Insbesondere im Vergleich zur Situation im Ruhrgebiet befand sich damit die Kapitalseite von Anfang an in einer schwächeren Position. Hinzu kommt, daß mit Arbed auf der Kapitalseite nur ein einziger Akteur präsent ist, der Staat und Gewerkschaften ein »verläßlicherer« Partner sein kann, weil Störungen des Regulierungsprozesses durch konkurrierende Kapitalblöcke ausbleiben.

Die *staatlichen Instanzen* leisten ihren Regulierungsbeitrag wiederum in sich arbeitsteilig, wobei funktional die *supranationale*, die *nationalstaatliche* und die regionale Ebene unterschieden werden können. Den *supranationalen EG-Instanzen* kommt im wesentlichen die Aufgabe zu, die Weltmarkteinpassung der Restrukturierungsmaßnahmen vorzubereiten, indem etwa der Zugang auf den EG-Stahlmarkt durch stahlerzeugende Drittländer begrenzt wird oder umgekehrt die Zutrittschancen der europäischen Erzeuger auf dem US-amerikanischen Markt erhalten bleiben. Nach innen erfolgt die Errichtung eines Systems der Marktkontrolle durch die Fixierung von Mindest- und Orientierungspreisen und die Mitwirkung an der Reorganisation der Produktionsstruktur auf europäischer Ebene. Dies geschieht durch Festlegung und Kontrolle von Produktionsquoten für die einzelnen europäischen Erzeuger und die Genehmigungspflicht der einzelstaatlichen Sanierungskonzeptionen. Kapazitätsabbau und Konzentration sind dabei die strategischen Leitlinien der EG-Kommission (Kommission der Europäischen Gemeinschaften 1982).

Der Beitrag des *Bundes* besteht in der Aktivierung seines Organisationspotentials zugunsten des Kapitals: er mobilisiert Arbed als Träger des Restrukturierungsprozesses und unterstützt anschließend durch massive finanzielle Subventionen die Durchführung der Sanierung. Die *Saarländische Landesregierung* fungiert – auch als Folge ihres fehlenden fiskalischen Spielraums – eher als »ideologischer Apparat« (Poulantzas): Sie besteht auf einer »marktwirtschaftlichen Lösung«, betont die vorgebliche Interessenidentität zwischen betroffenen Arbeitskräften und Unternehmen und fordert – unter dem Stichwort der »Opfergleichheit« – die Hinnahme der Krisenfolgen durch alle Beschäftigten. Gemeinsam wird von den staatlichen Instanzen auf Bundes- und Landesebene die Funktion wahrgenommen, Auseinandersetzungen zwischen Kapital und Arbeit, die innerhalb des Regulierungskartells auftreten, zu moderieren. Denn die Erfolgsbedingung der Regulierungstätigkeit besteht ja in der gleichzeitigen Durchsetzung der als ökonomisch rational angesehenen Strategie und ihrer politischen Akzeptierung durch die Betroffenen. Diese Vermittlungsfunktion des Staates hat mehrere Effekte. Zum einen wird der Konflikt zwischen Kapital und Arbeit entschärft, da durch den Einsatz massiver öffentlicher Mittel eine Einigung auf Kosten Dritter zustande kommt. Zum anderen wird die eindeutige Zurechenbarkeit einzelner Maßnahmen zu Unternehmen oder Staat unmöglich, und Gewerkschaften wie Arbeitskräfte haben sich mit wechselnden Gegnern auseinanderzusetzen. Damit erfüllt der Staat seine desorganisierende Funktion gegenüber den Lohnabhängigen und ihrer Gewerkschaft: jenen wird »sozialflankiert« als einzige Perspektive vermittelt, daß sie überflüssig geworden seien; dieser – dem sozialen Gehalt nach zum Schutz der Arbeitskräfte existierend – wird als einzige Perspektive angeboten, am Abbau der überzähligen Arbeitskräfte mitzuwirken und dem auch noch den Anschein der sozialen Erträglichkeit zu verleihen.

Die *Gewerkschaft IG Metall* mußte sich zwar erst in das Regulierungskartell »hineindemonstrieren«, bildet aber seitdem einen objektiv unabdingbaren Bestandteil der Krisenbewältigung. Als handelnde Einheiten lassen sich die IG Metall-Zentrale, insbesondere das für Stahl zuständige Vorstands-Zweigbüro Düsseldorf, die vier Verwaltungsstellen der IG Metall an der Saar sowie auf Unternehmensebene Betriebsräte und Vertrauensleute unterscheiden. Zentrale und lokale Organisationen agieren einheitlich, die betrieblichen Vertretungen formulieren zeitweise abweichende Positionen, die aber letztlich von der Organisationsspitze immer wieder integriert und kontrolliert werden können, so daß es zu gegenläufigen Handlungen oder gar Handlungsblockaden nicht kommt. Im Düsseldorfer Vorstands-Zweigbüro werden sowohl Informationen gebündelt – Vorstandsmitglieder der IG Metall sind in allen Aufsichtsräten der deutschen Stahlunternehmen präsent – als auch die Handlungskonzepte entworfen. Ihr Sanktionspotential im Regulierungskartell beruht einerseits auf der Mobilisierungsfähigkeit von Mitgliedern und Belegschaften, andererseits auf der Fähigkeit, die Hinnahme der ausgehandelten Maßnahmen bei den Betroffenen zu sichern. In beiden Dimensionen ist ihr Kontrollpotential wirksam, und insofern erbringt sie hochstabile Regulierungsbeiträge.

Es wäre falsch, die Mitwirkung der Gewerkschaft bei der Regulierung als umstandslose Hinnahme der Restrukturierung zu kennzeichnen. Vielmehr bewegt sich ihre strategische Verhaltensorientierung zwischen Gegenwehr und Kooperation. Gegenwehr wird ihr allein schon durch die mit der Sanierung verbundenen sozialen Härten aufgezwungen; ohne deutliche Artikulation der Konfliktbereitschaft wäre sie völlig unglaubwürdig geworden. Der ursprüngliche Katalog der gewerkschaftlichen Forderungen ist deshalb zunächst auf die Abwehr der negativen Folgen des Restrukturierungskonzeptes ausgerichtet, allerdings im Rahmen von kooperativen Aushandlungsprozessen innerhalb des Regulierungskartells. Eine vergleichbare Ambivalenz existiert auf der Zielebene. Zwar erhält die soziale Absicherung der freigesetzten Arbeitskräfte höchste Priorität im gewerkschaftlichen Handeln, doch besteht die Funktion der vertraglichen Regelungen darüber hinaus in der Beschränkung der unternehmerischen Dispositionsspielräume und geht damit deutlich über lediglich defensive Sozialplanpolitik hinaus. Dabei richtet sie sich nicht gegen die als notwendig akzeptierte Beschäftigungsreduktion, sondern versucht mittels dreier Mechanismen Kontrolle über deren Ablauf zu gewinnen:

– Der Prozeß der Beschäftigungsreduktion wird über das betriebswirtschaftlich gebotene Maß hinaus *zeitlich gestreckt.* Echte Entlassungen können dabei teilweise zugunsten von Frühverrentungen vermieden werden. Das Unternehmen läßt sich auf solche »unökonomischen« Lösungen nur ein, weil der Staat zur Finanzierung der entsprechenden Sozialpläne bereit ist.

– Durch *soziale Selektion* wird das Entlassungsrisiko auf jene Gruppen von Arbeitskräften abgewälzt, die als politisch am wenigsten konfliktfähig oder -bereit angesehen werden oder deren Arbeitsmarktlage ein erhöhtes Risiko vertretbar erscheinen läßt. Es sind dies einerseits die frühverrenteten älteren, andererseits jüngere und nur mit geringem Kündigungsschutz versehene Arbeitnehmer, von denen anzunehmen ist, daß sie eine überdurchschnittliche Chance besitzen, einen neuen Arbeitsplatz zu finden. Diese Selektionskriterien, die uneingeschränkt auch von den Betriebsräten mitgetragen werden, schonen die gewerkschaftlichen Kernmannschaften (Facharbeiter im mittleren Lebensalter mit unentbehrlichen betriebsspezifischen Qualifikationen), deren Interessen in der gewerkschaftlichen Organisation überdurchschnittlich repräsentiert sind.

– Durch *relativ hohe monetäre Entschädigungen* werden einerseits unmittelbare ökonomische Einbrüche für die von den Entlassungsaktionen Betroffenen weitgehend verhindert, andererseits die Umsetzungen innerhalb und zwischen den Betrieben, die meistens mit Statusverlusten einhergehen, auszugleichen versucht.

Die Ergebnisse des arbeitsteiligen Regulierungsprozesses zeigen, daß die IG Metall bei der Durchsetzung ihrer zeitlichen, sozialen und monetären Forderungen durchaus erfolgreich ist. Diese Erfolge bilden auch die Basis für ihr weiteres Mitwirken bei der keineswegs abgeschlossenen Sanierung. Freilich ist nicht zu übersehen und wird auch von der IG Metall selbst nicht ernsthaft bestritten, daß die eingeschlagene Strategie längerfristig die Funktionsvoraussetzungen aktiver Gewerkschaftspolitik zu zerstören droht. Die Arbeitsplätze, die in der Stahlindustrie ohne Ersatz abgebaut werden, reduzieren die Erwerbsgrundlage der nachwachsenden Generation und damit auch das Rekrutierungsfeld der IG Metall. Die damit vorprogrammierte Ausgrenzung ganzer Gruppen, insbesondere von Jugendlichen, aus dem Arbeitsprozeß begünstigt Entsolidarisierungstendenzen unter den Lohnabhängigen und beeinträchtigt ihre zukünftige politische Konfliktfähigkeit – es tritt also genau das ein, was Poulantzas unter Desorganisation der Arbeiterklasse versteht.

*Erfolgsbedingungen des »Saarmodells«:* Der Modus konzertierter Krisenbewältigung durch ein funktional-arbeitsteiliges Regulierungskartell war erfolgreich; insbesondere die Gewerkschaften orientierten sich seither am »Saarmodell«, das im Kern eine privatwirtschaftliche Krisenbewältigung unter staatlich verbürgter ökonomischer Risikoabsicherung und gewerkschaftlich gewährleisteter sozialer Akzeptierung darstellt. Hier signalisieren die staatlichen Instanzen, an einer konfliktfreien und sozial legitimierbaren Lösung interessiert, den Akteuren auf Unternehmensebene eine Mitwirkungsbereitschaft, die den Datenkranz der Handlungsalternativen des Unternehmens verändert: in sein Verhalten geht die staatlich erwünschte Lösung sozusagen vorprogrammiert ein. Lösungsformen, die *allein* auf die ökonomische Rationalität der Kapitalverwertung abstellen, sind somit von vornherein ausgeschlossen. Das »Saarmodell« bezeichnet also einen Modus der Kriseneindämmung, in dem die aktive Führungsfunktion der Unternehmen zwar prinzipiell unangetastet bleibt, aber durch eine vom Staat übernommene passive Risikoabsicherung flankiert wird, die gleichzeitig die Rationalität und Qualität der Krisenpolitik nachhaltig modifiziert. In dieser Form der Regulierung geht die staatliche Intervention weit über das gewohnte Maß finanzieller Subvention hinaus:[14] Das unternehmerische Risiko ist gleich Null; die staatliche Einmischung hat ein Ausmaß erreicht, das ein Aussteigen kaum erlaubt und damit auch ein marktwirtschaftliches Scheitern des sanierten Unternehmens faktisch ausschließt. Trotz dieses Umfangs verbleibt der staatliche Eingriff unter der Schwelle einer direkten Beteiligung, die andererseits den Legitimationsbedarf des Staates sprunghaft steigern würde, ohne seine Handlungsspielräume im gleichen Maße zu vergrößern.

Ob der Erfolg dieses Regulierungskartells von Dauer sein kann, darüber vermag erst ein Blick auf die Bedingungen Aufschluß zu geben, unter denen die Beteiligten gehandelt haben.

Im Falle des *Unternehmens Arbed* scheint der Sachverhalt klar: Auf Basis seines betriebswirtschaftlichen Kalküls hat es einen tragfähigen Restrukturierungsplan vorgelegt und Subventionsforderungen daran geknüpft, die vom Staat einschließlich der Garantie, auch bei Folgeproblemen zur Verfügung zu stehen, akzeptiert worden sind. Arbed hat also allen Grund, mit Verhandlungsablauf und -resultat zufrieden zu sein: das Unternehmen ist durch die Übernahme der Saarhütten zum fünftgrößten Stahlkonzern Europas geworden.

Komplizierter stellt sich das Problem für den staatlichen Akteur, speziell die *saarländische Landesregierung.* Sie ist seit Jahren mit einer überdurchschnittlich hohen Arbeitslosigkeit konfrontiert, und ihre Bemühungen, neue Industrien anzusiedeln und Ersatzarbeitsplätze zu schaffen, blieben weitgehend erfolglos. Ihre bedingungslose Identifikation mit dem Restrukturierungskonzept bindet sie auf Gedeih und Verderb an den Erfolg des Unternehmens. Nicht umsonst wird bei einem möglichen Arbed-Konkurs der Verlust der rechtlichen Selbständigkeit des Saarlandes befürchtet.[15] Für den *Bund* besteht das entscheidende Problem darin, daß er Arbeds Restrukturierungsprogramm mit beträchtlichen Mitteln finanziert; außer den fiskalischen Belastungen schließt dies die Gefahr ein, daß sich andere sanierungsbedürftige Branchen oder Regionen auf diesen Präzedenzfall berufen – was mittlerweile auch bereits eingetreten ist. Trotzdem scheint diese Form der indirekten staatlichen Mitwirkung gegenüber allen denkbaren Handlungsalternativen beträchtliche Vorteile zu bieten. Hätte sich die Regierung orthodox-liberal verhalten und den ökonomischen Prozeß ganz dem Einfluß der Marktkräfte überlassen, wäre der Exitus der saarländischen Stahlindustrie längst eingetreten. Das andere Extrem, Überführung des Unternehmens in Gemeineigentum, hätte mit der vollständigen Kontrolle auch die vollständige Verantwortung gebracht, ohne daß sich die faktisch vorhandenen Handlungsspielräume gegenüber der privatwirtschaftlichen Variante vergrößert hätten. Das gewählte Verfahren jedenfalls sichert der Regierung ein Mindestmaß an industrie- und beschäftigungspolitischem Einfluß, ohne ihr die Bürde direkter Zuständigkeit aufzuladen: Das private Unternehmen behält die dominierende Position, Massenentlassungen gehen auf sein Konto, erscheinen als Ausfluß ökonomischen Zwangs – und sind dadurch entpolitisiert. Der Regierung wird sogar positiv angerechnet, daß sie den »gesunden Kern« gerettet habe und damit zwar weniger, aber relativ sichere Arbeitsplätze. Die Erfolgsrechnung scheint also auch für den Staat aufzugehen.

Den schwierigsten Part hatte die *Gewerkschaft* zu übernehmen – schon allein abzulesen am zwischen Gegenwehr und Kooperation schwankenden Kurs, den sie im Verlauf der Krise eingeschlagen hat. Zwar kann auch sie einen relativen Erfolg verbuchen. Gegenüber dem drohenden Zusammenbruch der saarländischen Stahlindustrie ist die gefundene Lösung allemal das kleinere Übel. Außerdem gelingt es ihr, die Zahl der unmittelbar Entlassenen niedrig zu halten. Dennoch sind die sozialen Kosten einer gewerkschaftlichen

Kooperationspolitik, die sich auf die erträgliche Gestaltung von Arbeitsplatzabbau einläßt, unübersehbar. Einer Gewerkschaft, als der Klassenorganisation aller Lohnabhängigen, wird die soziale Moral einer Politik zum Problem, die Frührentnern ihre eben noch zentralen Daseinsinhalte: Arbeit und Leistungsbereitschaft, umstandslos entzieht, die »regulären« Arbeitslosen zwar kompensatorische Geldleistungen gewährt, deren soziale und psychische Verelendung aber zum privaten Problem erklärt; und die einem wachsenden Heer arbeitsloser Jugendlicher die Arbeitsplätze bereits wegrationalisiert, während sie noch zur Schule gehen, und bestenfalls noch die Perspektive sozialer Alimentierung bieten kann. Kein anderer Teilnehmer am Regulierungskartell muß so hohe Risiken verkraften und vergleichbar gravierende Nachteile in Kauf nehmen wie sie. Zudem erweisen sich ihre Erfolge im Fortgang des Restrukturierungsprozesses als besonders brüchig.

Der Politikmodus des Regulierungskartells war also voraussetzungsvoll: Die Kapitalseite befand sich in einer relativ geschwächten Position, so daß der Staat sein Organisationspotential zur Geltung bringen konnte. Gleichzeitig räumte er als »keynesianischer Staat« (Buci-Glucksmann/Therborn 1982), der immer um die Aufrechterhaltung eines Kräftegleichgewichts zwischen Arbeit und Kapital besorgt sein muß, der Gewerkschaft weitgehende Mitsprachemöglichkeiten ein. In dieser Konstellation konnte die Gewerkschaft ihre »kontraktuelle Politik« (Rusconi) durchsetzen und das Kräftegleichgewicht zu ihren Gunsten verschieben. Daß eine solche Situation nicht auf Dauer zu stabilisieren ist, sondern in einer gewandelten politischen Konjunktur, sei es durch ein Erstarken des Kapitals, sei es durch eine Kräfteverschiebung innerhalb des staatlichen Apparats, erneute Veränderungen im politischen Gleichgewicht entstehen, zeigt die Krise der Implementation des Restrukturierungsprogramms ab 1982.

Die Vorgänge in der bislang letzten Phase des Regulierungsprozesses signalisieren einen deutlichen Wandel der Regulierungsmechanismen *von der Kooperation zur Repression.* Angesichts des drohenden Konkurses der Arbed Saarstahl erlegt die Bundesregierung den Beteiligten – Anteilseignern, Banken und Gewerkschaft bzw. Belegschaften – zwar anscheinend gleichmäßig »Opfer« auf, doch nur von der Gewerkschaft wird das Opfer auch tatsächlich eingetrieben. Da die in Frage stehenden Beträge (jeweils 30 Mill. in den Jahren 1983 und 1984, die zudem in den Folgejahren wieder zurückzuzahlen sind) nicht als entscheidend für das Gelingen des modifizierten Restrukturierungsprogramms angesehen werden können – es handelt sich um wenig mehr als ein halbes Prozent der bis zum Abschluß der Sanierung noch notwendigen Investitionssumme –, muß ihr Einklagen als Machtkampf zwischen der mittlerweile konservativ-liberalen Regierung und der Gewerkschaft interpretiert werden: Der Staat benutzt seine Handlungsressource »Geld«, die er bisher als wesentliches Steuerungsmittel eingesetzt hat, nunmehr zur symbolischen Unterwerfung der IG Metall. Er knüpft nämlich seine Bereitschaft zum weiteren Einsatz dieser Handlungsressource an zusätzliche materielle Zugeständnisse der Gewerkschaft und der Belegschaft. Die Abkehr vom bisherigen Verhalten im Regulierungskartell zielt darauf ab, der Gewerkschaft die ihr unter einer sozialliberalen Regierung in der Stahlkrise eingeräumten, zwar nicht formalisierten, aber faktisch institutionalisierten überbetrieblichen Mitbestimmungsmöglichkeiten schrittweise wieder zu entziehen, jene zwar nicht vollständig, aber graduell zu schwächen: sie soll zwar im Kartell bleiben, weil niemand so effektiv und legitimitätssparend wie sie selbst die soziale Verwaltung der »notwendigen Opfer« organisieren kann – aber zu einem höheren Preis als bisher. Über den konkreten Fall hinaus liegt dem Staat auch deshalb an einer Eingrenzung gewerkschaftlicher Mitbeteiligung, da mit der Fortdauer der allgemeinen ökonomischen Krise sein Spielraum für monetär zu entgeltende Kompromisse objektiv geringer geworden ist. Die Höhe der an der Saar gewährten Entschädigungen für Arbeitsplatzverluste wie auch die bisher der Gewerkschaft eingeräumte Kompetenz, über Inhalt und Richtung industrieller Restrukturierungsmaßnahmen mit zu entscheiden, dürfen nicht den Charakter eines Präzedenzfalles für erwartbare weitere Krisenregulierungsprozesse annehmen. Die Gewerkschaft soll wieder – so das neokonservative Kalkül, das die Krise als Instrument im politischen Kampf nutzt – in die Position politischer Subalternität verwiesen und innerhalb des Regulierungskartells zum Erfüllungsgehilfen degradiert werden. Eine vorübergehende Destabilisierung des Kartells wird deshalb in Kauf genommen, da man zum einen nur mit dieser Politik die Reorganisation bürgerlich-kapitalistischer Herrschaft in der Bundesrepublik zu stabilisieren glaubt, zum anderen sehr genau weiß, daß – bedingt durch die bisherige Politik – eine Schwächung der Gewerkschaft und eine Desorganisation der Beschäftigten längst eingetreten ist. Es muß hier offenbleiben, ob die neue repressive Politikvariante nicht auch von der sozialliberalen Koalition aufgrund der verschärften ökonomischen Lage eingesetzt worden wäre. Fest steht, daß auch sie bereits im Laufe des Regulierungsprozesses gegenüber der IG Metall wesentlich härter auftrat als zu Beginn. Im Unterschied zur konservativ-liberalen Regierung freilich tat sie das – der sozialdemokratischen Symbolik wegen – hinter den Kulissen, während jene die Schwächung des Kartellpartners IG Metall auf offener Bühne exekutiert.

Die Bedingungen für die Möglichkeit ihrer eigenen Schwächung hat die Gewerkschaft selbst geschaffen. Sie kann auch bei steigenden Kosten ihre Mitwirkung am Kartell nicht einstellen: Denn eine Gewerkschaft, die aus vermeintlicher Stärke heraus bereit ist, sich den vom kapitalistischen Weltstahlmarkt aufgezwungenen unternehmerischen Verwertungskalkülen und damit verbundenen staatlichen Flankierungsprogrammen korporatistisch einzufügen, gerät in totale Abhängigkeit und verbaut sich systematisch mögliche Alternativstrategien.

Noch bedrohlicher für die IG Metall scheint freilich die innere Front zu sein: In dem Maße nämlich, in dem bei den Belegschaften die Argumentation des Staates und der bürgerlichen Parteien verfängt, der Erhalt der Arbeitsplätze hänge einzig und allein am eigenen bescheidenen Krisenbeitrag, drohen die Mitglieder ihrer Gewerkschaft die bisherige Folgebereitschaft aufzukündigen. Daß eine solche Strategie bei den Lohnabhängigen erfolgreich sein kann, hat allerdings zur Voraussetzung, daß entweder die Argumentation der Gegenseite für glaubhafter gehalten wird als die der eigenen Organisation oder aber daß das eigene Potential an Gegenwehr nicht mehr für ausreichend erachtet wird, der Drohung erfolgreich zu begegnen. Letzteres scheint tatsächlich eingetreten zu sein: Die korporatistische Krisenregulierung hat die Belegschaften gespalten, individualisiert und erpreßbar gemacht. Damit aber ist die IG Metall als Ergebnis ihrer Politik zunehmend Problemen eigener Integrationsfähigkeit, organisatorischer Stabilität, nachlassender Kampfstärke und damit letztlich einem schleichenden Funktionsverlust ausgesetzt. Im Endeffekt schließt somit die Teilhabe am Regulierungskartell, dessen Rahmenbedingungen nicht kontrolliert werden können, die Gefahr einer zunehmenden und sich wechselseitig bedingenden Schwächung von Gewerkschaft und eigener Basis ein. Offensichtlich aber interpretiert die IG Metall selbst den eingeschlagenen Weg nicht als Sackgasse, sondern allenfalls als, wenn auch steinigen Königsweg. Mit der nicht aufgekündigten Beteiligung am Regulierungskartell glaubt sie, auch künftig eine Handhabe zu besitzen, (nur)kapitalorientierte Sanierungsstrategien, wie sie sich etwa im Konzept der Stahlmoderatoren umrißhaft abzeichnen, verhindern zu können. Damit hat sich im Resultat der Politikmodus des Regulierungskartells auch während der Krise der Durchführung nicht grundsätzlich geändert; wohl aber sind bereits definitive Verschiebungen in seinem politischen Kräftefeld aufgetreten. Daß damit jenen auch höhere Kosten auferlegt werden, zu deren Ungunsten sich die Kräfteverhältnisse verschoben haben, ist nur konsequent.

## 2. Ruhrgebiet: Das brüchige Kartell

Im Unterschied zu den saarländischen Stahlunternehmen waren die großen Stahlkonzerne des Ruhrgebietes in der Lage, den Einbruch auf dem Stahlmarkt nach 1975 weitgehend mit eigenen Mitteln aufzufangen. Anzeichen einer offenen Krise und die daraus resultierende Notwendigkeit staatlicher Interventionen existierten vorläufig nicht. Im Jahre 1980 veränderte sich diese Situation jedoch entscheidend mit der erneuten Verschärfung der Stahlkrise. Die Strukturprobleme der Ruhrstahlindustrie traten jetzt ebenso deutlich zutage wie im Saarland einige Jahre vorher. Dieser spätere Ausbruch der Krise traf freilich auf gegenüber dem Saarland veränderte Rahmenbedingungen: Der Sanierungsprozeß im Saarland hatte die Konkurrenzposition der dortigen Erzeuger relativ verbessert; die generelle ökonomische Krise in der Bundesrepublik und die sich daraus ergebende Fiskalkrise des Staates verschlechterten die materiellen Voraussetzungen für eine Krisenbewältigung gemäß dem Saar-Modell. Hinzu kommt, daß eine Sanierungskonzeption für die Stahlunternehmen an der Ruhr zu einem Zeitpunkt entwickelt wurde, als das Regulierungskartell an der Saar bereits deutliche Risse zeigte.

Im folgenden sollen zunächst die für unseren Zusammenhang markantesten Ereignisse in der Entwicklung des Ruhrgebietes beleuchtet und daran anschließend die Stellung der Stahlindustrie im ökonomischen und politischen Umfeld herausgearbeitet werden. Hauptteil der Analyse bildet – ähnlich wie im Saarland – die bisherige Entwicklung von Sanierungskonzepten (Fall Hoesch-Krupp). Dabei geht es vor allem um die Frage, ob die empirisch erkennbaren Differenzen zum Regulierungsmuster im Saarland eher zufälliger Natur sind oder einen grundsätzlich anderen Politikmodus repräsentieren.

## 2.1 *Auswirkungen der Stahlkrise im Ruhrgebiet*

### 2.1.1 *Historische Ausgangsbedingungen*

*Politische Konfliktfelder:* Auch im Ruhrgebiet sind die Strukturmerkmale des aktuellen Regulierungsprozesses in der Stahlindustrie historisch vorgeprägt: Das Stahlkapital behauptet seine starke Position und wehrt Versuche der Gewerkschaften, seinen Handlungsspielraum einzuschränken, immer wieder ebenso ab wie Versuche des Staates, seine Strategien politisch einzubinden. Die Gewerkschaften dagegen zeigen insbesondere nach dem Zweiten Weltkrieg grundsätzlich Kooperationsbereitschaft, sind dabei aber stets auf staatliche Organisationsleistungen angewiesen. Das Verhalten der Belegschaften schließlich demonstriert zwar unbestreitbar die Fähigkeit zu materiell erfolgreicher Interessenvertretung, gewinnt dabei jedoch keine vom Gewerkschaftsapparat autonome Position.

Die *Ruhrinvasion* Anfang 1923 durch Frankreich, veranlaßt von der französischen Schwerindustrie, die sich neben den Hütten an der Saar auch den Zugriff auf die ungleich bedeutendere Ruhrindustrie sichern wollte, provozierte im gesamten Deutschen Reich und insbesondere im Ruhrgebiet eine massive Abwehrreaktion. Nicht nur zerschlugen sich damit Pläne deutscher Industrieller – insbesondere Hugo Stinnes' –, ein gigantisches deutsch-französisches Kartell der Montanindustrien zu errichten (Hallgarten 1955, 11 ff.), sondern sie mobilisierte auch einen großen passiven Widerstand in der Bevölkerung. Dieser bewirkte, daß Produktionsanlagen stillgelegt wurden, sobald die französische Besatzung diese in Anspruch zu nehmen versuchte. In diesem Widerstand waren sich Unternehmer und Arbeiter weitgehend einig, von der Reichsregierung wurde er finanziell offen unterstützt. Der nationale Konsens zerbrach allerdings rasch, als in den Verhandlungen zur Beendigung des Ruhrkampfes mit Frankreich die Repräsentanten der

Montanindustrien versuchten, die nach 1918 erzielten sozialen Fortschritte, insbesondere den Acht-Stunden-Tag, rückgängig zu machen.[16] Damit wurde die offene soziale Frontstellung, die vorübergehend hinter der nationalen zurückgetreten war, von der Unternehmerseite wieder eröffnet.

Den Höhepunkt des sich offen artikulierenden Sozialimperialismus (Bracher) der Schwerindustrie bildete 1928 der *Ruhreisenstreit.* Dieser Streit läßt sich kaum als sozialer Konflikt zwischen Arbeitgebern und Arbeitnehmern über Lohnfragen interpretieren, sondern stellt eine unverblümte politische Kriegserklärung der Eisen- und Stahlindustrie (deren Gruppe »Nord-West« unter dem Vorsitzenden der »Vereinigten Stahlwerke«, Albert Voegler, die NSDAP mit beträchtlichen Geldern unterstützte) an den Staat von Weimar dar (Schneider 1975). Die Arbeitgeber der Rheinisch-Westfälischen Eisenindustrie ließen im Herbst 1928 die Tarifverhandlungen scheitern, so daß nach geltendem Tarifvertragsrecht ein Schlichtungsverfahren eingeleitet werden mußte, das auch zu einem Schlichtungsspruch führte, der vom Reichsarbeitsminister Wissell (SPD) für verbindlich erklärt wurde. Mit einem kalkulierten Verstoß gegen die staatliche Schlichtungsordnung sperrte die Rheinisch-Westfälische Eisen- und Stahlindustrie daraufhin 250000 Arbeiter aus und verlieh damit dem Arbeitskampf einen eminent politischen Charakter. Dieser Angriff der Schwerindustrie richtete sich gegen die Position, die die Gewerkschaften im politischen System der Weimarer Republik errungen hatten, gegen die staatliche Schlichtungskompetenz und gegen »das bestehende kollektivrechtliche Tarifsystem«, das »wieder durch das Prinzip des freien, d. h. von den Gewerkschaften nicht kontrollier- und vertretbaren Arbeitsvertrages« (Bracher 1964, 292) ersetzt werden sollte. Die heftig geführte Auseinandersetzung (die *Metallarbeiter-Zeitung* vom 17. 11. 1928 bezeichnete die Arbeitgeber z. B. als »schwerindustrielle Bolschewisten«) endete zwar mit einem staatlichen Sonderschiedsspruch, doch bedeutete sie eine erhebliche Verschärfung der Klassenauseinandersetzungen in der Spätphase der Weimarer Republik.

Nachdem der Nationalsozialismus eine gewaltsame Stillegung der Klassenauseinandersetzungen durchgesetzt hatte, stellte sich nach Ende des Zweiten Weltkrieges mit den *alliierten Demontageplänen,* wie sie auf den Konferenzen von Jalta und Potsdam festgelegt worden waren, für die Arbeiter in der Stahlindustrie unverzüglich wieder die »nationale Frage«. Die Realisierung der geplanten Demontagen in der Eisen- und Stahlindustrie des Ruhrgebietes wäre gleichbedeutend gewesen mit einem Angriff auf die Lebensgrundlagen der dort Beschäftigten und darüber hinaus der gesamten Region. Demontagen wurden schließlich, bei teilweise aktivem Widerstand der Belegschaften, in weit geringerem Umfang als geplant durchgeführt und bald darauf gänzlich eingestellt. Die Identifikation der Belegschaften mit ihren Arbeitsplätzen und Unternehmen war also eine wesentliche Überlebensgrundlage der Stahlindustrie in der unmittelbaren Nachkriegsphase.

Ein zweites Element der alliierten Politik bildete den Ausgangspunkt für das erste große soziale und politische Konfliktfeld in der Nachkriegsentwicklung der deutschen Eisen- und Stahlindustrie. In Ausführung der Beschlüsse von Potsdam zur allgemeinen Dezentralisierung der deutschen Wirtschaft und zur *Entflechtung* ökonomischer Machtzusammenballungen und Konzerne wurde im August 1946 die Eisen- und Stahlindustrie durch Erlaß der Militärregierung der »North German Iron and Steel Control (NGISC)« unterstellt, der eine deutsche Treuhandverwaltung zugeordnet wurde und die die *Neuordnung der Stahlindustrie* vorbereiten sollte. Bereits seit Anfang März 1946 hatten die Gewerkschaften eine wirksame Einbeziehung bei der Schaffung der neuen Gesellschaften, nämlich betriebliche und überbetriebliche Mitbestimmung sowie insbesondere eine Beteiligung bei der Besetzung von Vorständen und Aufsichtsräten, gefordert. Bei der Bekanntgabe des alliierten Entflechtungsprogramms im Dezember 1946 sicherte man den Gewerkschaften auch zu, in Vorständen und Aufsichtsräten mit Sitz und Stimme vertreten zu sein. Auf dieser Basis erhielten im Frühjahr 1947 die ersten neugegründeten Gesellschaften aus dem Bereich der ehemaligen Vereinigten Stahlwerke, der Klöckner-Konzern, die Gute-Hoffnungs-Hütte sowie der Wolff-Konzern, trotz des Fehlens vertraglicher oder gesetzlicher Grundlagen, Arbeitsdirektoren und paritätisch besetzte Aufsichtsräte (IG Metall 1980, 123). Waren diese Mitbestimmungsregelungen im Kern Ausfluß der alliierten, insbesondere britischen Politik zur Entflechtung der deutschen Schwerindustrie, deren Leitungen wesentlich zum Aufstieg Hitlers beigetragen hatten und die deshalb in Zukunft wirksamen gesellschaftlichen Kontrollen unterworfen werden sollten, so gestaltete sich die gesetzliche Fixierung der Mitbestimmung nach Inkrafttreten des Grundgesetzes, auch als Folge bereits fundamental geänderter ökonomischer und politischer Bedingungen, für die Gewerkschaften weitaus schwieriger. Das Gesetz Nr. 27 der Alliierten Hohen Kommission vom Mai 1950 drückte bereits, besonders unter amerikanischem Einfluß, die Tendenzen zu kapitalistischer Restauration klar aus und führte die 1947 begonnene Mitbestimmung in den Montanindustrien nicht fort. Vor diesem Hintergrund ließen die Unternehmerverbände im Sommer 1950 die Verhandlungen mit den Gewerkschaften zur Vorbereitung einer gesetzlichen Regelung der Mitbestimmung scheitern. Diese waren begonnen worden, nachdem die Regierungserklärung der ersten Bundesregierung im September 1949 die Ankündigung enthalten hatte, »daß die sozial- und gesellschaftspolitische Anerkennung der Arbeitnehmerschaft eine Neuordnung der Besitzverhältnisse in den Grundstoffindustrien notwendig mache« (zit. nach Potthoff 1957, 71). Daraufhin beschloß der DGB die Vorbereitung »gewerkschaftlicher Kampfmittel« zur Durchsetzung der Mitbestimmungsforderungen; er konnte sich dabei vor allem auf die Belegschaften der Eisen- und Stahlindustrie stützen. Im November 1950 beschloß eine Betriebsrätekonferenz der Stahlindustrie und der IG Metall die Durchführung einer Urabstimmung in den Unternehmen der Eisen- und Stahlindustrie als Basis eines möglichen Streiks für die Mitbestimmung. Nachdem sich in der Urabstimmung 96 % der Stahlarbeiter für Kampfmaßnahmen ausgesprochen hatten und sich kurz darauf 93 % der Beschäftigten im Bergbau anschlossen, gaben die Unternehmerverbände ihren Widerstand auf, und der Bundestag verabschiedete im April 1951 das Mitbestimmungsgesetz, das die Regelungen, die seit Anfang 1947 in der Eisen- und Stahlindustrie bestanden, festschrieb. Ohne die Konfliktbereitschaft der Belegschaften der Eisen- und Stahlindustrie wäre die Sicherung der Mitbestimmung zwar nicht zu erreichen gewesen, gleichzeitig aber löste der DGB mit der Konzentration auf dieses Ziel den im Münchener Grundsatzprogramm von 1949 festgelegten Zusammenhang von Mitbestimmung und Überführung der Schlüsselindustrien in Gemeineigentum auf. Der Konflikt um die Mitbestimmung blieb zudem der einzige Fall, in dem die Gewerkschaften einen politischen Streik als Instrument zur Durchsetzung gesellschaftspolitischer Forderungen ernsthaft erwogen.

Die nächste Konflikt-Verdichtung zeigte sich erst nahezu zwei

Jahrzehnte später bei den *»Septemberstreiks«* 1969.[17] Die Besonderheit der Septemberstreiks, bei denen es um Lohnerhöhungen als Kompensation für die Gewinnexplosion im Anschluß an den Konjunkturaufschwung 1968/69 ging, liegt darin, daß diese spontan von den Belegschaften initiiert waren – begonnen wurden sie bei der Westfalenhütte der Hoesch-Werke Dortmund – und ausschließlich von Belegschaften, Vertrauensleuten und Betriebsräten organisiert und zu einem erfolgreichen Abschluß gebracht wurden, während die IG Metall weitgehend abseits stand. Diese Distanz der Gewerkschaft resultierte weniger aus der mangelnden tarifrechtlichen Absicherung des Streiks, sondern mehr aus der gerade erst vollzogenen politischen Einbindung in die »Konzertierte Aktion« des Bundeswirtschaftsministers Schiller. In Kenntnis des Dilemmas ihrer Gewerkschaft zeigten die Belegschaften genügend Kampfstärke, um ihre Forderungen gegen die Unternehmensleitungen allein durchzusetzen. Dabei waren die Septemberstreiks nicht Ausdruck eines stärker klassenbewußten Verhaltens der Arbeiter in der Eisen- und Stahlindustrie; ihre Forderungen bezogen sich auf materielle Beteiligung am ökonomischen Aufschwung, wie dies im Programm der »sozialen Symmetrie« der großen Koalition von CDU/CSU und SPD versprochen worden war. Nicht grundsätzliche Veränderungen betrieblicher oder sozialer Machtstrukturen, wie noch bis zu einem gewissen Punkt im Mitbestimmungskonflikt von 1950, bildeten die Ziele dieses spontanen Streiks, sondern die Einforderung von bereits prinzipiell Zugestandenem. Insofern dokumentierten auch die Septemberstreiks die weitgehende Integration der Arbeiterschaft in das politische System der Bundesrepublik.

»Dieser Haltung entsprechend war ihr Konfliktbewußtsein eingeengt auf diejenigen Auseinandersetzungen, die innerhalb der bestehenden Gesellschaft lösbar erscheinen, d. h. vor allem auf die Garantie einer angemessenen, gesicherten Beteiligung am wachsenden gesellschaftlichen Reichtum. Hierfür war bezeichnend, daß sich die Arbeiter im September 1969 auf ökonomische Fragen beschränkten und weiterreichende politische Forderungen nicht nur nicht erhoben, sondern bewußt zurückwiesen.« (Schumann u. a. 1971, 162)

Ein weiteres demonstrierten die Septemberstreiks: Zwar blieben die Belegschaften ohne die Unterstützung der Gewerkschaft, doch folgte daraus keine »grundlegende Abkehr von den traditionellen Arbeiterorganisationen« (ebenda); vielmehr aktivierten sie eher die

Funktion der Gewerkschaft als Interessenvertretung der Lohnabhängigen.

In einer Phase, in der in der saarländischen Stahlindustrie der Regulierungsprozeß in vollem Gange war und die Unterzeichnung der Unternehmensverträge unmittelbar bevorstand, fand, konzentriert auf die Eisen- und Stahlindustrie Nordrhein-Westfalens, aber auch im Tarifgebiet Bremen, ein außerordentlich heftiger Arbeitskampf statt. Nach der Zahl der Beteiligten, dem Umfang der Aussperrungen, der Intensität der Auseinandersetzungen sowie der sozialen Bedeutung des Konfliktgegenstands läßt sich der *Stahlstreik vom Herbst 1978* bis zum Jahresbeginn 1979 durchaus mit dem Ruhreisenstreit von 1928 vergleichen; auch die IG Metall stellte eine solche Parallele her. Angesichts der Tatsache, daß in der Stahlindustrie der Bundesrepublik zwischen 1974 und 1978 bereits 41000 Arbeitsplätze verlorengegangen waren, davon allein im Jahr 1978 durchschnittlich 1000 pro Monat (IG Metall 1979, 18), und in der sicheren Erwartung, daß sich der Abbau von Arbeitsplätzen, insbesondere in der Ruhrstahl-Industrie, unvermindert fortsetzen werde, aber auch unter Berücksichtigung des Umstandes, daß die nordrhein-westfälischen Stahlunternehmen sich 1978 noch in keiner offenen Krisensituation befanden, beschloß die IG Metall als Streikziel neben einer Tariflohnerhöhung die Einführung der 35-Stunden-Woche als explizit beschäftigungssichernde Maßnahme. Da auf der anderen Seite die Bundesvereinigung der deutschen Arbeitgeberverbände, dessen Mitglied der Arbeitgeberverband Eisen- und Stahlindustrie zwar nicht formal war, aber deren Politik er mittrug, in einem »Katalog der zu koordinierenden lohn- und tarifpolitischen Fragen« (abgedr. in IG Metall 1979, 380 ff.) eine Verkürzung der Wochenarbeitszeit unter 40 Stunden als »keinesfalls zu verantworten« bezeichnete, war die härteste Auseinandersetzung in der westdeutschen Stahlindustrie seit Kriegsende vorprogrammiert. Da die IG Metall sich bereits seit Frühjahr 1978 organisationsintern auf die Durchsetzung der Forderung nach Arbeitszeitverkürzung vorbereitete, konnten sich auch die Stahlunternehmen frühzeitig auf den Streik einstellen; und zwar durch Vorziehen der Produktion mittels Überstunden, Bevorratung im Handel und bei den Stahlverbrauchern sowie durch Produktionsverlagerungen im Falle von gewerkschaftlichen Schwerpunktstreiks (Dzielak u. a. 1981, 133 ff.). Dennoch spielten die ökonomischen Ressourcen der Kontrahenten keine entscheidende Rolle für den Ausgang des Konfliktes: Nachdem die Arbeitgeber Anfang November das Scheitern der Verhandlungen erklärt hatten, ergab eine Urabstimmung eine fast 90%ige Streikbereitschaft, der Ende November der erste Teilstreik von 40000 Lohnabhängigen folgte, u. a. in den Betrieben der Thyssen-AG: Werke Hamborn-Beeckerwerth, Mannesmann AG: Hüttenwerke Huckingen und Hoesch-Hüttenwerke AG: Werk Westfalenhütte (IG Metall 1979, 89f.). In einer wohlvorbereiteten Gegenaktion sperrten daraufhin die Stahlarbeitgeber, u. a. bei Thyssen Niederrhein-AG: Werk Oberhausen, Hoesch-Hüttenwerke AG: Werk Phoenix und Klöckner Werke AG, Georgsmarienhütte: Werk Osnabrück, insgesamt ca. 30000 Arbeitnehmer aus. Diese Ausweitung führte, obwohl durch die Aussperrung die Konfliktbereitschaft der Belegschaften erheblich zugenommen hatte und der DGB bundesweite Solidaritätsdemonstrationen veranstaltete, zur politischen Schlichtung durch den nordrhein-westfälischen Arbeits- und Sozialminister Farthmann. Hier wurde deutlich, daß Arbeitgeber- wie Arbeitnehmerseite die Auseinandersetzung zwar mit allem Nachdruck betrieben, zugleich jedoch den Konfliktverlauf unter Kontrolle zu halten versuchten, weil beide nicht daran interessiert waren, die Funktionsfähigkeit und den Kern des Organisationspotentials des jeweiligen Kontrahenten ernsthaft zu verletzen. Mit dem Akzeptieren eines politischen Schlichtungsverfahrens durch die Gewerkschaft war ein Erreichen des Streikziels »Verkürzung der Wochenarbeitszeit« so gut wie ausgeschlossen; denn die staatlichen Instanzen auf Bundes- wie auf Landesebene hatten deutlich signalisiert, daß sie die Realisierung dieser Forderung für verfehlt und Ersatzlösungen wie die schließlich vereinbarte Freischichten-Regelung für zweckmäßiger hielten. Der Verlauf dieser Auseinandersetzung macht deutlich: Wenn die Kapitalseite einer gewerkschaftlichen Forderung unnachgiebigen Widerstand entgegenbringt und zusätzlich die staatliche Unterstützung fehlt, votiert die IG Metall – trotz breiter Mobilisierung und hoher Kampfbereitschaft der Belegschaften – für einen alle Seiten zufriedenstellenden Kompromiß. Diese Strategie der Gewerkschaften, die Ausschöpfung des Konfliktpotentials zwar zu suggerieren, diese Möglichkeit aber doch nicht zu nutzen, quittierten die Mitglieder in einer zweiten Urabstimmung mit der nur knappen Billigung des ausgehandelten Ergebnisses.

Der nordrhein-westfälische Stahlstreik zeigte somit sowohl deutliche Parallelen zu dem im Saarland praktizierten Regulierungskartell als auch zur später erfolgenden Krisenregulierung im Falle Hoesch–Krupp: Die Unternehmen bezogen strikte Positionen und gaben die Grenzen des Kompromisses vor; die Gewerkschaft »jagte keinen Phantomen nach« (R. Judith) – und die staatlichen Instanzen gaben demjenigen Lösungsvorschlag ihre Zustimmung, den sie für »tragfähig« hielten, d. h. dem, der die internationale Wettbewerbsfähigkeit nicht gefährdete und der die größte Folgebereitschaft und die geringsten sozialen Konflikte erwarten ließ.

Resümiert man die Etappen politischer Auseinandersetzung zwischen Stahlkapital und Arbeit des Ruhrgebietes im Zusammenhang, so gewinnen die Strategien der Akteure ein deutliches Profil: Das Ruhrstahlkapital nimmt staatliche und gewerkschaftliche Unterstützung dann in Anspruch, wenn es – wie im Ruhrkampf 1923 – in seinem Interesse liegt, fühlt sich aber längerfristig einer solchen Allianz nicht verpflichtet. Der Ruhreisenstreit 1928 zeigt die Grenzen des Organisationspotentials des Staates auf, durch verbindliche Schlichtung zwischen Kapital und Arbeit sozialkonsensual zu vermitteln. Sobald die Unternehmen sich wieder als stark genug ansehen, eigene Interessen durch Massenaussperrungen durchzusetzen, greifen sie zu dieser Konfliktverschärfung »von oben«. Bei einer Schwächung, wie in der »politischen Konjunktur« nach dem Zweiten Weltkrieg, gelingt es Gewerkschaften und Staat, Zugeständnisse in Form der paritätischen Mitbestimmung zu erreichen. Diese Mitbestimmungslogik prägt dann in der Folgezeit weithin gewerkschaftliche Politik: durch Kooperation auch das Kapital auf Konsens zu verpflichten. Die Septemberstreiks 1969 lassen – ungewohnt für die Bundesrepublik – die latente Konfliktfähigkeit der Stahlarbeiter erahnen; die strikte Selbstbeschränkung auf »unpolitische« Forderungen freilich demonstriert zugleich das inzwischen erreichte Niveau politisch-sozialer Integration. Am vorläufigen Ende dieser historischen Entwicklung steht der Stahlstreik 1978: Hier zeigt das Kapital wiederum seine Stärke, gleichzeitig aber seine Bereitschaft zu politischer Vermittlung und Kompromiß, insofern beides mit seinen Interessen kompatibel ist. Solange der Staat seine »sozialpartnerschaftliche« Organisationsleistung anbietet, entscheidet sich die Gewerkschaft weiterhin für kooperative Zusammenarbeit – auch wenn das Dilemma »Kooperation oder Konflikt«, anders: Kooperation oder »Stärkung der eigenen Kraft«, also mehr Autonomie, recht deutlich zutage tritt.

*Entwicklungslinien der Eisen- und Stahlindustrie im Ruhrgebiet:* Zwei Bedingungen waren ausschlaggebend dafür, daß die deutsche Eisen- und Stahlindustrie, zu deren Zentrum die Unternehmen an der Ruhr im letzten Viertel des 19. Jahrhunderts rasch emporgestiegen waren, sehr früh Kartellierungstendenzen aufwiesen: Die hohe Kapitalintensität mit entsprechend großen Unternehmenseinheiten einerseits, eine überdurchschnittliche Konjunkturanfälligkeit mit der stets vorhandenen Gefahr von Preis- und Unternehmenszusammenbrüchen andererseits. So waren bereits vor der Jahrhundertwende das »Roheisensyndikat zu Düsseldorf« und das »Lothringisch-Luxemburgische Kontor für den Verkauf von Roheisen« gegründet worden, die, über die »Thomas Roheisenverkaufsstelle zu Düsseldorf« verbunden, den Absatz im Westen des Deutschen Reiches kontrollierten (Memorandum 1981, 282ff.). Im Jahr 1904 schlossen sich die Unternehmen außerdem im Stahlwerksverband zusammen, der zusätzlich durch den bereits existierenden vertikalen Verbund seiner Mitgliedsfirmen eng mit dem Steinkohlen-Syndikat verknüpft war. Neben dieser branchenmäßigen war auch die regionale Konzentration schon deutlich ausgeprägt: Vor Ausbruch des Ersten Weltkrieges konzentrierten sich ca. 49 % der Roheisen- und 53 % der Rohstahlerzeugung des Deutschen Reiches im Ruhrgebiet (Schröter/Velsinger/Zierold 1979, 6); die Erzeugung teilten sich zwölf selbständige Großunternehmen (Wiel 1963, 49f.).

Die Auswirkungen des Versailler Vertrages trafen eine Reihe von Konzernen, darunter Klöckner und Thyssen, besonders hart, da sie ihre Erzgruben und Hütten in Lothringen und Luxemburg verloren. Diese Verluste führten zu einer Welle von Zusammenschlüssen der verbliebenen Konzernteile während der zwanziger Jahre. Außerdem wurden die ehemals existierenden Absatzkartelle reaktiviert und mit der Gründung der »Internationalen Rohstahlgemeinschaft«, einem Vorläufer der heutigen *Eurofer,* ein internationales Produktionskartell installiert. Durch ein Abkommen mit der »Arbeitsgemeinschaft der eisenverarbeitenden Industrie« organisierte man den Markt auch in Richtung Stahlverarbeitung. Die Zusammenschlüsse im nationalen Rahmen gipfelten 1926 schließlich in den »Vereinigten Stahlwerken« – einer Fusion von u. a. Thyssen, Rheinischen Stahlwerken, Phoenix Dortmund, Bochumer Verein und Gelsenkirchener Bergwerks AG und einer Kapitalkonzentration in bisher nicht gekannter Größenordnung. Diese

Vereinigten Stahlwerke verfügten über knapp 50 % der deutschen Stahlkapazitäten; bedingt durch die vertikale Verflechtung mit dem Bergbau kontrollierten sie außerdem mehr als 20 % der Förderung des Ruhrkohlen-Syndikats. Obwohl sie nach der United States Steel Corporation zweitgrößter Stahlkonzern in der Welt waren, traf sie die Weltwirtschaftskrise nachhaltig. Die Produktionsauslastung sank bis 1932 auf unter 25 %, zwischen 1929 und 1932 wurden die Belegschaften halbiert (Angaben nach Memorandum 81, 284f.).

Mit der Überwindung der Weltwirtschaftskrise, vor allem aber aufgrund der Kriegsvorbereitungen des nationalsozialistischen Staates stieg die Stahlproduktion wieder rasch an. 1938 erzeugte man im Ruhrgebiet mehr als 15 Mill. Tonnen Rohstahl, etwa 70 % der gesamten deutschen Produktion.

Die Politik der Alliierten nach dem Ende des Zweiten Weltkrieges hatte eine grundsätzliche Neuordnung der Stahlindustrie an der Ruhr zum Ziel. Dazu gehörten vordringlich die Neuregelung der Eigentumsverhältnisse sowie die Herauslösung der Stahlunternehmen aus den eng verflochtenen Montankartellen. Als erste Maßnahmen beschlagnahmten die Alliierten im November 1945 Krupp und im Sommer 1946 die übrigen Eisen- und Stahlkonzerne. Man setzte eine deutsche »Treuhandverwaltung für die Eisen- und Stahlindustrie« unter Kontrolle der britischen Besatzungsmacht ein; in den Unternehmen behielten die alten Betriebsleitungen zum größten Teil ebenfalls als Treuhänder ihre Funktionen. Die Entflechtungen begannen Anfang 1947 mit einer Verlautbarung der britischen Kontrollbehörde:

»Die North German Iron- and Steel Control hat entsprechend der von den alliierten Regierungen festgestellten Politik einen Plan ausgearbeitet, der die unerwünschte wirtschaftliche Machtkonzentration in Deutschland beseitigt. Die großen Eisen- und Stahlwerke der britischen Zone werden von den Konzernen gelöst, die diese Werke bisher in Besitz hatten und verwalteten. Es wird eine völlige Trennung von den bisherigen Konzernen, von den früheren Industriemagnaten und von allen sonstigen Organisationen durchgeführt. Die Durchführung des Planes hat bereits bei vier der größten Eisen- und Stahlwerke des Ruhrgebietes begonnen. Um auch äußerlich die Trennung der neuen Werke zu kennzeichnen, werden die bisherigen Firmennamen nicht weiter geführt. Die durchgeführten Maßnahmen werden in keiner Weise die Schritte vorwegnehmen oder behindern, die jetzt unternommen werden, um in Übereinstimmung mit der von der britischen Regierung verfolgten Politik unter anderen Industrien auch die

Eisen- und Stahlindustrie in Gemeinbesitz zu überführen.« (Zit. nach Badstübner/Thomas 1979, 230f.)

Daß die Konzerne die Enteignungsdrohung ernst nahmen, dokumentiert ein Schreiben, welches die Vorstände der Gute-Hoffnungs-Hütte, des Klöckner- und des Otto Wolff-Konzerns in Reaktion auf jene Verlautbarung an die Gewerkschaften richteten; offenbar in der Hoffnung, diese durch Entgegenkommen in eine gemeinsame Abwehrfront gegen die britischen Vorstellungen einzubinden. Die Vorstände schlugen vor, die Konzerne »in gemischtwirtschaftlichen Besitz – ggfs. unter kapitalmäßiger Beteiligung auch der Gewerkschaften – zu überführen«. Sie erklärten »ihre aufrichtige Bereitschaft, den Belegschaften und den Gewerkschaften volle Mitwirkungsrechte einzuräumen«, und stimmten »einer Beteiligung auch der Arbeitnehmerschaft an der Planung und Lenkung sowie an den Aufsichtsorganen« zu.

»Dabei erfüllt uns die Hoffnung, daß die Verwirklichung unserer aus der allgemeinen Not geborenen Vorschläge eine neue und sichere Vertrauensgrundlage für die Zusammenarbeit zwischen den Werksleitungen und den berufenen Werksvertretern der Arbeitnehmer und der Allgemeinheit schafft, daß es damit gelingt, unsere für die Gesamtwirtschaft so ungemein wichtige Schlüsselindustrie endlich von einem politischen Odium zu befreien.« (Ebenda, 232f.)

Im April 1948 war die erste Phase der Entflechtungsmaßnahmen abgeschlossen; es entstanden 25 neugegründete, selbständige Aktiengesellschaften, die über eine Rohstahlkapazität von knapp 10 Mill. Jahrestonnen verfügten. Eine wirkliche Neuordnung der Eigentumsverhältnisse bedeuteten diese Neugründungen allerdings nicht, denn die bisherigen Eigentümer konnten ab 1950 alte Aktien gegen solche der neuen Gesellschaften eintauschen.

Von der Absicht der Kontrolle der zukünftigen schwerindustriellen Entwicklung in der Bundesrepublik war auch das Ruhrstatut bestimmt, das im April 1949 unterzeichnet wurde. Einer internationalen Ruhrbehörde übertrug man weitgehende Vollmachten zur Kontrolle der gesamten Produktion von Kohle und Stahl und entzog sie damit faktisch der Kompetenz einer zukünftigen Bundesregierung. Da das Ruhrgebiet das industrielle Zentrum des westdeutschen Teilstaates darstellte, bedeutete dieser Entzug eine weitgehende Beschneidung der wirtschaftspolitischen und staatlichen Souveränität der neuen Bundesrepublik. Dennoch erklärte die Bundesregierung im November 1949 ihren offiziellen Beitritt zum Ruhrstatut, da nur dadurch der ausdrückliche Verzicht der Alliierten auf weitere Demontagen erreicht werden konnte.

Auf der Basis der grundsätzlichen Zustimmung zur Politik der Alliierten konnte die Bundesregierung auch die von den Stahlunternehmen gewünschte Wiederherstellung des Montanverbundes unterstützen. Endgültig in die Wege geleitet wurde sie mit dem Inkrafttreten des EGKS-Vertrages (Montanunion) im Juli 1952. Damit wurde das Ruhrstatut gegenstandslos, und die Produktionsbeschränkungen durch die alliierten Kontrollbehörden entfielen. Erleichtert wurde die Rekonzentration in der Montanindustrie durch das Investitionshilfegesetz von 1952, mit dessen Hilfe die notwendigen Investitionen zur Wiederherstellung der alten Konzernstrukturen finanziert werden konnten. Nachdem 1954 schließlich die alliierten Beschlagnahmen für alle Konzerne (bis auf Krupp) aufgehoben worden waren und die Hohe Behörde der Montanunion ihre formale Zustimmung zu Unternehmenszusammenschlüssen erteilt hatte, schritt der Rückverflechtungsprozeß zwischen den selbständigen Konzerngesellschaften sowohl der Stahlindustrie als auch des Bergbaus rasch voran. Diese erste Konzentrationswelle der Stahlindustrie nach dem Zweiten Weltkrieg war bis 1958 im wesentlichen abgeschlossen; die acht führenden Ruhrkonzerne[18] kontrollierten wieder knapp 75 % der Rohstahlproduktion der Bundesrepublik (Bömer 1977, 80).

Gelang es den Stahlkonzernen an der Ruhr bis Ende der fünfziger Jahre auch, den durch die alliierten Eingriffe unterbrochenen Konzentrationsprozeß des Kapitals wieder in Gang zu bringen und dabei gleichzeitig – unterstützt durch steuerliche Entlastungen und das Investitionshilfegesetz – den Produktionsapparat weitgehend zu modernisieren, so war doch unübersehbar, daß Konkurrenzländer, vor allem die USA, in der Zwischenzeit Wettbewerbsvorteile errungen hatten, die aus einem Produktivitätsvorsprung ihrer Anlagen auf der Basis einer entsprechend hohen kapitalmäßigen Konzentration resultierten. Wollten die Stahlkonzerne im Ruhrgebiet ihre national führende Rolle behaupten und ihre internationale Position ausbauen, so mußten sie den Konzentrations- und Modernisierungsprozeß so weit wie möglich beschleunigen. Dies führte zur zweiten Konzentrationswelle der Eisen- und Stahlindustrie des Ruhrgebietes in den sechziger Jahren. Das Ergebnis: Erzeugten im Jahr 1960 noch 417000 Beschäftigte in der deutschen Stahlindustrie 34 Mill. Tonnen Rohstahl, so produzierten am Ende des Jahrzehnts 374 000 Beschäftigte 45 Mill. Tonnen (Bömer 1977, 79). Die Konzentration erfolgte einerseits durch Fusionen auf Unternehmensebene, andererseits durch eine neuartige Kartellierung in Form der Walzstahlkontore. An Fusionen in den sechziger Jahren waren vor allem beteiligt: die August-Thyssen-Hütte, die u. a. Phoenix-Rheinrohr, die Hüttenwerke Oberhausen sowie die Stahlwerke Bochum (zu 48 %) übernahm; die Friedrich-Krupp-Hüttenwerke, die den Bochumer Verein, sowie die Hoesch AG, die die Dortmunder-Hörderhütten Union aufkauften.

Als Reaktion auf die wirtschaftliche Krise von 1966/67 schließlich gründete man vier Walzstahlkontore, die die Tradition der Absatzkartelle wieder aufnahmen, aber auch neuartige Momente enthielten. Der Hauptgeschäftsführer der Wirtschaftsvereinigung Eisen- und Stahlindustrie, der die Konzeption entwickelte, definierte sie als

»Fusionssurrogat, also als Investitions-, Produktions- und Vertriebsgemeinschaft, die das anstreben können, was fusionierte Unternehmen machen können, ohne den letzten Schritt der auch eigentumsmäßigen Zusammenfassung zu tun. Sie ersetzen also den Beherrschungstatbestand, der mit der Fusion verbunden ist, durch die vertraglich vereinbarte Zusammenarbeit« (Köhler 1967, 21).

Nach einer Bilanz des Vorstandsvorsitzenden der Mannesmann AG legte man infolge der Aktivitäten der Walzstahlkontore in der deutschen Eisen- und Stahlindustrie 18 Hochöfen mit einer Roheisenkapazität von 4 Mill. Tonnen, 26 Thomas-Konverter und 42 Siemens-Martin-Öfen mit einer Rohstahlkapazität von 10 Mill. Tonnen und 80 Walzstraßen mit einer Walzkapazität von 13 Mill. Jahrestonnen still (Bömer 1977, 82). Der Modernisierungsprozeß zeigte sich vor allem in der Veränderung der Stahlwerkstechnologien während der sechziger Jahre. So verringerte sich die Anzahl der nach dem alten Thomas-Verfahren arbeitenden Stahlwerke zwischen 1960 und 1970 drastisch von 88 auf 18 (das letzte deutsche Thomas-Stahlwerk stellte 1976 im Saarland seinen Betrieb ein); der Anteil der Siemens-Martin-Anlagen sank von 224 auf 114; auf der anderen Seite arbeiteten 1970 43 Stahlwerke nach dem Oxygen-Verfahren, während es Anfang der sechziger Jahre nur 8 Oxygen-Anlagen gab (SJES 1982, 8). Darüber hinaus zeigt sich ein weiterer Entwicklungstrend, dessen Auswirkungen einen erheblichen Teil der heutigen Problematik ausmachen, bereits während der fünfziger und verstärkt während der sechziger Jahre: die Wanderung der Roheisen- und Rohstahlerzeugung in das westliche Ruhrgebiet, weil an der Rheinschiene die Standortbedingungen deutlich günstiger sind. Wurden 1953 erst 44 % des an der Ruhr erzeugten Rohstahls in seiner westlichen Region – dem Kammerbezirk Duisburg/Wesel/Kleve der Niederrheinischen Industrie- und Handelskammer – hergestellt, so stieg dieser Anteil bis 1960 auf 49 % und bis 1970 auf 60 % (Niederrheinische IHK 1981, 457).

Auf die Dauer übten die Walzstahlkontore ihre Funktion als »Fusionssurrogat« freilich nicht aus; vielmehr erfaßte in der ersten Hälfte der siebziger Jahre eine dritte Konzentrationswelle die deutsche Eisen- und Stahlindustrie. Im Zentrum standen Stahlunternehmen des Ruhrgebietes, die weitreichende Zusammenschlüsse, Umgruppierungen und Verlagerungen vollzogen. Vier Vorgänge sind hierbei von besonderer Bedeutung, weil sie die Ausgangsbedingungen für die aktuelle Krisenausprägung festlegten. Erstens: Im Jahr 1970 grenzten Thyssen und Mannesmann mit einem umfangreichen Ringtausch Produktionsbereiche wechselseitig ab: Mannesmann trat seine Walzstahlherstellung und Blechverarbeitung an Thyssen ab und übernahm dafür die Rohrherstellung, auf die Thyssen völlig verzichtete. Als Folge dieser Operation ist der Mannesmann-Konzern aus dem Kreis der Stahlhersteller faktisch ausgeschieden, seine Hüttenwerke in Duisburg erzeugen Rohstahl nur noch als Vormaterial für die eigene Röhrenproduktion. In diesem Bereich ist Mannesmann Marktführer, außerdem ist die Diversifizierung in den Maschinen- und Anlagenbau weit fortgeschritten. Zweitens: Die Übernahme der Rheinstahl-Gruppe durch Thyssen 1973/74 war die »bedeutendste Fusion der Stahlindustrie Westeuropas« (Bömer 1977, 83). Sie baute die Position von Thyssen als Marktführer der deutschen Stahlindustrie aus und fügte dem Unternehmen ein Investitionsgüter- und Verarbeitungspotential hinzu. Dieser Bereich ist vom Umsatz her so groß wie der Stahlsektor, gemessen an der Zahl der Belegschaften übertrifft er diesen sogar. Da außerdem mit dieser Operation weitere Fusionen im Edelstahlbereich vorbereitet wurden, ist Thyssen insgesamt wesentlich krisenresistenter geworden als seine Konkurrenten. Drittens: Als Modellfall der Entstehung eines multinationalen Konzerns auch im Stahlbereich und als »der fortgeschrittenste Typ der Internationalisierung des Montankapitals in Westeuropa« (Bömer 1977, 87) gilt der 1972 vollzogene Zusammenschluß der Hoesch AG und der Niederländischen Hoogovens zu Estel. Die Fusion war von der Absicht bestimmt, mit dem holländischen und dem deutschen Werk die Vorteile von Küstenstandort (niedrige Transportkosten der Rohstoffe und im Exportverkehr) und Binnenstandort (Lage inmitten eines großen Stahlverbrauchszentrums) miteinander zu verbinden. Zusätzlich sollten die beiderseitigen Produktionsprogramme aufeinander abgestimmt und insbesondere die Investitionspolitik koordiniert werden, um »in Zukunft die wirtschaftlichere Nutzung der Finanzmittel ebenso wie den Bau der erforderlichen großen Einheiten an den jeweils geeignetsten Standorten ermöglichen und Doppelinvestitionen vermeiden zu helfen« (Hoesch-Hoogovens, Bericht über den Zusammenschluß 1972, 7). Schließlich sollten die so erreichten größeren Kapazitäten die Wettbewerbsfähigkeit der neuen Unternehmensgruppe stärken und mittels Abstimmung der Produktionsprogramme beträchtliche Rationalisierungsmöglichkeiten geschaffen werden. Da Hoesch in diesem Konzernverbund im Bereich der Oberflächenveredelung von Blechen technologisch führte, sollte nach der Investitionskonzeption der Estel von 1973 die Stahlbasis vor allem am holländischen Standort Ijmuiden ausgebaut werden, während für Dortmund nur Modifikationen der veralteten Siemens-Martin-Stahlwerke vorgesehen waren. Angesichts niedriger Schrotteinstandspreise Anfang der siebziger Jahre ging diese Rechnung zwar kurzfristig ökonomisch auf, war dann aber eine zentrale Ursache für die Hoesch-Krise nach 1980. Viertens ist der Rückzug des Klöckner-Konzerns aus dem Ruhrgebiet als Produktionsstandort wichtig. Klöckner hatte bereits in den fünfziger Jahren die küstennahe Hütte Bremen errichtet, diese in den sechziger Jahren als modernes Oxygen-Stahlwerk ausgebaut und 1973 eine Strangguß-Anlage sowie eine technologisch aufwendige Warmbreitbandstraße hinzugefügt; außerdem erwarb man 1976 die Max-Hütte in der Oberpfalz (Dey/Müller 1979, 101 ff.). Parallel hierzu stellte das Unternehmen die Stahlerzeugung im Ruhrgebiet ein, so daß der Konzern dort heute nur noch mit seiner Hauptverwaltung präsent ist.

Als Ergebnis der dritten Konzentrationswelle waren somit bis Mitte der siebziger Jahre noch drei Stahlunternehmen mit Produktionsbetrieben im Ruhrgebiet übriggeblieben: Marktführer Thyssen im Westen, der aber – anders als die Saarhütten – seine Unternehmensstruktur stark diversifiziert hat und kaum noch als bloßer Stahlerzeuger zu klassifizieren ist. Der Krupp-Konzern, der Stahl ebenfalls im Westen, an der Rheinschiene, herstellt und von seiner Struktur her mit Thyssen vergleichbar ist. Schließlich die Hoesch-Werke im Osten, zusätzlich eingebettet in einen internationalen Unternehmensverbund. Hoesch bildet das schwächste Glied in der Ruhrstahl-Kette: zum einen besitzt es eine den Saarhütten ähnliche Produktionsstruktur als vorwiegend stahlerzeugendes Unternehmen ohne genügend entwickelte Verarbeitungstiefe; zum anderen hat es den relativ ungünstigen Standort im östlichen Ruhrgebiet, wo der Anschluß an eine Großwasserstraße fehlt. Freilich bildet bei allen drei Ruhrstahlkonzernen der erreichte Stand der Kapitalkonzentration und -zentralisation die entscheidende Differenz zu den Werken an der Saar, weshalb alle drei die krisenhafte Entwicklung ab 1975 zunächst besser bewältigen konnten als ihre saarländischen Konkurrenten.

Nicht nur die Ausgangsposition der Stahlindustrie an der Ruhr zu Beginn der Stahlkrise war günstiger als die an der Saar – auch das Ruhrgebiet im ganzen besitzt eine im Vergleich zum Saarland weniger krisenanfällige Struktur, wenngleich grundlegende sozioökonomische Merkmale in beiden Regionen identisch sind.

Das Ruhrgebiet hat 4,8 Mill. Einwohner; das sind knapp 8 % der Bevölkerung der Bundesrepublik. Die rund 1,8 Mill. Erwerbstätigen entsprechen ca. 7 % der Erwerbstätigen der gesamten Bundesrepublik (Landesregierung Nordrhein-Westfalen 1979, Bd. 1, 13; Zahlen für 1977). Die Verteilung der Beschäftigten auf die Wirtschaftssektoren weicht vom Bundesdurchschnitt ab: Mit mehr als 53 % der Erwerbstätigen ist das Produzierende Gewerbe (Bundesdurchschnitt 45 %) deutlich überrepräsentiert, während der Dienstleistungssektor entsprechend zurückbleibt (ebenda, 18). Innerhalb des Produzierenden Gewerbes dominiert auch heute noch die Grundstoff- und Investitionsgüterindustrie. Zwar nahm die Verarbeitungstiefe in einzelnen Bereichen dieses Sektors zu, erreichte aber insgesamt nicht das Niveau anderer Industrieregionen der Bundesrepublik.

Die hohe regionale Konzentration der Montanindustrie zeigt sich anhand verschiedener Indikatoren: So befindet sich noch immer fast die Hälfte aller industriellen Arbeitsplätze in den Montanindustrien. Auffällig ist im Jahrzehnt zwischen 1966 und 1976 allerdings die Anteilsverschiebung zwischen Bergbau und eisenschaffender Industrie: Mitte der siebziger Jahre entfallen auf die Eisen- und Stahlindustrie sowohl 20 % des Industrieumsatzes als auch aller industriellen Arbeitsplätze des Ruhrgebietes, während im Bergbau jeweils drastische Rückgänge zu verzeichnen sind (Tabelle 7).

*Tabelle 7:* Struktur von industrieller Produktion und Beschäftigung im Ruhrgebiet (Anteile in %)

| | *Nettoproduktion* (i. Preisen v. 1970) | | *Beschäftigung* | |
|---|---|---|---|---|
| | 1966 | 1976 | 1966 | 1976 |
| Montanindustrien | 49,5 | 38,6 | 55,0 | 48,3 |
| Bergbau | 27,0 | 15,6 | 32,7 | 23,5 |
| Eisenschaffende Industrie | 19,6 | 20,1 | 17,7 | 20,2 |

Quelle: RWI 1978, 51

Ein wesentliches Folgeproblem dieser Lage ist das relative Zurückbleiben der Wirtschaftskraft gegenüber dem Bundesdurchschnitt, wozu das RWI anmerkte:

»Die Rückbildung eines Wirtschaftsraumes zu einer Position relativ niedriger Leistungskraft ist stets als ein unerwünschter Vorgang anzusehen. Ein solcher retardierender Prozeß ist aber nun schon seit Jahren im Ruhrgebiet im Gange. Mitte der 50er Jahre lag das Bruttoinlandsprodukt je Kopf der Bevölkerung im Ruhrgebiet um 24 % über dem damaligen Bundesdurchschnitt. Es wurde nur übertroffen von den Werten der Stadtstaaten Hamburg und Bremen. Im Jahre 1961 war der Vorsprung auf 7 % abgesunken und im Jahre 1970 nahezu völlig beseitigt. Damit erreichte das Je-Kopf-Produkt im Revier nur noch den Bundesdurchschnitt, und man kann davon ausgehen, daß es inzwischen unter dem Bundesdurchschnitt liegt, und zwar etwa beim Wert des Flächenlandes Bayern. Damit hätte sich die außergewöhnliche Situation eingestellt, daß das größte industrielle Ballungsgebiet Europas nur noch die Leistungskraft dieses mit einem relativ hohen Agraranteil belasteten Flächenstaates erreicht, während doch für die Stadtregion Ruhrgebiet Leistungswerte der Stadtstaaten Hamburg und Bremen die adäquate Vergleichsnorm sein müßten. Diese globalen Angaben deuten darauf hin, daß das wirtschaftliche Gefüge des Ruhrgebiets noch nicht in ausreichendem Maße auf den Güter- und Leistungsbedarf einer ›reifen‹ Industriegesellschaft ausgerichtet ist. Noch zu sehr dominieren jene Branchen und Produktionsstufen, die den traditionellen Industrialisierungsprozeß getragen haben, deren Wachstumschancen aber nunmehr nur noch gering sind.« (Zit. nach Schröter/Velsinger/Zierold 1977, 12f.)

Auch vor dem offenen Ausbruch der Stahlkrise war also die ökonomische Struktur des Ruhrgebietes nicht nur durch hohe Konjunkturanfälligkeit gekennzeichnet, sondern das bisherige industrielle Grundmuster befand sich bereits in einem latenten Auflösungsprozeß. Ein besonderes Merkmal dieses Entindustrialisierungsprozesses stellt dabei der Tatbestand dar, daß nicht die Montansektoren, sondern die

»in unbeschränktem internationalen Wettbewerb stehenden Branchen es sind, die nach 1973 – im Gegensatz zum gesamten Bundesgebiet – im Ruhrgebiet die weit überwiegende Zahl an Arbeitsplatzstillegungen vorgenommen haben« (IHK des Ruhrgebiets 1982, 17).

Vor diesem Hintergrund wird auch plausibel, warum sich die Schere zwischen ökonomischer Entwicklung im Ruhrgebiet und bundesdurchschnittlicher Entwicklung immer weiter öffnete. Folgende Indikatoren für diesen Trend nennt die jüngste Strukturanalyse für das Ruhrgebiet:

»Die Arbeitslosigkeit im Ruhrgebiet stieg von 1976 bis 1981 um 51 % an, während es im Bundesdurchschnitt nur 38,5 % waren. Im August 1982 betrug die Arbeitslosenquote im Ruhrgebiet 10,2 %, im Bundesgebiet insgesamt 7,4 %. Daß diese Entwicklung nicht auf ein Anwachsen der Erwerbsbevölkerung, sondern vielmehr auf einen gravierenden Verlust an Arbeitsplätzen zurückzuführen ist, wird im Ruhrgebiet besonders deutlich. Von 1970 bis 1980 verminderte sich die Zahl der Arbeitsplätze im Ruhrgebiet um 6,7 %, im Bundesdurchschnitt jedoch nur um 2,4 %. Im gleichen Zeitraum nahm die Wohnbevölkerung im Ruhrgebiet um 262 000 Personen ab (4,6 %), während die Bevölkerung bundesweit um 1 Mill. (+ 1,6 %) Menschen zunahm.« (Kommunalverband Ruhrgebiet 1982, 9f.)

Die negative Entwicklung dieser Region zeigt sich nicht zuletzt im Wachstumsvergleich des Bruttoinlandsproduktes (BIP): Zwischen 1976 und 1979 lag der Zuwachs des BIP je Einwohner im Ruhrgebiet um 10,2 % unter dem entsprechenden Landeswert, obwohl seine Wohnbevölkerung in dieser Zeit stärker abnahm als im Land insgesamt. Ähnliches gilt für den Wachstumsvergleich mit dem Bund: Zwischen 1961 und 1978 erreichte das jährliche BIP-Wachstum im Ruhrgebiet nur rund zwei Drittel des Bundeswertes (Ruhrgebiet +2,3 % p. a. gegenüber +3,8 % p. a.), so daß sein

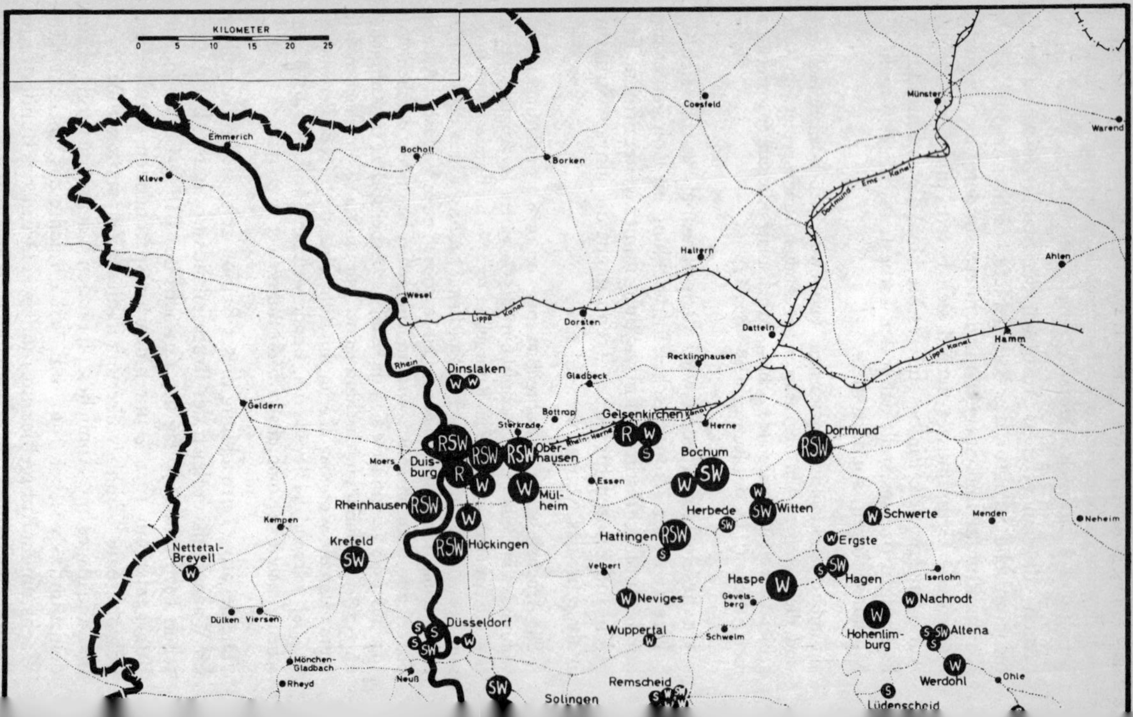
KILOMETER
0 5 10 15 20 25
Emmerich
Kleve
Bocholt
Borken
Coesfeld
Münster
Warend
Ahlen
Haltern
Dortmund-Ems-Kanal
Wesel
Lippe Kanal
Dorsten
Datteln
Hamm
Lippe Kanal
Recklinghausen
Rhein
Dinslaken
Gladbeck
Geldern
Bottrop
Sterkrade
Gelsenkirchen
Rhein-Herne-Kanal
Herne
Dortmund
Ober-
hausen
Moers
Duis-
burg
Bochum
Essen
Mül-
heim
Rheinhausen
Herbede
Witten
Schwerte
Menden
Neheim
Kempen
Krefeld
Hückingen
Hattingen
Ergste
Nettetal-
Breyell
Velbert
Haspe
Hagen
Iserlohn
Neviges
Gevels-
berg
Nachrodt
Dülken
Viersen
Düsseldorf
Wuppertal
Schwelm
Hohenlim-
burg
Altena
Mönchen-
Gladbach
Rheyd
Neuß
Remscheid
Solingen
Werdohl
Ohle
Lüdenscheid

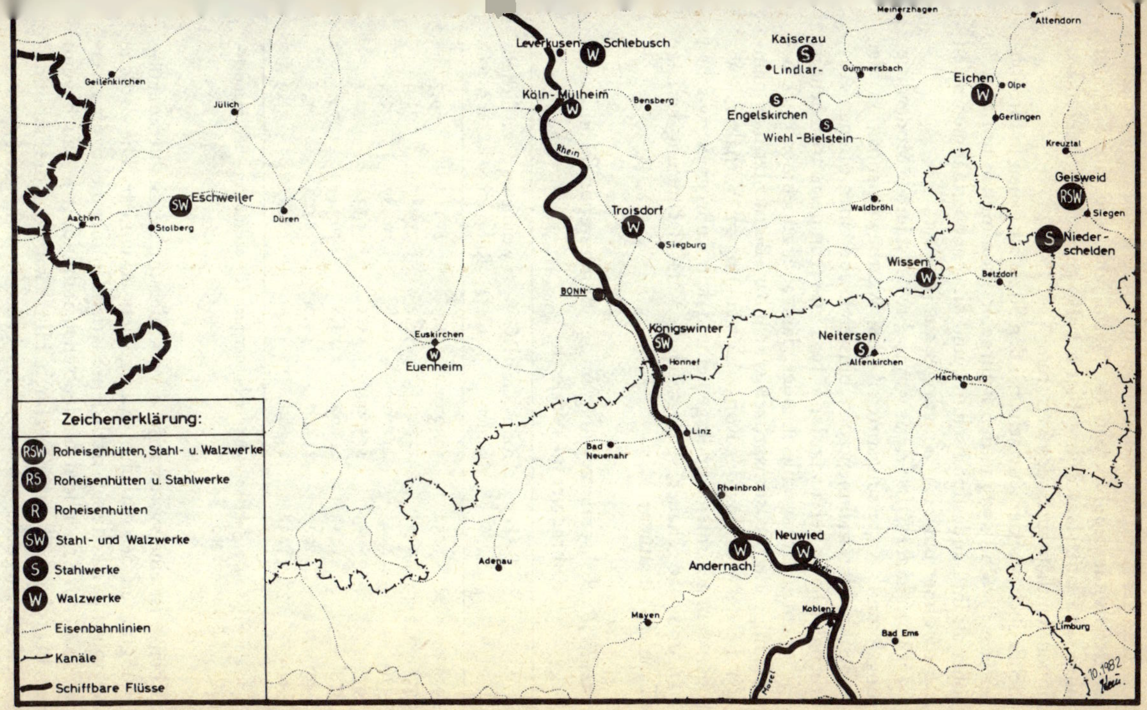


Stahlstandorte im Ruhrgebiet. Quelle: SJES 1982

Anteil an der gesamten Produktion von Gütern und Dienstleistungen der Bundesrepublik von 10,8 % im Jahre 1961 auf 8,7 % im Jahre 1978 sank. Das Ruhrgebiet hat also gegenüber anderen Regionen deutlich an Boden verloren.

Schließlich war der Zuwachs bei den Sozialausgaben je Einwohner von 1976 bis 1979 in den Ruhrgebietskommunen um 25,4 % höher als im Landesdurchschnitt, und die Steuereinnahmen fielen je Einwohner um 25,9 % niedriger aus (ebenda).

*Im Vorfeld der Krise:* Zwar vermochte der ständige Modernisierungs- und Anpassungsprozeß die Wettbewerbsposition der Ruhrstahl-Unternehmen zu stabilisieren und einen offenen Ausbruch der Krise bereits im Jahre 1975 zu verhindern, trotzdem ist seither ein zunächst schleichender, dann aber zunehmend sich beschleunigender Erosionsprozeß erkennbar. Betrachtet man nämlich die Entwicklung der Rohstahlerzeugung im Verhältnis zwischen dem gesamten Bundesgebiet und dem Ruhrgebiet zwischen 1974 und 1980 genauer, so zeigt sich die Verschlechterung der Lage (Tabelle 8) deutlich:

*Tabelle 8:* Rohstahlerzeugung in der Bundesrepublik und dem Ruhrgebiet im Vergleich

| | BRD | Ruhrgebiet | RG in % BRD | westliches Ruhrgebiet | westliches RG in % RG |
|---|---|---|---|---|---|
| 1974 | 53232 | 30300 | 56,9 | 21117 | 69,7 |
| 1975 | 40415 | 22700 | 56,2 | 15987 | 70,4 |
| 1976 | 42415 | 24100 | 56,8 | 16987 | 70,4 |
| 1977 | 38985 | 21500 | 55,1 | 15534 | 72,1 |
| 1978 | 41253 | 22600 | 54,8 | 16349 | 72,4 |
| 1979 | 46040 | 25300 | 55,0 | 18124 | 71,6 |
| 1980 | 43838 | 23600 | 53,8 | 17182 | 72,9 |

Quellen: SJES 1981; Jahresbericht der Niederrheinischen Industrie- und Handelskammer 1980

Ebenso ist eine systematische Verschiebung der Stahlerzeugung zuungunsten des östlichen Ruhrgebiets erkennbar. Die östliche Region entwickelte sich nach dem Saarland immer mehr zum zweiten größeren Krisenherd der deutschen Stahlindustrie – auch wenn dies bis 1980 noch verborgen blieb. Hinzu kam, daß die Stahlindustrie des Ruhrgebiets nach 1976 ihre Investitionstätigkeit stark verringerte: 1977 um 38,4 % und 1978 nochmals um 33,2 %. Außerdem lagen die Forschungs- und Entwicklungsausgaben zwischen 1971 und 1977 niedriger als im industriellen Durchschnitt (Kommunalverband Ruhrgebiet 1982, 34).

Weitere Erkenntnisse lassen sich bei der Betrachtung auf Unternehmensebene gewinnen (Tabelle 9).

*Tabelle 9:* Strukturkennziffern von Stahlunternehmen im Ruhrgebiet

| | 1974 | 1975 | 1976 | 1977 | 1978 | 1979 | 1980 | 1981 |
|---|---|---|---|---|---|---|---|---|
| *Thyssen* | | | | | | | | |
| Belegschaft | 59300 | 57628 | 56608 | 54696 | 52661 | 51603 | 50700 | 50055 |
| Rohstahl Tsd. t | 16395 | 13562 | 12817 | 11729 | 12122 | 11892 | 12410 | 11142 |
| *Krupp* | | | | | | | | |
| Belegschaft | 26757 | 25914 | 25513 | 24410 | 24225 | 24632 | 24986 | 23864 |
| Rohstahl | 4495 | 3417 | 4125 | 3879 | 5061 | 5414 | 5364 | 4912 |
| *Hoesch* | | | | | | | | |
| Belegschaft | 27200 | 26930 | 25000 | 24400 | 23615 | 23529 | 21419 | 17838 |
| Rohstahl | 6800 | 5200 | 5600 | 4800 | 5100 | 6000 | 5200 | 4700 |

Quellen: jeweilige Geschäftsberichte

Alle drei großen Stahlerzeuger mit Standort im Ruhrgebiet haben systematisch ihre Belegschaften verringert, ohne daß freilich bis 1979/80 dramatische Einbrüche auftraten. Allerdings sind auch signifikante Differenzen zwischen den einzelnen Unternehmen feststellbar. So fiel im Zeitraum zwischen 1974 und 1980 der Beschäftigungsabbau bei Hoesch mit mehr als 20 % am deutlichsten aus. Thyssen nahm mit 14,5 % eine mittlere Position ein, die auch dem bundesweiten Durchschnitt von 16,5 % während dieser Periode (SJES 1981) am nächsten kommt. Die geringste Reduzierung der Beschäftigung nahm mit nur 6,6 % Krupp vor. Im Lichte der seit dem offenen Ausbruch der Krise eingetretenen Ereignisse lassen sich diese zunächst paradox anmutenden Zahlen leichter interpretieren: Das Unternehmen Hoesch befand sich zweifellos in der schlechtesten Ausgangslage und stand bereits seit Mitte der siebziger Jahre unter einem hohen Druck zum Abbau von Arbeitsplätzen. Die Spitzenposition von Thyssen dagegen drückte sich dadurch aus, daß man den Branchendurchschnitt vorgeben konnte. Eigenartigerweise verbarg sich hinter dem scheinbar günstigen Index von Krupp bereits die spätere Schwäche des Unternehmens: der zunächst noch zurückgehaltene personelle Anpassungsbedarf erforderte später um so drastischere Maßnahmen.

Seit Ausbruch der Krise bildete sich die Personalentwicklung bei den drei Unternehmen ziemlich genau auf den jeweiligen lokalen Arbeitsmärkten von Duisburg (Thyssen und Krupp), Bochum (Krupp) und Dortmund (Hoesch) ab (Tabelle 10), obwohl man keine monokausale Beziehung zwischen der jeweiligen Beschäftigungspolitik und dem lokalen Niveau der Arbeitslosigkeit wird unterstellen dürfen.[19]

*Tabelle 10:* Lokale Arbeitslosenquote (in %) im Vergleich mit dem Bund und NRW

| | 9/75 | 9/79 | 9/80 | 9/81 | 2/82 |
|---|---|---|---|---|---|
| Duisburg | 4,8 | 6,3 | 6,1 | 8,0 | 10,2 |
| Bochum | 5,2 | 5,6 | 5,4 | 7,6 | 9,9 |
| Dortmund | 5,1 | 5,4 | 5,7 | 8,7 | 11,6 |
| NRW | 4,6 | 4,0 | 4,4 | 6,5 | 8,7 |
| BRD | 4,4 | 3,2 | 3,5 | 5,4 | 8,1 |

Quelle: Schröter 1982, 26

Der lokale Arbeitsmarkt ist dort am stärksten betroffen, wo auch der stärkste Arbeitsplatzabbau in der Stahlindustrie stattfand (Dortmund) und umgekehrt (Bochum). Allerdings wird auch deutlich, daß eine relative Stabilisierung auf Unternehmensebene wie im Falle Thyssen keineswegs einer entsprechenden Stabilisierung des lokalen Arbeitsmarktes entspricht. Vielmehr bedeutet sowohl eine Destabilisierung wie eine relative Stabilisierung auf Unternehmensebene eine Destabilisierung der Verhältnisse auf den jeweiligen lokalen bzw. regionalen Arbeitsmärkten: Die Unternehmen laden zumindest einen Teil der Krisenfolgen auf der lokalen Ebene ab (vgl. hierzu auch Schröter, 31).

Insgesamt verdeutlichen die angeführten Indikatoren zur relativen Verschlechterung der Position der Ruhrstahlkonzerne, warum mit der erneuten, zunächst konjunkturellen Verschärfung der Lage auf dem Weltmarkt ab 1980 die Krise auch im Ruhrgebiet offen ausgebrochen ist und weshalb ihr Zentrum in dessen Ostregion liegt.

### 2.1.2 *Der offene Ausbruch der Krise seit 1980*

Mit der generell nachlassenden Konjunktur in der Bundesrepublik ab 1980 sank auch die Stahlnachfrage – und der dadurch bewirkte drastische Verfall der Gewinne leitete den Beginn der Stahl-Strukturkrise im Ruhrgebiet mit Zentrum im östlichen Teil der Region ein. Das Ausmaß der regionalen Krisenkumulation verdeutlicht bereits ein Vergleich der Arbeitslosenquoten (Tabelle 11).

*Tabelle 11:* Arbeitslosenquoten (in %)

| | Bund | Nordrhein-Westf. | Dortmund |
|---|---|---|---|
| 1/1981 | 5,6 | 6,0 | 7,8 |
| 9/1981 | 5,4 | 6,5 | 8,7 |
| 1/1982 | 8,2 | 8,6 | 11,5 |
| 9/1982 | 7,5 | 8,8 | 12,2 |
| 2/1983 | 10,4 | 11,2 | 14,9 |

Quelle: Monatsberichte des Arbeitsamtes Dortmund

Die überdurchschnittliche Betroffenheit der Region Dortmund ist – darin stimmen alle vorliegenden Analysen überein – wesentlich auf den Arbeitsplatzabbau in der Stahlindustrie und dessen Folgewirkungen zurückzuführen. Von ca. 220000 Erwerbstätigen in der Stadt Dortmund sind knapp 34000 arbeitslos (Stand Februar 1983), hinzu kommen mehr als 15000 Kurzarbeiter. Demgegenüber gibt es nur noch 560 offene Stellen, so daß ca. 60 Arbeitslose auf eine zu besetzende Stelle kommen. Die Arbeitslosigkeit stieg im Arbeitsamtsbezirk Dortmund binnen eines Jahres (von Januar 1982 bis Januar 1983) um ein Viertel; seit dem Beginn des Jahres 1982 fiel die Arbeitslosenquote nie mehr unter 11 %; im Winter 1982/83 lag sie um mehr als 40 % über dem Bundesdurchschnitt. Bei einer genaueren Analyse zeigt sich außerdem, daß längst nicht mehr nur »Problemgruppen« von Arbeitslosigkeit betroffen sind, sondern die Arbeitslosen sich zu einem bedeutenden Teil aus dem »Kernbereich« der Beschäftigung rekrutieren. So gehört ein knappes Drittel (ca. 6700) aller im Arbeitsamtsbezirk Dortmund arbeitslos gemeldeten Männer zur Berufsgruppe der Metallarbeiter und eng verwandter Berufe. Analysiert man zudem nicht nur nach dem Merkmal »Bestand an Arbeitslosen«, sondern fragt nach »Betroffenheit von Arbeitslosigkeit in einem bestimmten Zeitraum«, so zeigt sich, daß allein in den ersten neun Monaten des Jahres 1982 mehr als 35000 Arbeitskräfte im Bezirk Dortmund *neu* arbeitslos wurden (alle Angaben nach den Monatsberichten des Arbeitsamtes Dortmund). Diese Situation auf dem Arbeitsmarkt des östlichen Ruhrgebietes reflektiert – wie bereits im Saarland – den Tatbestand, daß in monostrukturierten Regionen die Krise der dominierenden Industrie zugleich eine tiefgreifende regionale Krise bedeutet.

Betrachtet man die Situation auf *Unternehmensebene*, so wird deutlich, daß die kritische Lage der Arbeitsmarktregion Dortmund der kritischen Lage der Hoesch Hüttenwerke entspricht (Tabelle 12).

*Tabelle 12:* Strukturdaten der Estel/Hoesch Hüttenwerke Dortmund

| | 1977 | 1978 | 1979 | 1980 | 1981 (Soll) | 1981 (Ist) |
|---|---|---|---|---|---|---|
| a) Rohstahlerzeugung (Mio t) | 4794 | 5076 | 5977 | 5179 | 5124 | 4700 |
| b) Walzstahlversand (Mio t) | 4343 | 4350 | 4827 | 4553 | 4623 | |
| c) Rohergebnis (Mio/DM) | – 382 | – 261 | – 150 | – 346 | – 297 | – 400 |
| d) Abschreibungen (Mio/DM) | 190 | 200 | 194 | 248 | 174 | |
| e) Investitionen (Mio/DM) | 210 | 104 | 60 | 55 | 73 | |
| f) cash flow (Mio/DM) | – 172 | – 15 | + 252 | – 32 | – 65 | |
| g) Personal (21. 12.) | 24440 | 23615 | 23529 | 21419 | 19500 | 17833 |

Quelle: Brennpunkt Stahlkrise 1981, 205

Demnach erreichte die Rohstahlproduktion bei Hoesch im Jahr 1981 ihren bisher absoluten Tiefstand; entsprechend steigerte sich der Abbau von Arbeitsplätzen. Die Verluste der letzten fünf Jahre summieren sich auf über 1,5 Mrd. DM, und die Abschreibungen liegen seit mehreren Jahren deutlich über den Investitionen: offensichtlich liquidiert man Produktionspotential und vernichtet gleichzeitig Kapital (Desinvestitionspolitik).

Die Ursachen für diesen Zustand sind vielfältig. Zuallererst liegen sie im Scheitern der Absichten, die mit der Fusion Hoesch-Hoogovens im Jahr 1972 verfolgt worden waren. Letztendlich hat sich wohl die Konkurrenz gegeneinander als stärker erwiesen als der mit der Fusion verbundene Kooperationsvorteil; eine zwischen den holländischen und den deutschen Unternehmensteilen abgestimmte Investitionspolitik war jedenfalls niemals erkennbar. Als zweites kommt hinzu, daß Hoesch in seinem Dortmunder Werk ein relatives Veralten der Produktionstechnologie zuließ (Festhalten an der Siemens-Martin-Technologie bis Ende der siebziger Jahre) und daß die Übernahme des Strangguß-Verfahrens in größerem Umfang erst relativ spät erfolgte. Zuletzt schließlich wirkte sich die Standortzersplitterung auf drei Werksteile (Westfalenhütte, Werk Phoenix, Werk Union) innerhalb der Stadt Dortmund negativ aus; denn dadurch entstanden erhebliche zusätzliche Transportkosten.

Freilich dürfen die massiven Auswirkungen der Stahlkrise in der Region Dortmund nicht darüber hinwegtäuschen, daß das übrige Ruhrgebiet, insbesondere der Bereich Duisburg mit der absolut höchsten Konzentration der Stahlindustrie in der Bundesrepublik, nur geringfügig weniger betroffen ist. Im Jahr 1979 waren nämlich die Arbeitslosenquoten Duisburgs und Bochums und im Jahr 1980 die Quote Duisburgs höher als die Dortmunds (siehe Tabelle 10). Nimmt man hinzu, daß der Nettoverlust an Arbeitsplätzen zwischen 1970 und 1979 in Dortmund 7700 betrug, in Duisburg jedoch 17700, so zeigt sich, daß die beiden Städte sich weniger in der Schwere als vielmehr im Zeitpunkt des Betroffenseins unterscheiden (Schröter 1982, 22ff.). Der Arbeitsplatzabbau bei Thyssen erfolgte früher, traf aber den regionalen Arbeitsmarkt ebenso hart wie der etwas spätere bei Hoesch.

## 2.2 *Der Fall Hoesch-Krupp*

Mit dem tiefen Absatz- und Produktionseinbruch in der zweiten Phase der Stahlkrise seit 1980 entfielen einige fundamentale Voraussetzungen der bisherigen Anpassungsstrategie im Ruhrgebiet, nämlich Beschränkung auf die Unternehmensebene und damit einhergehend Verzicht auf politisches Eingreifen. Vor allem Marktführer Thyssen, der dabei vom Unternehmensverband »Wirtschaftsvereinigung Eisen- und Stahlindustrie« unterstützt wurde, hatte bisher die Strategie privatwirtschaftlicher und unternehmenszentrierter Sanierung verfolgt. Beides basierte auf der Erwartung, daß sowohl einige deutsche wie auch europäische Konkurrenten ohne staatliche Unterstützung die Krise nicht überstünden und somit letztlich eine klassisch kapitalistische Marktbereinigung erfolge.[20] Die Krise nach 1980 begann jedoch Arbeitsplätze auch in bisher für stabil gehaltenen Bereichen der deutschen Stahlindustrie in einem Ausmaß zu bedrohen, daß es für Landes- wie Bundesregierung unmöglich wurde, die Stahlkrise sich selbst, also den Unternehmen, zu überlassen. Vor allem die prekäre Situation bei Hoesch und damit zugleich der Region Dortmund und etwas später die ähnliche Konstellation bei Krupp – und folglich der Region Duisburg – rief die IG Metall auf den Plan, die jetzt – ähnlich wie im Saarland – eine politische Regulierung der Krise forderte.

Zusätzliche Argumente für die »Politisierung« lieferte die von der EG-Kommission ab Herbst 1980 verfolgte Antikrisenpolitik im Stahlsektor, die gegen deutschen Widerstand zustande gekommen war. Gegenüber Subventionen, die die anderen westeuropäischen Länder ihren Stahlindustrien gewährten, kämpfte die Bundesregierung immer wieder mit dem Argument an, sie verzerrten den freien Wettbewerb – und nur in der Bundesrepublik Deutschland hätte die marktwirtschaftliche Doktrin im Stahlsektor noch Geltung. Diese Position entsprach auf der einen Seite ihren eigenen ordnungspolitischen Grundsätzen und korrespondierte auf der anderen Seite der Interessenlage der führenden deutschen Konzerne, die auf die reinigende Funktion der Krise, d. h. auf das Verschwinden der schwächeren Konkurrenten vom Stahlmarkt, bauten. Im Herbst 1980 wurde aber endgültig klar, daß diese marktwirtschaftliche Position nicht als offizielle EG-Stahlpolitik durchsetzbar war. Erstens brachten die anderen EG-Staaten dieser Konzeption massiven Widerstand entgegen, da diese – was man in der Bundesrepublik Deutschland ja auch erhoffte – ihre Stahlindustrien hart getroffen, teilweise sogar zerstört hätte. Nicht nur die Gewerkschaften dieser Länder, sondern auch wichtige Kapitalfraktionen hätten eine solche Politik mit Sicherheit nicht kampflos hingenommen. Zweitens befand sich die Bundesregierung aufgrund ihres eigenen »ordnungspolitischen Sündenfalls« im Saarland bereits in der Defensive. Sie stimmte deshalb der Fortführung einer supranationalen Krisenregulierung durch die EG-Kommission mit der Festlegung von Produktionsquoten zu und akzeptierte zusätzlich, daß nationalstaatliche Subventionen für die Stahlindustrien bis 1985 zulässig seien. Nach dieser »zähneknirschenden« Zustimmung wandelten sich in der Bundesrepublik Subventionspolitik der Regierung und Strategien der Unternehmen: Da die deutschen Unternehmen nicht mehr darauf hoffen konnten, die Stahlindustrien der anderen EG-Länder im freien Wettbewerb auszukonkurrieren, forderte man zur Verbesserung der eigenen Situation ebenfalls rasche staatliche Subventionen. Diese Position vertraten jetzt sowohl die Unternehmen selbst wie auch die »Wirtschaftsvereinigung Eisen- und Stahlindustrie«, die zuvor am konsequentesten die »Anti-Subventions-Politik« unterstützt hatte. Die Bundesregierung folgte der Leitlinie, massive Änderungen in der Struktur der deutschen Stahlindustrie zu befürworten und auch finanziell zu unterstützen, den Weg dorthin aber prinzipiell den Unternehmen freizustellen. Diese Rahmenvorgabe prägte dann Ablauf und Ergebnis des Regulierungsprozesses im Fall Hoesch-Krupp, dem Brennpunkt der Stahlkrise im Ruhrgebiet.

Das Grundmuster korporatistischer Krisenregulierung – wie wir es am Fall der saarländischen Stahlindustrie bereits analysiert haben – ist auch im Versuch, die Konzerne Hoesch und Krupp zur Ruhrstahl AG zu fusionieren, zu finden – modifiziert freilich durch veränderte ökonomische Rahmenbedingungen, andere Verhältnisse auf der Kapitalseite sowie schließlich dem für die Bundesregierung gegenüber der Saarstahlindustrie zentraleren nationalen industriepolitischen Stellenwert der Ruhrstahlindustrie.

Die anhaltende ökonomische Rezession in der Bundesrepublik berührte die Voraussetzungen für eine politische Krisenregulierung im Ruhrgebiet in zweifacher Weise: Zum einen verringerte die immer deutlicher hervortretende fiskalische Krise sowohl den finanziellen Spielraum als auch die Bereitschaft des Staates, sich im gleichen Ausmaß wie im Saarland an Sozialplanregelungen zu beteiligen. Zum zweiten hatte die anhaltende Massenarbeitslosigkeit (1980 lag der Höchststand der Arbeitslosigkeit im sechsten Jahr in ununterbrochener Reihenfolge deutlich über der Millionengrenze, 1981 wurde die 1 1/2 Millionengrenze erheblich überschritten) die Position der Gewerkschaft bereits beträchtlich geschwächt; zusätzlich war das Konfliktpotential von Belegschaften und Betriebsräten gesunken. Demgegenüber bestand auf der Kapitalseite eine deutlich stärkere eigene Handlungsfähigkeit als im Saarland. Zwar hatte ihr die ökonomische Krise stark zugesetzt, aber durch die Einbettung in die jeweiligen Konzernverbände konnte sie gegenüber Staat und Gewerkschaft härter auftreten, als es den Saar-Unternehmen je möglich gewesen wäre. Eine zusätzliche Differenz zum Saarland bestand darin, daß das Kapital an der Ruhr mit mehreren Akteuren auftrat, was ihm ermöglichte – insbesondere bei der wichtigen Frage von Unternehmenszusammenschlüssen –, mehrere Optionen auszuspielen und sich damit direktem staatlichen Organisationsdruck jeweils zu entziehen.

Schließlich konnte auch die politische Bewältigung der Ruhrstahlkrise nicht – wie im Saarland – als vorwiegend regionales Phänomen interpretiert und behandelt werden, das seine Entstehung besonderen historischen Umständen verdanke und für das deshalb Ausnahmeregelungen zu akzeptieren seien. Vielmehr war mit dem Ruhrgebiet der Kernbereich einer auch im nationalen Maßstab noch immer bedeutsamen Industrie betroffen, was die Rahmenbedingungen der möglichen staatlichen Krisenstrategien in entscheidender Weise prägen mußte: Der ordnungs- und subventionspolitische Präzedenzcharakter wirkte noch stärker als im Saarland als einschränkende Bedingung für mögliche Lösungsstrategien.

### *2.2.1 Der Regulierungsprozeß*

Während der Auseinandersetzungen im Saarland war unter den dortigen Belegschaften der Stahlunternehmen die Vorstellung verbreitet, bei einem Übergreifen der Stahlkrise auf das Ruhrgebiet würde deren Bewältigung durch »kampfstarke Belegschaften« entscheidend geprägt werden. Die tatsächliche politische Regulierung verlief indes anders. Zwar gab es, anders als im Saarland, keine Phase der Verunsicherung bei den Beschäftigten, nachdem die ersten Krisennachrichten bekannt geworden waren. Und auch massive Protestaktionen fanden früher statt. Doch wurde andererseits bessere institutionelle Vorsorge getroffen, um den Protest zu reintegrieren und ihn anschließend rasch und stufenweise wieder abzubauen (Schema 3).

Zu dieser effizienten Krisenvorsorge trug die Gewerkschaft dadurch bei, daß sie von Beginn an eindeutig auf Kooperation setzte und dies als Erfolgsgarantie gemäß dem saarländischen Muster interpretierte. Auf seiten des Staates gehörte dazu die Einberufung einer »Ruhrkonferenz« durch das Land Nordrhein-Westfalen bereits im Jahr 1979, womit man frühzeitig effiziente strukturpolitische Aktivitäten und die Fähigkeit zu konzertiertem Krisenmanagement demonstrieren wollte. Abgestützt wurde dies auf kommunaler Ebene durch eine »Dortmund-Konferenz«, einem Forum zur Darstellung der gemeinsamen Krisenbetroffenheit und zur

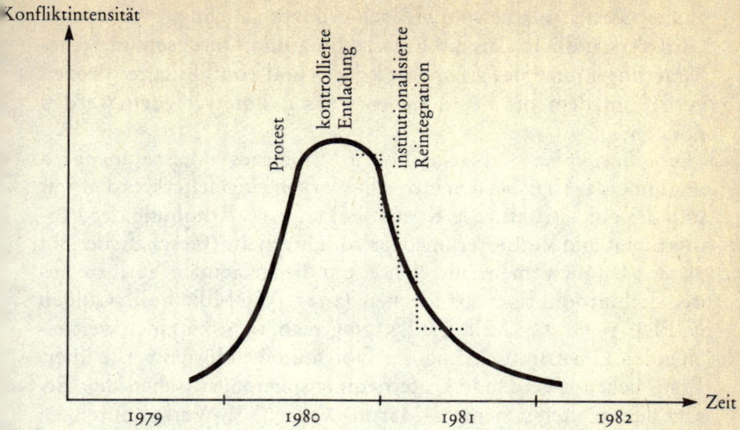


*Schema 3:* Der Konfliktverlauf im Fall Hoesch-Krupp

Entwicklung kooperativer Lösungsansätze. Diese konzertierte Strategie der institutionalisierten Reintegration von Protest bewirkte, daß auch im Ruhrgebiet nicht »kampfstarke Belegschaften« den Ablauf bestimmten, sondern sich das Muster korporatistischer Krisenregulierung durchsetzte. Trotz vergleichbarer Grundstrukturen zeigen sich aber auch signifikante Unterschiede zum saarländischen Fall.

### *Die Phasen der Regulierung*

Der Fall Hoesch-Krupp begann mit offen ausgetragenen Konflikten um Stillegungen, Kapazitäts- und Arbeitsplatzabbau bei dem Unternehmen Hoesch. Die Krise bei Hoesch, dem größten Arbeitgeber der Stadt Dortmund, bedeutete zugleich eine kommunale und regionale Krise für das gesamte östliche Ruhrgebiet. Denn ebenso wie im Saarland ist die Stahlindustrie hier in einen Komplex vor- und nachgelagerter Industrien eingebettet. Im Ruhrgebiet hängen von einem Arbeitsplatz in der Stahlindustrie weitere 1,7 Arbeitsplätze unmittelbar oder mittelbar ab (Schröter 1982, 6f.). In Dortmund selbst, das 1979 noch einen Beschäftigungsanteil von 51 % im sekundären Sektor aufwies, ist ein knappes Drittel seiner

220000 Arbeitsplätze vom Hoesch-Konzern abhängig. Von daher wird verständlich, daß die Entwicklung und Durchsetzung eines Sanierungskonzeptes als höchst krisen- und konflikthafter Prozeß verlief, in dem bis heute sieben Phasen unterschieden werden können:

*Die Initialphase:* Nachdem ein »internes Maßnahmenprogramm«, das 1977 bei den Hoesch-Werken eingeleitet worden war und das auf »strukturelle Kostensenkungen«, Erhöhung der Produktivität und Verbesserung der Produkte zielte (Geschäftsbericht 1978, 7f.), nicht mehr ausreichte, um die steigenden Verluste aus der Stahlproduktion abzudecken (1977: 529 Mill. holl. Gulden [HFL], 1978: 247 Mill. HFL), ging man 1979 zu einer weitreichenden Umstrukturierung der Dortmunder Hüttenwerke über. Erste bekanntwerdende Unternehmensplanungen sahen den Ersatz der veralteten Siemens-Martin-Werke (SM-Werke) durch ein modernes Oxygen-Stahlwerk vor, wobei die Gesamtkapazität von 7,3 auf 6,3 Mill. Jahrestonnen Rohstahl und die Zahl der Arbeitsplätze bis 1983 um 1500 gesenkt werden sollten. Auf dieser Basis beschloß der Aufsichtsrat von Estel, der von Hoesch und Hoogovens gemeinsam gebildeten Obergesellschaft, im Oktober 1979 ein umfassendes Umstrukturierungsprogramm, das im Grundsatz auch die Errichtung eines neuen Oxygen-Stahlwerkes mit nachgeschalteter Strangguß-Anlage als Ersatz für die veralteten SM-Werke auf dem Standort Westfalen-Hütte einschloß. Neben dieser metallurgischen Neuordnung formulierte man weiter ein allgemeines Kostensenkungsprogramm mit dem Ziel, »durch technische und personelle Maßnahmen eine erhebliche Verringerung der Kosten zu erzielen und die Arbeitsproduktivität zu erhöhen« (Geschäftsbericht 1979, 11). Schließlich wollte man durch »Entfeinerung und Bereinigung der Produktstruktur« eine Anpassung an die langfristigen Absatzmöglichkeiten vornehmen, um »den bisher schon beschrittenen Weg der Hinwendung zu qualitativ hochwertigen Produkten fortzusetzen und nur noch das ertragsstärkste Produktionsprogramm weiterzuführen. Ferner ist vorgesehen, den Exportanteil zu verringern« (ebenda). Die Realisierung dieses Programms hätte eine Reduktion der Arbeitsplätze um mindestens 4000, ein Alternativszenario der ersatzlosen Stillegung der Siemens-Martin-Stahlwerke eine solche von 9- bis 10000 bedeutet (Jäger 1981, 137).

Unter der Voraussetzung, daß sich die Arbeitsplatzverluste an der unteren Grenze der aufgezeigten Marge bewegten, ließen die Betriebsräte ihr Einverständnis mit dieser Unternehmensplanung erkennen, und auch die IG Metall signalisierte Zustimmung:

»So will jetzt die Hoesch-Werke AG ihre Stahlproduktion von dem jetzigen SM-Verfahren auf ein Sauerstoff-Blasverfahren umstellen. Um die Stahlbasis in Dortmund auf Dauer zu erhalten, ist dies ein notwendiger Schritt. Was das aber für die Beschäftigung bedeutet, kann jeder ermessen. Die Umstellung auf ein Sauerstoff-Blasverfahren kostet Arbeitsplätze, da es nicht so arbeitsintensiv wie das SM-Verfahren ist. Nach Einschätzungen – die auch bereits in der Presse veröffentlicht wurden – wird die Umstellung bis zu ihrem Abschluß annähernd 4000 Arbeitsplätze kosten. Trotzdem bejaht die IG Metall diese Maßnahme, da es keine Alternative gibt. Wenn diese Umstellung nicht vorgenommen wird, dann ist die Stahlbasis Dortmund überhaupt in Frage gestellt.« (Judith 1980b, 9)

Im Februar 1980 einigten sich Unternehmensleitung und Betriebsrat auf einen ersten Sozialplan, der 4200 Freisetzungen vor allem über Frühverrentungen regeln sollte. Seine Konditionen waren insofern mit den saarländischen Sozialplänen vergleichbar, als er ausdrücklich keine Entlassungen sowie den Ausgleich von Rentenminderungen bei vorzeitigem Ruhestand vorsah. Binnen eines halben Jahres schieden über diesen Sozialplan 2500 Arbeitnehmer aus, womit sich die Zahl der verbleibenden Arbeitsplätze bei Hoesch auf 21000 verringerte.

*Die Einbeziehung des Staates:* Die grundsätzliche Mitwirkungsbereitschaft von Betriebsräten und IG Metall bei der Realisierung der Konzernplanung machte den Weg frei zur Einbeziehung des Staates. Bei einem Investitionsvolumen von ca. 550 Mill. DM für das geplante Umstrukturierungsprogramm war bei der Höhe der bereits vorhandenen Verschuldung des Unternehmens eine Finanzierung aus eigenen Mitteln kaum möglich; außerdem lagen mit der Finanzierungspraxis in anderen europäischen Ländern sowie der Sanierung der saarländischen Stahlindustrie bereits Beispiele für Subventionsmodelle vor. Die Subventionsforderungen an die staatlichen Instanzen artikulierten Unternehmensleitung und Betriebsräte arbeitsteilig. Bundes- wie Landesregierung stellten sie auch nicht grundsätzlich in Frage. Da einerseits im Frühjahr 1980 offene Subventionen der allgemeinen stahlpolitischen Linie der Bundesregierung noch widersprachen und zudem ihre damals vertretene Anti-Subventionsposition innerhalb der EG geschwächt hätten, andererseits der Druck von Unternehmen, Betriebsräten und IG Metall auf Bundes- und Landesregierung beträchtlich anstieg, beschlossen Bund und Land Nordrhein-Westfalen die Gewährung eines je zur Hälfte zu finanzierenden zinsgünstigen Kredits in Höhe von 240 Mill. DM, der einem realen Subventionswert von ca. 100 Mill. DM entsprach, aus Mitteln für Forschungs- und Technologiepolitik. Solche hatte das Land Nordrhein-Westfalen bereits im Ruhrprogramm bereitgestellt. Die von Unternehmen und Gewerkschaft bzw. Betriebsräten gemeinsam koordinierte arbeitsteilige Ausübung von Druck auf den Staat erwies sich somit als erfolgreich. Allerdings hatte die von Hoesch eingeschlagene Subventionsstrategie erhebliche Konflikte mit den anderen Stahlunternehmen in der »Wirtschaftsvereinigung Eisen- und Stahlindustrie« zur Folge, die zu diesem Zeitpunkt noch eine rein privatwirtschaftliche Sanierungsstrategie ohne staatliche Subventionen verfolgten.[21]

*Die Revision der Unternehmensplanung:* Der tiefe Einbruch auf den Stahlmärkten seit dem Frühjahr 1980, der dem Estel-Konzern insgesamt einen Jahresverlust von mehr als 550 Mill. HFL bescherte, hatte auch für den Unternehmensbereich der Hoesch-Werke »die unternehmenspolitischen Voraussetzungen für den Stahlbereich stark verändert« (Geschäftsbericht 1980, 11). Die bisherige Umstrukturierungskonzeption erwies sich als nicht weitreichend genug und wurde vom Unternehmen geändert. Jetzt zeigte sich die Asymmetrie in der Arbeitsteilung zwischen Unternehmen und Arbeitnehmern bzw. Gewerkschaft mit aller Deutlichkeit: Die Zustimmung der Betriebsräte und der IG Metall zum Abbau von 4200 Arbeitsplätzen im Februar 1980 war keineswegs gleichbedeutend mit der Garantie der endgültigen Stabilisierung der verbleibenden Arbeitsplätze. Vielmehr beschloß das Unternehmen eine Revision der Umstrukturierungskonzeption in ihrem zentralen Bestandteil, dem Neubau eines Oxygen-Stahlwerkes als Ersatz der SM-Stahlwerke, der nunmehr aufgrund der allgemeinen Verschlechterung der Lage auf dem Stahlmarkt und zur Vermeidung von Überkapazitäten auf unbestimmte Zeit verschoben werden sollte. Wie der Vorstand der Hoesch-Werke in der Aufsichtsratssitzung am 31. 10. 1980 mitteilte, sei er

»der Auffassung, daß die gegenwärtige Lage und die große Unsicherheit über die zukünftige Entwicklung es nicht zulassen, zum jetzigen Zeitpunkt große strategische Investitionen in Angriff zu nehmen. Der Vorstand hat im Aufsichtsrat die Entscheidung bekanntgegeben, den Bau des neuen

Stahlwerkes und der damit im Zusammenhang stehenden Anlagen in Dortmund zu verschieben.«[22]

Die Realisierung dieser veränderten Konzeption hätte zwar nicht den sofortigen Wegfall der Stahlbasis in Dortmund bedeutet, weil im Werk Hoerde der Hoesch-Hüttenwerke noch ein funktionsfähiges Oxygen-Stahlwerk steht; aber die Rohstahlkapazität hätte sich damit auf 4,5 Mill. Jahrestonnen verringert. Den Verlust an Arbeitsplätzen bezifferte der Vorstandsvorsitzende im ungünstigsten, aber unwahrscheinlichen Fall auf 10000, im wahrscheinlichen Fall auf 3 bis 4000 Arbeitsplätze. Die bei einer sofortigen Schließung der SM-Stahlwerke notwendige Zulieferung von Rohstahl sollte verstärkt aus dem holländischen Werk Ijmuiden des Estel-Konzerns sowie durch einen Kooperationsvertrag mit Krupp-Stahl, der seit dem Sommer 1980 vorbereitet wurde, sichergestellt werden. Die für den Bau des Oxygen-Stahlwerkes bereits zugesagten staatlichen Kredite schließlich sollten für Investitionen im Weiterverarbeitungsbereich, insbesondere der Oberflächenveredelung von Blechen, umgewidmet werden.

*Die Phase des Protestes und der Gegenwehr:* Gegen eine solche »Kahlschlag-Sanierung« formierte sich intensiver und umfangreicher Widerstand. Deutlich ließ sich dabei eine betriebliche und eine kommunale bzw. regionale Ebene unterscheiden.

Auf der betrieblichen Ebene kam es zu spontanen Arbeitsniederlegungen und Produktionsblockaden, allerdings kleineren Umfangs.[23] Die Gewerkschaftsorganisationen, vor allem auf der örtlichen Ebene, standen in dieser Situation unter erheblichem Druck (vor allem) des Vertrauensleutekörpers und sicherten daher den Belegschaften volle Unterstützung zu. Allerdings fiel auf, daß die IG Metall nicht selbst als treibende Kraft in der Organisierung der Gegenwehr auftrat, sondern eher auf Initiativen aus der Belegschaft reagierte und gegen ihre eigentliche Absicht

»gezwungen wurde, diese Frage (der Umstrukturierung – d. V.) auch an anderen Orten zu diskutieren als eigentlich dort, wo sie hingehört, nämlich in die Gremien der Vorstände« (Betriebsratsvorsitzender der Westfalen-Hütte Schrade, Rat der Stadt Dortmund, 6. 11. 1980, 5).

Deutlich erkennbar schließlich war auch die Absicht der IG Metall, die Kontrolle über die Protestaktionen nicht zu verlieren, sondern nach dem Beispiel des Saarlandes diese als Instrument für institutionelle Lösungen zu nutzen.

Ebenso deutlich bemühte sich die Kommune, die Gegenwehr gegen die revidierte Unternehmensplanung zu kanalisieren und zu institutionalisieren. Der Erfolg dieses Bemühens zeigte sich bereits auf einer Sondersitzung des Rates der Stadt Dortmund am 6. 11. 1980, auf der auch Arbeitnehmer und Unternehmensleitung ihre Positionen darlegen konnten. Der Betriebsratsvorsitzende Schrade rechtfertigte erneut das Mitwirken am bisherigen Arbeitsplatzabbau:

»Von den Arbeitnehmervertretern wurde ein hoher Preis gezahlt, nämlich der, daß wir bereit waren, ein Kostensenkungsprogramm mitzubeschließen, das zum Inhalt hatte, jährlich 240 Mill. DM durch den Abbau von 4200 Arbeitskräften einzusparen. Durch die ganze Hütte ging der Abbau von Arbeitsplätzen und damit ein erhöhter Leistungsdruck. Das alles haben die Belegschaften begriffen und mitgemacht. Die Vorleistungen der Belegschaft bis zum heutigen Tage sind enorm. Bis zum Jahresende 1980 werden mindestens 2000 weniger von den Belegschaften direkt über den Sozialplan ausscheiden. Dazu kommen noch ungefähr 1000 Kräfte durch Einsparungen bzw. durch den Abbau von Überstunden. Das alles war von uns gewollt, weil wir diesem Unternehmen auch helfen wollen, diese Situation zu überwinden. Bis dahin sind die Arbeitnehmervertreter in diesem Unternehmen mit den Belegschaften in voller Übereinstimmung. Was jetzt passiert, können wir, so glaube ich, nicht mehr verkraften. Unsere Belegschaft spricht von Wortbruch, spricht davon, daß sie hintergangen wurde.« (Niederschrift über die Sondersitzung, S. 5)

In seiner Kritik an der Unternehmensentscheidung, den Neubau eines Stahlwerkes nicht vorzunehmen, verzichtete der Betriebsratsvorsitzende allerdings auf Grundsätzliches und bezweifelte lediglich deren technische Rationalität und Durchführbarkeit:

»Eine der Profilstraßen auf der Westfalen-Hütte ist eine der besten in Europa, aber sie kann nur existieren, wenn sie entsprechend gutes Material bekommt. Das bekommt sie, wie wir wissen, von den Hüttenwerken. Denn bei all' den Überlegungen, sowohl der Kooperation mit Krupp als auch der Materialbelieferung aus den Niederlanden, ist die Frage der Qualität und der Pünktlichkeit der Anlieferung des Materials absolut unsicher. Ich muß den Vorstand fragen, ob er das verantworten kann.« (Ebenda)

Außerdem relativierte er seine Forderungen selbst, da er auch nur auf die Andeutung einer Sanktionsdrohung ausdrücklich verzichtete:

»Ich habe hier bereits gesagt, die Verantwortung der Vorstände für dieses Unternehmen wird nicht in Frage gestellt; unsere Sorge ist nur, daß dieser

Vorstand ... eine Kurzschlußhandlung vollziehen wird, die letztlich den Verlust unserer Arbeitsplätze in einer Größenordnung bedeutet, die diese Stadt ... nicht mehr vertreten kann.« (Ebenda)

Die Strategie der Kommune, die in einer Resolution des Rates formuliert wurde, enthielt vier Elemente und zielte relativ deutlich auf eine kooperative Wendung des Konflikts. Zwar solidarisierte man sich mit den Belegschaften:

»Der Rat der Stadt Dortmund betrachtet es als gewählte Vertretungskörperschaft der Dortmunder Bürger in dieser Stunde als seine Pflicht, sich an die Seite der Stahlarbeiter und ihrer Familien zu stellen« (ebenda, 21),

forderte dafür aber die absolute Loyalität der Betroffenen:

»Die Entscheidung über das, was weiter zu geschehen hat, an Protestaktionen und was auch immer, liegt allein bei den gewählten Vertretern der Hoeschianer und der Spitze unserer Stadt, und wir lassen uns von niemandem auseinanderdividieren ... Lassen Sie uns diese Kernfrage gemeinsam mit Disziplin und Ruhe ... angehen.« (Ebenda, 16f.)

Vom Unternehmen verlangte man nicht mehr wie die Belegschaften den Neubau eines Stahlwerkes, sondern lediglich »eindeutige Erklärungen zur Erhaltung der Stahlbasis in Dortmund« (ebenda, 21). Um ihre bislang nicht erschütterte Kooperationsbereitschaft zu dokumentieren, bot die Stadt zur Erleichterung der Investitionsentscheidungen des Unternehmens eine Reihe infrastruktureller Vorleistungen an.

Der Vorstandsvorsitzende von Hoesch ließ bei der Sitzung an der Position der Unternehmensleitung, die Führungsrolle beim Umstrukturierungsprozeß zu behaupten und an der Priorität betriebswirtschaftlicher Kalküle festzuhalten, keinen Zweifel aufkommen und legte ausführlich, aber kompromißlos die ablehnende Haltung zum Neubau eines Stahlwerks dar:

»In dieser Situation erscheint es dem Vorstand nicht vertretbar, eine Investition in einer Größenordnung von rund einer halben Milliarde DM in Angriff zu nehmen. Ich weise in diesem Zusammenhang darauf hin, daß die uns von der Öffentlichen Hand zugesagte Förderung lediglich in Krediten besteht, die zu verzinsen und zurückzubezahlen sind. Der Vorstand macht also kaufmännische Vorsicht zur Richtschnur seines Handelns. Diese Verantwortung läßt er sich von niemandem abnehmen, und der Aufsichtsrat hat dies respektiert « (Ebenda, 10f.)

Die integrative Strategie, die mit der Sondersitzung eingeleitet worden war, begann unmittelbar zu wirken: Im Anschluß an die Ratssitzung beschlossen die örtlichen Vertreter der IG Metall und die Betriebsratsvorsitzenden der Hoesch-Werke, »Kampfmaßnahmen vorerst zu verschieben« und statt dessen den Oberbürgermeister aufzufordern, eine Bürgerversammlung einzuberufen. Dieses kooperative Verhalten wurde dann fortgesetzt bei einer Reihe von Belegschaftsveranstaltungen der drei Hüttenwerke Mitte November 1980, auf denen die Unternehmensleitung die Unmöglichkeit der Errichtung eines neuen Stahlwerkes begründete. Gleichzeitig kündigte man neue Konsequenzen des revidierten Modernisierungskonzeptes an:

»Leider müssen wir davon ausgehen, daß es in Zukunft nicht überall möglich sein wird, den Personalbedarf allein durch das vorzeitige Ausscheiden älterer Mitarbeiter ab Vollendung des 59. Lebensjahres oder durch Nichtersatz der Fluktuation den derzeitigen Gegebenheiten und Verhältnissen anzupassen. Das Potential der Mitarbeiter, die 59 Jahre und älter sind, ist in den Bereichen, wo bereits personelle Anpassungsmaßnahmen durchgeführt wurden, aber weitere Anpassungen notwendig werden, praktisch ausgeschöpft.« (Werkzeitschrift, *Werk und Wir* 1 (1981)

Zwar beharrten die Belegschaftsversammlungen und eine Betriebsrätevollkonferenz auf der Forderung »Stahlwerk jetzt«, doch weder Betriebsrat noch IG Metall diskutierten mit den Belegschaften darüber, wie eine solche Forderung zu realisieren sei, geschweige denn, daß sie selbst eine solche aufgezeigt hätten.

Die vom Oberbürgermeister verlangte Bürgerversammlung fand Ende November statt. Sie bildete mit 70000 Teilnehmern in Dortmund den Höhepunkt der expressiven Phase des Konfliktes, markierte aber zugleich den endgültigen Übergang zur kooperativen und institutionalisierten Form der Konfliktaustragung. Die Demonstration richtete sich ausdrücklich nicht gegen den Hoesch-Konzern, sondern appellierte »an die Verantwortlichen bei Hoesch, an Bund und Land, aber auch an uns selbst: Dortmund muß Stahlstadt bleiben« (Ansprache des Oberbürgermeisters). Um Mißverständnisse über die Funktion der Demonstration gar nicht erst aufkommen zu lassen, wurde klargestellt:

»Wir Dortmunder gehören nicht zu denjenigen, die bei jeder Gelegenheit lauthals demonstrieren und meinen, die Politik müßte auf die Straße verlegt werden ... Wir wissen, die Entscheidung über die Unternehmenspolitik kann niemand den dafür Verantwortlichen abnehmen.« (Ebenda)

Man schloß mit einer Resolution, die sich eng an die des Rates der Stadt von Anfang November anlehnte und von Hoesch nochmals »eindeutige Erklärungen zur Erhaltung der Stahlbasis und zur Sicherung der Arbeitsplätze in Dortmund« forderte.

*Institutionalisierte Reintegration:* Die Absicht, die bestehende Konfrontation zwischen Belegschaften und Unternehmen, die sich in der Forderung »Stahlwerk jetzt« ausdrückte, abzubauen und die Gesamtproblematik institutionell und politisch kontrolliert zu verarbeiten, verkörpert am reinsten der »Arbeitskreis Hoesch, Dortmund und Umland«, die »Dortmund-Konferenz«, im Dezember 1980 durch die Stadt Dortmund erstmals einberufen. Bereits von ihrer Zusammensetzung her symbolisiert sie ein auf die Region Dortmund bezogenes politisches Regulierungskartell – auch wenn sie keine Entscheidungskompetenz besaß, sondern nur Informations- und expressive Funktionen wahrnehmen sollte. Neben der Stadt Dortmund waren das Unternehmen, der Betriebsrat, die IG Metall, das Bundes- und das Landeswirtschaftsministerium, die Arbeitsverwaltung, die im Bundestag und nordrhein-westfälischen Landtag vertretenen Fraktionen sowie die örtlichen Parteiorganisationen präsent (Bereinigtes Wortprotokoll der Sitzung).

Die »Dortmund-Konferenz« sollte kein Forum offener Konfliktaustragung zwischen Kommune, Belegschaften und Gewerkschaften auf der einen sowie dem Unternehmen auf der anderen Seite sein, sondern gründete auf der Vorstellung, Konflikte gemeinsam zu lösen. Sie gab auch nicht der Unternehmenspolitik die Schuld für Beschäftigungs- und Regional- bzw. Kommunalkrise. Vielmehr ging sie davon aus, daß die von niemandem verschuldete Stahlkrise Unternehmen, Stadt und Arbeitskräfte gleichermaßen ereilt habe und es mithin Ziel aller politischen Bemühungen sein müsse, gemeinsam die Betroffenheit zu mildern und Wege aus der Krise zu finden. Sie war zusätzlich öffentlichkeitswirksam, weil sie den Nachweis zu erbringen vermochte, daß das institutionalisierte Aktivitätsniveau von Kommune, Bund, Land und Parteien der Bedeutung des Problems angemessen und eine schwierige Situation nicht konfliktorisch, sondern nur durch gemeinsames Handeln zu bewältigen war.

Unter diesem Schleier der Gemeinsamkeit freilich zeichnete sich die Asymmetrie der Arbeitsteilung zwischen den beteiligten Akteuren deutlich ab. So pochte die Unternehmensleitung, deutlicher als dies jemals im Saarland geschah, auf ihre Führungsrolle und machte geltend,

»daß die Entscheidungsprozesse bei Hoesch in erster Linie eine Angelegenheit des Vorstandes dieser Gesellschaft sind und dann in die Gremien hineingehören, die in diesem Unternehmen bestehen, d. h. in die Sprecherausschüsse der Betriebsräte und in die Aufsichtsräte von Estel in Nijmegen und von den Hoesch-Hüttenwerken hier in Dortmund und von Estel-Hoesch-Werke AG. Und ich bitte um Verständnis dafür, daß ich es bei dieser Priorität und auch bei dieser politischen und unternehmenspolitischen Zuständigkeit belassen möchte« (Rohwedder, ebenda, 15).

Inhaltlich blieb sie uneingeschränkt dabei, daß ein Stahlwerksneubau als Ersatz für die SM-Werke nicht in Frage komme und sich die Forderung der Belegschaft, »Stahlwerk jetzt«,

»in der Situation einer Nuß in einem Nußknacker befindet, den ein kräftiger Mann in der Hand hat und der jetzt zu drücken anfängt« (ebenda, 16).

Zudem zeuge das Beharren auf dieser Forderung von einem bornierten Interessenstandpunkt der Dortmunder Hüttenbelegschaften, während »wir bestallte Sachwalter eines Unternehmens mit fast 80000 Menschen sind . . . und sich für uns dieses Problem Dortmund und dieses Problem Hütte in dieser Weise relativiert« (ebenda, 17).

Auch wurde der Vorstellung eine Absage erteilt, die Hoesch-Werke als größter Arbeitgeber Dortmunds besäßen eine über den Betrieb hinausgehende Verantwortung für die Arbeitsplatzentwicklung:

»Eines, meine Damen und Herren, kann unser Unternehmen nicht leisten. Es kann nicht im Raum Dortmund Arbeitsplätze bewahren, die wir nicht bezahlen können, Arbeitsplätze halten, die wir nicht brauchen. Wir können keine obsoleten Arbeitsplätze konservieren oder unwirtschaftliche Arbeitsplätze schaffen. Das geht alles nicht, denn dann verlieren wir weiter den Anschluß an die Gruppe unserer Wettbewerber. Hoesch ist ein großer Arbeitgeber, aber Hoesch kann als kommerzielles Unternehmen, das einer Gewinn- und Verlustrechnung untertan ist und an dieser Gewinn- und Verlustrechnung gemessen wird von Aktionären, von Banken, von denen wir in extrem hohem Maß abhängig sind – wir können nur, so hart es klingt, diesen Gesetzen folgen und nicht eine außerhalb des Unternehmens angesiedelte Verantwortung übernehmen für die Region als Ganzes.« (Ebenda, 18)

Immerhin war man zu Konzessionen in der Stahlwerksfrage insofern bereit, als der Erhalt der Stahlbasis in Dortmund zwar nicht in der Größenordnung der stillzulegenden SM-Werke, aber immerhin in der Größenordnung (von ca. 4 Mill. Jahrestonnen Rohstahl) des Oxygen-Stahlwerks in Hoerde denkbar wäre.

Die Rollenverteilung zwischen den übrigen Akteuren ähnelt dem aus dem Saarland bekannten Muster. Der *Betriebsrat* verweist auf seine bereits geleisteten Sanierungsbeiträge und appelliert an das Unternehmen, sich seiner sozialen Verpflichtung gegenüber der Belegschaft bewußt zu werden und das Vertrauen gegenüber dieser Belegschaft wiederherzustellen. Im übrigen sieht er als Adressat für die Interessen der Belegschaften eher den Staat, offenbar in der richtigen Einschätzung, wenn überhaupt, dann nur über politische Hebel auf die Entwicklung der Unternehmenskonzeption einwirken zu können. Als Vorbild dient ausdrücklich das Saarmodell. Anders als im Saarfall freilich ist die Arbeitsteilung zwischen Betriebsräten und *IG Metall* organisiert. Während dort die Zentrale der IG Metall die strategische Linie entwickelte, im Entscheidungsprozeß die Eckpunkte der Restrukturierungskonzeption aushandelte, die die Betriebsräte nur auszuführen hatten, ist der IG Metall-Vorstand hier weit weniger präsent. Direkte Gegenspieler des Unternehmens scheinen eher die Betriebsräte zu sein, die allerdings stets die Rückendeckung der IG Metall-Spitze besitzen. Konsequenz dieser Konstellation ist eine punktuelle Handlungsautonomie der Betriebsräte bei gleichzeitigem Fehlen einer längerfristigen Strategie.

Die Beiträge der *staatlichen Akteure* zur Krisenlösung weichen kaum signifikant vom bekannten Grundmuster ab. Sie signalisieren grundsätzliche, insbesondere finanzielle Mitwirkungsbereitschaft, allerdings mit der strikten Auflage, der Hoesch-Konzern müsse seine Unternehmerfunktion uneingeschränkt wahrnehmen und eine privatwirtschaftlich tragfähige Krisenlösung präsentieren, die eine direkte Übernahme staatlicher Verantwortung von vornherein ausschließe. Die Funktionsverteilung zwischen den staatlichen Instanzen sieht freilich anders aus als im Saarfall. Während dort die Bundesregierung die entscheidende Rolle spielte und der saarländischen Landesregierung nur die eines »Briefträgers« (so der damalige Bundeskanzler Helmut Schmidt) zukam, ist der Beitrag der sozialdemokratischen nordrhein-westfälischen Landesregierung substantieller. Ihre struktur- und industriepolitischen Aktivitäten gingen – was im übrigen durch Untersuchungen anderer Politikbereiche bestätigt wird (Schmidt 1980) – spätestens seit der Ruhr-Konferenz 1979 und der aus ihr resultierenden Maßnahmenbündel deutlich weiter als die der CDU-geführten Saarregierung. Im Falle Hoesch forderte die Landesregierung ein Unternehmenskonzept, zu dessen Realisierung das staatliche Organisationspotential längst bereitstand:

»Die Landesregierung steht weiterhin zu ihrer Zusage, die sie nach schweren Verhandlungen mit der Bundesregierung erreicht hat. Hoesch hat auf einen konkreten Antrag hin eine konkrete Förderungszusage erhalten. Der Vorstand überlegt, er muß jetzt diese Überlegungen abschließen. Es ist schon mehrfach gesagt worden: Das Zukunftskonzept des Unternehmens muß auf den Tisch. Die Mitarbeiter des Wirtschaftsministeriums stehen bereit, ihren sachkundigen Beitrag zu leisten, wenn Hoesch dies benötigt. Die Landesregierung hat bereits eine Kommission von Staatssekretären eingesetzt, die konkrete Pläne prüft und schnell zu einer Entscheidungsreife bringt. Das Signal steht auf grün, der Zug muß jetzt aber auch abfahren. Wann liegt das konkrete Unternehmenskonzept vor – verantwortet von Vorstand und Aufsichtsrat?« (Jochimsen, ebenda, 7f.)

Fazit: Die Dortmund-Konferenz – die mit mehreren Sitzungen fortgesetzt wurde – erbrachte einen Regulierungsbeitrag nicht in Gestalt verbindlicher Entscheidungen, sondern als symbolisch wirkendes Forum, das den Schein gemeinsamer effektiver Problembewältigung zu verbreiten vermochte.

In der Folgezeit liefen drei Entwicklungen parallel ab:

– Die Umstrukturierungskonzeption wurde kontinuierlich konkretisiert; im Vorgriff erfolgten Stillegungen und Rationalisierungen kleineren Umfangs;

– die Gegenwehr gegen diese Sanierungspolitik der kleinen Schritte blieb vereinzelt und wurde im wesentlichen von den betroffenen Teilbelegschaften getragen;

– der Betriebsrat mußte verschlechterte Sozialplanregelungen hinnehmen.

Zum Stand der Umstrukturierungskonzeption konnte man im Geschäftsbericht 1980 im Frühjahr 1981 lesen:

»Für die Estel-Hüttenwerke Dortmund besteht die Notwendigkeit zu weitreichenden Veränderungen, um ihre Wettbewerbsfähigkeit wiederherzustellen. Dazu ist ein Strukturkonzept entwickelt worden, dessen Kern darin besteht, die über mehrere Standorte verstreute Dortmunder Hütte schrittweise in einem integrierten Hüttenwerk mit neuer, moderner Stahlbasis auf dem Standort Westfalen-Hütte zu konzentrieren (das ist die ›kleine Stahlwerkslösung‹ – d. V.) und die Produktionsstruktur auf langfristig ertragsstarke Erzeugnisse auszurichten. Damit ist sowohl eine Einschränkung der Produktion als auch eine wesentliche Verminderung der Belegschaft verbunden. Zur Versorgung mit Halbfabrikaten wird die Dortmunder Hütte durch die geplante Schließung der Siemens-Martin-Werke größere Lieferungen aus Ijmuiden beziehen. Wir sind davon überzeugt, daß mit der Realisierung dieser Pläne die Dortmunder Hüttenwerke einen Zuschnitt und eine Struktur erhalten werden, die den Produktionsstandort Dortmund langfristig sichern. Zur Durchführung dieses Konzeptes sind erhebliche Investitionsmittel erforderlich. Der zeitliche Ablauf ist deshalb von der Entwicklung unserer Ertrags- und Finanzlage sowie flankierenden Maßnahmen abhängig. Dazu gehört auch die Verbesserung der allgemeinen Standortbedingungen für Dortmund durch die Entwicklung der Infrastruktur des östlichen Ruhrgebietes« (12).

Im Vorgriff auf dieses Programm erfolgten eine Reihe von Teilstillegungen (z. B. im Bereich der SM-Stahlwerke, der Block- und Halbzeugstraße, der Profileisen-Straße sowie des Grobblech-Walzwerks) und Rationalisierungen (z. B. im Schichtbetrieb der Walzstraßen), die ausnahmslos den Abbau von Arbeitsplätzen zur Folge hatten. Im Jahr 1981 verringerte sich die Belegschaft drastisch um mehr als 3500 Mitglieder auf noch 17800.

Der Widerstand der Belegschaften gegen diese Sanierungspolitik war zwar keineswegs gebrochen, doch vermochte er sich – auch wegen mangelnder zentraler Organisation durch die IG Metall – nur punktuell und letztlich erfolglos zu artikulieren. Öffentliche Resonanz fanden Hungerstreiks am Tor der Westfalen-Hütte und im Zentrum der Stadt Dortmund sowie eine Demonstration mit 8000 Teilnehmern aus Anlaß einer Aufsichtsratssitzung.

Gravierend war, daß der Betriebsrat sich zum Abschluß verschlechterter Sozialplanregelungen bereitfinden mußte, weil das Unternehmen sich außerstande erklärte, die bisher geltenden Regelungen weiter zu finanzieren. Der Sozialplan vom April 1981 verschlechterte die Konditionen bei Frühverrentungen, außerdem schloß er erstmalig Entlassungen nicht grundsätzlich aus. Damit fiel er eindeutig hinter das Niveau der im Saarland erreichten Sozialplanregelungen zurück, zudem provozierte er Konflikte zwischen den Betriebsräten: Die Betriebsräte der Werke Phoenix und Union lehnten die neuen Regelungen ab, während ihnen der Gesamtbetriebsrat sowie der Betriebsrat der Westfalen-Hütte zustimmte, da sich deren Belegschaft aufgrund der bekanntgewordenen Unternehmensplanungen am wenigsten von Entlassungen bedroht fühlte.

Die verschlechterten Sozialplanregelungen waren Ausdruck der Defensive, in der sich Betriebsrat und IG Metall bereits befanden. Generell der Linie kooperativer Konfliktentschärfung verpflichtet, konnte die Gewerkschaft den Unternehmenskonzepten keine »realistischen« Alternativen entgegensetzen, auch wenn sie deren Folgen nicht übersah:

»Alle die Arbeitnehmer, . . . die bei Hoesch freigesetzt werden, kann der Dortmunder Arbeitsmarkt nicht aufnehmen, sie werden arbeitslos. Aber ich sehe in dieser Ordnung, in der wir leben, keinen anderen Weg.« (Dietrich, 1. Bevollmächtigter der IG Metall Dortmund, zit. nach *Brennpunkt Stahlkrise* 1981, 148)

So setzten die Betriebsräte auf Einzelverhandlungen (u. a. mit dem Bundeskanzler, dem Vorsitzenden der SPD-Bundestagsfraktion, dem Wirtschafts- und dem Finanzminister), um einen Beitrag des Bundes zur Finanzierung des Sozialplanes, der 300 Mill. kostete, zu erreichen.

*Das Strukturkonzept:* Im Mai 1981 präsentierte der Vorstand der Hoesch AG dem Aufsichtsrat das neue Unternehmenskonzept, dessen Kernelemente die Reduktion der Rohstahlkapazität auf 4,2 Mill. Jahrestonnen und ein Abbau der Arbeitsplätze auf 13 000 Beschäftigte waren und das einen Finanzierungsbedarf für Investitionen und Sozialpläne in Höhe von 2,7 Mrd. DM aufwies. Im einzelnen enthielt das Programm drei Rationalisierungsabschnitte:

– Produktrationalisierung mit dem Verzicht auf als strukturell schwach eingeschätzte Erzeugnisse, Stillegung der entsprechenden Produktionsanlagen sowie Konzentration und rasche Weiterentwicklung von »strategischen Kernprodukten« einschließlich der notwendigen Neuerrichtung einer Kontiglühe;

– Halbzeugrationalisierung mit Konzentration auf drei Halbzeugwerke einschließlich Stillegung der verbleibenden Siemens-Martin-Stahlwerke, eines Elektrostahlwerkes und älterer Walzstraßen;

– Standortrationalisierung mit Konzentration aller Anlagen der Hüttenwerke Dortmund auf den Standort Westfalen-Hütte, einschließlich des Neubaus eines Oxygen-Stahlwerkes mit zwei nachgelagerten Strangguß-Anlagen als Ersatz für das Anfang der neunziger Jahre zu schließende Oxygen-Stahlwerk Phoenix.

Das Unternehmen sah sich zu einem Eigenbeitrag von ca. 1,1 Mrd. DM des notwendigen Finanzierungsvolumens in der

Lage, den Rest sollte die öffentliche Hand übernehmen. Der Aufsichtsrat billigte am 29. 5. 1981 einstimmig, also mit den Stimmen der Arbeitnehmervertreter, das Strukturkonzept. Wie sehr sich das Unternehmen der Mitarbeit von Staat und Gewerkschaft sicher sein konnte, belegt die dieses Programm begleitende Erklärung des Aufsichtsrates:

> »Der Aufsichtsrat erwartet, daß der Vorstand und die Industriegewerkschaft Metall sich mit Nachdruck dafür einsetzen, daß es baldmöglichst zu einer verbindlichen Zusage zur Finanzierung des Unternehmenskonzeptes und der sozialbegleitenden Maßnahmen für die betroffenen Arbeitnehmer kommt. Der Aufsichtsrat geht davon aus, daß Bundes- und Landesregierung ihre gegebenen Zusagen zu der öffentlichen Finanzierung einhalten. Eine verbindliche vertragliche Vereinbarung muß getroffen werden.« (Zit. nach Jäger 1981, 151)

Einen ersten Teil der geforderten öffentlichen Hilfe lieferte wenige Tage später der Rat der Stadt Dortmund, der in einer Sondersitzung zwar seine Bestürzung über die drastische Kapazitätsverminderung und den Arbeitsplatzabbau bekundete, wodurch Dortmund den gravierendsten Rückgang aller deutschen Stahlstandorte hinzunehmen habe, grundsätzlich aber die Realisierung des Konzeptes unterstützen wollte, wobei ein Kernpunkt die soziale Absicherung des angekündigten Belegschaftsabbaus sei. Daneben aber müsse unverzüglich ein Sonderprogramm für Stahlstandorte – wie später auch geschehen – von der Bundesregierung auf den Weg gebracht werden.

Als Folge der Zustimmung zum Unternehmenskonzept im Aufsichtsrat mußte der Betriebsrat im Juli 1981 einen Sozialplan und einen »Interessenausgleich« abschließen, die deutlich hinter den vertraglichen Vereinbarungen und der sozialen Absicherung im Saarland zurückblieben. Während der Arbed-Vertrag eine grundsätzliche Garantieerklärung enthielt, die Umstrukturierungen und den Arbeitsplatzabbau nur in der festgesetzten Weise vorzunehmen, konnte eine solche vertragliche Regelung in Dortmund nicht erreicht werden. Das Unternehmen war lediglich zum Abschluß eines Interessenausgleichs nach § 112 Betriebsverfassungsgesetz (Autorengemeinschaft 1979, 56f.) bereit, mit dem ein Einfluß des Betriebsrates oder der Gewerkschaft im Sinne einer Mitbestimmung auf die unternehmerische Entscheidung ausgeschlossen war, das Unternehmen dem Betriebsrat vielmehr lediglich die beabsichtigten Umstrukturierungsmaßnahmen mitteilte. Der Sozialplan war in zwei Aspekten ungünstiger als die saarländischen Regelungen: Zum einen schloß er zwar arbeitgeberseitige Kündigungen vom Grundsatz her aus, erlaubte aber Ausnahmen für den Fall, daß andere Personalmaßnahmen nicht zum gewünschten Ergebnis führten. Zum anderen enthielt er in drei Punkten verschlechterte materielle Regelungen: der Absicherungsbetrag bei Umsetzung betrug weniger als die Lohngarantie im Saarland, und sowohl die finanzielle Absicherung bei Frühverrentung als auch die Werksrente fielen geringer aus. Vertreter der IG Metall erklärten, sie hätten »unter dem Druck der Verhältnisse« zustimmen müssen (*Welt der Arbeit*, 4. 6. 1981).

*Die Genese der Ruhrstahl AG:* In dieser Phase der Krise – inzwischen hatte die Bundesregierung den EG-Subventionskodex gebilligt (siehe S. 136) – griff der Staat aktiv in den Regulierungsprozeß ein. Die staatliche Intervention gewann jetzt eine neue Qualität. Nun initiierte die Bundesregierung nämlich ein Restrukturierungskonzept, zunächst für die Stahlunternehmen des Ruhrgebietes, im nächsten Schritt dann für die gesamte deutsche Stahlindustrie, das über den Anpassungsbedarf einzelner Unternehmen weit hinausging und neben umfassender Neuordnung auch eine Vereinheitlichung des Stahlkapitals in der Bundesrepublik zum Ziel hat; es ging und geht um die aktive Förderung einer neuen Stufe des Konzentrations- und Zentralisationsprozesses in der deutschen Stahlindustrie.

Auf umfassende Strukturanpassung zielten auch die »Vorschläge der IG Metall zur Bewältigung der Strukturprobleme in der Stahlindustrie« vom Mai 1981 (dokumentiert in: *Brennpunkt Stahlkrise* 1981, 261 ff.). Obwohl von der Notwendigkeit weiteren Kapazitätsabbaus überzeugt, will sie nur an solchen Regulierungsmaßnahmen teilnehmen, bei denen die »Sicherung der Beschäftigung in den Stahlrevieren« oberste Priorität besitzt. Ferner lehnt sie marktwirtschaftliche, d. h. allein von den Unternehmen gesteuerte Strukturprogramme ab und plädiert für politische, d. h. zwischen Staat, Unternehmen und Gewerkschaft ausgehandelte Lösungen. Im einzelnen enthält dieses Programm die folgenden wichtigen Richtlinien »neuer« gewerkschaftlicher Stahlpolitik:

»(a) Die Umstrukturierung der Stahlindustrie darf nicht zu neuen Überkapazitäten führen. Deshalb sind veraltete Anlagen durch kleinere Kapazitäten zu ersetzen, die ältesten völlig stillzulegen.

(b) Es darf jedoch kein Werk stillgelegt werden, ehe nicht zur selben

Zeit in erreichbarer Nähe Ersatzarbeitsplätze errichtet worden sind ...

(c) Mit der Diversifizierung des (Ruhr- d. V.) Reviers sollte eine Diversifizierung der ansässigen Stahlkonzerne verbunden werden. Das heißt: Investitionen in verarbeitenden Betrieben am Ort durch die Stahlkonzerne selbst, was ihre Krisenanfälligkeit mindert und ihrer Verantwortung für ihre Arbeitnehmer entspricht.

(d) ... Anpassungs- und Umstellungsmaßnahmen ... sind auf Arbeitnehmer auszudehnen, die keine unmittelbare Wiederbeschäftigung finden, was im übrigen das strukturpolitische Hauptziel ist.

(e) Teil eines Strukturprogramms sind Arbeitszeitverkürzungen in der Stahlindustrie in allen Formen ...

(f) Strukturprogramme sind an die Voraussetzung zu binden, daß Arbeitnehmervertreter bzw. die Gewerkschaft dem Strukturprogramm zustimmen. Beschäftigung, Einkommen und Mitbestimmung sind vertraglich zu sichern (Saar-Lösung).

(g) Rentabilität und Absatz müssen soweit stimmen, daß der Erfolg nachhaltig ist (u. a. eine langfristige Personalplanung ermöglicht). Dazu gehört eine Erfolgskontrolle der Umstellungspolitik mit den notwendigen Sanktionsmöglichkeiten, insbesondere unter dem Aspekt der Beschäftigungssicherung.« (Ebenda, 264)

Aktueller Anlaß für die neue Rolle, die der Staat – von den Gewerkschaften ausdrücklich begrüßt, von den Unternehmen notgedrungen hingenommen – übernahm, war der Tatbestand, daß ungefähr zum gleichen Zeitpunkt, zu dem die Hoesch-Werke staatliche Subventionen forderten, auch die Krupp-Stahl AG (Bochum) um eine öffentliche Bürgschaft nachsuchen mußte, da aufgrund der desolaten Finanzsituation des Unternehmens die Banken allein zu einer weiteren Kreditausweitung nicht mehr bereit waren. Darüber hinaus sollte eine umfangreiche Restrukturierung, die gleichfalls der öffentlichen Hilfe bedurfte, das Unternehmen wieder flottmachen.

Das Umstrukturierungskonzept der Krupp-Stahl AG, im Juni 1981 verabschiedet, bestand aus zwei Teilen: einem »Bereinigungsprogramm«, das die Freisetzung von ca. 4300 Arbeitskräften vorsah, sowie einem »Investitionsprogramm« mit einem Finanzvolumen von ca. 700 Mill. DM. Im einzelnen wollte man auf bestimmte Profilstahl-Erzeugnisse verzichten, die Rohstahlkapazität in Bochum um 0,8 Mill. Jahrestonnen reduzieren, die Produktion in mehreren Schichten einschränken und schließlich die Standortkonzentration vorantreiben. Daneben sollten die Bereiche rostfreie Flachstähle und Oberflächenveredelung von Feinblechen ausgebaut werden.

Da die geplanten Strukturkonzepte bei Hoesch und Krupp Investitionen in dieselben Technologien und Erzeugnisse enthielten, was erneut Überkapazitäten in unmittelbarer regionaler Nachbarschaft erwarten ließ, lehnte der Staat diese Projekte als Grundlage zur Gewährung von Subventionen ab. Er motivierte vielmehr beide Unternehmen zu gegenseitigen Kooperations- bzw. Fusionsverhandlungen, die in die neue »Ruhrstahl AG« einmünden sollten. Bei Zusammenkünften zwischen Vertretern der Bundesregierung und den Unternehmensleitungen, die im Sommer 1981 stattfanden, formulierten die Regierungsvertreter als Mindestvoraussetzung für die Gewährung öffentlicher Zuschüsse ein unternehmensübergreifendes, aufeinander abgestimmtes Restrukturierungskonzept, den Abbau von Kapazitäten und die Vermeidung von Doppelinvestitionen. Einen eigenen inhaltlich ausgearbeiteten Sanierungsplan legte die Regierung mit Absicht nicht vor, machte aber zur Bedingung, daß die IG Metall dem zu entwickelnden Fusionsplan ihre Zustimmung nicht verweigere.

Die Logik dieser staatlichen Handlungsstrategie sieht also folgendermaßen aus: Der Staat initiiert eine umfassende und sozial folgenreiche industrielle Umstrukturierung und gibt gleichzeitig deren Richtung vor. Als Steuerungsmittel benutzt er seine finanzielle Beteiligung. Die inhaltliche Ausgestaltung bleibt den betroffenen Unternehmen vorbehalten, die Führungsrolle des Privatkapitals wird also nicht angetastet, freilich an die Mitarbeit der Gewerkschaft gebunden.

Im weiteren Verlauf – und hier zeigt sich eine deutliche Differenz zur Vorgehensweise im Saarland – beklagte die IG Metall allerdings ihre mangelnde Beteiligung:

»Obwohl Bund und Land bereits seit geraumer Zeit über die technische Konzeption informiert sind, läßt man die Betriebsvertretungen und die IG Metall weiterhin im dunkeln tappen. Das ist ein unmögliches Vorgehen. Schon heute erkläre ich in aller Deutlichkeit: Die IG Metall wird in den noch stattfindenden Gesprächen bzw. Verhandlungen sehr darauf achten, daß die bisherigen Zusagen an die Arbeitnehmer eingehalten werden.« (Judith 1981, 42)

Grundsätzlich bestand im Fall Hoesch-Krupp derselbe Regelungsbedarf wie im Saarland, nämlich Neuformierung des Kapitaleigentums, Restrukturierung des Produktionsapparates sowie

Anpassung, d. h. Reduzierung der Beschäftigtenzahl. Auf der Basis dieser Vorgaben erarbeiteten die Unternehmen im Oktober 1981 eine erste, zwar noch nicht detaillierte, aber ihre grundsätzlichen Vorstellungen enthaltende Konzeption und leiteten diese sowohl der Landesregierung Nordrhein-Westfalen als auch dem Bundeswirtschaftsministerium zu. Jetzt freilich demonstrierte die Gewerkschaft ihre relativ starke Vetoposition: Da die Unternehmenskonzeption weder mit den Mitbestimmungsorganen noch der IG Metall abgestimmt war, blockierten diese die weiteren Verhandlungen zwischen Staat und Unternehmen und setzten schließlich durch, daß die Unternehmensleitungen ihr Konzept wieder zurückzogen. Es bleibt festzuhalten, daß die staatlichen Instanzen diese gewerkschaftliche Vetomacht ausdrücklich akzeptierten.

In die Erarbeitung eines modifizierten Restrukturierungsplans wurde deshalb auch die Arbeitnehmerseite einbezogen; neue Verhandlungsgrundlage bildete eine Grundsatzkonzeption, die im Februar 1982 die Aufsichtsräte von Hoesch und Krupp beschlossen hatten. Auch die jeweiligen Arbeitnehmervertreter in den Aufsichtsräten hatten zugestimmt. Sie enthielt folgende Elemente:

– Hinsichtlich der unternehmensrechtlichen Konstruktion sollte die Gründung einer gemeinsamen Tochtergesellschaft durch Hoesch-Werke und Krupp-Stahl mit dem Namen Ruhrstahl AG erfolgen, an der die beiden Firmen gleichgroße Anteile besitzen sollten. Grundsätzlich sollten alle Aktivitäten, Vermögenswerte und auch die Belegschaften beider Unternehmen auf die neue Ruhrstahl AG übergehen; was – um die Gleichgewichtigkeit beider Partner auch wirklich zu garantieren – den Nichteinbezug im einzelnen noch festzulegender Aktivitäten und Vermögenswerte nicht ausschloß

– Hinsichtlich der Veränderung der Produktionsstruktur sollte *erstens* die Reduzierung der Rohstahlkapazitäten vorgenommen werden: Betrug diese für beide Unternehmen zusammen 1979 noch 15,5 Mill. Jahrestonnen, sollte sie schrittweise auf 14 Mill. 1981 und knapp 11 Mill. 1987 abgebaut werden. Der eigentliche Rohstahlanteil hätte dann noch 9,5 Mill. Jahrestonnen betragen; denn 1,5 Mill. sollten auf die Produktion von Edelstahl entfallen. Vorgesehen war weiter, etwa zwei Drittel dieser Rohstahlkapazität am Standort Duisburg-Rheinhausen der bisherigen Krupp-Stahl zu belassen und den Rest (ca. 3,5 Mill. Jahrestonnen) an ein neu zu errichtendes Oxygen-Stahlwerk bei der Westfalen-Hütte, Dortmund, der bisherigen Hoesch-Werke zu vergeben. Dabei bildete der Neubau des Stahlwerks in Dortmund, geplant für die zweite Hälfte der achtziger Jahre, eine unabdingbare politische Voraussetzung zur Realisierung des Gesamtkonzeptes; denn vor allem die IG Metall bestand darauf, den Stahlstandort Dortmund auf jeden Fall zu sichern. *Zweitens* waren Modernisierungsinvestitionen bei beiden Werken beabsichtigt: Die Hoesch-Werke sollten in ihrem bisherigen Spezialgebiet, der Oberflächenveredelung von Blechen, neue Investitionen tätigen; Krupp-Stahl dagegen den Edelstahl- und den Kaltwalzbereich ausbauen.

– Hinsichtlich der Beschäftigungsreduktion blieben die meisten Unklarheiten: Zwar sollte diese – wie bisher – bei beiden Unternehmen getrennt und gemäß den bereits früher verabschiedeten Strukturkonzepten durchgeführt werden, was für Hoesch einen Abbau auf rund 13000 und für Krupp die Weiterführung der bereits eingeleiteten Entlassungen von 4300 Lohnabhängigen implizierte. (Die dafür eingeplanten Sozialplangelder beliefen sich auf rund 600 Mill. DM.) Im Grundsatz freilich blieb die Personalpolitik der neuen Ruhrstahl AG überlassen.

– Vorläufig ungelöst blieb auch die Finanzierung. Insgesamt sollte das Konzept, einschließlich des neuen Blasstahlwerks in Dortmund, rund 4,5 Mrd. DM kosten. Die beiden Unternehmen jedoch sahen sich lediglich in der Lage, ca. 1 Mrd. DM davon selbst aufzubringen; öffentliche Hilfen in Höhe von 3,5 Mrd. DM waren also fest eingeplant.

Gewerkschaft und Betriebsräte unterstützten den Restrukturierungsplan in all seinen Komponenten. Sie blieben damit ihrer Handlungsprämisse treu, daß eine Reduktion von Produktionskapazitäten und damit der Abbau von Arbeitsplätzen unumgänglich seien. Sie hielten dies deshalb für akzeptabel, da eine soziale Absicherung der unmittelbar Betroffenen, gemäß dem Saar-Modell, und – wichtig besonders für die IG Metall – die bisherigen Mitbestimmungsregelungen in vollem Umfang gewährleistet schienen.

*Das Scheitern des Ruhrstahlkonzepts:* Obwohl die inhaltliche Ausgestaltung eines unternehmensübergreifenden Sanierungskonzeptes im Rahmen eines funktional arbeitsteiligen Regulierungskartells im Falle Ruhrstahl AG gelungen war, scheiterte in der Folgezeit dessen Realisierung. Zwar vermochte der Staat die angestrebte Vereinheitlichung des Kapitals zu initiieren. Ihre politische Durchsetzung gelang jedoch nicht, weil ein Akteur auf der

Unternehmensseite seinen größeren Handlungsspielraum wahrnahm, um für eine offenbar vorteilhaftere Lösung zu optieren. Das Regulierungskartell zerbrach also an der Kapitalseite. Zunächst lief alles nach Plan: Hoesch trennte sich von Hoogovens und schuf damit die erste notwendige Voraussetzung dafür, die Hoesch AG in die Ruhrstahl AG einzubringen.[24] Dann aber begann Krupp mit der Thyssen AG über eine mögliche Kooperation im Edelstahlsektor zu verhandeln – und zwar auf Initiative des Marktführers Thyssen, dem mit der Bildung der Ruhrstahl AG ein heimischer Konkurrent in neuer Größenordnung entstanden wäre. Als attraktiv erwies sich die Edelstahlfusion für Thyssen und Krupp deshalb, weil sie Produktionskapazitäten in der Größe des führenden europäischen Erzeugers Sacilor (Frankreich) hätte entstehen lassen – eine sinnvolle Vorbereitung auf den gerade im Edelstahlbereich immer schärfer werdenden (auch) innereuropäischen Konkurrenzkampf also. Auch wenn Krupp dies öffentlich vehement bestritt, wäre mit dieser Fusion der geplanten Ruhrstahl AG die Grundlage entzogen worden; denn immerhin sollte ja der Kruppsche Edelstahlanteil ein Zugpferd des neuen Unternehmens werden. Hoesch mißtraute deshalb dem bisherigen Partner immer mehr und suchte selbst nach möglichen Alternativen. Als dann schließlich auch noch der Massenstahlbereich zum Gegenstand der Kooperationsverhandlungen zwischen Thyssen und Krupp avancierte, war das Ruhrstahlkonzept gescheitert.

Die Aufkündigung des Regulierungskartells durch Krupp brachte vor allem den staatlichen Akteur in Bedrängnis, dessen Organisationspotential damit in Frage gestellt war. Insbesondere die nordrhein-westfälische Landesregierung, deren regionalpolitische Vorstellungen ins Wanken gerieten, versuchte – vorerst vergeblich – gegen die Aufkündigung der Ruhrstahlkonzeption zu opponieren. Ihr Wirtschaftsminister beklagte, daß gegen das Ruhrstahlkonzept »eine Serie von Störfeuern systematisch inszeniert« worden sei und die Lösungsvorschläge »im Wege von Querschlägern, die organisiert werden, in Frage gestellt werden« (Landtag Nordrhein-Westfalen, 16. 12. 1982, 3642); und der nordrhein-westfälische Ministerpräsident stellte fest:

»In den letzten Wochen jagt im Blick auf die Ruhrstahl AG eine Nachricht die andere; und die ›Neue Zürcher Zeitung‹ spricht in ihrer gestrigen Ausgabe von dem ›ruinösen Spiel‹ in der deutschen Stahlindustrie. Ich stelle hier der Ruhstahl AG keine Prognose – zumal viele sie für tot erklären –, aber ich sage, daß sie für uns nach wie vor ein Konzept darstellen könnte, auf dem man aufbauen kann, weil es keine Doppelinvestitionen gäbe, kein Auseinanderfallen des Reviers, kein Austrocknen des Siegerlandes, weil regionale und soziale Ausgewogenheit möglich wäre und weil mit einem solchen Konzept ein Beitrag zur Sicherung der stahlverarbeitenden Industrie in Nordrhein-Westfalen geleistet würde.« (Ebenda, 3636)

Aber auch die Bundesregierung befand sich in einer schwierigen Situation gegenüber der EG-Kommission, wo gemäß dem Subventionskodex die beihilfefähigen nationalen Investitionsprogramme bis Ende September 1982 anzumelden waren. Zwar reichte man fristgerecht Förderungsanträge im Gesamtvolumen von 14,3 Mrd. DM (davon ca. 10 Mrd. DM aus dem Land Nordrhein-Westfalen) ein, doch fehlte die notwendige abschließende Entscheidung über Förderfähigkeit und Förderhöhe. Zudem war man aufgrund der ungeklärten Lage bei der Ruhrstahl AG gezwungen, sowohl Genehmigungsanträge für Investitionshilfen für eine neu zu bildende Ruhrstahl AG als auch Alternativvorschläge der Hoesch-Werke für den Fall von deren Scheitern vorzulegen (Deutscher Bundestag, 28. 10. 1982, 7512ff.). Die Konsequenz aus diesem »Mangel an Kooperation in der deutschen Stahlindustrie« (Wirtschaftsminister Lambsdorff, ebenda, 7534) zog die Bundesregierung mit der Einsetzung der drei »Stahlmoderatoren« (vgl. III. 3).

### *2.2.2 Politikmodus*

In der öffentlichen Diskussion über die bisherige Stahlpolitik an Saar und Ruhr sind sich widersprechende Interpretationen anzutreffen. Die *eine* beurteilt die enge Einbeziehung der Gewerkschaften in den Prozeß der Krisenbewältigung positiv: Auf dieser Grundlage sei im Saarland die Entwicklung und Durchsetzung einer Restrukturierungskonzeption möglich gewesen und auch die politische Regulierung der Krise gelungen. Im Ruhrgebiet hingegen, wo man der Gewerkschaft bisher weniger Mitwirkungsmöglichkeiten eingeräumt habe, sei eine zufriedenstellende Lösung noch lange nicht in Sicht. Die IG Metall, die diese Position ebenfalls vertritt, fordert daher, um auch im Ruhrgebiet zu akzeptablen Neuordnungskonzepten zu kommen, die Einrichtung eines Stahlausschusses, »in dem Vertreter von Bund, Ländern, Unternehmen und der Gewerkschaft zusammenarbeiten sollen« (*Metallpressedienst*, 9. 2. 1983). Die *andere* Interpretation hingegen sieht im

Saarland die schiere ökonomische Unvernunft walten; das Restrukturierungskonzept sei in seiner vorliegenden Form nur um des sozialen Friedens willen zustande gekommen:

»Mit Abschluß dieses Vertrages ist es der Arbeitnehmervertretung gelungen, einen wesentlichen Teil ihrer Forderungen durchzusetzen und verläßlich festzuschreiben. Von den Gewerkschaften wurden die Inhalte des Vertrages bundesweit als ›neue Eckpfeiler einer offensiven Gewerkschaftspolitik‹ gewertet. Doch bereits damals war zu fragen, ob die großzügigen Zugeständnisse hinsichtlich regionaler Ausgewogenheit und sozialer Abfederung, die die Gewerkschaften und die Öffentliche Hand den Werken abgerungen hatten, auf Dauer wirtschaftlich tragbar sein würden. Denn der Preis waren nicht nur überdurchschnittlich hohe Kosten für Sozialpläne und andere Formen des sozialen Ausgleichs, sondern auch ein erheblicher Verlust an unternehmerischem Handlungsspielraum, der eine flexible Anpassung des Unternehmens an gewandelte Marktbedingungen erschweren mußte.« (IHK des Saarlandes 1982, 37)

Diese Meinung, die keineswegs nur bei den Interessenvertretungen der Wirtschaft anzutreffen ist, verneint denn auch strikt die Brauchbarkeit der Saarlösung für das Ruhrgebiet:

»Allerdings füge ich hinzu – und dies in Übereinstimmung mit Graf Lambsdorff: Was an der Saar schon seit Jahren geschieht, ist ökonomisch nicht sinnvoll; es ist ein ›Verzweiflungsakt‹, der erforderlich ist, um ein altes Industriegebiet vor dem Verfall zu retten. Aber es ist ebenso kein Maßstab für eine generelle Neuordnung der Stahlindustrie.« (Wirtschaftsminister Jochimsen, Landtag Nordrhein-Westfalen, 16. 12. 1982, 3643)

Grundsätzlich strittig scheint zwischen beiden Positionen also zu sein, ob die saarländische Krisenlösung als politischer Erfolg zu gelten hat oder ob nicht eher der politische Erfolg im Ruhrgebiet größer ist, weil dort eine solche Lösung bislang nicht zustande kam. Unterschiedlich beurteilt wird mithin auch die Wünschbarkeit einer Wiederholung des politischen Krisenregulierungsmusters des Saarlandes. Dieser Streit demonstriert zunächst nur, daß Erfolgseinschätzungen vom jeweiligen Interessenstandpunkt her erfolgen. Über die tatsächliche Struktur des an der Ruhr gewählten Politikmodus zur Bewältigung der Stahlkrise, dessen Erfolgsbedingungen und -einschätzung sowie schließlich zu Gemeinsamkeiten und Differenzen zwischen Krisenregulierung an Saar und Ruhr sagen sie wenig aus.

Zunächst fallen eine Reihe äußerlicher Differenzen zwischen der

Krisenbewältigung an Saar und Ruhr auf. So ist die Anzahl der am Regulierungsprozeß im Ruhrgebiet beteiligten Akteure größer als im Saarland: Auf der Kapitalseite haben wir es mit zwei voneinander unabhängig handelnden Unternehmen zu tun, und auf der staatlichen Ebene zeigt – zumindest zeitweise – nicht nur das Land neben der Bundesregierung eigenständige Handlungsfähigkeit, sondern auch – und im Gegensatz zu den saarländischen Kommunen – die Stadt Dortmund. Wenn man Bund, Land und Kommune als Akteur Staat zusammenfaßt, bildet dieser gemeinsam mit Gewerkschaft und den beiden Unternehmensleitungen ein weitaus komplexeres Beziehungsgeflecht, als dies im saarländischen Kräftedreieck gegeben war: das Kräfteviereck an der Ruhr enthält immerhin die doppelte Anzahl potentieller Kommunikationsbeziehungen zwischen den Akteuren und die vierfache Zahl möglicher Dreierkoalitionen. Auch ohne diesen formalen Aspekt überzubetonen, ist die erkennbare Interessenheterogenität im Ruhrfall größer. Nimmt man noch jene politischen bzw. administrativen Akteure hinzu, die spezifische Beiträge zur Krisenbewältigung erbrachten, wie etwa die Arbeitsverwaltung mit arbeitsmarktpolitischen Sonderprogrammen oder Institutionen der regionalen Wirtschaftsförderung mit entsprechenden Hilfsprogrammen für besonders hart betroffene Gebiete, so entsteht zunächst der Eindruck einer hoch arbeitsteiligen Krisenbewältigung und einer komplementären Kleinarbeitung des Konflikts.

Dieses Bild allerdings trügt: Im Kern funktionieren Krisen- und Konfliktbewältigung nach den bereits im Saarland beobachteten Mechanismen als Krisenregulierung im korporatistischen Verbund. Staat, Unternehmensleitungen und Gewerkschaftsspitze bilden ein zentralisiertes und hierarchisiertes Regulierungskartell, das die strategischen Variablen der Restrukturierung, nämlich Zentralisierung der Kapitalstruktur, Reorganisation der Produktionsstruktur und Reduktion der Arbeitsplätze kontrolliert. Um diesen Kern herum sind dann jeweils eine Reihe weiterer Institutionen und Funktionen gruppiert, die entfernte Probleme bearbeiten.

*Akteure und Funktionen:* Da die *Bundesregierung* die Bewältigung der Stahlkrise nicht als eine kurzfristige Aufgabe ansieht, hat sie sich auch institutionell darauf eingerichtet: Das Bundesministerium für Wirtschaft, das für die Stahlkrise auf zentralstaatlicher Ebene federführend zuständig ist, setzte eine ca. 15köpfige Arbeitsgruppe innerhalb der Industrieabteilung ein. Daneben befassen sich mit Einzelaspekten der Stahlkrise das Finanz-, das Forschungs- und das Arbeitsministerium sowie jeweils ad hoc auch das Bundeskanzleramt. So hatten beispielsweise in kritischen Phasen Unternehmensvorstände und Betriebsräte der betroffenen Konzerne einen direkten Zugang zum Bundeskanzler. Konflikte zwischen den Ministerien oder zwischen den Koalitionsparteien in der Behandlung der Krise sind weder in der sozialliberalen noch in der konservativ-liberalen Koalition sichtbar geworden.

Spürbaren Einfluß auf die Entscheidungen der Regierung übte die »Stahllobby« aus, eine informelle Interessengruppe aus den betroffenen Stahlregionen – Bundestagsabgeordnete, Oberbürgermeister, örtliche Parteifunktionäre –, die zur eigenen politischen Legitimierung »vor Ort« Maßnahmen der Bundesregierung zugunsten der Stahlreviere einzuleiten suchte. Ein Beispiel hierfür bildet das Stahlprogramm der Bundesregierung vom Sommer 1981, dessen wesentliche Elemente in »Vorschlägen der sozialdemokratischen Bundestagsfraktion zur Sicherung der deutschen Stahlindustrie« vom Mai 1981 enthalten waren. Da die »Stahllobby« eine Allparteien-Koalition darstellt, ist nicht damit zu rechnen, daß sich ihre Bedeutung wegen des politischen Wechsels im Herbst 1982 verringert.

Zur Frage des Umstrukturierungsinhaltes verhält sich die Bundesregierung ambivalent. Auf der einen Seite definiert sie, strikter als im Saarland, vier Strukturvorgaben: Kapazitätsabbau, Beschäftigungsreduktion, unternehmensübergreifende Konzeption, Vermeidung von Doppelinvestitionen. An deren Erfüllung knüpft sie die Gewährung finanzieller Hilfen. Auf der anderen Seite überläßt sie die konkrete Ausgestaltung dieser Vorgaben vollständig den Unternehmen; sie lehnt es sogar ausdrücklich ab, selber inhaltliche Konzepte auch nur ansatzweise zu entwickeln. Die politische Logik dieses Verhaltens liegt auf der Hand: Der Staat sichert sich dadurch die Möglichkeit, die Restrukturierungsprogramme der Unternehmen anhand der vorgegebenen Kriterien zu überprüfen, ohne gleichzeitig die politische Verantwortung für damit verbundene Betriebsstillegungen und Arbeitsplatzabbau übernehmen zu müssen.

Freilich ist das bisherige Scheitern einer Krisenlösung für die Ruhrstahlindustrie ebenfalls dieser Logik zuzuschreiben. Sie läßt den Unternehmen völlig freie Hand in der Ausgestaltung ihrer

Umstrukturierungskonzepte, und sie können alle möglichen Lösungsvarianten ausprobieren, wenn diese nur den formalen Kriterien genügen. Diese selbstverordnete Selektionsuntätigkeit des Staates zeigt sich augenfällig darin, daß er unterschiedslos sowohl das Ruhrstahlkonzept, den Thyssen-Krupp-Zusammenschluß als auch isolierte Unternehmenskonzepte für mit der nationalen Stahlpolitik übereinstimmend hält und der EG-Kommission zur Subventionsgenehmigung weiterreicht.

Eine Staatsfunktion im Krisenbewältigungsprozeß bei Hoesch und Krupp verdient besonders hervorgehoben zu werden: Der Staat hat den Anstoß für die Verhandlungen zum Zusammenschluß beider Unternehmen zur neuen Ruhrstahl AG gegeben. Offensichtlich hat er die Notwendigkeit weiterer Kapitalkonzentration in der Stahlbranche erkannt und versucht deshalb, diesen Prozeß aktiv voranzutreiben. Demgegenüber empfanden die Unternehmen dieses Erfordernis als weniger dringlich, denn sie planten beide eine Umstrukturierung auf bisheriger einzelkapitalistischer Basis. In nahezu klassischer Weise als »ideeller Gesamtkapitalist« auftretend, forciert der Staat eine Lösung, die über rein betriebswirtschaftliche Anpassungszwänge hinausgeht und die internationale Überlebensfähigkeit der Konzerne auf längere Sicht anstrebt. Zugleich ist er bereit, die daraus resultierenden finanziellen und sozialen Folgeprobleme durch eigene Beiträge mit zu bewältigen, sei es in Form öffentlicher Hilfen für »sinnvolle« Neuinvestitionen, sei es durch die Bereitschaft, den Beschäftigungsabbau sowohl finanziell und sozial zu flankieren als auch legitimatorisch abzusichern.

Die allgemein gehaltenen staatlichen Auflagen sollen also von den anderen Beteiligten, Unternehmen und Gewerkschaft, konkret ausgefüllt und umgesetzt werden. Damit wird auch im Fall Hoesch-Krupp ein funktionaler, arbeitsteilig organisierter Handlungszusammenhang zwischen Staat, Unternehmen und Gewerkschaft geschaffen, der jedem Beteiligten einen hinreichenden Spielraum zu »kontrollierter« Autonomie beläßt, d. h. die Berücksichtigung eigener Interessen notfalls auch in konflikthafter Form zu fordern. Dieses politische Regulierungskartell ist freilich weniger fest gefügt als das an der Saar.

Mit der Stimulierung von Kapitalkonzentration bei gleichzeitiger monetärer Kompensation notwendiger Kapitalvernichtung erbringt der Staat gegenüber dem Kapital eine »Organisationsleistung«, die dessen zukünftige Reproduktionsfähigkeit verbessern soll. Dem steht auf der anderen Seite ein simultaner Beitrag zur »Desorganisation der Lohnabhängigen« gegenüber: Der Staat sorgt für die Einbeziehung der Gewerkschaft in den industriellen Reorganisationsprozeß und achtet darauf, daß die Unternehmen deren Organisations- und Mitgliederinteressen mitberücksichtigen. Zugleich destabilisiert er aber die Arbeitnehmerseite dadurch, daß er den Abbau von Arbeitsplätzen zum kategorischen Imperativ erhebt. Darüber hinaus qualifiziert er – angesichts verschlechterter ökonomischer Rahmenbedingungen – eine Wiederholung der relativ günstigen Sozialplanregelungen an der Saar einschließlich deren vertraglicher Absicherung als illusorisch ab. Die Konkurrenz innerhalb der Belegschaften um die verbleibenden Arbeitsplätze sowie der Kampf einzelner Betriebsräte um die jeweilige Höhe des Arbeitsplatzabbaus, also die Schwächung gewerkschaftlicher Abwehrmöglichkeiten, sind damit vorprogrammiert.

Der politische Erfolg des Staates bei der Umstrukturierung der Ruhrstahlindustrie besteht darin, daß die Stahlkapitale die Notwendigkeit weiterer Konzentration akzeptieren und ein Prozeß zur Vorbereitung von Fusionen oder anderer Zusammenschlüsse in Gang kommt. Die Realisierung der Ruhrstahl AG freilich, obwohl vom Staat für »tragfähig« gehalten, gelingt nicht. Die Ursachen für dieses Scheitern liegen zum kleineren Teil in den Handlungsvorgaben des Staates selbst, zum größeren Teil resultieren sie aus den Handlungskalkülen der beteiligten Unternehmen.

Die *Unternehmen* im Ruhrgebiet haben gegenüber Staat und Gewerkschaft eine deutlich stärkere Position als im Saarland. Dies zunächst deshalb, weil das Stahlkapital im Ruhrgebiet sich trotz Krisenbetroffenheit nicht wie die früheren Kapitaleigentümer im Saarland auf dem Rückzug oder wie der neue in der Lage befindet, den Zugang zum Stahlmarkt der Bundesrepublik erst erobern zu müssen. Seine Kooperationsbereitschaft im Regulierungsprozeß hängt deshalb immer davon ab, inwieweit der Staat die eigenen Profitinteressen optimal befördert. Sein gegenüber den saarländischen Unternehmen objektiv größerer Handlungsspielraum verstärkt sich zusätzlich, da der Staat explizit darauf verzichtet, den Unternehmen inhaltliche Vorgaben zu unterbreiten. Wie die widersprüchliche Entwicklung des Regulierungsprozesses an der Ruhr in den letzten drei Jahren zeigt, nehmen die Unternehmen diese Optionsspielräume zur Verfolgung eigener Interessen immer wieder wahr, auch wenn dabei hohe regionale und soziale Kosten anfallen.

Aufgrund dieser Konstellation zeigt das im Ruhrgebiet entstandene Regulierungskartell nicht erst – wie im Saarland – bei der Durchführung, sondern bereits bei der Konzipierung des Umstrukturierungsprogramms Risse. Die Unternehmen lassen sich weder in fixierte Kooperationen auf Dauer einbinden noch beim weiteren Vorgehen festlegen. Das Aushandeln einer ersten Ruhrstahlkonzeption im arkanen Raum der Unternehmensleitungen belegt dies, selbst wenn sie auf Druck der Gewerkschaft schließlich wieder zurückgezogen werden mußte. Aber immerhin gelingt mit staatlichem Anstoß die Formulierung eines unternehmensübergreifenden Konzepts »Ruhrstahl«, das im Grundsatz nicht nur von Bundes- und Landesregierung, sondern auch der IG Metall gebilligt wird. Allerdings fehlt hier eine detaillierte Festlegung von Verfahrensweise und Konditionen des Arbeitsplatzabbaus. Mit der erneuten Verschärfung der Stahlkrise ab 1982, die auch dem saarländischen Kartell arg zu schaffen macht, zerfällt dann das ohnehin schon brüchige Regulierungskartell zur Schaffung einer »Ruhrstahl AG«. Krupp setzt jetzt aufgrund neu überdachter Profitkalküle auf die Zusammenarbeit mit Thyssen. Sowohl die voranschreitenden Fusionsverhandlungen zwischen Thyssen und Krupp im Edelstahlbereich als auch die nur wenig später bekanntwerdenden umfangreichen Entlassungspläne bei Krupp Rheinhausen, die ein Indiz für massive Stillegungen der Rohstahlerzeugung bei Krupp sind und nur einen Sinn bei einer Fusion des Massenstahlbereichs mit Thyssen ergeben, entziehen einem Ruhrstahlzusammenschluß mit Hoesch endgültig die Basis.

Die von Anfang an bestehende Brüchigkeit des Regulierungskartells im Ruhrgebiet und seine schließliche Aufkündigung haben also weder ein unflexibler Staatsapparat, noch forderungsmaximierende Gewerkschaften, noch gar rebellierende Belegschaften zu verantworten, sondern einzig und allein einer der Kapitalakteure, der einseitig seine Interessen durchzusetzen sucht. Freilich ist dessen Pendeln zwischen disziplinierter Teilhabe am kooperativen Regulierungsprozeß und Verfolgung seiner Einzelinteressen nicht Ausdruck schierer Beliebigkeit, sondern wird seinerseits erst durch die Rahmenbedingungen des Handlungsfeldes geschaffen. Solange man den Unternehmen die eigene Handlungskompetenz nicht grundsätzlich bestreitet, selbst wenn sie sich in einer Krisensituation befinden, der sie nur durch massive staatliche Intervention zu entrinnen vermögen, werden sie versuchen, mittels eigener Strategien Konkurrenzvorteile zu erobern, statt sich auf zwar staatlich abgesicherte, aber die eigenen Handlungs- und Expansionsmöglichkeiten einengende Sanierungsstrategien einzulassen. Sichert der Staat also jeglicher Unternehmenskonzeption, insofern sie nur bestimmten formalen Kriterien genügt, vorab und verbindlich seine Unterstützung zu, werden sich die Unternehmen – je nach eigener Kalkulation – immer zwischen den Rollen »Kartellpartner« oder »Einzelkapital« hin- und herbewegen. Und weder Staat noch Gewerkschaft besitzen die Garantie, daß sich jene im Sinne optimaler »Kartellpolitik« positiv verhalten werden.

Im Falle Hoesch-Krupp erzeugt diese Konstruktion für den Akteur Staat zusätzlich politische Kosten: Die durch den Rückzug von Krupp aus der Ruhrstahl-Konzeption erzeugten Turbulenzen wirken innerhalb des Staatsapparates konflikthaft fort. Während für die Bundesregierung mit dem Ausscheiden des Unternehmens die Ruhrstahl AG erledigt ist, versucht die nordrhein-westfälische Landesregierung an ihr festzuhalten, weil sie ihrem politischen Anspruch nach regionaler Ausgewogenheit weitaus besser entspricht als eine Fusion Thyssen-Krupp, die die räumlichen Disparitäten zuungunsten des östlichen Ruhrgebietes weiter verfestigen würde. Das Sanktionspotential der Landesregierung, das im wesentlichen aus ihrem anteiligen Finanzierungsbeitrag besteht, ist aber zu gering, um eine nach ihren Vorstellungen positive Entscheidung herbeizuführen.

Zwischen Staat und Kapital hat sich im Regulierungsprozeß an Saar und Ruhr eine wechselseitige und asymmetrische Abhängigkeit herausgebildet, wobei die Freiheitsgrade der Unternehmen im Ruhrgebiet größer sind als im Saarland. Zwar sind die Unternehmen auf staatliche Organisationsleistungen und Geldmittel angewiesen, aber der Staat muß sowohl im positiven wie im negativen Falle die Strategien des Kapitals akzeptieren. Im positiven Falle (Saarland) gelingt es ihm, eine Kapitalgruppe als Träger des Restrukturierungsprozesses zu mobilisieren und sie zusammen mit den Gewerkschaften auf ein Regulierungsmuster zu verpflichten, das allen Beteiligten konsensfähig erscheint. Im negativen Fall (Ruhrgebiet) mißlingt es ihm, zwei Kapitalgruppen zu fusionieren, um die Voraussetzungen zur Realisierung einer längerfristig überlebensfähigen Unternehmensstruktur zu schaffen. Damit sind auch die *Grenzen* politischer Regulierungskartelle markiert: Sie schränken zwar durch Vorgaben und Bedingungen den Handlungspfad der Unternehmen ein, tasten aber in letzter Instanz die Autonomie der Unternehmensentscheidungen nicht an. Das Kapital betrachtet die Mitwirkung in einem politischen Regulierungskartell, dessen erfolgreiches Funktionieren gemeinsame bindende Festlegung aller Akteure voraussetzt, nur als letzten Ausweg. Solange die Option vorhanden ist oder sich während des Regulierungsprozesses neu eröffnet, die notwendige Sanierung auf Wegen zu erreichen, die die bindende Festlegung nicht erforderlich machen, wird diese wohl vorgezogen. Wegen dieser Konstellation bleibt eine Krisenlösung an der Ruhr bisher »schwebend unerledigt«.

Als Kehrseite der größeren Handlungsspielräume der Stahlunternehmen im Ruhrgebiet fallen die der *Gewerkschaft* entsprechend geringer aus. Zwar funktioniert die Mitbestimmung auf institutioneller Ebene, aber die IG Metall kann im Regulierungsprozeß nicht ähnlich günstige soziale Bedingungen durchsetzen wie im Saarland und vermag auch dessen Scheitern nicht zu verhindern, obwohl sie sich relativ eng an Inhalte und Vorgehensweise des »Saarmodells« anlehnt und die dort gemachten Erfahrungen verarbeitet hatte. Ihre inhaltliche Vorstellung zur Umstrukturierung der Stahlindustrie im Ruhrgebiet beruht wiederum auf der Prämisse, daß ein Anpassungs- und Modernisierungsprozeß auch hier unausweichlich sei. Er wird als Ausdruck des technologischen Wandels angesehen, den man in keiner Weise zu behindern beabsichtige, weil er die Grundlage der internationalen Wettbewerbsfähigkeit der deutschen Industrie bilde. Auch damit einhergehender Arbeitsplatzabbau wird grundsätzlich akzeptiert, da er die verbleibenden Arbeitsplätze sicherer mache. Insofern treffen sich die Interessen von Arbeitnehmern, Gewerkschaften und Unternehmensleitungen an einem rationell arbeitenden und Gewinne erwirtschaftenden Betrieb (Judith 1982). Allerdings gilt es – und dies sehen Gewerkschaften als ihre zentrale Aufgabe an –, die mit dem Restrukturierungsprozeß verbundene Belegschaftsreduktion sozial angemessen zu gestalten, d. h. die unmittelbar Betroffenen materiell zu entschädigen. Auch im Ruhrgebiet haben Staat und Unternehmen diese sozialstaatliche Mindestnorm im Grundsatz akzeptiert.

Die Strategie zur Durchsetzung ihrer Konzeption besteht bei der

IG Metall wieder, wie bereits im Saarland, aus einer Mischung von Konflikt und Kooperation. Am Beginn des Krisenregulierungsprozesses steht die demonstrative Bereitschaft zum Konflikt, ausgedrückt etwa in der Beteiligung an der großen Dortmund-Demonstration vom November 1980. Damit beweist die IG Metall symbolisch die Mobilisierungsfähigkeit ihrer Mitglieder als Teil gewerkschaftlicher Stärke; zugleich freilich kanalisiert sie den Konfliktdruck von unten. Nach dieser Eröffnungsphase geht sie zur kooperativen Strategie über, was aber nur teilweise gelingt. An den Aushandlungsprozessen für die Sozialpläne und die Ruhrstahlkonzeption sind nämlich vorwiegend Betriebsräte und Mitbestimmungsorgane beteiligt, sehr viel weniger jedoch die Gewerkschaft als Organisation. Das für Stahlfragen zuständige Vorstandsmitglied *Judith* und sein Stab vermögen dann jedoch durch die Etablierung verschiedener Koordinations- und Abstimmungsmechanismen bei der internen Willensbildung die Regie zu übernehmen. Dazu gehören vor allem ein regelmäßiger Informationsaustausch zwischen den Arbeitsdirektoren der betroffenen Stahlunternehmen sowie entsprechende sowohl unternehmensinterne wie übergreifende Koordination zwischen den verschiedenen Betriebsräten zur Vermeidung von Konflikten zwischen einzelnen Unternehmensteilen. Schließlich gelingt es dem Vorstand auch, die lokalen Organisationseinheiten in die von ihm vertretene Gesamtstrategie einzubinden. Mit all dem liefert die IG Metall ihren erfolgreichen Beitrag zur Entstehung einer umfassenden Restrukturierungskonzeption.

Auch bei deren Umsetzung schlägt die IG Metall zunächst wieder den erfolgreichen saarländischen Weg ein; doch ihr Attentismus (»erst wenn verbindliche Unternehmensplanungen auf dem Tisch liegen, ist die Gewerkschaft bereit, über die soziale Ausgestaltung zu verhandeln, um das Konzept mittragen zu können«) führt im Ruhrgebiet nicht weit: als eines der beiden beteiligten Unternehmen aus dem Regulierungskartell ausbricht, ist der gewerkschaftlichen Strategie der Boden entzogen. Da sie aber andererseits ebenso wie der Staat die Prämisse teilt, die inhaltliche Ausgestaltung von Restrukturierungskonzeptionen sei primär Sache der Unternehmen, muß sie den Unternehmen zugestehen, von solchen Konzeptionen auch wieder abzurücken. Obwohl sie die »Ruhrstahl AG« für sinnvoll hält und auch bereit bleibt, an ihrem Zustandekommen mitzuarbeiten, steht sie nach deren Scheitern recht hilflos da – auf die Entwicklung eigener Alternativkonzepte hat sie ohnehin verzichtet.

Die Belegschaften haben bei alledem die Logik des »kleineren Übels« internalisiert, bezweifeln immer mehr die Wirkungsweise fortwährender Proteste und Großdemonstrationen und zeigen mit anhaltender Krise und steigender Arbeitslosigkeit in zunehmendem Maße resignative Konzessionsbereitschaft. Einen autonomen Faktor, der die Gewerkschaft zu einer härteren Haltung gegenüber den Unternehmen hätte bewegen können, stellen sie jedenfalls nicht dar.

*Korporatistische Regulierung als Routine:* Diese Ergebnisse legen die Schlußfolgerung nahe, daß die Krisenbewältigungen an Saar und Ruhr einem gemeinsamen Grundmuster folgen: einem korporatistischen Regulierungsmodus als Routine.

Beide Male etabliert sich als spezifische Organisationsform des Verhältnisses von Staat, Unternehmen und Gewerkschaften ein politisches Regulierungskartell. Offensichtlich hat sich nach Einschätzung aller Beteiligten die funktionale Arbeitsteilung im Fall der saarländischen Stahlkrise derart bewährt, daß nichts dafür spricht, im Falle der Ruhrstahlkrise von ihr abzuweichen. Differenzen sind eher situationsspezifischer, nicht prinzipieller Natur. So wird in beiden Fällen die Krisenbewältigung in staatliche Regie übernommen, woraus dann politische Vorgaben für das Ergebnis der Sanierung resultieren. Beide Male unterwirft sich der Staat der weltmarktvermittelten Logik der Kapitalakkumulation und setzt sein Organisationspotential gegenüber Unternehmen und Gewerkschaften mit der Zielsetzung ein, auf dem Weltstahlmarkt konkurrenzfähige Unternehmenseinheiten zu schaffen oder zu sichern. Die Priorität: weltmarktorientierte Anpassung, schließt die geringe Bedeutung von Beschäftigungs- sowie lokaler und regionaler Interessen ein. Diese können bei den geplanten Ergebnissen nur insofern berücksichtigt werden, als sie die dominante Zielsetzung nicht beeinträchtigen. Wo sich deshalb lokale oder regionale Widerstände artikulieren, etwa im Falle oppositioneller Gruppierungen im Ruhrgebiet, bleiben diese durch die Verdoppelung der korporatistischen Regulierungsmechanismen auf lokaler Ebene (Dortmund-Konferenz) ohne Durchsetzungschance.

Auf seiten der Unternehmen fördert der Regulierungsprozeß den notwendig gewordenen Konzentrationsprozeß, den die gesamte Stahlbranche der Bundesrepublik durchlaufen muß, will sie die weltweite Überakkumulationskrise bestehen. Differenzen zwischen Saar und Ruhr sind hier eher situationsspezifisch: So besteht im Saarland zunächst das Problem, überhaupt ein funktionsfähiges Privatunternehmen zu installieren; im Fall Hoesch-Krupp dagegen geht es primär darum, zwei Unternehmen, die zwar in ihrer Funktions- und Wettbewerbsfähigkeit beeinträchtigt, aber nicht existentiell bedroht sind, auf die neuen Wettbewerbsverhältnisse einzustellen. Das vorläufige Scheitern des Ruhrstahlkonzeptes und sein Ersatz durch eine andere Kapitalkombination ändern nichts daran, daß – in welcher Form auch immer – der Konzentrationsprozeß der Stahlbranche der Bundesrepublik voranschreiten wird.

Für die Gewerkschaft ist der Einsatz des staatlichen Organisationspotentials die wesentliche Voraussetzung dafür, daß sie am Krisenregulierungsprozeß kooperativ mitarbeitet und ihn insofern politisch erst ermöglicht. Der Staat stellt für die IG Metall als Ergebnis bereits traditioneller Staatsfixiertheit *die* Appellations- und Garantieinstanz für die sozialen Belange der Lohnabhängigen dar. Nötigenfalls kann sie sein Eingreifen zugunsten ihrer Interessen dann auch durch die Androhung von Konflikten bewirken. Im Saarland ist ihr Kalkül aufgegangen, und sie konnte einen doppelten Erfolg verbuchen: Zum einen wurde der unternehmerische Handlungsspielraum vertraglich eingeengt, zum anderen wurden die Betroffenen materiell relativ gut abgesichert. Im Ruhrgebiet gelang das erste nicht, das zweite nur weniger gut. Offensichtlich sind die materiellen Resultate, wie sie im Saarland erzielt wurden, unter allgemein verschlechterten ökonomischen Rahmenbedingungen nicht wiederholbar. Dies wird auch durch die härtere Haltung von Staat und Kapital gegenüber Gewerkschaft und Belegschaften an der Saar seit dem Jahr 1982 bestätigt. Mit ihrer Beteiligung am saarländischen Regulierungskartell ging es der IG Metall nicht um generellen politischen Machterwerb. Ihr Motiv war, mit Hilfe der errungenen Position die Regulierung ihren Zielen entsprechend zu gestalten. Wie weit dies allerdings möglich ist, hängt von der Machtverteilung innerhalb des Kartells ab. Hier nun stand die Gewerkschaft im Saarland wie im Ruhrgebiet vor der prinzipiellen Option, sich »im Machtkartell hochzurangeln oder das Machtkartell durch ihre selbstbestimmte Vorgehensweise zu beeinflussen« (Narr 1980, 159). Die Gewerkschaft hat sich beide Male für das erste entschieden. Im Saarland war dies erfolgreicher, weil sich das Kapital in einer geschwächten Lage befand; im Ruhrgebiet war deshalb weniger zu erreichen, weil das Kartell aufgrund stärkerer Unternehmen eine lockere Struktur aufwies, in dem feste Positionen kaum zu gewinnen waren und das Kapital seine Aktionen nach Bedarf aus dem Kartell auslagerte.

Der Verzicht der Gewerkschaft auf eine autonome Position wirkt sich längerfristig negativ auf die eigene Basis aus. Denn eine Politik sozialer Sicherung kann nur gemeinsam mit jenen durchgesetzt werden, die sozial gesichert werden sollen (nach Narr 1980, 150). Je stärker die IG Metall institutionalisierte »Stellvertreterpolitik« betreibt, desto hilfloser werden die Belegschaften den integrativ-manipulativen Effekten staatlicher und unternehmerischer Strategien ausgesetzt. Zwar haben bisher auch im Ruhrgebiet die Politikergebnisse eine sozialstaatliche Mindestschwelle nicht unterschritten. Doch besteht die Gefahr, daß diese weiter gesenkt wird. Schon beklagt eine Industrie- und Handelskammer, daß die bisherige Bewältigung der Stahlkrise

> »allein zu Lasten des Faktors Kapital ging und das Eigenkapital nunmehr weitgehend aufgezehrt ist, es daher Anpassungsspielräume nur noch beim Faktor Arbeit gibt« (IHK des Saarlandes 1982, 69).

Und der Wirtschaftsminister der konservativ-liberalen Regierungskoalition formuliert als zukünftige Krisenstrategie, nachdem in den letzten 8 Jahren in der deutschen Stahlindustrie immerhin bereits 25 % der Arbeitsplätze abgebaut worden sind:

> »Es werden sich auch die Belegschaften beteiligen müssen. In einigen Standorten ist dies geschehen, in einigen Standorten ist es noch nicht oder noch nicht ausreichend geschehen.« (Deutscher Bundestag, 28. 10. 82, 7538)

## 3. Perspektive: Politische Organisierung der gesamten deutschen Stahlindustrie

Seit Herbst 1982 ist die politische Regulierung der Stahlkrise an Saar und Ruhr in ein neues Stadium getreten: die Restrukturierung der ganzen Branche steht an – nicht mehr nur die von Arbed Saarstahl, Hoesch oder Krupp.

Diese Eskalation ist das Resultat einer dramatisch zugespitzten Notlage. Es haben – so Thyssens Vorstandsvorsitzender Spethmann (1982) in einem Brief an den Bundeswirtschaftsminister –

»die meisten Unternehmen ihre Substanz in den langen Jahren der Auseinandersetzung mit der subventionierten EG-Konkurrenz aufgezehrt. Sie können jetzt nicht mehr auf Reserven zurückgreifen. Auch die mittleren und kleinen Unternehmen unseres Industriezweiges werden bei dieser Marktverfassung trotz ihrer bisher vielfach bewiesenen Flexibilität zunehmend in Schwierigkeiten geraten. Es zeichnet sich ab, daß auch die Unternehmenseinheiten, die sich bisher behaupten konnten, zusätzlichen Belastungen nicht mehr gewachsen sein werden.«

In Klagen wie dieser spiegelt sich eine katastrophale »Leistungsbilanz«:

– 1982 hat die deutsche Stahlproduktion nur noch rund 36 Mill. Tonnen erreicht, 17 Mill. weniger als im letzten Boomjahr 1974 und sechs Mill. weniger als im Krisenjahr 1981.

– Dieser Rückgang ist – wie Tabelle 13 ausweist – mit 13,7 % der zweitgrößte unter den wichtigsten Stahlproduzenten der Welt.

– Für den Dreimonatszeitraum September bis November 1982 sinkt die Produktion um 27 % gegenüber dem Vergleichszeitraum des Vorjahres, allein im November um 30 % – was eine weitere Beschleunigung der Talfahrt ankündigt (*Handelsblatt* v. 10. 1. 83, 14).

– Beinahe jeder zweite der rund 180000 Hüttenwerker arbeitet Ende 1982 kurz (*Handelsblatt* v. 15. 12. 82, 13).

– Der Preiskrieg auf dem Weltstahlmarkt beschert den Deutschen durchschnittliche Verluste von 80 bis 100 DM pro Tonne Rohstahl.

– Seit Beginn der Krise hat die Branche weit mehr als 6 Mrd. DM an Substanz verloren, allein im letzten Quartal 1982 rund 1,2 Mrd. DM; 1983 kommen vermutlich weitere drei Milliarden dazu (*Frankfurter Rundschau* v. 29. 1. 83, 5).

Eine Aussicht auf Besserung in absehbarer Zeit besteht zum einen deshalb nicht, da das Stahldekabel mit der weltweiten Rezession aller wichtigen Nachfragebranchen: Automobil- und Bauindustrie, Maschinen- und Schiffbau, verbunden ist. Wichtiger jedoch ist, daß die europäischen Konkurrenten – dank hoher staatlicher Subventionen – ihre Stahlproduktion inzwischen massiv modernisiert, rationalisiert, spezialisiert und konzentriert haben – und damit veraltete Überkapazitäten von hochmodernen abgelöst worden sind (nach Berechnungen der EG-Kommission betragen sie derzeit 30 %). Obwohl also die deutsche Stahlindustrie ihren Modernitätsgrad (Stranggußanteil 1982: über 68 %), ihren Rationalisie-

*Tabelle 13:* Jährliche Rohstahlproduktion der wichtigsten Erzeugerländer (in Millionen Tonnen)

| | 1980 | 1981 (in Mio. t) | 1982 | Veränd. gegen 1981 (in %) |
|---|---|---|---|---|
| Sowjetunion | 147,9 | 150,0 | 147,5 | − 1,7 |
| Japan | 111,4 | 101,7 | 99,5 | − 2,2 |
| USA | 103,7 | 111,4 | 65,7 | − 40,1 |
| China | 37,0 | 35,6 | 37,0 | + 3,9 |
| Deutschland (BRD) | 43,8 | 41,6 | 35,9 | − 13,7 |
| Italien | 26,5 | 24,7 | 24,0 | − 2,8 |
| Frankreich | 21,2 | 21,1 | 18,4 | − 12,8 |
| Polen | 19,5 | 17,5 | 25,0 | + 42,8 |
| Tschechoslowakei | 14,9 | 15,5 | 15,0 | − 3,2 |
| Großbritannien | 11,3 | 15,5 | 13,8 | − 11,0 |
| Spanien | 12,6 | 12,9 | 13,2 | + 2,3 |
| Rumänien | 13,2 | 13,6 | 13,0 | − 4,4 |
| Brasilien | 15,3 | 13,2 | 13,0 | − 1,5 |
| Kanada | 15,9 | 14,8 | 11,9 | − 2,5 |
| Südkorea | 8,6 | 10,8 | 11,8 | + 9,3 |
| Indien | 9,5 | 10,5 | 11,0 | + 4,8 |
| Belgien | 12,3 | 12,3 | 9,9 | − 19,5 |
| Südafrika | 9,1 | 8,8 | 8,3 | − 5,7 |
| DDR | 7,3 | 7,5 | 7,1 | − 5,3 |
| Mexiko | 7,1 | 7,6 | 7,1 | − 6,5 |
| Australien | 7,6 | 7,6 | 6,4 | − 15,8 |
| Nordkorea | 4,0 | 4,0 | 5,8 | + 45,0 |
| Niederlande | 5,3 | 5,5 | 4,3 | − 21,8 |
| Österreich | 4,6 | 4,7 | 4,3 | − 8,5 |
| Taiwan | 4,2 | 3,2 | 4,1 | + 28,1 |
| Schweden | 4,2 | 3,8 | 3,9 | + 2,6 |
| Jugoslawien | 3,6 | 4,0 | 3,9 | − 2,5 |
| Ungarn | 3,8 | 3,7 | 3,8 | + 2,7 |
| Luxemburg | 4,6 | 3,7 | 3,5 | − 5,4 |
| Argentinien | 2,7 | 2,6 | 2,9 | + 11,5 |
| Türkei | 2,5 | 2,4 | 2,8 | + 16,7 |
| Bulgarien | 2,6 | 2,5 | 2,6 | + 4,0 |
| Finnland | 2,5 | 2,4 | 2,4 | +/− 0 |
| Venezuela | 2,1 | 2,0 | 2,3 | + 15,0 |
| Welt total | 716,9 | 710,7 | 643,6 | − 10,4 |

Quelle: International Iron & Steel Institue (IISI), vorläufige Angaben.

rungsgrad (Stillegung von einem Drittel der Stahlwerksanlagen und Belegschaftsabbau von einem Viertel seit 1974) und ihren Spezialisierungsgrad (Erhöhung des Edelstahlanteils von 15 % auf 22 % zwischen 1974 und 1981) kontinuierlich steigern konnte, hat die europäische Konkurrenz, speziell die französische, britische und italienische, den deutschen Vorsprung voraussichtlich 1985 eingeholt – auch in der deutschen Domäne Edelstahl (SJES 1982, 13, 304; AES 1980 – 82, 46; *Handelsblatt* v. 10. 1. 83, 14 und v. 23. 12. 82, 11).

An diesen Aufholjagden empfinden die deutschen Stahlkonzerne als besonders schmerzlich, daß die von der EG-Kommission seit 1977 praktizierten Mengen- und Preisregulierungen ständig unterlaufen werden und somit die innereuropäische Marktkartellierung, die ihren Vorsprung stabilisiert hätte, faktisch zusammengebrochen ist (Vondran 1982). Bisher vergeblich fordern sie von der Bundesregierung deshalb Strafmaßnahmen in Form von zeitlich befristeter Kontingentierung des Mengenaustauschs innerhalb der EG, einer Intensivierung der Preiskontrollen über Preiskommissare bis hin zur Erhebung einer Ausgleichsabgabe an der deutschen Grenze (ebenda; Spethmann 1982). Daß sich die Bundesregierung gegenüber diesen Forderungen zurückhält, hat vor allem zwei Gründe: zum *einen* könnten protektionistische Maßnahmen zum Zusammenbruch des gesamten EG-Binnenmarktes führen, den die deutsche Wirtschaft jährlich mit rund 48 % der Gesamtexporte bedient und von dem das »Exportmodell Deutschland« existentiell abhängt; zum *zweiten* würde eine aus diesen Maßnahmen resultierende Hochpreispolitik im Stahlsektor die Einstandskosten der gesamten Exportwirtschaft gegenüber der ausländischen Konkurrenz, die den verbilligten Subventionsstahl beziehen könnte, erheblich erhöhen – eine Gefahr, auf die Maschinen- und Fahrzeugbauer immer wieder hinweisen. Deshalb demonstriert das Desinteresse der Bundesregierung gegenüber diesen Forderungen vor allem den zunehmenden Gewichtsverlust, den die Stahlkapitalfraktion innerhalb des bundesrepublikanischen Machtblocks derzeit erleidet.

»Unter dem Druck der weltweiten Konkurrenz haben die Führer der Stahlkombinate, die einst Kaiser und Nazis hilfreich zur Seite standen, an Einfluß verloren. Das wirtschaftliche Machtzentrum der Bundesrepublik driftete von Rhein und Ruhr in den Süden. Im Reich der Siemens und Bosch, wo der Marsch in das Computer- und Elektronikzeitalter geplant wird, werden inzwischen die Entscheidungen über die Zukunft der westdeutschen Industriegesellschaft getroffen.« *(Der Spiegel* 3/1983, 76)

Aber trotz gemeinsamer Krisenbetroffenheit verschärft sich zunächst die einzelkapitalistische Konkurrenz der Stahlunternehmen und erschwert eine gemeinsame deutsche Stahlpolitik nach außen wie nach innen:

»Mit deutlich unterschiedlichen Akzenten erläutern heute nicht nur die Vertreter verschiedener Bonner Ressorts, sondern selbst die Sprecher eines Ministeriums deutsche Positionen in Brüssel. Die Abstimmung mit der Industrie ist unzureichend. Auch Stahlunternehmen sprechen dort einzeln vor und suchen sich, oft genug auf Kosten ihrer deutschen Wettbewerber, ins beste Licht zu setzen. Die Glaubwürdigkeit ihrer Argumente wird durch den Widerspruch aus dem Lager der Verbraucherindustrien und der Gewerkschaften noch zusätzlich geschwächt. Die widerstreitenden ausländischen Stahlinteressen und die den Deutschen nicht gewogene Brüsseler Politik haben es leicht, in die Risse einzudringen, die dabei auftreten, und sie zum eigenen Vorteil zu verbreitern. Angesichts der drohenden Gefahren ist eine geschlossene nationale Position notwendiger denn je.« (Vondran 1982)

Während alle Konzerne weiterhin auf die Patentlösung: weitere Umstrukturierung und Modernisierung, setzen, versucht jeder, des anderen Pläne zu durchkreuzen: Ohne vorherige Abstimmung beantragen alle im Sommer 1982 staatliche Zuschüsse für Investitionen von insgesamt 14 bis 15 Mrd. DM. Zur gleichen Zeit unterbreitet Thyssen sein Fusionsangebot an Krupp im Edelstahl- wie im Schmiedebereich, um die Verhandlungen zur Bildung der Ruhrstahl AG zwischen Krupp und Hoesch zu durchkreuzen. Das Interesse der beiden letzteren an der Fusion schwindet zusehends aufgrund gewandelter Markt- und eigener Stärkeeinschätzung. Klöckner durchbricht zum Verdruß aller anderen die von der EG-Kommission zugeteilten Produktionsquoten. Und schließlich versuchen alle Ruhr-Konzerne gemeinsam, die Rettung der Arbed Saarstahl durch weitere staatliche Subventionen zu verhindern. »Die deutsche Stahlindustrie sollte sich endlich als Notgemeinschaft verstehen. So aber wartet einer auf das Absaufen des anderen« – klagt der bei der IG Metall für Stahl zuständige R. Judith (*Frankfurter Rundschau* v. 11. 12. 82, 5).

Daß diese unterschiedlichen Konzernstrategien einen gegenseitigen Vernichtungsfeldzug zur Folge haben könnten, befürchtet nicht nur der IG-Metall-Funktionär, sondern seit längerem auch die Bundesregierung. Und bereits Anfang Juli 1982, als die Investitionshilfeanträge vorliegen, fordert sie die Stahlindustriellen auf, sich unverzüglich mit eigenen Initiativen zu einem ausgewogenen Kapazitätsabbau an die veränderte Lage auf dem Weltstahlmarkt anzupassen und alle Rationalisierungsmöglichkeiten durch konzernübergreifende Maßnahmen auszuschöpfen (*Handelsblatt* v. 2./3. 7. 82).

Eine wirksame Handlungskompetenz erhält der Bund freilich erst, als wegen der dramatischen Lage im Herbst 1982 die staatlichen Investitionshilfen für alle Konzerne, einschließlich des Branchenführers Thyssen, überlebensnotwendig geworden sind. Jetzt sind alle gemeinsam bereit, zu einer vom Bundeswirtschaftsminister für November 1982 anberaumten Abstimmungskonferenz zu erscheinen. Zum Zustandekommen dieser Konferenz hat zusätzlich der massive Druck der Großbanken auf die Konzernleitungen beigetragen. Denn jene, über die schlechte Geschäftslage ihrer Kunden bestens informiert, fürchten Kreditverluste zwischen 6 und 7 Mrd. DM wenn eine Einigung nicht gelingt (*Frankfurter Rundschau* v. 29 1. 83, 5).

Bei dieser am 15. 11. stattfindenden Konferenz werden in Abstimmung zwischen Stahlunternehmen und Bundeswirtschaftsminister drei sogenannte Moderatoren eingesetzt. Sie sollen – obwohl formell keine Regierungsbeauftragte – in ständiger Konsultation zwischen Bundesregierung und Stahlindustrie Vorschläge für unternehmensübergreifende Kooperationen und marktstabilisierende Maßnahmen entwickeln, die die Bundesregierung dann auch durch Investitionszuschüsse finanziell zu flankieren bereit ist. Dabei soll der Entwurf für eine zukünftige deutsche Stahlstruktur einmal die Stahlkapazitäten um rund 15 Mill. Tonnen schmälern; zum anderen ist geplant, gleiche und ähnliche Aktivitäten in neue Gesellschaften einzubringen, an denen die abgebenden Unternehmen jeweils beteiligt wären. Auf diese Weise wäre dann auch eine Koordination der geplanten Investitionsvorhaben gewährleistet, und Doppelinvestitionen wären vermieden.

Die Qualifikation der drei als Moderatoren ausgewählten Personen besteht offenbar in ihrer finanzkapitalistischen Herkunft. Der eine ist Vorstandsmitglied der Deutschen Bank, der zweite Vorstandsmitglied des größten Versicherungskonzerns Allianz, der dritte schließlich »Berufsaufsichtsrat« bei hochkarätigen Industriekonzernen und ebenfalls der Deutschen Bank. Zusätzlich sind oder waren alle drei eng mit den Problemen der Stahlindustrie vertraut, sei es als ehemalige Stahlmanager, sei es als Aufsichtsratsmitglieder bei den verschiedenen Stahlkonzernen. Ihre Auswahl demonstriert deshalb vor allem die wichtige Rolle der Großbanken und Versicherungen bei der Industriestrukturpolitik der Bundesrepublik. Über die Kumulierung von Kreditvergabe, direkter und indirekter Beteiligungen (Depotstimmrecht), engen personellen Verflechtungen in Aufsichtsräten und Unternehmensvorständen sowie schließlich der Sammlung und organisatorischen Aufbereitung von Informationen über Geschäfts- und Rentabilitätsentwicklungen aller Unternehmen und Branchen fungieren sie faktisch als privatwirtschaftliche »Struktur- und Investitionslenkungsinstitute« für die gesamte deutsche Wirtschaft – jedenfalls soweit, wie eine planvolle Steuerung im Kapitalismus überhaupt möglich ist (Shonfield 1965; Arndt 1977; Monopolkommission 1978; Hack/Hack 1979). Insofern kann auch der Staat auf ihre fachliche Kompetenz zurückgreifen, wenn eine als notwendig angesehene Umstrukturierung nur noch politisch organisierbar ist.

Bemerkenswert an der Zusammensetzung der Moderatorenrunde ist zweifellos auch das Fehlen eines IG-Metall-Vertreters oder zumindest eines der Gewerkschaft nahestehenden Experten aus Industrie oder Hochfinanz. Es wäre freilich verfrüht, daraus abzuleiten, die neue Stahlpolitik fände unter bewußter Ausschließung der IG Metall statt und widerspräche somit dem bisherigen Krisenregulierungsmuster bundesrepublikanischen Typs. Erinnern wir uns vielmehr, daß die IG Metall auch bei den Fällen Arbed Saarstahl und Ruhrstahl die inhaltliche Ausgestaltung betriebswirtschaftlich und wettbewerbspolitisch tragfähiger Unternehmenskonzepte jeweils der Kapitalseite überlassen hat. Sie stimmte diesen dann zu und war bereit, ihren Regulierungsbeitrag zu leisten, wenn sie unter der Prämisse internationaler Wettbewerbsfähigkeit den *gesunden Kern* der jeweiligen Stahlbasis zu sichern vermochten und gleichzeitig der notwendige Arbeitsplatzabbau mit *zeitlicher Streckung* und *sozialer Abfederung* verbunden war. Diese Linie faßte R. Judith auf der Stahlkonferenz der IG Metall am 24. 2. 83 nochmals präzis zusammen:

»Es ist weder den Betriebsräten noch dem Vorstand der IG Metall möglich, noch gehört es zu ihren Aufgaben, standortbezogene technische Konzeptionen zur Neuordnung der Stahlindustrie zu entwickeln. Dies ist eindeutig die Aufgabe der Vorstände in den Stahlunternehmen. An Aufforderungen an die Stahlindustrie durch die IG Metall, endlich verbindliche Konzepte vorzulegen, hat es nicht gefehlt.« (Judith 1983, 13)

Insofern läßt erst der politische Aushandlungsprozeß nach Fertigstellung des Moderatorenkonzeptes zur Neuordnung der deutschen Stahlindustrie Rückschlüsse auf mögliche Modifikationen der Stahlkrisenregulierung zu.

Ende Januar 1983 legen die Moderatoren ihren Neuordnungsvorschlag vor, der von folgenden »Kriterien und Zielen« abgeleitet sein soll:

»– Maximierung des Gesamt-Rationalisierungspotentials der deutschen Stahlindustrie;
– Optimierung der zukünftigen Investitionen;
– Erhaltung möglichst sicherer Arbeitsplätze;
– Minimierung der erforderlichen Hilfen der öffentlichen Hand.

Auf der Grundlage dieser Kriterien soll eine nachhaltige Stärkung der internationalen Wettbewerbsfähigkeit der deutschen Stahlindustrie erreicht werden durch:
– Konzentration der Stahlproduktion auf die technisch leistungsfähigsten und kostengünstigst arbeitenden Anlagen;
– Abbau von Überkapazitäten durch Stillegung von Produktionseinrichtungen, die diesen Ansprüchen nicht mehr genügen;
– Erhaltung mehrerer inländischer Anbieter am Markt.

Bei aller Priorität der vorgenannten Ziele wird jedoch bei den Vorschlägen davon ausgegangen, daß die wesentlichen Stahlstandorte in der Bundesrepublik einschließlich der sogenannten Randlagen aus regional- und sozialpolitischen Gründen für die überschaubare Zukunft im Kern erhalten bleiben, selbst wenn dadurch Abstriche an maximaler Wirtschaftlichkeit erforderlich sind.

Hauptanliegen ist eine leistungsfähige deutsche Stahlindustrie, die in einem freien Markt erfolgreich operieren kann. Demgegenüber sind Gesichtspunkte wie sogenannte Opfergleichheit oder Verteilung von Lasten in den Hintergrund getreten.« (Bierich/Herrhausen/Vogelsang 1983, 3f.)

Im einzelnen wird vorgeschlagen:
– Für die Erzeugnisbereiche Flachstahlprodukte und schwere Profile sollen zwei neue Großunternehmen gebildet werden: eine Gruppe »Rhein« mit Thyssen und Krupp; eine Gruppe »Ruhr« mit Hoesch, Klöckner, Peine-Salzgitter.
– Für den Edelstahlbereich sollen die bisherigen Hauptproduzenten Krupp und Thyssen ihre Aktivitäten in eine neue Gesellschaft

einbringen, die als Tochtergesellschaft der gemeinsamen Gruppe »Rhein« firmieren soll.

– Für den Erzeugnisbereich leichte Profile ist eine Sonderregelung vorgesehen. Dieser soll im wesentlichen auf Arbed Saarstahl und Maxhütte, Sulzbach-Rosenberg, konzentriert werden, die dafür schwere Profile an die anderen abzugeben hätten.

– Für die zeitraubende Phase des Umstrukturierungsprozesses sollen für die einzelnen Produktkategorien jeweils gemeinsame Verkaufsgesellschaften gebildet werden, die eine innerdeutsche Preiskartellierung zu sichern hätten.

– Das Konzept schweigt sich darüber aus, welche Kapazitäten wo abgebaut werden und wie hoch die Arbeitsplatzverluste ausfallen sollen. Dies wäre offenbar den Aushandlungsprozessen zwischen den einzelnen Gruppen zu überlassen.

– Ebenso fehlen Angaben darüber, ob Stahlbasis und Weiterverarbeitung verbunden bleiben sollen, woraus man schließen kann, daß deren weitgehende Trennung vorgesehen ist.

– Zum Zustandekommen werden staatliche Zuschüsse in Höhe von 3 Mrd. DM eingeplant.

Die innere Logik dieses Moderatorenvorschlags ist offensichtlich: Um den Branchenführer Thyssen soll der längerfristig »gesunde« und für die Industriestruktur der Bundesrepublik unabdingbare Kern des Stahlsektors entstehen, der – gestärkt um die »Rosinen« aus der Krupp-Erbmasse – den deutschen Kampf auf dem Weltstahlmarkt von einer tragfähigen Basis aus fortführen kann. Betrachtet man dagegen die weitverzweigte Lage der Gruppe »Ruhr«, die immerhin von Bremen über Osnabrück, Peine, Salzgitter, Dortmund bis nach Sulzbach-Rosenberg in Bayern reicht, und nimmt hinzu, daß die beteiligten Konzerne zusammengenommen bisher schon erheblich höhere Strukturprobleme hatten als Thyssen und Krupp, so kann man sich kaum vorstellen, daß es den Moderatoren darum gegangen sein soll, alle wesentlichen Stahlstandorte der Bundesrepublik einschließlich der sogenannten Randlagen im Kern zu erhalten. Eher muß man wohl der Gruppe »Ruhr« – bei Kenntnis weiterer Überkapazitäten auf dem Weltstahlmarkt – den Tod auf Raten vorhersagen. Ähnliches gilt für die Arbed Saarstahl. Dazu liefern die Moderatoren selbst die Argumente:

»Die leichten Profile gehören zu den ertragsschwächsten Produkten. Sie werden überwiegend in Ministahlwerken und zum geringeren Teil in konventioneller Anlagen (wegen höherer Güten und Edelstahlqualitäten erforderlich) hergestellt. Eine Zuordnung der leichten Profile zu den Flachprodukten und schweren Profilen ist weder produktionstechnisch notwendig, noch aus anderen Gründen geboten, so daß unabhängige Wege beschritten werden können. Die Konzeption sieht deshalb eine eigenständige Lösung vor, die sich ausschließlich an den Gegebenheiten dieser Produktgruppe orientiert. Mehrere Unternehmen haben die Bereitschaft erkennen lassen, ihre Produktion an leichten Profilen aufzugeben bzw. gegen andere Erzeugnisse zu tauschen.« (Ebenda, 33)

Offen bleibt derzeit, ob und wie dieses Konzept sich politisch durchsetzen läßt. Bereits beim Akteur *Staat* beginnen die Probleme. Die *Bundesregierung* kreiert mit der Moderatorenlösung einen *neuen Modus zur politischen Reorganisation einer Industriebranche.* Indem sie ihre Handlungskompetenz in der gegebenen Notlage an den »neutralen Expertensachverstand« delegiert, versucht sie zweierlei: zum einen ein mit ungleicher Kosten-Nutzen-Verteilung verbundenes, also interessenspezifisches Sanierungskonzept als objektiv, also interessenneutral, gegenüber Kapital und Arbeit politisch durchzusetzen; zum anderen aber und im gleichen Moment sich der politischen Verantwortung dafür zu entziehen. Insofern zeigt sie sich mit dem gefundenen Ergebnis, das »von der Sache her«, d. h. Sicherung der internationalen Wettbewerbsfähigkeit der deutschen Stahlindustrie, durchaus einleuchtet, einverstanden. Um rechtzeitig Widerstand abzublocken, versucht sie deshalb, Kapital und Arbeit zur Eile zu zwingen. Für den notwendigen Druck sorgt sie dadurch, daß sie finanzielle Vorabhilfen für die krisengeschüttelten Einzelunternehmen verweigert und Hilfen prinzipiell davon abhängig macht, ob die Unternehmen bis Ende März 1983 inhaltlich begründete Beihilfeanträge vorlegen. Kritik artikuliert sich jedoch bei den zuständigen *Landesregierungen* – und zwar unabhängig von deren parteipolitischer Zusammensetzung. Nordrhein-Westfalen favorisiert weiterhin – vor allem wohl wegen der ökonomischen Sicherung des östlichen Ruhrgebietes – die Fusion von Hoesch und Krupp zu Ruhrstahl; Niedersachsen neidet Nordrhein-Westfalen die Bevorzugung der »Rheinschiene« und fürchtet zu Recht eine Benachteiligung von Peine-Salzgitter; Bremen und Bayern wehren sich gegen die drohende Stillegung der Klöckner-Filialen in Bremen und Sulzbach-Rosenberg. Und da der Bund nur gemeinsam mit den betroffenen Ländern handeln kann und deren 50prozentige Beteiligung an den staatlichen Zuschüssen fordert, scheinen Kompromißverhandlungen unausweichlich.

Aber auch die beteiligten *Einzelkapitale* lassen sich trotz grundsätzlichem Einverständnis zur unternehmensübergreifenden Neuordnung (noch) nicht festlegen. Allzu offensichtlich ist die asymmetrische Kosten-Nutzen-Verteilung zugunsten der »Rheinschiene« und auf Kosten der »Ruhrschiene« – von Arbed Saarstahl gar nicht zu reden. Gerade zwischen den für die Gruppe »Ruhr« vorgesehenen Konzernen findet derzeit ein zäher Poker statt, bei dem die »Karten« Arbeitslosigkeit und Bankrott skrupellos ausgereizt und die jeweiligen Belegschaften gegeneinander eingesetzt werden. Letztlich werden wohl eigene Rentabilität und eigenes Standvermögen entscheiden, wer hier wie, wann, überhaupt klein beigibt.

Die *IG Metall* lehnt die Moderatorenlösung ab, weil diese sich auf betriebswirtschaftlich-organisatorische Erwägungen beschränke und weder personelle und soziale Folgen noch regionale und gesamtwirtschaftliche Auswirkungen berücksichtige (Forderungen der IG Metall zur Strukturpolitik in der Stahlindustrie, 3. 2. 83; Judith 1983). Zugleich freilich demonstriert sie weiterhin ihre Bereitschaft zu verantwortungsbewußter Zusammenarbeit bei der Neuordnung der Branche. Obwohl sie einerseits vom Staat eine Überlebensgarantie für die Stahlunternehmen »in der gegenwärtigen schwierigen Situation« fordert, was auf europäischer Ebene die Aufrechterhaltung »der bisherigen Anteile an der EG-Produktion« einschließt, akzeptiert sie andererseits, daß »eine Verringerung der Gesamtkapazität im Zuge einer Umstrukturierung von Unternehmen, Betrieben und Revieren unvermeidlich« sei. Letzteres soll freilich eine politische Aufgabe sein und nicht »den Konzernen und Banken . . . allein überlassen bleiben« (ebenda). Vielmehr soll ein *Stahlausschuß*, dem die Bundesregierung, die beteiligten Landesregierungen, die Stahlunternehmen und die Gewerkschaft angehören, die Neuordnung koordinieren:

»Es geht aber doch nicht an, daß einzelne Unternehmen unter sich Fusionen auskungeln, und die anderen können sehen, wo sie bleiben. Die Rückwirkung auf die gesamte Stahlindustrie, auf alle anderen Standorte muß doch mit in Betracht gezogen werden. Deshalb fordern wir ein Gremium, das alle Zusammenschlüsse koordiniert. Natürlich können ›Elefantenhochzeiten‹, wie sie im Gespräch sind, den beteiligten Unternehmen nicht allein überlassen bleiben – wie Minister Lambsdorff sich das vorstellt. Na-

türlich müssen die betroffenen Bundesländer mitreden. Das tun sie ja schon längst, aber eben isoliert, ohne Teilhabe an den Entscheidungen. Und schließlich muß die IG Metall mit am Tisch sitzen. Denn Fusionen stellen bereits Weichen für Entscheidungen über Standorte und Betriebe. All das ist *vor* den Fusionsentscheidungen zu überlegen. Wir müssen in diesem Vorstadium mitreden:
– Erstens, weil die Aufsichtsräte in Fusionsfragen aktienrechtlich gar nicht mitentscheiden können.
– Zweitens: Wenn sie es faktisch tun, kommen die Arbeitnehmervertreter unter unzumutbaren Druck, weil sie bloß noch ja oder nein sagen können, ohne Alternativen.
– Drittens versteht es sich wohl von selbst, daß die IG Metall bei der Umstrukturierung einer ganzen Branche mitzureden hat. Wir sind doch nicht dazu da, bloß die Trümmer wegzuräumen, die uns ein selbstherrliches Management hinterläßt.
Da es in diesem Stahlausschuß keine Mehrheitsentscheidungen geben kann, sind auch keine zahlenmäßigen Paritäten nötig. Es ist einfach der ›Runde Tisch‹ der Stahlpolitik, wie wir ihn schon vor Jahren vorgeschlagen hatten. Wenn ein solcher Ausschuß schon die Grundzüge der künftigen Branchenstruktur festlegt, dann wird er auch einiges zur Verteilung und Verwendung der Subventionen zu sagen haben, mit denen diese Umstrukturierung unterstützt werden muß.« (Loderer 1983, 18f.)

Die IG Metall verfolgt mit diesem Stahlausschuß das Ziel, die Restrukturierungsmaßnahmen so zu gestalten, daß
– die bisherigen Stahlstandorte erhalten bleiben;
– unvermeidliche Kapazitätsanpassungen zeitlich so gestreckt werden, daß »arbeitgeberseitige Kündigungen ausgeschlossen sind«;
– bei »Fortfall von Arbeitsplätzen in größtmöglichem Umfang Ersatzarbeitsplätze geschaffen werden« müssen, d. h. »in die künftigen Unternehmen auch zukunftsträchtige Verarbeitung eingebracht wird« (Forderungen der IG Metall, ebenda).

Dieses eindeutig am »Saarmodell« orientierte Konzept wird auf einer am 24. 2. 83 mit Betriebsräten und Vertrauensleuten aus den Stahlunternehmen veranstalteten »Stahlkonferenz« verabschiedet; wiederum gelingt es dem IG-Metall-Vorstand relativ problemlos, weitergehende Forderungen einzelner Basiseinheiten nach Überführung der Stahlindustrie in Gemeineigentum abzublocken und die Fortsetzung der bisherigen korporatistischen Strategie durchzusetzen.

Der Bundesregierung wird Anfang März klar, daß der über das

Steuerungsmedium öffentliche finanzielle Hilfen organisierte politische Druck nicht ausreicht, das ursprüngliche Moderatorenkonzept zu verwirklichen. Allzu massiv artikuliert sich der Widerstand bei betroffenen Landesregierungen, Stahlunternehmen und Gewerkschaft. Sie weicht deshalb einen Schritt zurück, bleibt aber dabei, ihr Organisationspotential zur Neuordnung der Branche – wenn auch in modifizierter Form – einzusetzen. Bestärkt wird sie hierin von den Stahlmoderatoren selbst: Auch wenn diese sich mehr Druck der Bundesregierung auf die einzelnen Unternehmen gewünscht hätten, begrüßen sie doch, daß seit Bekanntgabe ihrer Vorschläge hinsichtlich der Neuordnung der Stahlbranche »eine Menge in Bewegung gekommen« sei (*Handelsblatt* v. 31. 3. 83, 3).

Die Konzessionen gegenüber IG Metall und betroffenen Landesregierungen bestehen darin, daß sich die Bundesregierung bereit erklärt, die Neuordnung von dem geforderten Stahlausschuß »beraten« zu lassen. In Anspielung auf das teilweise widersprüchliche Verhalten der Arbeitnehmervertreter in den jeweiligen Aufsichtsräten der Stahlgesellschaften bittet sie allerdings die IG Metall, bei den anstehenden Verhandlungen »eine einheitliche Meinung« einzubringen (*Frankfurter Allgemeine Zeitung* v. 7. 3. 83). In Form einer »großen Stahlkonferenz« unter Vorsitz des Bundeswirtschaftsministers und unter Beteiligung von Unternehmen, Gewerkschaft und Vertretern der Länder mit Stahlstandorten kommt dieser Stahlausschuß am 24. 3. 83 dann auch tatsächlich zustande.

Gegenüber den Unternehmen besteht das Zugeständnis der Regierung darin, kein eigenes Umstrukturierungskonzept vorzulegen, sondern es den Managements selbst zu überlassen, sich entweder auf das Moderatorenkonzept oder »auf andere Modalitäten mit unternehmensübergreifenden Maßnahmen oder nennenswertem Rationalisierungspotential« zu einigen. Entscheidendes Kriterium für eine positive Beurteilung durch die Bundesregierung werde aber sein, »ob die neuen oder übrigbleibenden Unternehmenseinheiten imstande sein werden, auch nach der Zeit der Subventionen durch die öffentliche Hand aus eigener Kraft im Wettbewerb zu überleben«. Die Bundesregierung dürfe und werde überhaupt nur dann helfen, wenn eine hinreichend große Überlebenschance gegeben sei (D. von Würzen, Staatssekretär im Bundeswirtschaftsministerium, zit. nach *Handelsblatt* v. 21. 3. 83, 15). Der Staat gesteht also ein, daß das von ihm favorisierte Moderatorenkonzept, damit aber zugleich sein neuer Modus der Reorganisation der gesamten Stahlbranche, (zumindest vorläufig) gescheitert ist. Wie bereits bei den Fällen saarländische Stahlindustrie und Hoesch-Krupp überläßt er die Führungsrolle dem Privatkapital, bindet seine finanzielle Unterstützung jedoch wieder an bestimmte inhaltliche Vorgaben (Überlebensfähigkeit auf dem Weltstahlmarkt).

Obwohl die Stahlunternehmen das »Spiel mit wechselnden Allianzen« (*Neue Zürcher Zeitung* v. 20./21. 3. 83, 11) vorerst weitertreiben, zwingt sie der von der EG-Kommission gesetzte Endtermin für Beihilfeanträge (31. 3. 83) zu einem vorläufigen Abstecken der Terrains. Auf der Stahlkonferenz zeichnet sich folgende Modifikation des Moderatorenvorschlags ab:

– Thyssen und Krupp wollen – wie bei den Moderatoren vorgesehen – die Gruppe »Rhein« bilden.

– Von den übrigen drei Großen wollen Hoesch und Peine-Salzgitter über einen Rahmenvertrag zu einer weitgehenden Kooperation (nicht Fusion) gelangen, eventuell unter Einbeziehung der Arbed Saarstahl.

– Die Klöckner-Werke AG ist zum Alleingang gezwungen, da weder Hoesch noch Peine-Salzgitter in einem Zusammengehen mit Klöckner einen ökonomischen Sinn sehen. Die Bundesregierung scheint bereit, diesen »erzwungenen« Alleingang ebenfalls mit öffentlichen Hilfen abzusichern.

– Insgesamt sollen die Stahlkapazitäten soweit erhalten werden, daß der bisherige Produktionsanteil innerhalb der EG gesichert bleibt.

IG Metall wie betroffene Landesregierungen haben einer Erklärung des Bundeswirtschaftsministeriums zufolge lediglich eine grundsätzliche Zusage gegeben, »eine Umstrukturierung zu begleiten« (*Neue Zürcher Zeitung* v. 26. 3. 83, 19). Offenbar hat also die Stahlkonferenz für die unvermeidliche Neuordnung der deutschen Stahlindustrie wenig konkrete Ergebnisse gebracht. Die Bundesregierung erklärte sich trotzdem bereit, die nunmehr vorliegenden Grobkonzepte der Unternehmen der EG-Kommission zur Genehmigung vorzulegen. Sie hoffte wohl, bis zur beabsichtigten Entscheidung der Kommission (Ende Juni 1983) noch genügend Zeit zu haben, die Umstrukturierung – mit welchen Einzelergebnissen auch immer – im politischen Regulierungskartell durchzusetzen.

Inzwischen freilich ist nichts fraglicher geworden als dies. Aufgrund einer kurzfristigen konjunkturellen Belebung des Stahlmarktes und sachlicher wie politischer Differenzen zwischen Bund und betroffenen Ländern haben sich die Widersprüche zwischen den Einzelkapitalen und innerhalb des Staatsapparates derart verstärkt, daß die endgültigen Konturen einer neugeordneten deutschen Stahlindustrie immer undeutlicher werden:

– Wegen Bewertungsdifferenzen und einer zu geringen Vermögensmasse im Massenstahlsektor von Krupp ist derzeit offen, ob Thyssen und Krupp fusionieren, lediglich kooperieren oder allein bleiben (*Handelblatt* v. 21. 6. 83).

– Das frühere Sorgenkind Hoesch verkündet nun stolz, die eigenen Umstrukturierungsmaßnahmen sowie »eisernes Sparen« hätten das Unternehmen wieder in die Gewinnzone gebracht und den Vorsprung der Konkurrenten wettgemacht. Weitere Fortschritte beim Kapazitätsabbau seien auch durch unternehmensübergreifende Kooperation kaum noch zu erzielen. Vage bleibt die Andeutung, man sei gleichwohl zu jeder »sinnvollen« Zusammenarbeit bereit und wolle sowohl das Rahmenabkommen mit Salzgitter mit Leben erfüllen als auch die geplante Abgabe der leichten Profile an Arbed Saarstahl in die Wege leiten (*Frankfurter Allgemeine Zeitung* v. 6. 5. 1983).

– In einer prekären Lage scheint sich Klöckner zu befinden. Nicht nur hat die von der Bundesregierung beauftragte Prüfgesellschaft »Treuarbeit« erhebliche Zweifel an der Tragfähigkeit des Sanierungskonzeptes angemeldet. Die »Wirtschaftsvereinigung Eisen und Stahl«, der Klöckner nicht mehr angehört, will den unbotmäßigen Konkurrenten in die Knie zwingen, indem sie die Bundesregierung drängt, Bußgelder über insgesamt 187 Mill. DM per Zwangsvollstreckung einzutreiben, die die EG-Kommission wegen Überschreiten der zugeteilten Lieferquoten verhängt hat. Würden Klöckner die staatlichen Subventionen vorenthalten und zusätzlich diese Bußgelder fällig, bedeutete dies das Ende des Konzerns. Darauf spekulieren wohl auch die Gegner; denn zum einen würde die Zerschlagung Klöckners mit seinen vielen Standorten zwischen Bremen und Bayern die Neuordnung erleichtern; zum anderen könnten sich in der Folge Hoesch und Salzgitter jeweils allein als lebensfähig erweisen, da ihnen höhere Produktionsquoten zugeteilt würden.

– Innerhalb des Staatsapparates verstärkt sich der Streit um die stahlpolitische Strategie und um den Finanzierungsbeitrag der betroffenen Länder. Während der Bund weiterhin darauf beharrt, die Länder müßten sich mit 50 % an den öffentlichen Hilfen beteiligen, ist Nordrhein-Westfalen als der Hauptbetroffene lediglich zur Übernahme eines Drittels der Zuschüsse bereit. Darüber hinaus mißfällt allen Ländern, daß der Bund nach dem Scheitern des Moderatorenkonzeptes wieder seine frühere Position eingenommen hat, nämlich die inhaltliche Ausgestaltung der Neuordnung den Konzernen selbst zu überlassen, anstatt mit einem eigenen Gesamtkonzept steuernd einzugreifen. Der bislang letzte Versuch des Bundes, diesen Knoten zu durchschlagen, ist die Mitte Juni 1983 beschlossene Bereitstellung von insgesamt 3 Mrd. DM für Investitionszulagen (1,2 Mrd. DM) und Strukturverbesserungshilfen (1,8 Mrd. DM) für die Reorganisation der Stahlbranche. Mit der gleichzeitigen Drohung, das Geld gebe es erstens nur dann, wenn sich die Länder hälftig daran beteiligen, und zweitens nur für Unternehmenskonzepte, die von den Wirtschaftsprüfern der bundeseigenen »Treuarbeit« »auf ihre Tragfähigkeit untersucht und für ausreichend befunden worden sind« (Bundeswirtschaftsminister Graf Lambsdorff), will die Bundesregierung offenbar die Betroffenen erneut zur Eile zwingen – mit welchem Erfolg ist derzeit ungewiß.

Ob und wie also auf nationaler Ebene eine – ökonomisch notwendige – politische Regulierung der Stahlkrise gelingt, muß hier offen bleiben. Deutlich wird allerdings, daß die Muster korporatistischer Kartellbildung, wie sie an den Fällen Saarland und Ruhrgebiet analysiert wurden, deshalb auf nationalen Maßstab nicht ohne weiteres übertragbar sind, weil die sachlichen und politischen Konflikte zwischen den Einzelkapitalen und innerhalb des Staatsapparates in einer Weise kumulieren, die die staatliche Organisationsfähigkeit vor völlig neue Probleme stellt und möglicherweise auch die Grenze der relativen Autonomie des kapitalistischen Staates markieren.

# IV. Die Krise »von unten«: Der hilflose Arbeiter

Die Argumentation macht hier einen Sprung und setzt am anderen Ende an – bei den Krisenerfahrungen »unten«, an der Basis. Im theoretischen Bruch spiegelt sich ein *realer*: die Spaltung zwischen jenem aktiven Krisenmanagement der beteiligten Organisationen und der passiven Objektrolle des Massenpublikums, über dessen Kopf hinweg und auf dessen Rücken die Krise reguliert wird. Es ist der *hilflose Arbeiter*, dem hier »unten« die Bühne gehört – ein Nebenschauplatz freilich, von »oben« nahezu lückenlos kontrolliert, darum kein Ort des autonomen Handelns; nicht einmal der Wunsch danach scheint aufzukommen. Diese Situation des »einfachen Mannes« soll beschrieben und analysiert werden.

Die Analyse geht in zwei Schritten vor: Zunächst werden – anhand vorliegender Untersuchungen – einige Merkmale des »normalen« Arbeiterbewußtseins zusammengestellt. Daran schließt, zweitens, eine Auswertung von 20 Interviews mit saarländischen Stahlarbeitern an, durchgeführt auf der Suche nach »kritischen« Reaktionsveränderungen als Folge persönlicher Krisenbetroffenheit.

Diese Interviews fanden Anfang 1980 in Form eines (im technischen Sinne) offenen Gesprächs über bestimmte, gleichbleibende Themenkomplexe statt. Die Zusammensetzung der Stichprobe folgt einem groben Muster (Arbeiter aus allen drei Standorten; solche, die ihren Arbeitsplatz in der Krise behalten haben, die umgesetzt und frühverrentet wurden; verschiedene Alters- und Qualifikationsstufen; alle mit Familie). Sämtliche Befragten waren gewerkschaftlich mehr oder weniger aktiv, manche hatten sich auch politisch engagiert (Parteifunktion, Gemeinderat) – insgesamt also eine überdurchschnittlich hohe Partizipationsrate.

Erklärt werden sollte eine bestimmte (Nicht)Reaktion: In einer Situation, die theoretischen Überlegungen zufolge »reif« für politische Konflikte gewesen wäre (vgl. Esser/Fach/Väth 1978), hatte sich faktisch nichts gerührt – die Toleranzschwelle der Opfer des ökonomischen Einbruchs überstieg das »vernünftige« Maß. In dieser Lage kam es darauf an, das »unbekannte Wesen« Arbeiter nicht auf irgendwelche Konstrukte hin zu befragen, die sich die Theorie hilfsweise hätte zurechtlegen können. Einzig fruchtbar – trotz mancher Kritik (vgl. etwa Hartmann 1980) – erschien vielmehr der Versuch, die Akteure sich selbst erklären zu lassen und das Interview als Hilfe zur Selbstanalyse anzulegen. Auch so entstehen repräsentative Ergebnisse: nicht statistisch, sondern hermeneutisch, d. h., sie erlauben die einsichtige Rekonstruktion eines vorher unverständlichen Verhaltens – das zugleich *typisch* ist. Dieser weitergehende Anspruch hat zur Voraussetzung, daß es eine epochenspezifische Lohnarbeiter»logik« gibt, einen Arbeiter»charakter«, der jeden Lohnarbeiter als Lohnarbeiter kennzeichnet, den man deshalb in *jedem einzelnen* wiederfindet und nicht erst als Durchschnittsqualität einer (statistisch) repräsentativen »Masse«, (statistisch) repräsentativ zusammengesetzt aus unterschiedlichen Regionen.

## 1. Bewußtsein im Normalfall: Der »wohlhabende Arbeiter«

Der Normalfall des Arbeiters ist die Lohnarbeit – das gilt jedenfalls für eine überwiegende Mehrheit, die halbwegs verläßlich damit rechnen kann, ihren Arbeitsplatz auf absehbare Zeit zu behalten oder innerhalb erträglicher Wartefristen einen neuen, »zumutbaren« zu finden.

Diese grundsätzliche Sicherheit *erlaubt* es dem Arbeiter, sein Hauptaugenmerk auf den Lohn zu richten; die entfremdete Arbeit *erzwingt* es. So konstituiert sich jenes Syndrom, das als »instrumentelles Bewußtsein« bekanntgeworden ist.

### *1.1 Das instrumentelle Bewußtsein*

Der »normale« Beschäftigte zeichnet sich im »Schnitt« durch ein *instrumentelles Arbeitsbewußtsein* aus. Instrumentalismus meint: arbeiten um des Lohnes willen – weil alles andere gleichgültg ist.

> »Ebenso gleichgültig, wie dem Kapital, als sich verwertendem Wert, die besondere stoffliche Gestalt, worin es im Arbeitsprozeß erscheint, ob als Dampfmaschine, Misthaufen oder Seide, ebenso gleichgültig ist dem Arbeiter der *besondere Inhalt* seiner Arbeit. Seine Arbeit gehört dem Kapital, sie ist nur der Gebrauchswert der Ware, die er verkauft hat, und er hat sie nur verkauft, um sich Geld und mit dem Geld Lebensmittel anzueignen« (Marx ²1970, 39f.).

»Geld und nochmal Geld, sonst gar nichts« – diese Formel (eine der Antworten, die Goldthorpe u. a. [1970/71] bei ihrer Motivsuche erhalten haben) stellt in lapidarer Prägnanz klar, was den *Lohn*arbeiter an seine Beschäftigung bindet – speziell an jene, die sein Einkommen maximiert.

Daß viele Arbeiter sich heute einiges leisten können und auch leisten, ist bekannt. Gängige Wohlstandsattribute wie Auto, Kühlschrank, Waschmaschine, Fernsehgerät, ja sogar das eigene Haus, sind in den Massenkonsum eingegangen und haben teilweise bereits ihre Sättigungsgrenze erreicht. Es konnte der Eindruck einer »nivellierten Mittelstandsgesellschaft« entstehen, in die sich der »verbürgerlichte« Arbeiter materiell hochgeschafft und der er sich ideologisch angepaßt habe (Helmut Schelsky) – eine erst auf den zweiten Blick verzerrte Optik (vgl. Aglietta 1976; Goldthorpe u. a. 1970/71).

Die Rede vom »wohlhabenden« Arbeiter (Goldthorpe u. a. 1970/71) erscheint jedenfalls nicht falsch. Verglichen mit den kärglichen Verhältnissen früherer Epochen steht dem durchschnittlichen Zeitgenossen ein breites Spektrum erschwinglicher Konsumgüter vor Augen – natürlich auch manches, was seine Kaufkraft übersteigt. Daß der Arbeiter sich »erst außer der Arbeit bei sich und in der Arbeit außer sich fühlt«, daß er nur dann »zuhause ist«, wenn er *nicht* arbeitet (Karl Marx) – diese Kritik impliziert immerhin die positive *Möglichkeit*, sich auch als Lohnabhängiger mit dem Kapitalismus zu arrangieren – in der Freizeit, beim Konsum.

Hier liegt der Ursprung des *»fordistischen«* Reproduktionsmodells: vergleichsweise hoher Lebensstandard im Austausch gegen intensivierte Ausbeutung (Gramsci 1967, 400). Keiner hat diesen Tauschgedanken so prägnant formuliert wie Henry Ford selbst:

»Wenn der Unternehmer seine Leute dazu antreibt, ihr Bestes zu tun, und die Leute entdecken nach einer Weile, daß der Lohn ausbleibt, werden sie ganz natürlich in ihren Schlendrian zurückfallen. Finden sie aber die Früchte ihrer Arbeit in ihrem Lohnbuch wieder – sehen sie dort den Beweis, daß mehr Leistung zugleich mehr Lohn bedeutet – dann lernen sie auch begreifen, daß der Erfolg des Geschäfts von ihnen und ihr Fortkommen von dem Geschäft abhängt.« Ziel der »gemeinsamen« Anstrengungen soll »eine sichere und behagliche Existenz« für alle sein – und ganz besonders für den instrumentell abgerichteten Lohnarbeiter: Fühlt er nämlich, »daß sein Tagewerk ihm nicht nur die Lebensnotdurft, sondern darüber hinaus noch die Möglichkeit gewährt, seine Jungens und Mädels etwas lernen zu lassen und seiner Frau Vergnügen zu verschaffen, dann wird ihm die Arbeit ein guter Freund, und er wird sein bestes hergeben.« (Ford 1923, 76ff.)

Hier liegt auch der Ursprung *kapitalistischer Hegemonie*; denn jeder Proletarier muß sich sagen: »Sein Job, sein Lohn, seine Versicherung, seine Verwirklichungschancen als produktiver Arbeiter sind aus einem kapitalistischen System heraus entstanden«; natürlich: schönere Welten kann er sich vorstellen, aber wer soll sie verwirklichen? Und hat es nicht vor jeder Krise, die ihn erschüttert, bessere Zeiten gegeben, auf die man auch wieder hoffen kann? »Sein Haus, das er baut und in Ordnung hält; die Erziehung der Kinder, Erholung und politisches Engagement, Geschäfte voller Waren – mehr als er hoffen kann zu kaufen –, sein sozialer Status. All das ist an den kapitalistischen Status quo gebunden und aus ihm hervorgegangen.« Kurz: »Alles, was er hat, mag es auch wenig sein, und alles, was er sich erhoffen kann, hängt eng mit den Verhältnissen zusammen, so wie sie sind.« Darum werden sich die Verhältnisse so lange kaum ändern, wie »die kulturelle Stabilität und die tägliche Gewohnheit der Menschen unentwirrbar verflochten sind mit den kapitalistischen Einrichtungen und Produkten«. (Zitate aus: Bakke 1969, 58f.)

Fazit: Eine instrumentelle Arbeitsmoral ist zugleich die zwangsläufige Folge und der notwendige »Kitt« des kapitalistischen Systems: *ihre* Krise würde *seine* Existenz gefährden.

### *1.2 Strukturen und Varianten des instrumentellen Bewußtseins*

Die instrumentelle Orientierung samt ihrer Begleiterscheinung, der Konsumneigung, strukturieren das gewöhnliche Arbeiterbewußtsein, ohne es vollständig zu determinieren. Spielräume bleiben bestehen: aus dem Zusammenwirken von Identität und Differenz resultieren typische Einstellungsmuster.

*Arbeit:* Arbeit um der Entlohnung willen heißt nicht, daß von den Lohnarbeitern irgendeine beliebig hohe Bezahlung anvisiert würde. Was als Maximum gilt, hängt vielmehr von der Situationseinschätzung ab und richtet sich nach bestimmten Gerechtigkeitsvorstellungen.

Der angemessene *Lohn* wird anhand vielfältiger Vergleiche geschätzt und mit unterschiedlichen Maßstäben gemessen. Er soll – zugleich oder alternativ – den Arbeitsanforderungen entsprechen, das eigene Können bzw. die erworbenen Qualifikationen widerspiegeln, mit den Reproduktionskosten Schritt halten, Streß und Belastung ausgleichen, Gerechtigkeit verwirklichen, dem Anstieg der Unternehmensgewinne folgen (Kudera 1979, 96ff.; Herding/Kirchlechner 1980, 32ff.).

Diese Kriterien bringen zwei gegensätzliche Perspektiven zur Geltung. Eine »solidarische«, die, gemeinsame Bedürfnisse und Strapazen der eigenen Klasse in den Vordergrund stellend, eine Egalisierung des Einkommens befürwortet – wenigstens tendenziell, nach dem Motto: der »körperliche Einsatz ist für diese Leute doch gegeben. Und er muß schließlich auch sein Brot kaufen und alles andere ist genauso teuer.« Damit kontrastiert deutlich ein »egoistischer« Standpunkt, der den Unterschied – von Qualifikation, Leistung, Belastung – betont und im Lohn berücksichtigt sehen will: »Gerechter Lohn ist das, was der Mann leistet, erst einmal körperlich, dann geistig, dann die psychische Leistung« (so zwei Befragte bei Kudera u. a. 1979).

Freilich sind beide Haltungen praktisch kompromißfähig. Arbeit für Lohn und Lohn nach *Leistung*: Diesen Rahmen kann sich das instrumentelle Bewußtsein dann vorgeben, wenn ihm genügend Raum bleibt, um die eigene Zurücksetzung mit Anstand zu bewältigen (etwa als Ausdruck fehlender Chancengleichheit); um die eigene Leistung »passend« zu klassifizieren (Belastung, Qualifikation, »Output« – je nachdem); schließlich übermäßige Unterschiede kritisieren zu dürfen (es soll niemand verhungern, während andere ein Leben im Luxus führen).

Ambivalent erscheint die Einstellung zur *Technik*. Abwechselnd oder auch gleichzeitig empfindet man sie als grundsätzliche Bedrohung des eigenen Status (»Der Arbeiter braucht nicht mehr zu arbeiten, das macht alles die Maschine.«); als bedrohliche Beschneidung der funktionalen Kompetenz- und Machtsphäre (»Man merkt, daß Du nur ausführendes Organ bist, gar keinen Einblick hast, daß Du praktisch nur ein Depp bist . . .«); als menschenfeindliche Sachzwangherrschaft (»Die Maschine gibt das Tempo an. Die Maschine zwingt mich überhaupt, das zu tun, was sie will. Ich bin gezwungen, mich der Maschine unterzuordnen.«); und doch auch als Fortschritt auf dem Wege in eine weniger lästige Zukunft der Arbeit: »Durch die moderne Maschine hat man ja immer weniger körperlich schwere Arbeit zu verrichten. Das Leben wird leichter . . .« – ja sogar die Lebens*qualität* soll steigen: »Gerade durch den technischen Fortschritt ist der Arbeiter sehr schwer zu ersetzen. Er muß über die Geräte und Maschinen Bescheid wissen, wie er auch an der Meßtafel zu schalten hat. Er muß geistig mehr mitarbeiten als früher, wo alles auf rein körperliche Arbeit abgestimmt war.« Die meisten freilich machen sich nach keiner Richtung eine klare Meinung – mit welchen Gründen könnten sie auch? (Kern/Schumann 1977, 252ff.).

*Interesse:* Das durchschlagende Interesse am Lohn läßt offen, wie weit sich Arbeiter zu seiner Durchsetzung auf kollektiv organisierte Aktionen verlassen wollen und mit welcher Konfliktbereitschaft sie ihr Anliegen gegebenenfalls durchzusetzen bereit sind.

Die *Organisations*frage ist für den durchschnittlichen Arbeiter im Prinzip beantwortet: Er steht zu seiner Gewerkschaft, jedenfalls gilt sie ihm als notwendig. Dies trifft offenbar auf 80 bis 90 % zu, wobei sich hinter den Schwankungen in erster Linie der berufliche Status (Ungelernter, Arbeiter, Facharbeiter) verbirgt, aber auch das soziale Milieu von Elternhaus und Betrieb (vgl. Kudera u. a. 1979, 176ff.; Herding/Kirchlechner 1980, 203ff.).

Die Situation wird vielschichtiger, wenn es ums Motiv geht: Ein bewußt wahrgenommenes Klasseninteresse lassen gerade noch knapp 50 % erkennen (Kudera u. a. 1979, 192; Goldthorpe u. a. 1970/71 I, 104, finden sogar nur 20 %), die andere Hälfte macht alles Mögliche geltend, hauptsächlich ein individuelles Absicherungsinteresse und den kollegialen Druck am Arbeitsplatz. Das Bild verblaßt weiter, wenn aktives Engagement gefragt ist. Mehrheitlich geben sich Mitläufer zu erkennen – sie »betrachten die Gewerkschaft als ein selbstverständliches Mittel zur Sicherung und Förderung ihrer Interessen. Ihr Verhältnis ist durch strikte Kosten-Nutzen-Kalkulation bestimmt. Über die Wahrung ihrer Interessen gegenüber der Gewerkschaft hinaus sind sie nur bereit, das für den Erhalt der Organisation Nötigste zu tun.« »Engagiert-affirmative« bzw. »engagiert-kritische« Gewerkschaftsanhänger existieren zwar auch, doch sie machen eine mehr oder weniger verschwindende Minderheit aus. Dieses Ergebnis (Kudera u. a. 1979, 202ff.) paßt gut zu dem Befund von Goldthorpe u. a. (1970/71 I, 101ff.): Danach rafft sich kaum ein Mitglied dazu auf, seiner Minimalpflicht zu genügen und mindestens die Gewerkschaftsversammlungen regelmäßig zu besuchen.

Angesichts der allgemein lauen Beziehung zur Gewerkschaft nimmt es nicht Wunder, daß man den offenen, potentiell kostspieligen *Konflikt* um höhere Löhne und bessere Arbeitsbedingungen im Schutze der Organisation zwar meistens wagt, aber doch als ultima ratio ansieht und zu einem eher noch vorsichtigeren Gebrauch rät. Das Risiko eines Streiks ohne gewerkschaftliche Unterstützung gar würden nur ganz wenige eingehen (Herding/Kirchlechner 1980, 234ff.), und solche Entschlossenheit scheint mehr ohnmächtiger Wut denn geplanter Konsequenz zu entspringen: »Wir hätten wirklich mal das Messer zeigen sollen! Wir können auch, wenn wir wollen.« (Kudera u. a. 1979, 214) – derartige Drohungen stoßen ins Leere, ganz abgesehen davon, daß sie hypothetisch bleiben und so die praktische Risikobereitschaft geradezu dementieren. Nicht umsonst dürften es besonders ungelernte Arbeiter sein (vgl. Herding/Kirchlechner 1980, 210), denen »wilde« Aktionen vorschweben – abstrakt. Im Zweifel schicken sie sich dann genauso in ihr Los wie der große Rest, dem als einziger Trost bleibt, daß eben nicht mehr »drin« gewesen sei: weil die Unternehmer nicht nachgeben, weil die Gewerkschaft zu lasch war, weil die Kollegen nicht mitgezogen haben, weil man »auf dem Teppich bleiben« muß, weil die »Kuh nicht gemolken werden darf, bis sie keine Milch mehr gibt«, aus gesamtwirtschaftlicher Vernunft und ökonomischer Einsicht.

*Politik:* Das instrumentelle Interesse des »wohlhabenden« Arbeiters beeinflußt erwartbar auch sein Bild vom *Staat* und die Erwartungen an ihn. So kann es nicht verwundern, daß der Staat in erster Linie Wirtschaftswachstum und Vollbeschäftigung garantieren soll; erst weit dahinter rangiert der »law and order«-Anspruch, knapp vor Forderungen nach umverteilender Demokratisierung (Herding/Kirchlechner 1980, 245ff.). Dieser Abstufung ist freilich anzusehen, daß nicht eine nackte Interessiertheit am Staat dominiert, sondern Gerechtigkeits- und Gemeinwohlideale den egoistischen Standpunkt relativieren – nur knapp ein Drittel hält staatliche Politik für nichts als den Ausdruck gesellschaftlicher Machtverhältnisse und konkurrierender »pressure groups« (Kudera u. a. 1979, 311). Was jeder so für sich erwartet, überträgt er auch aufs Kollektiv. Eine Mehrheit ist jedenfalls der Ansicht, Gewerkschaften sollten ihre politischen Aktivitäten in engen Grenzen halten. Und wer für eine stärkere Einmischung plädiert, hält meist den Zusatz bereit: im Rahmen pluralistischer Kompromißsuche und mit dem Ziel des gerechten Ausgleichs legitimer »Klassen«-Interessen unter staatlicher Ägide. Konsequent wird umgekehrt diese Sphäre des legitimen Egoismus gegen staatliche Übergriffe verteidigt: hauptsächlich pragmatisch begründet (weil autonome [Tarif-]Strategien bessere Ergebnisse versprechen), häufig idealistisch überhöht – mit den Argumenten »Demokratie« und »freie Marktwirtschaft«. Allerdings: in solcher Selbstbescheidung schlägt sich neben einer grundsätzlichen Zufriedenheit mit dem gesellschaftlichen Status quo auch die realistische Einsicht in das beschränkte Einflußpotential nieder. »Normalerweise hat der Arbeiter nichts zu sagen« – diese von vielen geteilte Ansicht reflektiert ein ganzes Bündel von sozialen Hindernissen: Arbeitsbelastung, Informationsdefizite, institutionelle Filter und rechtliche Schranken (Kudera u. a. 1979, 277ff., 234ff., 268ff.).

Das teils harmonisierende, teils resignierende Staatsbewußtsein des »durchschnittlichen« Arbeiters überträgt sich bruchlos auf sein Verständnis von Position und Funktion der *Parteien*. Zwar bestehen kaum Zweifel daran, daß die Sozialdemokratie dem eigenen Standpunkt am nächsten kommt, doch wird sie nicht mehr als typische Arbeiterorganisation klassifiziert: »Eine Arbeiterpartei ist sie nicht unbedingt. Sie ist eine Partei der Mitte, Volkspartei kann man sie auch nennen. D. h., sie vertritt die Interessen der anderen mit, nicht bloß die Arbeiter« (vgl. Kudera u. a. 1979, 296). Infolgedessen erwartet fast niemand, daß die SPD an der Macht kompromißlose Arbeiterpolitik betreibt. Selbst wer diese Hoffnung hegt, will das Kapital in seiner Machtfülle allein dort stutzen, wo es sich zu viel »herausnimmt«. Für den übergroßen Rest steht das Regulativ des friedfertigen Interessenausgleichs nie in Frage: sei es, weil man sich in der Defensive wähnt und an mehr nicht zu denken vermag; sei es, weil der gerechte Kompromiß eben als staats- wie wirtschaftsbürgerliches Ideal gilt.

*Gesellschaft*: Arbeiter, die individuell ihre materiellen Ziele verfolgen – in bescheidenen Verhältnissen mit Erfolg – und vom Staat erwarten, daß er dieses Bemühen aus seiner Gesamtverantwortung heraus unterstützt, haben ihr »proletarisches« Bewußtsein verabschiedet, d. h., sie sehen die Gesellschaft nicht (mehr) als Kampfplatz von *Klassen*. Der empirische Befund bestätigt diese Verschiebung in doppelter Weise. Einmal stufen sich Arbeiter zwar mehrheitlich unterhalb der »Mittelschicht« ein, doch eher im Sinn einer statistischen Klassifizierung nach bestimmten Merkmalen denn als Klassenzurechnung (Herding/Kirchlechner 1980, 268). Da hinein gehört dann, daß (auch) subjektiv zwischen ihnen Konkurrenzbeziehungen vorzuherrschen scheinen – wie wohl diese manchmal kritisch reflektiert werden (vgl. Lichte 1978, 207ff.); dahin gehört ebenfalls die teils verständliche, teils verblendete Kritik an »Faulenzern«, »Gammlern«, »Drückebergern«: »Die haben auch kein richtiges Arbeitsinteresse. Die machen blau und sind dauernd krank. Das sind alles keine gewissenhaften Arbeiter« – wobei die Moral schnell in Kalkulation umschlägt: »Wenn eine ganze Gruppe arbeitet und ist ein fauler Hund dabei, dann darf man den Kameraden mit durchziehen. So arbeite ich für mich. Was ich hab', das hab' ich.« Für viele existiert Solidarität nur noch in der nostalgischen Erinnerung an (mehr oder weniger) bessere Zeiten: »den Geist gibt's ja heute nicht mehr« (Kudera u. a. 1979, 70ff.); und wie Mißtrauen die Konturen der eigenen Klasse verwischt, so verfließt das Bild vom kapitalistischen »Klassenfeind« durch ein weit verbreitetes Kooperationsbewußtsein. Nur eine Minderheit weiß die Herrschenden überhaupt als Klasse auszumachen; von seiner Ausbeutung weiß gut jeder zweite Lohnarbeiter etwas; weitaus die meisten halten Profite für legitim: »Gewinne sollen sein. Eine Wirtschaftsordnung, die nicht mit Gewinn arbeitet, die wird rückläufig, das ist ganz logisch« – diese Ansicht macht deutlich, wie »Profit« von einer sozialen Herrschafts- in eine sachliche Wohlfahrtskategorie umgedeutet und dadurch zum Anliegen der Allgemeinheit gemacht wird (Herding/Kirchlechner 1980, 280ff.; Kudera u. a. 1979, 82ff.). Von ähnlichen Harmonisierungstendenzen berichten im übrigen schon Goldthorpe u. a. (1970/71 II, 81): ihrem Befund nach glauben rund zwei Drittel aller Arbeiter daran, daß »Teamarbeit« für »alle von Vorteil« sei.

Trotzdem wird Gesellschaft als gespalten, d. h. als *Herrschafts*zusammenhang wahrgenommen, freilich nicht mehr unbedingt in Arbeiterklasse und Kapital; viele sehen ein diffuses Oben-Unten walten oder führen Einkommensunterschiede an – hier Arme, dort Reiche: »Einer hat einen Bungalow und einer hat gar nichts. Oder einer fährt Mercedes und der andere mit dem Fahrrad.« Differenzen springen natürlich ins Auge, werden deshalb registriert, auch regelmäßig als ungerecht empfunden – sie stellen indessen keine unüberwindbaren Barrieren dar, sondern provozieren eher den Anspruch auf gerechtere Beteiligung an gesellschaftlichem Reichtum und gesellschaftlicher Macht. Für die meisten heißt das Mittel dazu: Mitbestimmung – damit »der Arbeiter besser dasteht, wie er früher dagestanden ist«. Wobei man sich über die Grenzen des

Machbaren durchschnittlich sehr wohl im Klaren zu sein glaubt – eine »klassenlose Gesellschaft« halten fast alle für eine Utopie – »das wird wohl ein Wunschtraum bleiben« (Kudera u. a. 1979, 252ff., 243ff., 320ff.).

## *1.3 Grenzen und »Krücken« des instrumentellen Bewußtseins*

Im Kern meint instrumentelles Bewußtsein die Rechnung des Arbeiters, der den Lohn gegen seine Mühe aufwiegt und das Verhältnis optimiert. Eine Sache ist, daß diese Kalkulation von »außen« modifiziert wird: dank politisch-kulturell vermittelter Vorstellungen von Gerechtigkeit, Verantwortung usw.; eine andere, daß sie auch »innen« brüchig wird: durchdrungen von »sachfremden«, aber offenbar lebensnotwendigen Elementen wie Hoffnung, Rücksicht, Illusion, Schwäche. Anders gesagt: Der Instrumentalismus stößt an menschliche Grenzen und bedarf ideologischer »Krücken«, um intakt zu bleiben.

*Verschleiß:* Der »wohlhabende« Arbeiter sichert sich die »fordistische« Existenz durch den hohen Einsatz seiner Arbeitskraft (zusammen mit der seiner ganzen Familie – ob bezahlt oder nicht). Zwangsläufige Folge dieses durch Akkord-, Nacht- und Schichtarbeit systematisch geförderten Raubbaus ist ein mit steigendem Alter rapide fortschreitender physisch-psychischer Verfall. Die Opfer sehen ihre mißliche Lage realistisch. »Das Tempo ist zu stark, heute wird zuviel verlangt . . . ist ja das, was wir an der heutigen Zeit verurteilen, das Refa-System, das macht den Menschen kaputt. Früher wurde ja auch gearbeitet, kamen wir ja auch zu unserem Geld. Man weiß nicht, wie lange man das noch aushält«, meint ein Arbeiter, und ein anderer bekräftigt diese Skepsis: »Ich werde die Arbeit nicht bis zur Pensionierung aushalten, weil ich glaube, daß die Arbeitsbedingungen und das Arbeitstempo, wenn nicht um das Doppelte, so doch um 20 bis 30 % gesteigert werden« (Zitate aus: Kern/Schumann 1977, 229ff.). Die reale Ausweglosigkeit des Dilemmas, ein halbwegs komfortables Leben außerhalb der Arbeit mit dem Verlust des gesunden Lebens bei der Arbeit bezahlen zu müssen, demonstriert ein drittes Resümee (diesmal von Kudera u. a. 1979, 47 berichtet): »Das ist eine enorme Belastung –. Wenn man über die Dreißig hinausgeht, ist das problematisch . . . viel dazu beiträgt, daß man früher oder später sich eine

Magenerkrankung zuzieht, die dann eben dazu führt, wie bei mir, daß man eben nicht mehr Schicht schaffen darf.« Schaffen»darf«: Was ihn kaputt macht, empfindet er als Vorzug und als Verlust, nachdem es ihm entzogen wird.

Verschleißgrenzen des instrumentellen Bewußtseins sind für den einzelnen letztlich nicht verrückbar – gerade noch über Anfangsstadien seiner Zerstörung mag er sich hinwegretten und trotzdem »die Stückzahlen bringen«. Spätestens wenn *sie* nicht mehr stimmen, wird die fällige Quittung präsentiert. Trotzdem bleibt Platz für Illusionen – funktionsnotwendige, weil mit ihrer Hilfe das Lohninteresse oberhalb des objektiven Limits (»Akkord ist Mord«) subjektiv stabilisiert wird.

Die erste Selbsttäuschung beginnt mit dem Glauben an *Verbesserungsmöglichkeiten*: höherwertige Arbeitsplätze samt Spielräumen, um den schlimmsten Beschädigungen zu entgehen. Und sie endet bei verkehrten Interpretationen, die das Scheitern solcher Hoffnung positiv wenden: nicht als von außen gesetzten Zwang oder eigenes »Versagen«, sondern persönliche Leistung – man sei am jetzigen Arbeitsplatz unabkömmlich und unersetzbar, habe eine Vertrauensposition, sei kein Ellenbogen-Mensch und nicht bereit, die »Vetterleswirtschaft« mitzumachen, verweigere sich schließlich dem Korrumpierungsversuch der anderen Seite. Wo auch diese Konstruktionen nicht mehr helfen, setzt das ebenso folgenlose Liebäugeln mit dem Betriebswechsel ein (Kudera u. a. 1979, 54ff.).

Die zweite Illusion verschiebt das schönere Leben auf später, kalkuliert mit einer möglichst frühen Verrentung – die Freiheit des Alters: »Und wenn ich mal pensioniert bin, dann bin ich frei« (Zitat bei Kudera u. a. 1979, 62). Allerdings: Freiheit steht hier für nichts anderes als die tatsächliche Unfähigkeit, sich etwas *Positives* vorzustellen. Zeit seines Lebens daran gehindert, Bedürfnisse zu formulieren, geschweige denn zu realisieren, wird der Arbeiter auch im Alter sich nicht mehr »verwirklichen« können. So reduziert sich Freiheit im Kern aufs schiere Erleben der Pensionierung und einer Zeitspanne des Lebens ohne Arbeit. Daß man »zumindest noch ein Jahr Rente erleben kann« – erst bei dieser Minimalerwartung besteht eine reelle Chance, sich nicht selbst zu betrügen. »Fluchtperspektiven« (Kudera u. a. 1979) sind das alles nur in einem pervertierten Sinn: Ermöglichen sie doch Arrangement mit dem Status quo und helfen dem Arbeiter, den Verschleiß gerade nicht zu fliehen, sondern ihm standzuhalten.

*Lohn:* Wie schon angedeutet: Die Rede vom »wohlhabenden« Arbeiter ist auf den Vergleich mit früheren Zeiten und anderen Ländern angewiesen, wo es den Massen noch viel schlechter ging und geht. Sie anders verstehen wollen, hieße ihr eine zynische Wendung geben: denn nicht nur, daß dieser relative Wohlstand teuer erkauft wird – er hält sich auch, aller Anstrengungen zum Trotz, in sehr bescheidenem Rahmen (vgl. Osterland u. a. [5]1973). Zudem muß, soll der erstrebte Lebensstandard aufrechterhalten werden, meistens noch die Ehefrau arbeiten.

Wer hauptsächlich für das arbeitet, was er sich leisten können will, und dabei seine Grenzen ständig zu spüren bekommt, der wird seine Lage nur um-interpretiert erträglich gestalten können; nicht als auferlegte Schranke, sondern vernünftigen Verzicht aus eigenem Entschluß. Kudera u. a. (1979, 218ff.) sind mehreren Argumentationsmustern solcher Art auf die Spur gekommen. Z. B. einem »Melkkuh«-Kalkül: »Man muß ja auf dem Teppich bleiben. Ich kann nicht eine Kuh melken, bis sie keine Milch mehr gibt. Die Kuh, das ist der Unternehmer ...« Dieser Standpunkt reflektiert die ökonomische Situation des Lohnarbeiters, dessen Reproduktionsinteresse verlangt, auch jenes der anderen Klasse mit zu berücksichtigen: Altruismus als egoistisches Motiv. »Man kann nicht immer mehr nehmen, nehmen«, rechnet einer vor, »man muß ja auch denken, wie es weitergeht ... Die (das sind die unzufriedenen Kollegen – d. V.) müssen doch sehen, daß die ganze Lage da zusammenhängend floriert. Wenn sie jetzt mehr gefordert hätten und auch mehr erreicht hätten – den Schaden hätten *wir* gehabt, die Arbeiter!« Dabei wird die Bescheidenheit aus Schwäche als Nachgeben des Klügeren und Stärkeren wahrgenommen – darin täuscht man sich selbst.

Ein anderes Reaktionsmuster ist der »Verzicht aus Verantwortung« – entweder der ganzen Wirtschaft oder den Unternehmen und ihren Eigentümern gegenüber. »Gesamtwirtschaftlich gesehen bin ich zufrieden ...«, heißt im ersten Fall ein typisches Urteil; um »die Wirtschaft ein bißchen gesund zu halten, müssen wir auch ein bißchen zurücktreten«, sorgt sich dieser Typ von Lohnarbeiter und knüpft seine Opfer an das naturgesetzliche Wirken ökonomischer Konjunkturen: »Die sieben fetten Jahre sind vorbei. Einmal *muß* es ruhiger werden.« Die anderen, die zweite Sorte, rechnet als Quasi-Unternehmer, der seinen Betrieb nicht übermäßig belasten will und auch Anspruch auf einen angemessenen Anteil am gemeinsam Produzierten hat: »Man kann ja die Lohnforderungen nicht ins Uferlose steigern«, sagt man dann zu sich selbst und: »Wenn wir schon an dem großen Strang ziehen – der Unternehmer will ja auch noch was verdienen.« Den eigenen Nutzen erlebt das Arbeiterbewußtsein als Kosten des Unternehmers: »Das ist schon was: zwei Tage mehr Urlaub und 50 % mehr Urlaubsgeld; denn in einem Betrieb, der zehn- oder zwanzigtausend Beschäftigte hat – das sind schon Auslagen!« Wieder liegt die Illusion darin, daß es darauf ankomme, wie der einzelne Arbeiter sich verhält – als ob er eine Wahl hätte.

*Sinn:* »Wir sind praktisch nur noch ausführende Menschen. Die sagen uns nur noch, wir sollen uns die Finger schmutzig machen. Wie das funktioniert, das wissen nur die.« Diese resignierte Feststellung (vgl. Kern/Schumann 1977, 262) macht schlaglichtartig bewußt, wie deutlich auch der instrumentell eingestellte Lohnarbeiter die schwindende Qualität seiner Tätigkeit empfindet – das Produktionswissen und damit die Herrschaft über den Produktionsprozeß liegen bei »den anderen«, er selbst ist Anhängsel einer undurchschaubaren Maschinerie geworden, eingesperrt in das Korsett technischer Funktionsabläufe: »es ist ein Gefängnis, Du bist kein freier Mensch, zehn Stunden kein freier Mensch ...« (vgl. Kudera u. a. 1979, 40).

Jenseits des eingehandelten Lohnes verliert Arbeit ihren Sinn – der einzelne spürt das und muß sich vor dieser Einsicht schützen, weil er keine Konsequenzen ziehen kann. Nicht-Arbeit ist nur als Freizeit eine Alternative – wobei gerade dann ganz offenkundig wird, wie leer die Arbeit tagsüber war: sei es, weil ihm erst jetzt etwas richtig Spaß macht (basteln o. ä.), sei es umgekehrt, weil ihn auch jetzt nichts wirklich interessieren kann (»fertig«, wie er sich fühlt).

Trotzdem geben die meisten an, daß sie mit ihrer Beschäftigung »zufrieden« seien (bei Herding/Kirchlechner 1980, 66: durchschnittlich zwei Drittel der Befragten). Diesen Widerspruch löst ein sozialer Mechanismus aus, den schon Kern/Schumann beobachtet haben:

»Der mit seiner Arbeit Unzufriedene muß angesichts der herrschenden gesellschaftlichen Normen damit rechnen, als Versager zu gelten, weil er in einer Situation verharrt, die ihm selbst als problematisch erscheint. Sich mit seiner Arbeit zu arrangieren, ›alles in allem‹ zufrieden zu sein, auch wenn viele Einzelheiten negativ erscheinen, ist in dieser Situation leicht ein Gebot positiver Selbstinterpretation.« (1977, 210)

Der Druck von außen löst im Innern verschiedene Anpassungsreaktionen aus (vgl. Kudera u. a. 1979, 38ff.) – jenseits des inhaltlich *gleichgültigen*, wenn nicht *negatorischen* Instrumentalismus, auf den sich längst nicht alle umstandslos zurückzuziehen vermögen. Ein Teil (jene Minderheit, die unter relativ günstigen Bedingungen arbeitet) schraubte eben seine Ansprüche zurück und *identifiziert* sich mit etwas, das ihn, verglichen mit früher, weniger erfüllt. Indessen bleibt dem weitaus größeren Rest dieser Rückzug offenkundig versperrt, weil ihm nicht mehr genug Sinnsubstanz gelassen wird. Wo es soweit gekommen ist, existiert nur noch die Möglichkeit der *Kompensation*, etwa nach dem Motto: »Es gibt Menschen, die können das nicht machen, die finden das arg eintönig. Aber ich habe mich mit den Jahren so dran gewöhnt, also mir macht das trotzdem Spaß. Ich habe meine Freude dran – trotzdem.« Oder man *resigniert* und denkt an schlimmere Verhältnisse: ». . . Ganz zufriden bin ich nicht, ich bin nur befriedigt – na ja, ein Tag ist vorbeigegangen, und ich hab keine Schwierigkeiten gehabt. Es könnte schlechter sein. Ich weiß genau, wie der Verschleiß ist in anderen Betrieben.«

Ein weiteres Mal also: mehr oder weniger verzweifelte Versuche, sich über die durchschnittliche Trostlosigkeit der Arbeitsexistenz hinwegzuretten und Bedürfnisse so weit zu verändern, daß sie unter den herrschenden Zwängen erfüllt werden können.

*Sicherheit:* Prototypische »Instrumentalisten« sind absolut mobil und nehmen jede Marktchance wahr, um ihre Arbeitskraft dem jeweils Meistbietenden zu verkaufen. Annäherungsweise mag dieser Typ existieren: speziell unter jüngeren Arbeitern, vor allem bei günstiger Konjunktur. Der Normalfall aber sieht anders aus – da wiegt die Sicherheit des besonderen Arbeitsplatzes sehr schwer, finanzielle oder sonstige Nachteile werden für sie in Kauf genommen. Mehr noch: Instrumentelles Denken könnte sich ohne sichere Beschäftigung – genauer: den Glauben daran – nicht entfalten (vgl. Goldthorpe u. a. 1970/71 I, 126ff.).

»Die Unsicherheit um den Erhalt der Reproduktionsmöglichkeit hat auch heute noch konstitutionelle Bedeutung für das gesellschaftliche Bewußtsein der Arbeiterschaft« – dieses Fazit, von Kern/Schumann (1977, 280), in besseren Zeiten gezogen (1970), stimmt heute um so mehr, als sich die wirtschaftliche Lage grundlegend verschlechtert hat. Paradox daran ist nur, daß sich dieses Wissen um die Unsicherheit des eigenen Arbeitsplatzes gerade dann zu verflüchtigen scheint, wenn es sich bestätigt: bei unmittelbar drohender Arbeitslosigkeit. »Viele Belegschaftsmitglieder sperrten sich gegen die Einsicht, daß das Werk stillgelegt werden könnte. Sie waren eher bereit, jeder Äußerung der Geschäftsleitung und jedem Gerücht der Kollegen, in dem sich ein Weiterbestehen des Betriebes andeutete, Glauben zu schenken« – so beschreibt Bosch (1978, 189) die typische Reaktion auf den konkreten »Ernstfall«. Sein Urteil illustrieren Äußerungen wie diese: »Wie das Gerücht rumlief, durch den Betrieb lief: wird stillgelegt, da wußte ja kein Mensch, was werden soll. Und da hat man sich eben an alles geklammert, das erstmal was gab. Da liefen die wildesten Gerüchte da rum: Das wird nicht stillgelegt und das wird nicht stillgelegt.« Man verdrängt das Verhängnis, aus dem es kein Entkommen gibt. Was abstrakt, als Möglichkeit, präsent ist, tritt in der konkreten Situation völlig unerwartet ein und mit ungeahnter Härte:

»Die Betriebsstillegung wurde als Bedrohung des Lebenszusammenhangs wahrgenommen. Die Befragten sahen sich ohne stabile Lebensgrundlage: ›Ohne Boden unter den Füßen‹. Die Zukunft war ungewiß geworden. Von der Unternehmensleitung waren sie als Objekte behandelt und nicht als Personen gewürdigt worden, die sich für das Unternehmen verausgabt hatten. Das Engagement und der Fleiß in der Arbeit, das Vertrauen auf das Weiterbestehen des Betriebes hatten sich als unangemessene Vorstellungen erwiesen. Zentrale Wertvorstellungen, die für die Beschäftigten Gültigkeit hatten, waren erschüttert.« (Bosch 1978, 191)

Noch einmal bedient sich hier das instrumentelle Bewußtsein einer »Krücke«, um seine Grenzen überschreiten und mit dem Status quo Frieden schließen zu können: Solange es nur irgendwie geht, hält der Arbeiter an seinem Eigenwert als *Person* fest, die man so nicht behandeln könne, wie sie innerhalb des Systems funktioniert – als *Ware*. Doch brutal, wie in keinem anderen Fall, wird seine Illusion zerstört: eine Täuschung ist nicht mehr möglich.

*Instrumentelles und illusionäres Bewußtsein:* Das rücksichtslose Ende der Illusion vom sicheren Arbeitsplatz ist zugleich die unverrückbare Grenze des instrumentellen Bewußtseins. Der »wohlhabende« Arbeiter zerfällt als Figur – nicht darum, weil er ohne Beschäftigung seinen Wohlstand einbüßen würde (die Verluste, wiewohl spürbar, halten ihn im Rahmen des gewohnten, sowieso bescheidenen Lebensstandards), sondern aus einem ganz anderen Grund: Konsum und Arbeit gehören im herrschenden »fordistischen« Verständnis unlösbar zusammen. *Lohn* muß es sein, nicht einfach Geld, was ausgegeben wird; deshalb sind staatliche Hilfen im Durchschnitt keine Alternative. Denn ». . . für die meisten Männer in unserem Kulturkreis ist Arbeit offensichtlich das einzige Organisationsprinzip und der einzige Weg, um ihr Selbst auszudrücken und darzustellen« (Komarowsky 1940, 81; mit empirischen Hinweisen: Bahnmüller 1981, 57ff.).

Vernichtet die Verwertungsstrategie des Kapitals Arbeitsplätze, dann wechselt zwangsläufig das Denkschema der Betroffenen. Diese Veränderung ist schon an ihren Reaktionen abzulesen: »Also, ich halte von Betriebstreue sehr viel. Vorausgesetzt ist natürlich, daß der Arbeitgeber diese Betriebstreue auch anerkennt.« Oder: »Wissen Sie, das klingt zwar ein bißchen albern, aber ich meine, Betriebstreue ist was Feines, und das gehört einfach dazu. Man soll nicht dauernd wechseln, und das soll auch der Unternehmer nicht.« Oder: »Ich will mal sagen, wenn es wirklich ein gutes Werk ist, und die Vorgesetzten sich mit den Kollegen auch gut verstehen, ist Betriebstreue immer gut. Und vor allen Dingen, in so einem großen Betrieb, der braucht eine Stammannschaft, wo man sich drauf verlassen kann. Und wenn er die nicht hat, ist der ganze Betrieb Scheiße.« Nachdem dann der Beschäftigungsverlust diese Anhänglichkeit, weil einseitig kündbar und skrupellos ausgebeutet, zur sentimentalen Marotte degradiert hat, bleibt nichts als maßlose Frustration. Treue? »Ach, da geb ich gar nichts mehr drum . . . Das hatte ich vorher nicht so richtig durchschaut, und heute habe ich das doch durchschaut. Und heute sage ich nur: sei vorsichtig!«. Oder: »Da halte ich gar nichts von, das ist reine Bequemlichkeit. Also, wenn da irgendwo ein Jubiläum ist, muß ich immer lachen.« Oder: »Betriebstreue, da kriegt man doch keinen Pfennig Geld. Der Unternehmer sagt auch: Hast Deine Arbeit getan, kriegst einen Tritt in den Hintern« (Bosch 1978, 205; von ähnlichen Erfahrungen berichtet Bahnmüller 1981). Kurz: Der »Betrieb war auch nicht treu«, darum braucht es der Arbeiter nicht zu sein. Er ist enttäuscht worden und will nun seinerseits enttäuschen – also nicht Ende, eher Wechsel der Illusion.

Im proletarischen »Ernstfall« Entlassung wird offenkundig *Treue* zur Schlüsselkategorie des Arbeiterbewußtseins – das damit seine gewöhnliche Sphäre, den Warentausch, abrupt verläßt und eine ganz andere Qualität annimmt: es »verbeamtet« sich (selbstredend fiktiv). Denn Treue »ist Wesensmerkmal des Berufsbeamtentums« (Walter Leisner), aus ihr atmet die »›Lebensluft‹ des öffentlichen Dienstes« (Herbert Krüger). Als neues Paradigma regiert nun das *bürokratische Bewußtsein*: Ausdruck individueller Hilflosigkeit ungewohnten Sicherheitsrisiken gegenüber.

## 2. Bewußtsein im Ernstfall: Der hilflose Arbeiter

Der Paradigmawechsel vom instrumentellen, lohnbezogenen zum bürokratischen, sicherheitsorientierten Bewußtsein bedeutet nicht, daß damit ein völlig neuer Mensch die soziale Bühne beträte. Im Gegenteil: Nur wer sich »in der Zeit« als »wohlhabender« Arbeiter verhalten hat, gerät »in der Not« unter jenen bürgerlich-existentiellen Druck, dessentwegen er so hilflos wird.

Darum findet keine Gegenwehr statt. Die Alternative wäre eine *solidarische* Krisenreaktion – Resultat und bruchlose Fortschreibung alltäglicher Solidarität nach dem Muster: Arbeit als Mittel zum Zweck *und* gemeinsame Tätigkeit innerhalb einer Gruppe; Orientierung an Gruppennormen, selbst auf Kosten individueller Verbesserungen; Gruppenidentität in der Konfrontation mit der Unternehmermacht; emotionale Bindung an den Arbeitszusammenhang (= produktive Tätigkeit plus soziale Beziehungen); Fortpflanzung des Betriebslebens in der Freizeit: Arbeiterkultur und Arbeitergemeinschaft; intensive Mitarbeit in Arbeiterorganisationen und -vereinen (vgl. Goldthorpe u. a. 1970/71 I, 50f.). Solche Voraussetzungen würden eine – jedenfalls kurzfristige – *kollektive* Konfliktbewältigung ermöglichen, weil lange eingeübte, vielfältig verflochtene Sozialbeziehungen mobilisiert werden könnten. Dem individualistisch denkenden, isoliert lebenden, konsumistisch eingestellten Arbeiter des instrumentellen Typs stehen sie nicht zur Verfügung – was konkrete Anlässe immer wieder demonstriert haben, ungeachtet einzelner Paradefälle militanter Trotzreaktion.

## 2.1 *Zwischenbemerkung zur Methode*

Die Analyse des Arbeiterbewußtseins hat sich auf den *beschäftigten* Arbeiter konzentriert und von ihm ein ebenso umfassendes wie nunanciertes Bild gezeichnet. Sehr viel spärlicher finden sich Untersuchungen zur psychischen Verfassung oder sozialen Lage *arbeitsloser* Menschen – Reflex der Tatsache, daß das Arbeitslosenproblem lange nicht mehr virulent geworden ist, speziell hierzulande. Immerhin: Mit dem Wirtschaftseinbruch kam die einschlägige Literatur, darunter auch einige Studien über das Bewußtsein Arbeitsloser (Bosch 1978, Bahnmüller 1981, Zoll 1981); weitere werden folgen.

Weder seiner Anlage nach noch von der Absicht her setzt das, was an Überlegungen zum Basisverhalten im saarländischen Stahlkrisenfall dargelegt wird, die eingeleitete Reihe einfach fort:

– Normalerweise fragt man (auch in früheren Berichten im Gefolge der ersten Weltwirtschaftskrise 1929) nach den Folgen von Arbeitslosigkeit für die Arbeiterexistenz; hier interessiert dagegen, warum sich niemand dagegen wehrt. Eine, aber noch keine hinreichende Antwort liefert die zweite Modifikation:

– Arbeitslosigkeit ist insofern nicht der völlig adäquate Ansatzpunkt, als sie vom politischen Krisenmanagement weitgehend verhindert oder zumindest in ihren Folgen abgemildert wird: Sozialplanregelungen entschärfen das Ärgernis bis zu einem gewissen Grade.

– Schließlich stellen die vorhandenen Bewußtseinsanalysen über Arbeitslose (wie Arbeitende) eher darauf ab, existierende Differenzierungen im Denken ihrer »Objekte« nachzuzeichnen: offen bleibt die Frage, warum trotz solcher Vielfalt ein uniformes (Nicht-)Handeln zustande kommt, weshalb statt eines breiten Spektrums bis hin zum resoluten Widerstand (fast) immer nur resignative Anpassung registriert werden kann.

Nichts davon hindert daran, die vorhandenen Resultate zu verwerten; aber sie sind unter den Gesichtspunkten der veränderten Fragestellung ergänzungsbedürftig.

Die reine Form der bürokratischen Orientierung ist schon bei Goldthorpe u. a. (1970/71 I, 49f.) beschrieben. Im Anschluß an Max Weber formulieren sie einige zentrale Elemente, darunter und für die »Verbeamtung« des Arbeiterbewußtseins im Krisenfall besonders charakteristisch:

– »Arbeit ist gleichbedeutend mit der Dienstleistung für eine Organisation, die durch regelmäßiges Ansteigen des Einkommens und des Status und durch langfristige Sicherheitsgarantien, d. h. durch die Garantie einer Karriere honoriert wird.« Und:

Die »verhältnismäßig sichere und priviligierte Existenz einerseits verlangt eine spezifische Verpflichtung und ein Treuegelöbnis gegenüber der Verwaltung andererseits. In diesem Falle ist also eine neutrale Beziehung zum Arbeitgeber unwahrscheinlich: sie wird normalerweise positiv sein, solange die moralischen Erwartungen erfüllt werden, oder aber extrem negativ sein, wenn der Beschäftigte das Gefühl hat, für den moralischen Einsatz gegenüber seiner Organisation nicht honoriert zu werden.«

Dieser Typus des »Arbeiter-Beamten« (Otto Hintze) bleibt normalerweise latent – erst die Erschütterung der Beschäftigungslage (Arbeitslosigkeit, Versetzung, Frühverrentung) bewirkt sein deutliches Hervortreten. Aus dem existentiellen Interesse an einer »Lebenslänglichkeit der Stellung« (Max Weber) heraus dominiert nun, in der Not, das Bekenntnis zum umfassenden Dienst- und Versorgungsverhältnis: »Treue, Ergebenheit, Pflichteifer im Dienst auf der einen Seite, wohlwollende patriarchalische Fürsorge auf der anderen Seite« (Hintze $^{2}$1964, 73). Jedenfalls *im Nachhinein* sieht man die Arbeitsbeziehung so und glaubt auch, seinen Part erfüllt zu haben – darum jenes immer wieder konstatierbare Unverständnis für den Vertrauensbruch des »Dienstherrn«: »Den meist durch die Betriebsstillegung stärker betroffenen Belegschaftsmitgliedern fiel es hingegen schwer, die Stillegungsentscheidung aus Profitgesichtspunkten für rational zu halten«, resümiert Bosch seine Erfahrungen (1978, 203). »Diese Belegschaftsmitglieder hatten sich bis zur Stillegung an den von der Betriebsleitung geforderten Arbeitsnormen wie Disziplin, Zuverlässigkeit, Gewissenhaftigkeit und hohe Leistungsverausgabung orientiert. Die Befolgung und auch partielle Internalisierung dieser Normen, so glaubten die Beschäftigten, sichere ihnen ihren Arbeitsplatz.« Sie »haben ihr Bestes getan« und sind um die Belohnung, den sicheren Arbeitsplatz, betrogen worden: von unfähigen oder böswilligen Unternehmern.

Die Verwandlung des Arbeiters vom instrumentell denkenden *Markt*-Teilnehmer zum bürokratisch orientierten *Organisations*-Mitglied vollzieht sich nicht linear und eindimensional. Vielmehr kreuzen sich zwei Prozesse, *schematisch* dargestellt:

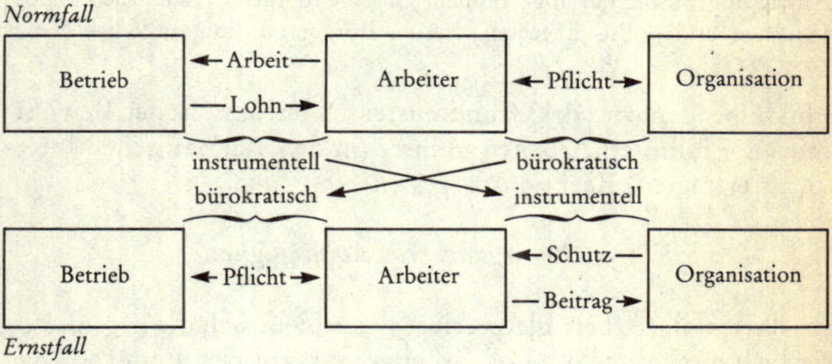


– Das Normalfall-Bewußtsein reagiert vorherrschend instrumentell im Arbeitsverhältnis (Arbeiter-Betrieb), und es ist tendenziell bürokratisch verbunden den Organisationen seiner Interessenvertretung: Man zahlt pflichtschuldigst Beiträge (an Gewerkschaft, Partei, Staat), handelt überhaupt staatsbürgerlich verantwortungsbewußt und kann sich dafür in diesem Staat »zu Hause« fühlen.
– Das Ernstfall-Bewußtsein ersetzt den (aufgekündigten) instrumentellen Arbeitsbezug durch eine bürokratische Enttäuschungs-Mentalität und verschiebt sein instrumentelles Interesse tendenziell auf die Organisationen: sie sollen jetzt gefälligst helfen, nachdem man jahrelang Vorleistungen erbracht hat. Oder in den Worten eines saarländischen Stahlarbeiters: »Der Kollege am Arbeitsplatz hat gesagt: Jetzt, male mal nicht so schwarz, es wird schon nicht so kommen. Warte einmal ab, die müssen ja für uns sorgen.«

Die ganze »Tiefe« dieser bürokratischen Hilflosigkeit, des Ausgeliefertseins an höhere Mächte gleich welcher Art, käme nicht zum Vorschein, würde man sie als bloßes *Bewußtseins*phänomen, entstanden ausschließlich innerhalb des *Arbeits*zusammenhangs, einstufen. Vielmehr setzt sich hier ein *materiell* fundiertes und *um*-

*fassend* organisiertes Herrschaftssystem fort, das der großverbandlich strukturierte Sozialstaat errichtet hat:

Soziale Sicherheit »bleibt unter den Folgen der Wirtschafts- und Staatskrisen im Ablauf der letzten 100 Jahre nicht mehr ein Schutzgut für die Ärmsten, sondern wird ein knappes Daseinsgut für fast alle. Es eignet sich vorzüglich zur wohlregulierten und straff administrierten Verteilung von existentiellen Lebensgütern durch Herrschaftseliten und nötigt unter dem Anpassungszwang der abgelaufenen Geschichte die wirtschaftlich depossedierten und politisch verunsicherten Bürger zur Fügsamkeit.« (Baier 1977, 137)

Im folgenden wird das Grundmuster des bürokratischen Bewußtseins der hilflosen Arbeiter an ihrer (in den saarländischen Interviews erfragten) Reaktion dargestellt.

## *2.3 Die organisierte Abhängigkeit*

Im Krisenfall (Arbeitsplatzverlust) verschiebt sich die organisatorische Verankerung des Lohnarbeiters auf typische Weise: Solange das Leben noch seinen normalen Gang gegangen ist, hat der Betrieb als integrativer Bezugspunkt dominiert. Wenn es ernst wird, sind die anderen »Sicherheits«bürokratien »aufgerufen«, enttäuschte Hoffnungen zu kompensieren: Gewerkschaft, Partei, Staat. Alleine, ohne Anleitung und Rückendeckung von »oben«, kann man nichts machen. Und *mit* der Organisation im Rücken sind eigene Anstrengungen schon fast wieder überflüssig: »Sie sind Mitglieder, weil sie sagen, wir brauchen die. Aber man läßt sie allein. Wir brauchen sie, aber sie sollen mich in Ruhe lassen« (so ein Neunkircher Stahlarbeiter).

Den Anspruch auf die Hilfe in der Not begründet, wie gesagt, das Wohlverhalten über die langen Jahre des Mitglieds-, Wähler- und Bürgerdaseins – verbunden mit dem Versprechen, auch künftig sich loyal verhalten zu wollen. Darum hat jede Organisation einzeln und im Verband mit den anderen, einschließlich des zur Raison gebrachten Unternehmens, alles zu versuchen, was dem einzelnen zu seinem wohlverdienten Recht verhelfen könnte, jedenfalls soweit es die Umstände erlauben. Wo diese Bereitschaft fehlt oder scheitert, sieht sich das geopferte Individuum von seiner im Austausch angebotenen Loyalitätspflicht entbunden.

So sieht, grob skizziert, die Reaktion des organisierten Charakters aus – sie gilt es nun im einzelnen zu rekonstruieren.

*Die Ohnmacht des einzelnen:* Sollte sich nicht jeder Arbeiter dagegen wehren, wenn über seinen Kopf hinweg und auf seinem Rücken die Krise rentabel reguliert wird? »Ich wäre einer, der sofort dafür einsteht. Nur der einzelne wird es nie bringen.« Dieses individuelle Fazit repräsentiert die typische Reaktion. Man würde vielleicht, wenn ... – und dann folgten *gute* Gründe (nicht einfach Ausflüchte), warum es nichts »bringt«, aus der Organisations-Haut zu fahren: die Konkurrenz um knappe Arbeitsplätze, gekoppelt mit der Angst, von den anderen deshalb im Stich gelassen zu werden: »Wenn man mal was macht, dann sind's erst zehn Mann, nachher sind's nur noch acht und wenn's dann richtig rundgeht, dann sind's nur noch fünf. Und wenn's ganz hart kommt, dann sind nur noch zwei Mann übrig. Und dann ist's nachher noch möglich, daß man dann noch zwischen zwei Feuern steht. Dann will keiner was gesagt haben«. Das Vertrauen in die »zuständigen« Stellen, in deren Verhandlungen schon das »Machbare« herauskommen wird; eine Hoffnung, daß es nicht ganz so schlimm kommen würde und im Zweifel der andere dran sei – schließlich hat man ja bisher auch alle kritischen Situationen überstanden; die Einsicht, daß der »kleine Mann« sowieso nicht Bescheid wisse über den komplizierten volkswirtschaftlichen Gesamtzusammenhang, dem es in solchen Fällen Rechnung zu tragen gelte; das apathische Desinteresse undurchschaubaren und unbeeinflußbaren Sachzwängen gegenüber; eine typische »deutsche« Untertanenmentalität (bei den anderen), die jeden Gedanken an spontane Gegenwehr illusorisch mache usw. (s. u.). Welche Argumente im einzelnen vorgebracht werden – alles läuft auf die Ohnmacht des einzelnen Arbeiters hinaus: »Der Kleine ist zwar in der Masse stark, aber trotzdem, der Kleine wird ja so klein gehalten, daß er sich nicht traut, den Mund aufzumachen«, schildert einer nüchtern die Situation; und er hätte fortfahren können: Eben solange keiner den Mund aufmacht, wird aus den vielen »Kleinen« auch keine starke »Masse«. Darum lautet durchgängig das Resümee: *Führung* muß sein, genauer: Führung durch die »Verantwortlichen«. Denn sie sind organisatorisch abgesichert, unterliegen also nicht denselben Risiken und Pressionen wie der normale Arbeiter, dessen legitime Furchtsamkeit allenthalben bestätigt und begründet wird: »In Wirklichkeit traut sich das niemand, da irgendwie als Führungsmann zu stehen oder irgendwie andere heute ein bißchen zum Zusammenhalt aufzufordern, zum Zusammenhalt führen oder so, da traut sich niemand, weil die Führungsspitze da stark drauf achtet, damit unter den Leuten keine Einigkeit aufkommt. Das wird verstärkt beobachtet.«

»Verantwortlich« ist in diesem Fall – wo es ein zwar legitimes, gleichwohl partikulares Anliegen zu verteidigen gilt – das »zuständige« Vertretungsorgan, die Gewerkschaft samt dem von ihr gesteuerten Betriebsrat. Dabei kann man sich an bessere Zeiten erinnern: »Unser alter Betriebsratsvorsitzender«, rekapituliert einer, »der hat gesagt: Morgen, da marschieren wir nach Bonn. Und ich bin überzeugt davon, wenn der noch da wäre, daß in dieser Richtung etwas passiert wäre.« Den Einwand, so etwas könne doch nicht von Personen abhängig gemacht werden, läßt er nicht gelten: »Wenn Sie eine Gruppe haben, die Gruppe braucht jemand, der sie führt. Das ist also unbestritten, da können Sie in jedes Land gehen, in das Sie wollen, gehen Sie mit drei Kollegen fort, dann werden Sie feststellen, daß irgend einer sagen muß: Komm, wir gehen jetzt mal dorthin. Irgend einer muß die Initiative ergreifen. So ist das überall. Und der neue Betriebsrat hat bis jetzt noch nicht die Initiative ergriffen.« Derselbe Arbeiter macht auch klar, warum nicht irgendein charismatischer Volkstribun gefragt ist, sondern der gewerkschaftlich disziplinierte: »»Ich wäre dafür, daß die Gewerkschaft die Führung hat. Und zwar aus dem einfachen Grund, ich habe das 69 erlebt bei den Streiks (die ›wilden Septemberstreiks‹ – d. V.), da gibt es schnell irgendeinen Radaubruder, und dann fängt es an, und dann ist alles kaputt. Und wenn keine Führung da ist, kann so etwas aus der Hand gleiten. Das will man ja auch nicht. Schauen Sie, sie gehen ja streiken, nicht um den Arbeitsplatz zu verlieren, sondern weil ihnen das Geld eben nicht langt, die Arbeitsbedingungen nicht mehr passen. Es geht darum, etwas abzustellen, etwas besser zu erzielen . . . Man muß ja auch mal weiterdenken, ich könnte jetzt mal hingehen und könnte das alles kaputtschlagen, aber der andere, der daheim Familie und Kinder hat, der ist dann der Mit-Leidtragende . . .« Der »andere«, das ist genau er selbst: Verheiratet, drei Kinder und im Zweifel Leidtragender, wenn alles kaputtgeht. Deshalb würde er so wenig etwas kaputtschlagen wie (fast) alle anderen auch; deshalb traut er sich ja als ungeschützter einzelner *überhaupt* nicht.

Also: Führung ist unabdingbar und sie ist unabdingbar mit gewerkschaftlicher Organisation verknüpft – ohne diesen Rückhalt darf sich niemand trauen, und wer sich dennoch traute, wäre gefährlich.

*Der Anspruch auf Schutz:* Der gewerkschaftliche Beistand im Notfall ist keine Frage von Hoffnungen, sondern ein billiger Anspruch: erworben durch die pflichtgemäße Leistung des Mitglieder»beitrags«, finanziell und vielleicht auch darüber hinaus.

Diese instrumentelle Einstellung zur Gewerkschaft rührt daher, daß man in der Regel nur mit einer bestimmten Geldsumme engagiert ist: die Arbeiterorganisation als Versicherungsgesellschaft für private Interessen und schlechte Zeiten. Dabei wird (notgedrungen) recht scharf kalkuliert: »Ich habe die ganze Zeit jetzt 12 DM Beitrag bezahlt; das war so viel, wie ich mir leisten konnte, ich habe bisher ja auch keine Gewerkschaft gebraucht. Und habe auch nicht vorgehabt, sie in Anspruch zu nehmen. Aber dann ist vor einem Jahr oder anderthalb die Beitragsangleichung an Nordrhein-Westfalen gekommen, und zwar ist das 1 % vom Bruttolohn. Und da hätten Sie dann mal sehen müssen, was dann passiert ist. Dann waren von denen, die in der IG Metall organisiert waren, schon die Hälfte dafür, auszutreten« – in Richtung der billigeren Konkurrenz des Christlichen Metallarbeiterverbands, der im Saarland noch eine vergleichsweise große Rolle spielt. Andere Berichte bestätigen diese Situationsbeschreibung, etwa so: »Der Arbeiter sagt: Bin zahlendes Mitglied oder auch nicht, ich weiß es nicht. Die machen schon etwas, die machen es schon so ungefähr. Der mault zwar über alles, was kommt von den Gewerkschaften, im kleinsten Kreis. Aber wenn es einmal darum geht, in der Öffentlichkeit zu maulen, dann ist nichts mehr, dann wird alles und jedes akzeptiert.« Was nur folgerichtig ist: man versichert sich schließlich nicht gegen Risiken, um sie dann einzugehen. Nicht, daß keine Bereitschaft da wäre, das Engagement im Ernstfall zu steigern – allerdings nur in moderater Form und für kurze Zeit. Wer mehr erwartet, wird nachhaltig eines besseren belehrt: »Die ganzen Jahre haben wir Betriebsversammlungen gehabt, alle Vierteljahre«, berichtet ein gewerkschaftlicher Vertrauensmann der Neunkircher Eisenwerke, »was glauben Sie, was da war? Da haben wir uns vor der Direktion schämen müssen. Die hat uns doch ausgelacht. Da waren vielleicht hundert, zweihundert Stück, mehr nicht. Da bin ich mal durchs Werk gegangen und hab' geguckt – die sind da gehockt und haben Skat gespielt. Während der Betriebsversammlung. Ja, gerade wie die Krise da war, da war es einmal voll. Aber heut', da gehen sie einmal hin, was da los ist. Die haben damals mal eine Demonstration gemacht, und jetzt ist Schluß, jetzt sind sie satt ... Sie sagen: Laßt uns doch mit eurem Scheißdreck in Ruh', ihr seid ja doch lauter Spitzbuben. Und das sind Mitglieder in der Gewerkschaft.« Mag der Instrumentalismus auch nicht überall so deutlich hervortreten – bei jenen, die ihn beklagen, vielleicht gar nicht vorhanden sein –, im Durchschnitt scheint er doch so klar zu dominieren, daß andere Praktiken (hier z. B. die englische) dagegen abstechen: »Die sagen: Wir sind für die Gewerkschaften da; und hier heißt es: Die Gewerkschaften sind für uns da.«

Das Handlungspotential der Gewerkschaft stößt freilich an enge Grenzen, nie spürbarer als zu Krisenzeiten. Was sie im Tausch bestenfalls bietet, ist ein *relativer* Schutz mit *legalen* Mitteln, d. h. Hilfe unter den Bedingungen des machtpolitischen Status quo. So muß es dem einzelnen Arbeiter darum gehen, sich nach weiteren Schutzorganisationen umzusehen – »seine« Partei und der gesamtverantwortliche Staat sind hier die »natürlichen« Partner. Als Gegenleistung hat er ihnen zu offerieren: Wahlstimme und staatsbürgerliche Loyalität – dafür sollen sie ihn gegen unternehmerische Willkür oder unternehmerisches Versagen absichern.

»Seine« Partei ist nicht notwendig die Sozialdemokratie – »das hängt mehr an den Personen« (gerade im Saarland). Soweit sie aber aus Tradition gewählt wird, sind ihr mildernde Umstände eingeräumt, die das instrumentelle Kalkül modifizieren. Ein traditioneller SPD-Sympathisant wird an seiner Präferenz nicht unbedingt irre, selbst wenn er die SPD-Welt nicht mehr versteht, etwa im Falle des reibungslos verwalteten Beschäftigungsabbaus: »Das ist aber sang- und klanglos über die Bühne gegangen. Das muß ich auch meinen alten Genossen von der SPD sagen: Im Landtag, im Fernsehen, waren sie stark. Aber wenn es darauf angekommen ist, auf den Demonstrationen, da waren die Genossen nicht.« Oder in Sachen Verstaatlichung: »Ja, das haben unsere Genossen ja auch im Landtag gefordert, aber in Bonn haben sie ganz anders geschwätzt ... Als es hieß, Farbe zu bekennen, haben alle einen Rückzieher gemacht. Als sie nach Bonn gegangen sind, zum (Bundeskanzler – d. V.) Schmidt, der hat ihnen etwas anderes erzählt. Das muß man ganz klar sehen.« So illusionslos gibt sich die Nibelungentreue freilich selten; meist müssen die Liberalen als Koalitions»bremser« herhalten, um sozialdemokratische Erfüllungspolitik parteiloyal zu erklären. Oder aber man nennt die »besseren

Leute« vor Ort (in der Opposition) und vergleicht sie mit den »Versagern« der christlich-liberalen Konkurrenz: eine personenbezogene Präferenz, wenn zwischen sachlichen Optionen nichts zu wählen ist.

Durch diese »natürliche« Liaison mit einer bestimmten Partei – meist SPD, öfters CDU, nie FDP – kann sich zunehmende Frustration abschleifen, um dann in jenes durchschnittlich vorherrschende Tauschkalkül einzumünden, das die Parteien an den erbrachten Leistungen messen will: »Ich werde jetzt nicht nur prüfen, wer große Wahlversprechungen macht, sondern echt mal, wer sich an Wahlversprechen hält. Ich werde auch prüfen: wer ist echt der bessere Mann?« – so oder ähnlich sieht diese Rechnung aus; und den Versager »oben« soll das Schicksal der »Unteren« treffen: »Da kann die CDU von mir aus stempeln gehen.« Die Wahlstimme wird so als Ware und Druckmittel eingesetzt (»ich wähle danach, was der politische Markt hergibt«), zum Teil bis an ihre Grenze ausgereizt: »Und deshalb ist meine Meinung immer noch, und das gebe ich auch ehrlich zu«, erklärt einer, »daß in der Situation, in der wir uns befunden haben, es das einzig Richtige gewesen wäre, 5 oder 6 % nicht FDP, sondern Kommunisten.« Wer diese Alternative nicht will oder für unwirksam hält, der freilich kommt sehr rasch in eine Situation, die ihn schlicht ratlos macht: Frage an einen enttäuschten CDU-Anhänger: »Aber auch die SPD-FDP-Bundesregierung hat ja versagt. Hat das auch für Sie Konsequenzen?« – »Sicher . . . man kann nicht mehr davon ausgehen, ich meine, früher hat man gesagt, die SPD sei eine Arbeiterpartei. Das kann man heut' nicht mehr sagen.« – »Haben Sie überhaupt keine Alternative mehr?« – »Das sieht schlecht aus.« Oder: Frage an einen enttäuschten SPD-Wähler: »Ziehen Sie daraus politische Konsequenzen?« – »Es kann ja heut' kommen, was will. Ich bin in keiner Partei drin.« – »Sie glauben auch nicht, daß es eine Partei gibt, die sich für die Arbeiter wirklich einsetzt?« – »Wer denn, es ist keine da.«

Ist dieses Endstadium eines allgemeinen Vertrauensverlusts erst einmal erreicht, hat die Wählerstimme offenkundig keine Funktion mehr – jetzt noch Druck ausüben wollen heißt, seine staatsbürgerliche Loyalität in die Waagschale werfen und das parlamentarische Regime insgesamt *gedanklich* zur Disposition stellen – ein so fiktiver wie desolater Tausch, der noch mehr als seine weniger radikalen Vorstufen höchstens Ersatzbefriedigung verschafft.

Führung, wie sie von allen gefordert wird, gewinnt dann zusehends diktatorische Konturen. Teils hilflos: »Da hätte der Papst kommen können, und da hätten sich die Leute an den Papst geklammert. Oder der Chrustschow. Wenn nur ein Helfer dagewesen wäre.« Teils aggressiv: Antwort eines enttäuschten Demokraten: »Ich sage immer, ein so gutes Stück Demokratie, das ist Dummheit.« – »Heißt das, daß Sie mehr Diktatur wollen?« – »Ein klein bißchen, dann wäre es anders.« – »Und selber wollen Sie sich nicht in diesem Sinne politisch engagieren?« – »Nein. Bei der Politik weiß man nie, woran man ist. Das ist ein schwieriges Geschäft.«

Dieser Arbeiter drückt ebenso plastisch wie präzise aus, was Leuten in seiner Lage zu wünschen übrig bleibt. Ein »bißchen« Diktatur, die den »schmutzigen« Politik-Stall wo nötig ausmistet, allzu unverschämte Kapitalisten zügelt und dem »dummen Deutschen« Beine macht – denn der »geht einfach nicht auf die Barrikaden, der muß irgendwo richtig in den Arsch reingetreten werden«.

Gerade der Radikalismus im Konjunktiv gibt freilich deutlich genug zu erkennen, wie wenig ernst es ihm mit seinen Absichten sein kann – fehlt doch ersichtlich jede Chance einer Realisierung: nur darum kann er sich so voluntaristisch gebärden. Was in ihm tatsächlich zum Ausdruck kommt – repräsentativ für weite Teile –, ist die resignative Einsicht, daß das Machbare eben vom herrschenden Organisationssystem bestimmt wird; und der Anspruch, daß dieses das Machbare nicht in »schmutzigen« Händeln von Profit und Politik verspielt, sondern »konzertiert«, durch gemeinsame Anstrengung, tatsächlich realisiert. Solange dieser Anspruch erfüllt scheint, arrangiert man sich mit jener Einsicht, auch in Gedanken. Was bliebe anderes übrig, wo doch selbst die »kleinen Fluchten« versperrt sind? »Wenn es mich trifft, da können die mir mal den Buckel raufrutschen. Dann gehe ich auch mal stempeln. Aber in dem Fall wird es nicht gehen.« Es wird in keinem Fall gehen.

*Die Organisierung des Machbaren:* Jene konzertierte Aktion der verantwortlichen Organisationen – Gewerkschaft, Parteien, Staat, »in die Pflicht genommene« Unternehmen – läuft indessen permanent Gefahr, im Nichts zu enden: »Da ist folgendes. Der eine schiebt es auf den anderen. Die Industrie sagt: dafür sind die Politiker da. Man muß die in die Verantwortung nehmen. Die sollen auch versuchen, neue Arbeitsplätze auszusuchen. Der Politiker sagt: Wir helfen zwar mit, aber wir können das nicht alleine schaffen, die Industrie muß das schaffen. So schiebt es einer dem anderen hin.« Ja, selbst wo ein Konsens über den einzuschlagenden Weg erzielt und vertraglich fixiert ist, bleibt Unsicherheit zurück: »Wenn man sich darauf nicht mehr verlassen kann, dann müßte man zumindest im gewerkschaftspolitischen Raum zu neuen Aktionen kommen. Das kann sich ja eine IG Metall nicht gefallen lassen, daß man gegen den Vertrag – und das ist ja der einzige Schutzvertrag, wo überhaupt besteht für uns als Arbeitnehmer –, daß man gegen den noch verstößt.« Der Gefahrenherd liegt offen: »Also das ist so, die Bundesregierung und die Landesregierung, das soll man ganz klar erkennen, das ist ein Hand-in-Hand-Geschäft, zwischen Arbeitgebern und Regierung.« Mit dem Profitinteresse koaliert das Machtkalkül: »Ruhe im Land, das ist das wichtigste für alle Politiker.«

Die Rollen sind also verteilt: Kapitalisten wie Politiker gelten als eher unsichere Kantonisten (kein Wunder: ihre Haut wird schließlich auch nicht zu Markte getragen); es ist Aufgabe der Gewerkschaft, dafür zu sorgen, daß gemeinsame Hilfsaktionen nicht nur verkündet, sondern auch eingeleitet und vereinbarungsgemäß durchgeführt werden.

Den ihr zugedachten Part kann die Gewerkschaft um so wirkungsvoller spielen, je mehr Einfluß sie innerhalb des Organisations»kartells« auszuüben vermag – was für eine maximale Ausdehnung des gewerkschaftlichen Kompetenzbereichs spräche. Allenthalben wird darum auch mehr »Mitspracherecht« reklamiert. Zugleich entstehen freilich Zweifel: Wer garantiert denn, daß Gewerkschaften sich nicht anstecken bei ihrem Versuch, »oben« mitzumischen? Der Ruf nach mehr Macht verbindet sich daher mit dem nach mehr Moral und Warnungen vor sichtbaren Entfremdungsgefahren.

Vor allem sollen sich die Gewerkschaften aus der (Partei-)*Politik* heraushalten – weil sie »schmutzig« ist und das gemeinsame Interesse aller Arbeiter parteilich auseinanderdividiert. Das fordern sogar SPD-Sympathisanten: »Eine Gewerkschaft ist nicht politisch. Die soll bleiben, was sie ist. So geht es nicht. Die Gewerkschaft soll sich aus der Politik heraushalten. Fertig, aus.« Oder: »Müßte die Gewerkschaft nicht selbst politischer werden, um ihre Ziele zu erreichen?« – »Nein, die Gewerkschaft soll ja kein parteipolitisches Organ sein. Sie soll ja ein freies Instrument sein. Sie soll ja lediglich eine Arbeitnehmerorganisation sein.« – »Aber warum soll sie für die Arbeitnehmer nicht auch Politik machen?« – »Ich glaube, daß das nicht gut wäre für die Organisation.« – »Aber hängen nicht ihre ganzen Probleme eng mit der Politik zusammen?« – »Ich würde trotzdem sagen, das würde der Gewerkschaft irgendwie schaden. Sobald sie politisch tätig wird, würde sie an Glaubhaftigkeit verlieren gegenüber dem Arbeiter. Die vielen Schichten unter den Arbeitern. Die Glaubwürdigkeit wäre nicht mehr so stark, wie sie jetzt vielleicht ist.«

Die Glaubwürdigkeit leidet, wenn das gemeinsame Reproduktionsinteresse *aller* Arbeiter politisiert, d. h. in den Dienst einer bestimmten Partei gestellt wird – besonders dann, wenn diese Partei nicht an der Macht ist und so den Arbeiterstandpunkt nicht wirkungsvoll unterstützen kann. Doch auch die andere Alternative scheidet aus: sich eben dem jeweiligen Regierungslager anzuschließen, um mit seiner Hilfe möglichst viel herauszuschlagen. Begründung: »Es schadet der Gewerkschaft, denn dann wäre sie nicht mehr glaubwürdig, weil sie zu oft die Fahnen wechseln müßte.« »Schmutzige« Politik, wetterwendischer Opportunismus, wird hier erklärt, wäre ebenfalls schädlich, weil sie, den allgemeinen Konsens im rein Ökonomischen parteipolitisch überfrachtend, die Geschlossenheit des »proletarischen« Lagers und damit seine Durchschlagskraft reduziert.

Es gibt noch eine zweite Front, die den Gewerkschaftsapparat der Versuchung unzulässiger Interessenvermischung aussetzt: das Feld innerbetrieblicher *Mitbestimmung* (gerade im Montan-Bereich). Zwar bewertet praktisch jeder Arbeiter diese Errungenschaft grundsätzlich positiv – speziell in der Krise wird ihre Ambivalenz aber unübersehbar. So beschwert sich einer, gefragt nach der Rolle des prominenten Gewerkschaftsvertreters im Aufsichtsrat: »Ich würde sagen, der ist gar nicht marschiert. Der vor allen Dingen nicht. Das war auch irgendwie die Meinung der Leute, daß sie gesagt haben: Die Großen haben gar kein Interesse an uns. Die sind ja auch im Aufsichtsrat. Da haben sie auch nichts dagegen gesagt, obwohl sie genau gewußt haben, wie es kommt.« Auch dem eigenen Betriebsratsvorsitzenden schlägt ein verbreitetes Mißtrauen entgegen: »Da sagen die Leute: Der hat doch genau gewußt, was hier im Werk passiert, auch vorher schon. Und hier vorne stellt er sich hin, groß, auch durch die Mitsprache, wo er überall drin ist, und er hat genau gewußt, was auf das Eisenwerk zukommt, und plötzlich hören die Leute. Da wird ja mancher hellhörig. Die sagen: Seht ihr, die stecken alle unter einer Decke.« In dasselbe Horn stößt ein anderer: »Ohne die Gewerkschaften geht's nicht. Nur, so wie das jetzt im Moment läuft, gefällt es mir auch nicht ... Meiner Ansicht nach ist es im Moment so, daß die vordergründig nichts im Kopf haben als die Mitbestimmung, in die Aufsichtsräte reinzukommen, und ihre Leute dort unterzubringen.« Und auf die Rolle des Arbeitsdirektors angesprochen, spekuliert ein Dritter mißtrauisch: »Ich sage: Der wurde von oben, von der oberen Spitze, von der IG Metall hierher geschickt, mit der Maßgabe, das Eisenwerk gesundzuschrumpfen.« Die Kritik endet schließlich in purer Resignation: »Meine persönliche Meinung ist: Arbeitsdirektor ist wunderbar, Mitbestimmung ist alles herrlich – auf dem Papier. Und dann hört es schon auf. Jeder kämpft um seine Position, da ist nur noch eine Postenwirtschaft, da bin ich felsenfest überzeugt davon. Und apropos Mitbestimmung: da fange ich dann auch an zu lachen. Wenn ich das nur schon höre.«

Die Meinung zu einer möglichen Kontrolle von unten belegt noch einmal das verbreitete Ohnmachtsbewußtsein aus organisierter Desorganisiertheit: »Wie kann man denn die Gewerkschaftsfunktionäre besser kontrollieren?« – »Vor allen Dingen, es muß einer Idealist sein, der darf nicht aufs Materielle gucken.«

Also: Den »Oberen«, deren Anfälligkeit für das Interesse der anderen Seite zur Genüge offenliegt, wird trotzdem zugetraut, *sich selbst* im Zaum halten zu können. Wie perspektivlos diese »Perspektive« in Wirklichkeit ist, erhellt daraus, daß eine *objektive Verselbständigungstendenz* der Gewerkschaftsspitze durchaus gesehen und als Abweichung vom optimalen »Pfad« moniert wird. Gewerkschaftsfunktionäre laufen danach Gefahr, als Postenjäger zu enden: »Ich meine«, kritisiert einer, »sie haben zum Teil mehr mit ihren Pöstchen selbst zu tun. Z. B., was ich ja nicht verstehen kann, daß sich Gewerkschafter in ihrer Gewerkschaftsarbeit noch in den Europarat wählen lassen. Die haben ja hier genug zu tun, sollen sich da intensiver kümmern. Zu viele Sachen wollen sie machen. Mit der Zeit geht das dann so, daß überall nichts wird, nur daß sie die Pöstchen haben.« Gewerkschaftsfunktionäre riskieren, den Kontakt zur Basis zu verlieren: »Vielleicht haben die Oberen von den Gewerkschaften andere Ansichten. Ich weiß das ja nicht. Mit den Oberen habe ich ja noch nicht geschwätzt. Mit dem (IG-Metall-Vorsitzenden – d. V.) Loderer und wie sie alle heißen. Die seh ich ja nicht.« Was Wunder: »Die Gewerkschaftsbosse haben ja genug, und wir haben nichts.« Und Gewerkschaftsfunktionäre geraten in den Verdacht, das eigene Interesse über jenes ihrer Schutzbefohlenen zu stellen: »Den Eindruck habe ich nämlich«, rekapituliert jemand seine Erfahrung mit den »Bossen«, »daß man hier in höheren Etagen weniger mit Demonstrationen, die manchmal aus der Hand gleiten ... was die meinen, es würde ausarten, und es ginge auch an sie selber, an ihre Substanz. Daß sie dann sagen: Nun, das wollen wir nicht.«

Fazit: Unter Druck geraten, beanspruchen Lohnarbeiter den organisierten Schutz der »Verantwortlichen« – denen sie aber nicht gleichmäßig trauen. Am meisten zählt die Gewerkschaftsorganisation: sie hat bei Parteien und Staat darauf zu dringen, daß das Kapitel »in die Pflicht genommen wird« und seiner schuldigen Fürsorge den gefährdeten Betriebsangehörigen gegenüber nachkommt. Die Bewertung des schließlich eingehandelten Vertragswerks, so scheint es, hängt weniger von seinen Konditionen ab (wenigstens oberhalb eines minimalen Erfolgsnachweises), denn davon, welchen Eindruck die gewerkschaftliche Interessenvertretung hinterläßt: nur wenn sie nicht ideell oder materiell korrumpiert wirkt, wird das Erreichte für das Machbare genommen.

Darauf deutet jedenfalls das Urteil jener hin, die am Ergebnis nichts wirklich auszusetzen haben, obwohl es ihren Wünschen keineswegs entspricht.

*Die Grenze des Machbaren:* Was das organisierte Krisenmanagement unter Einschaltung gewerkschaftlicher Vertreter erbracht hat, ist machbar gewesen – mehr nicht: damit sich diese Ansicht allgemein durchsetzt, muß die Gewerkschaft auch etwas »vorzeigen« können. Dies legt den Vergleich mit denkbar Schlimmerem nahe und verhilft der Logik des kleineren Übels zum Durchbruch.

»Wie das jetzt im Moment aussieht mit den Sozialplänen und alles, von der Sicht aus kann man wohl sagen: sie haben zumindest was erreicht« – dieses gedämpft positive Urteil wird weiter bekräftigt, wenn man das eigene Schicksal mit dem anderer vergleicht: »Daß die Gewerkschaften hätten mehr erreichen können, das glaube ich nicht. Mit dem Sozialplan können wir sehr, sehr zufrieden sein, so einen Plan finden Sie in der ganzen Bundesrepublik nicht.« Was stimmt und auch dadurch nicht aus der Welt geschafft wird, daß einen die weitere Zukunft nicht gerade hoffnungsfroh stimmt – trotz des erkämpften Erfolgs:

»Hat sich die IG Metall, im nachhinein gesehen, richtig verhalten?« – »Also eines war für mich klar: Nachdem diese Verhandlungen mit Arbed ... und die IG Metall mit ihren doch schon machtvollen Demonstrationen – denn 10000 Leute in unserem Bereich auf die Straße bringen ist viel – diese Demonstrationen haben mit Sicherheit bewirkt, daß der Vertrag, wie er heute aussieht, zustande kam. Und wenn ich nun das heut' so überlege: Diese Resolution, wo dort überbracht wurde, hat auch ein bißchen Druck ausgeübt, um dort einiges in den Vertrag, was für den einzelnen Arbeitnehmer zutrifft, festzuschreiben.« – »Warum aber hat die Gewerkschaft so widerstandslos auf weitergehende Forderungen verzichtet?« – »Ich weiß nicht, ob wir da so widerstandslos waren. Nur, wir haben keine andere Möglichkeit gesehen ... Das hat ja ziemlich trübe ausgesehen. Es war ja damals schon im Gerede, daß es nicht mehr möglich war, den Lohn pünktlich zu bezahlen, wenn nichts Einschneidendes passiert, so daß irgendwo der rettende Anker gesucht wurde. Nur, der rettende Anker ist für uns gleichzeitig, in die Zukunft gesehen, der langsame Tod.«

Auf einen kurzen Nenner gebracht: Im Angesicht der unmittelbar bevorstehenden Katastrophe zählt die zukünftige vergleichsweise wenig – daher das Erfolgsgefühl. Daher auch ein Teil jener Selbst-Bescheidung mit dem Erreichten, dessen Verbesserung an den Machtverhältnissen des Status quo gescheitert ist, für die eine Gewerkschaft nichts kann (daß sie an ihnen interessiert sein könnte, wird so lange nicht unterstellt, wie ihre Repräsentanten Wohlverhalten demonstrieren; s. o.):

»Warum haben sich die Gewerkschaften nicht stärker für die Schaffung von Ersatzarbeitsplätzen eingesetzt?« – »Ja, sie hat schon darüber gesprochen bzw. unsere Spitzenfunktionäre, die auch in den Aufsichtsräten drin sind, die haben sich diesbezüglich schon stark gemacht. Aber die haben ja auch nur eine Stimme. Oder nur drei oder vier.« – »Aber sie haben doch nichts erreicht?« – »Das waren Forderungen der Gewerkschaften an die, die das Sagen haben.«

Die das Sagen haben, verfügen über den Produktionsapparat und damit über ein immenses Erpressungspotential: »Ganz klar, wenn man Mitspracherecht fordert, geht gar nichts. Der Arbed, der Konzern, hat dann wieder gesagt: Dann geht gar nichts. Dann geht das Ding wieder vor die Hunde. Und da hat die IG Metall gesagt: Bevor uns die Arbed ganz vor die Hunde gehen läßt, nehmen wir lieber den kleinen Teil, was vielleicht auch wieder von dem Arbed, dem Konzern, betrieben worden ist.«

Immer wieder blockiert die resignierte Einsicht in diese selbst organisatorisch nicht behebbare Unterlegenheit weitergehende Forderungen: »Ja, man müßte viel stärker auftreten, die Interessen viel stärker vertreten. Auch an die Öffentlichkeit gehen. Aber die Gewerkschaft hat nur ein Organ, und zwar ist das ihre persönliche Presse. Und Sie wissen ja auch, wieviele Organe z. B. die Parteien besitzen.« Der Vernünftige hat die ungünstige Situation in Rechnung zu stellen: »Man versucht von Arbeitgeberseite immer, diese Trends zu halten. Bis hier hin und nicht weiter. Das ist schon schwer für die Gewerkschaften, auch die Leute als Mitglieder zu halten, weil es immer Punkte gibt, wo die Leute durch Unkenntnis usw. über die Gewerkschaft schimpfen und sagen: Die tun ja nichts, die machen ja nichts. Die wissen aber auf der anderen Seite, weil sie nicht richtig orientiert sind, nicht, daß die Gewerkschaft da nichts machen kann. Weil das nicht in ihrem Bereich ist, wo sie auch kein Mitspracherecht hat. Und das sehen die Kollegen nicht.«

Von der Einsicht in den Interessengegensatz aber ist es bekanntlich (s. o.) nur ein kleiner Schritt bis zur Anerkennung des anderen Interesses und eines vernünftigen Interessenausgleichs zwischen den verantwortlich Beteiligten – gerade wenn man persönlich nicht mehr »durchblickt«: »Ja, ich hab' die Dinge auch verfolgt, und wenn man das so alles betrachtet, von unserer Warte aus kann man dann schlecht sagen: Man soll es so oder so machen. Sondern das sind dann schon reine Sachen, die die Wirtschaft oder das Wirtschaftsministerium mit Unternehmen und Gewerkschaften überein kommen müssen und sagen: Das ist die richtige Lösung. Wir dürfen nicht sagen: Wir wollen Neunkirchen haben oder Völklingen, weil das günstiger ist. Das können wir hier nicht abwägen. Dafür haben wir ja unsere Führungskräfte und nach ihnen wollen wir uns auch ausrichten . . . Na, und dann müssen wir schon nachgeben, wenn die sagen: Wir wollen das so haben; das ist die richtige Lösung. Und wie wir immer wieder am Verhandlungstisch, so würde auch der Herr Wirtschaftsminister sein Argument auch darlegen, und dann muß abgewägt werden.«

Dieses Ende macht noch einmal klar, daß jene organisatorische Überwindung *individueller* Ohnmacht letztlich nichts anderes bringt als neue Ohnmacht – jetzt eine *organisierte* und sicher zu besseren Bedingungen eingehandelte. Die helfenden Organisationen bestimmen das Geschehen, von »unten« vielleicht kritisiert, aber nicht ersetzbar und darum souverän.

Aus dem Kreis ausbrechen hieße hohe persönliche Risiken eingehen – wozu Arbeiter-Bürger nicht bereit sind. Anders gesagt: Der organisierte Charakter hat seine Basis in einer integrierten Moral.

### 2.4 *Die integrierte Moral*

Die Moral der Arbeiter ist integriert in dem Sinne, daß Konfliktthemen wie -formen den Funktionsimperativen des Systems »subordiniert« sind: Soziale Marktwirtschaft und sozialer Rechtsstaat geben ein Raster vor, das Widerstände kanalisiert, Streitpunkte limitiert, Vernunft konstituiert, Gerechtigkeit definiert. Kontroversen halten sich an diesen Rahmen.

*Die Logik des Marktes:* Auf die Frage, wie er denn zu dem nie endenden Prozeß der Modernisierung und Rationalisierung stehe, antwortet ein gewerkschaftlicher Vertrauensmann: »Logisch ist das ja, ob es jetzt einen Arbeitsplatz kostet oder nicht. Als Arbeiter sollte man ja nicht für den Arbeitgeber sprechen, sondern gegen ihn. Wenn man das aber so betrachtet in anderen Werken, modernen Werken, was die pro Stunde Leistung hinbringen, mit weniger Mann, und wir haben soundso viele Leute und bringen das nicht fertig . . . Und da sind ja verschiedene Walzstraßen nur mit 25 oder 26 % ausgelastet und als Arbeitgeber würde ich das auch einsehen: Um Gottes Willen, wenn ich da hingehen kann und kann ein neues Werk hinbauen und kann die Leute über einen Sozialplan entlassen, dann ist die Sache ja gut.« Im Kern ist das Recht der anderen Seite also nicht bestreitbar. Sie handelt keineswegs willkürlich (zumal sie soziale Härten vermeiden will), sondern exekutiert übergeordnete Zwänge: der Produktivität, der Auslastung, der Modernisierung. Deswegen sollte man es auch den politisch Verantwortlichen nachsehen, wenn sie ihren Schwüren zum Trotz die Arbeitsplatzvernichtung nicht kurzerhand unterbinden. Denn dadurch verstießen sie gegen eherne Überlebensgesetze des Marktes und so gegen das allgemeine Wohl: »Eine Partei kann die Programme haben, aber als Regierungschef kann ich nicht immer das Programm meiner Partei durchsetzen, sondern man muß mehr das Gesamtwirtschaftliche sehen. Und wenn ich Aussagen höre, ich glaube es war die Thyssen-Hütte, die seinerzeit beim Bundeskanzler erschienen ist und gesagt hat: Die Produktion an der Saar, die machen wir in einer Nachtschicht oder an einem Samstag – ich meine, da steckt viel drin in so einer Aussage. Er muß eben mehr das Gesamtwirtschaftliche sehen.«

Kritik setzt da ein, wo man glaubt, die Chancen des Marktes würden nicht ökonomisch »ordnungsgemäß« wahrgenommen, sondern ungehörig durchgepeitscht, ausgeschlachtet, vertan oder versperrt: »Ich bin ja dafür, ich bin für eine Modernisierung. Dann soll man den Leuten aber die Möglichkeit geben und sie darauf vorbereiten und sagen: ›So und so sieht es aus.‹« Gerügt werden vor allem Unternehmer für ihre überzogene Profitgier: »Hier müßten gesetzliche Möglichkeiten bestehen«, heißt es z. B., »daß man sagt: Hörmal, Kamerad, Du kannst nicht nur schöpfen, jetzt steckst Du auch mal was da rein. In gewisser Hinsicht muß man die Unternehmen zwingen.« Auch wird moniert, daß eine rechtzeitige Marktanpassung versäumt worden sei: »Ich will mal sagen, wenn man im Ausland große Kapazitäten schafft und billig produziert, da können wir in Deutschland mit unseren Werken nicht mithalten. Vielleicht ist da nach dem Krieg so manches verschlafen worden.« Oder das Verdikt trifft interventionistische Wettbewerbsblockaden: »Hauptsächlich liegt es an der Investitionsmöglichkeit, der Investitionsliebe(!) der Unternehmer, hier zu investieren. In Baden-Württemberg ist eine Firma neben der anderen – und hier, wir sind bald tot, ohne Firma. Ich nehme an, daß früher eine verfehlte Strukturpolitik gemacht worden ist. Früher, da kommt nur Kohle und Stahl her, da kommt sonst keine Firma her. Man war bewußt gegen eine Industrieansiedlung.« Alles in allem: Die Logik des Marktes soll herrschen, aber in angemessener, aufgeklärter, ausgewogener Form. In anderen Worten: »Von der Marktwirtschaft her gesehen – man müßte das, was sich bewährt hat, weiterhin übernehmen und auch das neue Gedankengut, daß man z. B. hergeht und sagt: Warum nicht mal etwas mehr in eine Richtung gesteuert, warum soll ich nur jedem einen freien Spielraum lassen, und jeder kann nach seinem Gesicht die Marktwirtschaft so ausnutzen, so daß nur für ihn allein etwas rauskommt. Er soll nämlich auch mal in die Verantwortung hineingenommen werden, das soll heißen: Kümmere Dich auch mal um das gesamte Bild.«

Selbst wenn sich dieses Ideal nicht überall – auch nicht im konkreten Fall – verwirklichen läßt, so gelten die marktwirtschaftlichen Produktions- und Verteilungsstrukturen doch als »kerngesund«. Korrekturwünsche betreffen einzelne Auswüchse – was einschließt, daß massive Proteste ausbleiben und soziale Konflikte gemäßigt verlaufen.

*Die Grenzen des Widerstands:* »Was wollen Sie da machen? Sie können ja nichts machen, als mit Ihrer Wählerstimme die Regierung wechseln. Das können Sie.« Wer sich so individualisiert, hat die *rechtlichen* Schranken der Gegenwehr noch über das geforderte Maß hinaus verinnerlicht, weil er selbst erlaubte Formen des Kollektivprotestes nicht mehr in Erwägung zieht. Sie scheinen ihm vernachlässigenswert, weil ihr faktischer Effekt gleich Null ist: »Nach Bonn marschieren? Ja, und dann?«

Die Meinung, daß es sich angesichts der vorgegebenen Machtverhältnisse gar nicht lohne, den rechtlich eingeräumten Spielraum tatsächlich auszunützen, wird weithin geteilt:

»Hätten die Gewerkschaften nicht dafür sorgen können, daß vertragsgemäß Arbeitsplätze gesichert werden?« – »Ich meine, da steht auch etwas drin. Da heißt es, nach Möglichkeit. Aber die machen es nicht.« – »Hätte man das nicht festmachen können?« – »Darüber haben wir auch gesprochen. Aber fangen Sie heute mal mit denen an, mit den Kollegen, über so ein Thema, da kriegt man zur Antwort: Oh, die machen ja doch, was sie wollen.« Die da machen können, was sie wollen: Das sind die passiven Politiker, von denen »man nichts hört«, wenn es darauf ankommt; und das sind vor allen Dingen die offensiven Unternehmer: »Der Arbeitgeber, der hat den langen Arm. Der hat mehr Geld. Wenn die Gewerkschaft Warnstreiks machen würde, oder sie würde einen zentralen Streik machen, dann wären wir jetzt nämlich so fertig. Nach zwei oder drei Tagen müßte man sowieso den Brocken hinschmeißen. Dann müßten wir wieder schaffen gehen. Die Gewerkschaften haben Geld, aber so viel Geld wie die, das ist ja ein Unding. Und der Stahlverband, der hat sich jetzt zusammengesetzt. Die kriegen ja überall Geld her.«

Das ist – wie in allen anderen Fällen auch – die Klage über ungenügende Durchgriffschancen *innerhalb* des Rechts; derselbe Mann akzeptiert klaglos und wie selbstverständlich, daß er jetzt, wo es Not täte, rechtmäßig überhaupt nicht streiken darf: »Das geht jetzt nicht. Wir können jetzt noch keinen Streik machen. Unser Tarifvertrag läuft erst nächstes Jahr aus« – worüber er sehr genau Bescheid weiß oder was ihm sehr genau gesagt worden ist. Ebenso selbstverständlich wird die rechtliche Schranke hingenommen, wenn sie gewerkschaftliche Gegenmachtstrategien verhindert, z. B. und besonders einschlägig bei Bemühungen, marode Betriebe in Arbeiterregie zu übernehmen (wie in einigen Fällen geschehen):

»Ja, die Gewerkschaft ist da ja gerade in letzter Zeit verstärkt dahinter, um Leute zu schulen, weiterzubilden, aber sie ist echt dadurch wieder gehandicapt, daß immer wieder der Streß da ist, und die Leute sehr schlecht freigestellt werden durch betriebliche Gründe. Und das ist eben das Handicap, daß die Gewerkschaft da nicht dagegen angehen kann: Ihr müßt diese Leute freistellen. Das ist zwar alles im Tarifvertrag drin, aber die betrieblichen Gründe stehen eben vorrangig.« Und die rechtliche Behinderung setzt sich systematisch fort – eine Ausbildung der Leute in Sachen Betriebsführung scheitert auch daran, daß den Gewerkschaften kein Einblick in »gewisse Bücher« zusteht: »Die bekommen nicht die genauen Zahlen, die genaue Auskunft, sondern nur in groben Zügen« – was wieder als Faktum dasteht so wie »Schweigepflicht«, »Mitbestimmung«, »Mehrheit« oder ähnliche Errungenschaften, die mit dem Recht zugleich seine Grenze festschreiben und den ungehörigen Gebrauch bestrafen.

Wie tief das Rechtsbewußtsein tatsächlich verankert ist, wird am eindrücklichsten dort deutlich, wo es in Gedanken strapaziert wird: »Ich meine«, schildert ein Arbeiter den Ernstfall, »wenn der Kollege echt an die Wand gedrückt wird, wenn er fühlt, jetzt ist die Stunde Null gekommen, wo er genau weiß, jetzt kann er nicht auf's Neunkircher Eisenwerk gehen ... Mir wurde von Burbach erzählt, wo die Kollegen sogar in Panikstimmung sich über manches Luft gemacht haben.« In jener Stunde Null, die Panik erzeugt – da macht man sich Luft, sonst nichts, und als außergewöhnliches Ereignis macht dies die Runde. Selbst der Phantasie scheint das Recht wirksame Fesseln anzulegen: »Ich weiß nicht, ob es für uns als Belegschaft durchsetzbar gewesen wäre, da noch mehr in den Vertrag festzuschreiben. Durch mehr Kundgebungen und so, glaube ich das einfach nicht. Ich kann mir das nicht vorstellen.« Die Steigerung von Kundgebung heißt also: mehr Kundgebungen – nichts anderes, selbst wenn man diese Eskalation für fruchtlos hält. Jenseits des schmalen Korridors der erlaubten Reaktionen liegt das Undenkbare: »Dann müßte man gegen unsere Regierung Sturm laufen.«

Wer den rechtlosen Zustand kaum denken kann, der muß dem Recht bedingungslos vertrauen – und darauf, daß es auch die Gegner bindet. Das *vertraglich* Abgemachte wird daher zum Rettungsanker.

*Die Macht des Vertrags:* Der *Vertrag* stiftet Frieden – nicht erst bei seinem Abschluß, sondern im Vorfeld bereits, sobald er als strategischer Bezugspunkt die Reaktionsweise zu beeinflussen beginnt: »Man soll nicht alles demolieren, das ist auch nicht der richtige Weg«, heißt es mit Blick auf den anvisierten Pakt, »was hätte es damals für einen Wert gehabt, wenn man die Arbeit niedergelegt hätte? Es wäre ja auch eine Möglichkeit gewesen. Da wären die vielleicht auf den Gedanken gekommen: Wir fangen gar nicht mehr an, wir machen von vorneherein gleich zu. Da wäre es zu dem Vertragswerk vielleicht gar nicht gekommen.« Daß sie sich »lieber an den Verhandlungstisch setzen und diskutieren und ausdiskutieren«, hat Folgen: »Da muß man dann doch irgendwie mehr Achtung haben« und fragen: »Was sollen wir hier zerstören? . . . Mit spontanen Großstreiks, Staatsstreiks, marschieren und so.«

Spätestens als der Vertrag unter Dach und Fach ist, sind alle Gedanken an militante Abwehrformen wie weggeblasen: »Das ist dann so schnell gekommen mit dem Vertrag, da war die Luft raus. Wenn man mehr Druck gemacht hätte, wäre mehr herauszuholen gewesen. Der Vertrag ist dann gekommen, und alles ist zerplatzt wie eine Seifenblase. Dann sind die Diskussionen losgegangen: Ach, ich hab ja fünf Jahre lang mein Geld. Und was nach den fünf Jahren passiert, da denkt heute noch niemand dran.« Irgendeinen Vertrag wird es auch dann wieder geben, und er wird wieder »zu früh« herauskommen, weil sich hinter dieser Strategie immer dasselbe Kalkül verbirgt: »Da weiß jeder, es passiert ja nichts mehr. Die Leute klammern sich an den Vertrag.« Was nicht heißt, daß sie mit ihm glücklich und zufrieden wären: »Es ist mit Sicherheit keiner da, der gesagt hat: Das reicht. Ich habe das nicht beobachtet, aber es hat für mich, wie soll ich sagen, so ein beruhigendes Gefühl gegeben, wie dieser Vertrag abgeschlossen wurde. Lohngarantie, keine Entlassungen – das hat eine beruhigende Wirkung gehabt.«

Wer beruhigt ist, gibt Ruhe und will sie auch behalten: »Man soll das, was erledigt ist, nicht noch einmal aufwühlen. Und sagen: Halt, wir bestehen auf dieser Forderung. Es gibt heute wichtigere oder andere Probleme, die jetzt vielleicht in Angriff genommen werden müssen. Das, was man vertraglich akzeptiert hat, kann man doch nicht wieder frisch aufwühlen.« Gleiches erwartet man auch vom Vertragspartner – doch bei dem ist man sich nicht so ohne weiteres sicher: »Und das ist das, was mich ja so beunruhigt, weil in der Sache Ersatzarbeitsplätze, obwohl das Geld da ist, es sind weit über 100 Millionen, nichts passiert, so daß man in Neunkirchen weiß, '82 sind diese Arbeitsplätze weg, aber nicht erkennen kann, daß irgendwo Ersatzarbeitsplätze geschaffen werden. Das ist das zusätzliche, beunruhigende Gefühl, was in einem auftritt.« Die Erfahrungen der Vergangenheit lassen jedenfalls Böses ahnen – obwohl es einfach unglaublich (im Wortsinn) scheint: »Kürzlich noch, da kam das Gespräch auf Sozialplan, Verlegung schon in '80 usw. Aber das darf ja einfach nicht sein, denn die IG Metall hat ja einen Vertrag abgeschlossen, wo jeder einzelne Kollege, der zur Versetzung ansteht, ein Jahr vorher zu informieren ist. Nur, die Kollegen glauben das nicht mehr. Und die Zweifel wurden verstärkt und verstärkt durch die damals kurzfristig angekündigten Massenentlassungen, wo ja der Betriebsrat auch nichts davon wußte bis kurz vor zwölf.« Trotzdem: Der Vertrag *muß* einfach gelten – man hat schließlich nichts anderes in der Hand; so beginnt die Suche nach Gewährsmännern, die sozusagen mitgehört haben: »Das glaube ich nicht, daß sich Arbed zurückzieht. Die führen das hier so durch, wie es geplant ist. Das haben sie schon mehrmals auch im Fernsehen geäußert.« Darum stehen sie sogar bei der Öffentlichkeit im Wort, was im übrigen auch für Gewerkschaft und Staat gilt – folglich bleibt es dabei: »Man soll sich hier in jedem Fall darauf verlassen« – wie um mit der eigenen Treuherzigkeit die anderen moralisch zu verpflichten, das Recht »richtig« auszuschöpfen. So viel erwartet der Arbeiter; soweit ihm diese Gewähr geboten wird, ist er zufrieden – obwohl oder gerade weil er bestenfalls seinen *privaten* Nutzen daraus zieht: »Wer den Vertrag genau kennt, wird den Vertrag als einen guten Vertrag bezeichnen. So ein Vertrag wird meiner Ansicht nach in Deutschland nicht mehr zustande kommen«; der dieses Lob ausspricht, findet nichts dabei, im selben Atemzug und aufs Ganze gesehen das unweigerliche Ende vorherzusagen: »Hier an der Saar ist die Stahlindustrie sowieso zum Tode verurteilt.« Rechtliche Regelungen ändern daran nichts, lediglich den eigenen Abgang gestalten sie friedlicher: »Wenn sie nicht mehr aufmachen, kommen wir in den Sozialplan.«

Mehr hat Verrechtlichung von Sozialpolitik auch nicht bezweckt: Dem einzelnen wird ein Abschied zu erträglichen Bedingungen gesichert, vielleicht auch in Ehren, wenn er sich wohlverhält. Den Rest an Unruhe, der darüber nach allen organisierten Befriedungs- und moralischen Integrationsleistungen noch bestehen könnte, beseitigt die gezielte Lähmungstaktik korporatistischer Krisenverwaltung.

### 2.5 *Der blockierte Widerstand*

Jener allenthalben spürbare Lähmungseffekt im Gefolge der Krise wie ihrer Regulierung hat *auch* strukturelle Ursachen, die sich dem taktischen Management entziehen, wenngleich es mit ihnen rechnet: »Der Kollege hat eben doch seine Familie, und momentan sagt er eben: Wenn ich so auf die Straße gehe wie z. B. vor Jahren die Studenten ... Der Kollege war noch nie daran interessiert, Autos umzuschmeißen, Pflastersteine aus der Straße zu reißen, das hat er noch so gut wie nie gemacht. Er war immer noch human gewesen. Nur mit mehr Druck wäre vielleicht auch etwas mehr herausgekommen. Aber Sie wissen ganz genau, viele Kollegen sind mitunter auch dermaßen verschlissen, wenn sie 30 oder 40 Jahre auf die Hütte gehen, da bringen Sie nicht mehr die Kraft so mit wie, meines Erachtens, als junger Mensch. Und dann wird mitunter manches politisch untergraben. Oder es wird dem Kollegen politisch etwas angehängt. Der wird dann in eine kommunistische Ecke hineingedrängt.« Soziale Rücksichten, physischer und psychischer Zerfall, politische Erziehung – diese Faktoren prägen entscheidend die konkrete Krisenperspektive des Arbeiters, zusammen mit der Gewißheit, bisher noch alle Krisen heil überstanden zu haben: »Wenn wir an der Arbeitsstelle von Entlassungen reden«, klagt ein Mitglied der SPD-Betriebsgruppe, »dann sagen die: Ach, hör' doch auf mit Deiner Schwarzmalerei. Wie oft hat unser Betrieb schon zugemacht werden sollen, und wir sind heute noch da.« Am Ende weigert man sich sogar, das zu wissen, was man weiß: »Das war ziemlich schlimm. Ich glaube, das kann nur jemand beurteilen, der das mitgemacht hat. Das kam zuerst gerüchteweise. Jeder konnte es ahnen, man wußte auch genau, daß es stimmt, aber offiziell war nichts bekannt. So war immer nur ein Rätselraten.« Alle wissen es genau, dennoch rätseln sie – so tief stecken die Köpfe im Sand.

Bei dieser Mentalität verschlagen dann die mehr oder weniger bewußten, mehr oder weniger gezielten Befriedungsstrategien, an denen »das« Kapital ein besonderes Interesse und seinen besonderen Anteil hat, deren Effekte aber auch den anderen Organisationen zumindest nicht ungelegen kommen (bei aller Kritik im einzelnen).

*Der Überrumpelungseffekt:* »Direkt nicht ganz überraschend« sei die Stillegung für ihn gekommen, erinnert sich ein Burbacher Stahlarbeiter: »Nur, daß es so hart eingeschlagen hat mit diesen großen Entlassungen. Bei uns waren es, glaube ich, 1200 Mann, die es mit einem Schlag mal so auf diese Schnelle traf.« Daraus geht zweierlei hervor.

Der Fast-Bankrott ihres Betriebs konnte, erstens, für die Arbeitnehmer kaum überraschend kommen: »Da der Betrieb schon lange Jahre Kurzarbeit machte, sind wir ja schon langsam vorbereitet worden, daß hier irgendwas im Gange ist, was sich nicht mehr lange halten läßt. Und mit diesen Reden über die Stahlkrise waren wir da schon konfrontiert worden . . . Und bei uns wurde ja schon im Jahr vorher eine Straße kurzfristig aus der Produktion herausgeholt . . . Und dann kam es '77 bei uns rapide, es wurde immer mehr eingeschränkt und eine Walzstraße nach der anderen wurde zugemacht . . . Und dann war da noch eine außerordentlich große Betriebsversammlung, wo die Geschäftsführung anwesend war auf dem Werk, und da wußte ich schon: es geht abwärts wieder.« Irgendwie hat man auch einmal daran gedacht, selbst dran zu sein: »In der Zeit haben wir wohl gesagt: Paß auf, wir kommen jetzt auch bald an die Reihe. Man sah es ja durch die viele Kurzarbeit, daß das nicht mehr auf lange Zeit gut gehen kann.«

Zweitens: Eigentlich schockierend ist nicht die Krise, sondern ihr Ausmaß – und daß man selbst getroffen worden ist. Bis dahin hat die abstrakte Einsicht dem Arbeiter noch eine konkrete Hintertür offengelassen – seine Hoffnung, daß der Kelch an ihm *persönlich* schon vorübergehen werde: »Jeder sagt: Ich warte einmal ab.« Und wenn es ihn dann doch trifft, ist er wie vor den Kopf geschlagen: »Wie dann der Plan herausgekommen war und es hieß: Du und Du und Du, ihr müßt nach Völklingen, da ist das große Jammern losgegangen. Da haben sie geheult. Ja, was soll ich in Völklingen. Vorher hat sich jeder für sich ausgerechnet, daß er noch hier könnte bleiben. Jeder hat zwar öffentlich gerechnet, daß er nach Völklingen kommt, aber insgeheim hat er gedacht: Hoffentlich bleibe ich in Burbach.« Der Schlag trifft um so härter, als die Selektion blitzartig erfolgt und ihre Opfer bürokratisch-reibungslos überwältigt: »Der Rückgriff kam auf die Jahrgänge bis 1923 und älter. Und das wurde uns – ich habe das Schreiben noch hier – sehr kurzfristig mitgeteilt im November, daß wir Anfang Dezember zu einem Gespräch zusammenkommen, wo uns von der Geschäftsführung dann klargelegt wurde, wie wir mit dem Sozialplan ein bißchen freiwillig (!) mit Unterschriftsleistung unseren Arbeitsplatz aufgeben. Und das war dann sehr schmackhaft aufgemacht, weil in der kurzen Unterredung – ein oder zwei Stunden hat diese Unterredung gedauert – konnte man nicht direkt überblicken, welche Folgen das auch noch hat. Die Fragen wurden alle schön schematisch geklärt, und das Arbeitsamt kam nachher im Januar zu uns aufs Werk, und Formulare ausfüllen, und so waren wir plötzlich dann arbeitslos geworden.« Ehe man sich's versieht, ist der Spuk vorbei: »Da wußte keiner so richtig Bescheid, was da gespielt wurde, ob das nun eine Umstrukturierung ist, oder sonst etwas. Und auf einmal hieß das: Ende '77 Schluß, aus.« Entsprechend ist das Resultat: »Also die Leute sind bei uns ganz armselig herausgegangen. Da hat kein Hahn danach gekräht. Sie haben ihre Kündigung zugeschickt gekriegt, und da waren sie weg.«

Nicht immer verläuft die ganze Auskämm-Aktion so routinehaft ruhig; besonders der unerwartete Krisenausbruch kann panische Reaktionen heraufbeschwören: »Gerüchteweise war das unterschwellig schon lange. Und als es dann soweit war, daß es wirklich akut wurde, da stellen Sie sich überhaupt nicht vor, was da für ein Run auf die Geschäftsleitung und auf den Betriebsrat eingesetzt hat. Wir waren zu dieser Zeit noch 25 Mann auf der Schicht, und ich glaube nicht, daß da ein Tag vergangen ist, wo nicht 5 bis 6 Mann auf dem Büro waren und gefragt haben: Was passiert mit mir, wo komme ich hin. Und es war ja echt, wenn ich mir das so überlege, eine höllische Schweinerei.« Doch auch hier nimmt die Affäre ein abruptes Ende, das den Überraschten keine Chance läßt: »Ich kann Ihnen genau sagen, wie das gegangen ist. Es gibt bei uns ein Zimmer 17, das hat den Namen ›Gaskammer‹ gehabt. Also, wer da hineingerufen worden ist, der war so gut wie vergessen.«

Wo vorher »die Geschäftsführung das klar machte«, was nachher passieren würde, wird die schlechte Nachricht verdrängt: »Man hat natürlich viele Leute, die wollen nur hören, was ihnen angenehm ist. Und das andere hören sie dann einfach nicht.« Was freilich nicht schierer Eskapismus ist – denn noch inmitten des allgemeinen Krisengeredes findet der Ungläubige mehr oder weniger handfeste Anhaltspunkte für eine rosigere Zukunft.

*Der Wechselbadeffekt:* Strohhalme, die man gierig ergreift und dann wieder fahren lassen muß, finden sich teils in der objektiven Situation, teils werden sie strategisch gezielt offeriert. Anscheinend fällt manchmal auch beides zusammen: »Das hat man ganz geschickt und bewußt gemacht. Man hat damals gesagt: Moment, wartet nochmal ab, noch ist das letzte Wort nicht gesprochen über das Neunkircher Eisenwerk. Dann haben sich auch etliche politische Gruppierungen hier stark gemacht und klar gesagt: Neunkirchen, das geht hier noch weiter, dafür machen wir uns stark. Sicher müssen Gelder gegeben werden und Neunkirchen wird nicht ganz kaputt gemacht. Dann hat man wieder ein bißchen investiert und den Kollegen Hoffnungen gemacht und gesagt: Guckt doch, da unten ist eine neue Maschine hingekommen für nocheinmal 2 Millionen. Dann hat man damals eine Druckereianlage stillgelegt mit der Begründung, sie müsse neu ausgemauert werden und nachher würde sie wieder angefahren ... Jeder klammert sich ja an einen Lebensfaden, glaubt er, es wird schon nicht so kommen.«

*Investitionen* – und seien sie so nebensächlich wie jene Druckerei – gehören in Krisen zu den bevorzugten Indikatoren einer besseren Zukunft wider bessere Einsicht: »Die Arbed wollte ja die Burbacher Hütte schon 1968 verscheuern. Sie hat nur niemand gefunden, der damals diesen Schrotthaufen hat kaufen wollen. Und trotzdem hat man dann keine Bedrohung gesehen. Man hat gedacht: Ja, das läuft, wir haben ja unsere Arbeit. Ich kann mich erinnern, sogar als es schon zu spät war, im Sommer '77, wo man noch neue Badehäuser gebaut hat und neue Kühlbecken, da haben die gesagt: Die bauen ja noch. Da wird nicht zugemacht, das ist Quatsch. Da schaffen ja noch Baufirmen auf Hochtouren. Kein Mensch hat das für möglich gehalten. Da war ja auch ein unmöglicher Widerspruch drin. Auf der einen Seite stelle ich morgen Bauten hin, die ja nicht billig waren, und auf der anderen Seite war es schon Gespräch, daß die Burbacher Hütte stillgelegt wird.« In der Not wiegt ein Badehaus den Schrotthaufen eben auf.

Noch mehr Illusionen knüpfen sich an momentan günstige Entwicklungen der *Konjunktur:* »Es gibt Kollegen dort in Neunkirchen, die meinen, die Produktion, weil die momentan so hochgefahren ist, die muß noch bis '85: In Neunkirchen geht es nie zu, guck doch mal an, was wir produzieren, mehr wie '74.« Ein anderer bekräftigt: »Wissen Sie, die Leute sehen das jetzt nicht. Es geht aufwärts, das ist ja die Augenwischerei. Jeder sagt: Was wollen wir denn? So gut ist es uns noch nie gegangen. Ich weiß nicht, da glaubt momentan noch keiner richtig dran. Wenn wir Diskussionen haben, dann sagen sie mir: Ach, hör doch auf mit Deinem Kappes, wo Du uns da erzählst. Das hat wieder jemand bei der Zeitung gemacht.« Ein Dritter berichtet von derselben Erfahrung: »Der normale Arbeiter sagt: Gott, wir produzieren, das ist ja wahnsinnig. Die können sprechen, wie sie wollen, wir machen doch nicht zu. Die brauchen uns doch, wir produzieren ja mehr wie voriges Jahr, wir machen sogar noch Überstunden. Und sie sagen: Da, Kamerad, trink ein Schnäpschen, dann siehst Du nicht gut, dann sterb Du nur. Es ist doch letzten Endes so, wenn der Arbeiter schaffen kann, und wenn er Überstunden machen darf – ich betone: darf –, dann denkt der doch nicht weiter. Dann denkt der doch nur dran: Ich habe Arbeit, ich habe Arbeit, ich habe den Monat so viel verdient, er darf 30 Schichten im Monat arbeiten, obwohl doch nur 20, 21 Schichten drin sind, da denkt er nicht mehr weiter. Wenn dann jemand kommt und sagt: Na, Du hast sie ja nicht mehr, mach doch langsamer, arbeiten wir doch bloß 20 Schichten im Monat, dann können wir noch ein oder zwei Jahre länger arbeiten, dann müßten Sie mal die Antwort hören: Ich glaube, Du hast sie nicht mehr alle, ich will doch mein Geld verdienen. Bis dann der Tag kommt und die sagen: Gestern habe ich noch Überstunden gemacht, heute darf ich das nicht mehr und morgen werde ich entlassen.« Vor dieser Katastrophe läßt sich der Optimismus offenbar durch nichts beirren – fast scheint es, er versteife sich um so mehr, je klarer ihn die Realität dementiert: »Man meint, es läuft voll und es nimmt kein Ende. Da gibt es kein '82, da gibt es kein '85, das läuft noch länger fort. Obwohl von der Direktion ausdrücklich mitgeteilt worden ist: Das ändert nichts am Gesamtkonzept.«

Allerdings, die »Verantwortlichen« klären ihre Opfer nicht immer dermaßen rückhaltlos auf, ganz im Gegenteil. Häufig nutzen sie das *Vertrauen* in ihre überlegene Kompetenz, um falsche oder doch voreilige Hoffnungen zu wecken: »Hier ist jeder optimistisch«, schildert ein Betroffener die Lage, »und wenn man die Chefs fragt und auch den Betriebsrat, dann sagen alle: Man darf die Hoffnung nicht verlieren.« Kaum weniger falsche Erwartungen weckt die Gewerkschaftsführung – falls ihre symbolischen Aktionen von den Adressaten ernstgenommen werden: »Das war für mich wirklich etwas Schockierendes, wenn sich die Leute auf den Versammlungen aufs Podium stellen und sagen: Wenn's hier nicht geht, dann marschieren wir nach Saarbrücken; und wenn es da nicht geht, dann marschieren wir nach Bonn. Man hat die Leute noch richtig mobilisiert und high gemacht darin. Plötzlich kommt man dann zurück, und dann muß man sagen: Au, was ist da passiert?« Nämlich nichts.

Besonders zugespitzt tritt der Wechselbadeffekt schließlich dort zutage, wo man die *Krise* selbst als Zeichen für ihr Ende nimmt: »Man hätte die tausend Mann mit Kurzarbeit oder Betriebsurlaub halten können und hätte sie nicht zu entlassen brauchen. Nur ist das den Leuten so schmackhaft gemacht worden, daß das Neunkircher Eisenwerk bis Mitte der achtziger Jahre gesichert ist, wenn wir jetzt diese tausend Leute entlassen. . . . Da hatte der Betriebsrat den Schwarzen Peter. Was machen wir denn jetzt? Entlassen wir tausend oder sechstausend? Der Arbeitsdirektor hat klare Worte gesprochen: Wir müssen tausend Mann entlassen oder wir machen zu.« In Wirklichkeit gibt es da natürlich nichts zu entscheiden, gerade weil alle Davongekommenen damit rechnen, daß diese Tausend-Mann-Quote das notwendige *letzte* Opfer sein würde für eine wirtschaftlich gesicherte Zukunft. Und diese Kalkulation scheint praktisch enttäuschungsfest zu sein: »Drei Jahre lang wurde uns gesagt, daß es wieder aufwärts geht. Bis dann auf einmal der Schnitt gemacht worden ist.« Trotzdem glaubt man auch beim nächsten Mal wieder.

Ein wichtiges Element der strapazierfähigen Gutgläubigkeit ist die geringe Kontrollspanne des Arbeiterbewußtseins: so als ob ihm Versprechen schon als erfüllt gelten, wenn sie erst später gebrochen werden, arrangiert es sich im Stillen mit dem Vertrauensbruch der anderen Seite.

*Der »Diskontier«effekt:* Ein künftiger Schaden zählt in der Gegenwart nicht vollständig – der Schrecken des Augenblicks weicht einer gelassenen Fernsicht: »Jeder sagt: Jetzt wollen wir mal abwarten, was da in naher Zukunft noch auf uns zukommt.« Die Stimmung hängt am Jetzt: »Die Leute sind zufrieden. Hauptsache, der Rubel rollt. Sie können Autos kaufen, sie können in Urlaub fahren. An '83 denkt kein Mensch.« Kommende Gefahren mobilisieren nicht: »Man braucht nur die Betriebsversammlung zu nehmen. Die Betriebsversammlungen vor drei Jahren waren vollgepfropft mit Leuten. Und heute? Man sieht direkt keinen Menschen mehr. Die sagen: Laß doch die Angstmacherei, das ist doch alles Mumm. Früher, da waren es 5000 oder 6000 Mann, und heute, da sind es vielleicht 2000 oder 1000. Obwohl sie Fahrgeld und alles bezahlt bekommen, Ausfallgeld usw. Trotzdem ist kein Interesse. Die denken, da passiert ja doch nichts. Ich weiß nicht, ich kann das nicht verstehen.« Verständlich ist das freilich schon.

Einmal dementieren vergangene Erfahrungen die zukünftigen Katastrophen: »Ach hör doch auf mit Deiner Schwarzmalerei«, bekommt der Mahner zu hören, »wie oft hat unser Betrieb schon zugemacht werden sollen. Und wir sind heute noch da.«

Zweitens geht es um einen Pessimismus auf Verdacht, überlagert von Hoffnungen, die den Vertrag zitieren können. Zu spät entpuppen sie sich als Illusion – der Wille zum Widerstand ist nicht einfach konservierbar und bei Bedarf abzurufen: »Da wird wohl nichts laufen, da werden sie nichts auf die Beine bringen. Der Zug ist abgefahren.«

Drittens: Das ferne Schicksal beherrscht der einzelne so wenig, daß sein Interesse zwangsläufig erlahmt. Im Grunde ist jeder Gedanke überflüssig, wenn man nicht einmal weiß, von was die weitere Entwicklung abhängt. Ein Arbeiter, der das »eingemottete« Werk Burbach zu warten hat: »Momentan wird viel gesprochen darüber: Hoffentlich fangen sie wieder an usw. Und wenn es '81 nichts mehr wird, dann wartet man eben bis '82. Wird es dann verschoben auf '83, dann wartet man eben bis '83. Aber daß sich jemand dagegen stemmt und sagt: Es muß aufgemacht werden! Wer soll das denn machen? Es ist ja niemand da. Wenn Sie zwei Jahre warten, daß so ein Betrieb wieder aufgemacht wird, und es ist nach den zwei Jahren noch nicht eingetroffen, und Sie müssen noch ein Jahr warten und dann vielleicht noch ein halbes Jahr, dann werden Sie gleichgültig . . . Das ist jeden Tag ein und dasselbe Gespräch: Wird wieder aufgemacht? Ja, nein, ja, nein. Ich hab gehört, daß . . . Und so und so. Vorher hat man wenigstens ein bißchen Erfüllung gehabt. Aber jetzt, das ist grauenhaft. Dabei wird man gleichgültig: Wenn sie aufmachen ist gut. Wenn sie nicht aufmachen, dann ist es auch egal.«

Endlich spielt auch eine wichtige Rolle, daß manche den späteren Schaden deshalb relativ problemlos geringer schätzen können, weil ihre *persönliche* Betroffenheit tatsächlich abnimmt: »Macht sich da ein Abnutzungseffekt bemerkbar?« – »So ist es, ganz recht. Das glaube ich, daß dies wirklich bei den meisten langsam Platz greift. Sie sagen: Ach Gott, da kann mir doch nichts passieren. Und die anderen sagen: Ach, meine drei Jährchen krieg' ich auch noch rum. Die fragen nicht, was hinten dran kommt.« – »Aber, wenn '82 definitiv Schluß ist, müßten da nicht manchem die Augen eigentlich geöffnet sein?« – »Ach Gott, man kann viel sagen und trotzdem.

Die sagen, ’82 bin ich 50, 51, mir kann nicht mehr viel passieren. Das ist ja das Traurige, daß jeder nur denkt: Ich hab’s ja bald, ich bin ja bald so weit. Viel weiter denken sie nicht mehr.«

Daß das Alter, also ein zugleich objektives und soziales Kriterium, die Aussichten des einzelnen so stark beeinflußt, entspringt keinem Zufall, sondern der Strategie, Lebenschancen möglichst »sachgerecht«, deshalb konfliktminimierend zu verteilen.

*Der Versachlichungseffekt:* Die Ziele des Unternehmens heißen: Personalabbau und -versetzung; Kompromisse verbieten sich hier schon aus betriebswirtschaftlichem Kalkül, jedenfalls wenn das Rentabilitätsniveau einmal auf saarländische Tiefen abgesunken ist. *Wie* der Sanierungsplan im einzelnen aussehen soll, d. h., wen man entläßt oder versetzt: darüber läßt sich reden – vor allem deshalb, weil es im Interesse des gesamten Konfliktmanagements liegt, den Reorganisationsprozeß möglichst reibungslos abzuwickeln. Dafür stehen verschiedene Mechanismen zur Verfügung.

Zunächst werden die anfallenden Kosten durch ihre routinemäßige *Verwaltung* den drohenden Kontroversen weitgehend entzogen: »Hier hab’ ich den Brief von der Geschäftsleitung. Sie können da lesen, da steht: 28. November 77. Es ist Ihnen ja sicher bekannt, daß in Röchling-Burbach zur Zeit ein Personalüberhang besteht, der sich in Kürze noch erheblich vergrößern wird. Zur weitgehenden Vermeidung sozialer Härten beabsichtigt die Geschäftsführung daher, älteren Mitgliedern die Gelegenheit zu geben, unter Anwendung eines Sozialplans kurzfristig auszuscheiden. Vorgesehener Austrittstermin ist der 31. 12. 77, in Frage kommen Mitarbeiter der Geburtsjahrgänge 23 und früher Geborene. Bitte machen Sie sich mit dem Gedanken vertraut und kommen Sie zu einer Besprechung. Informationsgespräch am 1. Dezember, 18 Uhr, im Festsaal der Verwaltung Werk Burbach. Wir bitten um pünktliches Erscheinen.« Die Ausmusterung der Alten erscheint als bürokratische Routine: Mit der Bitte um Kenntnisnahme und pünktliches Erscheinen, Information über die »Gelegenheit« und Besprechung, das Ganze findet im Saale statt. Später kommt dann das Arbeitsamt, um beim Ausfüllen der Formulare zu helfen (s. o.).

Im gleichen Stil wird die Umsetzungsaktion administriert: »Wir bekamen ein Schreiben, aber in dem Schreiben stand noch gar nicht, wo wir hinkommen, nur wann. Da sind wir rauf zum Betriebsratsbüro und haben gesagt: Wie ist denn das? Da hat es geheißen: Ihr kriegt noch ein Schreiben. Da haben wir dann letzte Woche das Schreiben bekommen: In drei oder vier Tagen müssen wir uns in Völklingen vorstellen. Da war noch so 'ne Karte dabei, da sind wir dann dahin und haben uns hinter die Gruppe gestellt, die die Karte da hatte und sind dann eingeteilt worden.« Schreiben, Anfrage, noch ein Schreiben, Termin, Versetzung, Ausweis, Meldung, Einteilung – wieder geht alles seinen bürokratischen Gang: aktenförmig, vorschriftsmäßig, reibungslos. Das Opfer wird zum »Vorgang« und verhält sich so.

Daß Erkundigungen im Betriebsratsbüro eingeholt werden, charakterisiert ein zweites Versachlichungsmoment: die *Verlagerung* nachgeordneter Entscheidungen auf den betroffenen Kreis selbst – der dafür, daß er über Feinaufteilungen und Detailfragen mitentscheiden darf, das gesamte Programm mitverantworten muß. Kapital–Arbeit–Gegensätze verwandeln sich dadurch in Konflikte zwischen unterschiedlich geschädigten Arbeitern, deren Lösung zu allem Überfluß auch noch kapitalistischen Funktionalitätskriterien folgt. Beispielsweise bei Entlassungen »hat man mehr gesiebt als zuvor. Man war schon mal anspruchsvoller, man hat schon mal einige Typen rausgepickt, die man als Faulenzer oder sonst was eingestuft hat. Dann sind die Arbeitsbilder gekommen. Das hat man ganz schön ausgespielt. Und dann ging das Theater los, wie das unter Arbeitern anscheinend schon so lange, wie die Welt besteht, existiert: Ich ja nicht, ich bin ja gut, der da! Und das hat man ausgenutzt.« So bleibt nur ein resignierter Rückblick: »So oder so war das bitter gewesen, das hat man machen können, wie man gewollt hat. Am Anfang hat das gut funktioniert, und einen Monat später hat das gar nicht mehr funktioniert. Die einzelnen Betriebe haben nämlich auf die Qualifikationen der Kollegen geachtet, und manche, die nach sozialen Gesichtspunkten hätten gehen müssen, wie man das vorgesehen hat, haben sie einfach nicht herausgelassen. Teils mußten da doch Ältere gehen.«

Zu guter Letzt trifft es also einige »Drückeberger« und viele Ältere – Personen, die selbst schuld sind oder dank des Sozialplans vor dem Schlimmsten bewahrt bleiben. Diese Regelung ist nach herrschendem Verständnis gerecht – sie bewirkt daher eine *Minimierung* des sozialen Zündstoffs sowohl auf Seiten der Opfer wie der Davongekommenen. Jene finden sich mit dem Schicksal ab – ohne Unterstützung ihrer weiterbeschäftigten Kollegen bleibt ihnen ja auch gar nichts anderes übrig:

»Wie war die Zeit unmittelbar nach der Entlassung?« – »Wie soll man das sagen? Man war unzufrieden, man ist lieber in den Keller gegangen oder sonst was, daß man wenigstens ein bißchen Beschäftigung gehabt hat. Das war nicht das Richtige, so: Du bist nichts mehr wert, ab sofort brauchen wir Dich nicht mehr.«

Ein Schicksalsgenosse bestätigt diesen Eindruck:

»Vermissen Sie Ihre Arbeit?« – »Nein, ich vermisse sie nicht. Nur am Anfang, da hat man gedacht: Halt, was ist denn los mit Dir usw. Und man hat Langeweile gehabt, man konnt' gar nichts Richtiges mit sich anfangen, also war man so unzufrieden.« – »Wie lange hat das gedauert?« – »Dreivierteljahr oder so.«

Die anderen beruhigen sich mit dem Gedanken, daß es den Frühverrenteten ja beneidenswert gut gehe, fast zu gut: »Mit denen, mit denen ich gesprochen hab', jeder hat gesagt: Das ist eine feine Sache. Die kriegen mehr Geld und brauchen nichts zu arbeiten, was natürlich für die Volkswirtschaft wieder schädlich ist. Der Arbeit wird nicht nachgetrauert, das kann man wirklich sagen. . . . Alle, egal, wie sie heißen, sind begeistert.« So verwandelt man das kapitalistische Nutzenkalkül in einen Akt sozialer Rücksichtnahme – und ist im übrigen froh, daß es einen selbst nicht getroffen hat: »Als die Entlassungen gekommen sind, da haben sie so eine Art Punkteprogramm herausgegeben. Da konnte sich dann jeder so ungefähr ausrechnen: Aha, der ist noch vor mir. Und da ist dann so langsam wieder Beruhigung eingetreten.«

»Arbeitsbild«, das karteimäßig erfaßte Wohlverhalten über Jahre, und »Punkteprogramm«, eine umfassende Berechnung der Entlassungszumutbarkeit, stehen für eine andere Versachlichungstaktik: die *Objektivierung* des Schadensrisikos. So vorzugehen empfiehlt sich vor allem bei jenen, denen keine persönliche Schuld gegeben werden kann. Deshalb ist »damals nach einem Punktesystem gewertet worden. Es gab Punkte für Alter, Familienstand und Betriebszugehörigkeit. Der Kollege mit den tiefsten Punkten hat gehen müssen.« Neben den frühverrentungsfähigen Alten fallen dadurch auch die Jungen aus dem Kreis der »Überlebenden« – und, allem Anschein nach, auch manche Unruhestifter, mit denen jetzt alte Rechnungen beglichen werden: »Da gibt man dem Mädchen einen anderen Namen, da sagt man nicht: Aus dem oder dem Grund, sondern irgendwie durch Rationalisierung. Oder: Du hast die Punkte nicht erreicht . . . Das war ja der größte Schwindel, den wir erlebt haben, was die da gemacht haben. Verflixte Punktzahl. So etwas dürfte nicht zustande kommen.« Doch das sind späte Einsichten von wenigen – im Durchschnitt wirkt das Konzept: »Das Schema war gegeben und dann ist es auch durchgeführt worden.« Was hätte man seiner Komplexität und Präzision auch entgegensetzen wollen, das nicht schon vom Anschein her willkürlicher ausgefallen wäre? Und warum hätte man es überhaupt versuchen sollen, nachdem der bittere Kelch an einem vorübergegangen ist: »Das Punkteprogramm haben die Kollegen überwiegend akzeptiert, vor allem, weil mehr dageblieben sind als entlassen worden sind.«

Im Urteil der Leute hat die Form auch etwas mit dem Inhalt zu tun – und dieser Inhalt läßt einen letzten Befriedungsmechanismus erkennen: Das Krisenmanagement spaltet Belegschaften in rivalisierende einzelne (noch mehr als sie es schon zu normalen Zeiten waren).

*Der Spaltungseffekt:* »Da war eine kurze Demonstration, da waren tausend Mann da, da hat sich das gehabt. Weil sich eben jeder ausrechnen konnte: Ich bin nicht dabei. Und dann ist es schwer, Leute auf die Straße zu bringen.« Unterschiedliche Betroffenheit macht aus der »objektiven« Klasse subjektive Splittergruppen, genauer: eine große Koalition derer, die noch einmal davongekommen sind, steht den Minderheiten gegenüber, die es eben erwischt hat. Diese Spaltung ist jedem greifbar: »Das ist nämlich so: Wenn so was auf Sie zukommt, zunächst ist es mal ein Gemunkel. Dann verdichtet sich das. Und dann sind etliche Leute, die flattern. Andere sagen: Was soll mir passieren? Woanders, da wird auch Brot gebacken, das ist doch mir egal. Sollen sie doch Burbach zumachen. Und da ist dann der kleinere Rest, der die Arbeit erhalten will« – weil er keine andere finden kann, nicht weil ihm das allgemeine Wohl so sehr viel näher am Herzen läge als den anderen. Von solchen Fragmentierungstendenzen ist immer wieder die Rede, z. B.: »Die einen gehen in das Alter hinein, wo man echt sagen kann: Na gut, ich erreiche das Alter, wo man in den Sozialplan hineinkommt. Und unsere Generation sagt: Gut, wenn in Neunkirchen nichts mehr gerettet werden kann, dann ist vielleicht noch ein Arbeitsplatz in Röchling-Burbach drin. Und manche glauben es vielleicht auch noch nicht ganz.« Alte, Junge, Verwurzelte, Mobile, Ängstliche, Standhafte, Ungläubige, Gleichgültige ...: dieses Spektrum findet im Ernstfall keinen gemeinsamen Nenner. Und weil das alles nicht einfach hinderliche Persönlichkeitsmerkmale sind, sondern strukturell zementierte »Reflexe« differenzierter Lebenschancen, wird sich daran auch so leicht nichts ändern, schon gar nicht unter dem Eindruck krisenhafter Zuspitzungen. Vielmehr tritt hier noch deutlicher eine »Grundbefindlichkeit« des Arbeiters hervor: Konkurrenz um knappe Reproduktionsmittel und, daraus resultierend, ein konstitutioneller *Egoismus.*

Auf sich allein gestellt, bleibt dem Arbeiter nur die Hoffnung auf den »großen Bruder«: Organisation – und die Angst, wenn er sieht, daß auch von daher keine Hilfe kommt.

*Der Angsteffekt:* Es gibt Leute, die behaupten, der Ernstfall habe ihnen so wenig wie irgendwem Angst eingejagt. Doch ihre Begründungen sprechen eine andere Sprache: »Ein Angstgefühl im Werk? Nein, das habe ich noch nie anders gekannt. Aber man muß sagen: nicht bei allen.« Also: Die Krise ist nichts Besonderes, Angst gibt es immer, wenn auch nicht bei jedem. Oder: »Angst? Das glaube ich nicht. Wenn jemand aufmucken gewollt hätte, dann hätte er das ruhig machen können, das hätte man diesem Mann nicht krumm genommen.« Der Mann hat leicht reden, rechnet er sich doch aus, als Frührentner »noch in den Sozialplan zu kommen« – sein Risiko ist relativ begrenzt. Oder: »Warum sollte ich Angst haben? Vor was denn? Wenn es mich gepackt hätte, dann wäre ich gegangen. ... Und bei den Absicherungsverträgen, die wir haben, können sie einen Mann, der 50 ist, nicht mehr fortjagen.« Der da von sich sagt, es mache ihm nichts aus zu gehen, ist genau 50, hofft also insgeheim und in Wahrheit, nicht mehr fortgejagt zu werden.

Von solchen zweischneidigen Ausnahmen abgesehen, lautet der allgemeine Tenor: »Man hat praktisch eine Angsttherapie verabreicht und hat gesagt: So, jetzt zwingen wir die mal echt in die Knie.« Und diese Therapie wirkt offensichtlich auch bei denen, die als gewerkschaftliche Funktionäre eigentlich den solidarischen Widerstand zu organisieren hätten: »Vertrauensleute und so, alles gut und schön, und innerhalb der Vertrauensleute, wenn die auf ihren Kursen sind, da sind sie auch eine starke Gemeinschaft. Aber wenn die hier in dem Betrieb sind, dann sind sie ganz kleine Leuchten. Auch mit der Angst im Nacken, daß, wenn sie ein Wort zu viel sagen, sie von der Kante geholt werden.«

Solch handgreiflicher Ausfall der organisatorischen Vereinheitlichung bewirkt vor Ort, daß »menschliche« Egoismen sich unter dem Druck der Krise weiter verschärfen und den isolierten Arbeiter seinem »Arbeitgeber« vollends ausliefern.

Das heißt zunächst *Minimierung* der *Gegenwehr*: »Ja, die Angst war ziemlich groß unter den Leuten. ... Da hat sich eben keiner gewagt, und was zu anderen Zeiten vielleicht möglich gewesen wäre, das war da eben nicht mehr möglich. Wir haben da mal in Burbach Ende '77 eine spontane Arbeitsniederlegung gemacht, das ging aber ziemlich in die Hosen.«

D. h., zweitens, *Minimierung* der *Ansprüche:* »Wenn einer auch mal einen Fahrweg von 25 oder 30 Kilometer hinnehmen muß, so glaubt er doch, daß er im Endeffekt wieder einen Arbeitsplatz bekommt. Und vorher wußte man gar nicht, ob man nicht auf die Straße geschmissen wird.«

Drittens kommt es zu einer *Maximierung* der *Leistung:* »Da hat natürlich jeder versucht, die beste Leistung zu bringen. Das war natürlich ein bißchen arg.« Und: »Alle klammern sich an den Arbeitsplatz. Jetzt hat natürlich jeder Angst, sich krank zu melden. Das ist die große Angst, von der ich glaube, daß sie überall umgreift, wo sich jeder dreimal überlegt, wo er normalerweise sich krank gemeldet hätte, traut er sich jetzt nicht mehr und geht weiter schaffen.«

Viertens endlich stellt sich eine *Maximierung* der *Konkurrenz* ein: »Die haben da drüben gestreikt und wir haben von Mannesmann Aufträge nach Neunkirchen gekriegt. In dem Moment müßten sich ja alle Werke solidarisch erklären. Da war die Angst wieder da und da hat man gesagt: Wenn wir das nicht machen, dann macht es jemand anders. Die Aufträge gehen uns dann verloren, und da haben wir überhaupt keine Aufträge.«

Jede Basisbewegung unter Krisenbedingungen geht aus von und endet bei der Vereinzelung des Arbeiters in der Konkurrenz mit seinesgleichen um knappe Lebenschancen – so das Zwischenfazit. Ihm ist noch weiter nachzuspüren.

### *2.6 Der begrenzte Horizont*

Einen Charakterzug jedenfalls hat das bürokratisch-hilflose Bewußtsein aus seiner instrumentell-profitlichen Vergangenheit in den Notstand herübergerettet: die alles beherrschende Sorge ums private, materielle Wohl. Wie eh und je gilt: »Die Kollegen sind so eingestellt, sie wollen verdienen.« Was Wunder bei den vergleichsweise ärmlichen Lebensumständen.

Das Resultat dieses »Egoismus« ist immer eine Schwächung des kollektiven Interesses: d. h., mindestens andere leiden, und manchmal schadet der Egoismus auch sich selbst. Die alle Verhältnisse durchziehende »Borniertheit«, als strukturell verankertes, nicht persönlich verschuldetes Merkmal, blockiert fast jede noch so bescheidene Solidarisierung; sie lebt von Spielräumen der organisierten Krisenverwaltung einerseits, andererseits von individuell verschiedenen Handlungsalternativen bzw. Konfliktpotentialen. Es treten Spaltungstendenzen auf, die den Widerstand für das Gros unnötig, für den Rest unmöglich machen – jedenfalls im Rahmen des existierenden Erwartungs- und Risikohorizonts.

*Zeitliche Borniertheit:* Zeitliche Borniertheit meint *Dominanz des gegenwärtigen Interesses über das zukünftige* im Sinne eines verletzten Generationenvertrags: Die heute Beschäftigten kümmern sich nicht um Arbeitsplätze von morgen, obwohl es ihre »Aufgabe« wäre.

Mit seiner Zeitperspektive bestimmt der Sanierungsplan die Spanne des vorherrschenden Kalküls: »Durch die Frühpensionierung, da rechnen die, '87/88 da reicht's für mich. Also, was ich festgestellt habe, da wehrt sich fast keiner mehr dagegen. Es geht keiner mehr auf die Barrikaden.« Der Rückzug aufs eigene Schicksal hat Konsequenzen für jene, die später und dann eben zu spät kommen: »Wenn ich heute mit meinen Kollegen ein Gespräch anfangen will«, zieht einer enttäuscht Bilanz, »so heißt es: Was soll der Quatsch? Ich bekomme fünf Jahre mein Geld, dann gehe ich in Pension. Was ihren Kindern dann passiert, interessiert sie nicht. So ist die Situation.« Andere bestätigen den traurigen Sachverhalt: »Daß die Arbeitsplätze abgebaut werden, dagegen hat sich meines Wissens niemand gesträubt. Falls jemand gesagt hätte: Ich habe Kinder, und: laßt das Werk bestehen, damit meine Kinder da auch noch schaffen können – also in unserem Bereich haben wir so etwas gar nicht gehört.«

So bleibt es bei Mahnungen, die von niemandem gehört, geschweige denn beherzigt werden (können) – nicht einmal von den Einsichtigen selbst: »Man muß natürlich das Problem für die Jugend mitdenken. Es ist natürlich traurig, wenn das nicht geschieht. Nämlich jeder Arbeitsplatz, der hier wegrationalisiert wird, wird m. E. auch nicht mehr nach Neunkirchen kommen. Und für den Neunkircher Raum ist das sehr, sehr tragisch.« Oder: »Das ist aber das Schwache am Arbeiter, daß er nicht dafür einsteht und nicht dafür kämpft, daß die Nachgeneration auch weitermachen kann und weiterleben kann.« Schließlich: »Daß Alte ausscheiden, das ist ja nicht so schlimm. Nur, da sind ja Junge hintendran. Und für die sind keine Arbeitsplätze mehr da. . . . Man hätte es nicht so einfach laufen lassen dürfen.«

Der Keil zwischen den Generationen erhält eine Konfliktstruktur, die auch in anderen Fällen (s. u.) den individuellen Existenzkampf überlagert und zusätzlich verhärtet: die Konkurrenz von Kollektiven, hier alt gegen jung. Diese Konstellation entsteht nicht erst im Krisenstadium – da zeigt sie nur besonders deutlich ihre Konturen. Anders gesagt: Jene »Rücksichtslosigkeit« den Jüngeren gegenüber ist *auch* ein Produkt langfristiger Entfremdung innerhalb wie außerhalb des Betriebs: »Sicher«, meint ein 50jähriger, »unter den Jugendlichen gibt's natürlich auch ein paar Stück, mit denen man reden kann. Aber der größte Teil, zur Zeit ist denen doch alles egal. Hauptsache sie haben Arbeit und verdienen und können in Urlaub fahren. Da gibt's nur noch das Gespräch über den Urlaub. Oder: Wir haben ein neues Auto gekauft, jetzt gibt's nur noch das Gespräch über das neue Auto. Au, das läuft. Und lauter so Dinge. Ich hab' ihnen schon gesagt: Habt Ihr kein anderes Gespräch als das?« Unter dieser Diskrepanz leidet auch die traditionelle »Arbeiterkultur« bzw. das, was von ihr noch übriggeblieben ist: »Ich war selbst in Vereinen tätig, im Fußballverein«, berichtet ein 43jähriger, »da muß man wirklich staunen, man kann sich noch so viel Mühe geben, aber die Jugend für solche Sachen zu begeistern, das ist fast nicht mehr möglich. Zu unserer Zeit, da hat es eben nichts anderes gegeben. Da hat man gesagt: Du bist jetzt dabei, Du mußt das machen. Und dazu ist die Jugend heute nicht mehr so gewillt . . . Die wollen heut' ihre Freizeit so gestalten, wie sie sich das vorstellen, die wollen nicht mehr unter einem Druck stehen: Du mußt . . «

So gesehen ist die Spaltung zwischen den Generationen ein Effekt des fortschreitenden »Fordismus«: Die Alten verstehen das Leben der Jungen nicht mehr und nehmen *auch* deshalb keine Rücksicht, wenn es um zukünftige Lebenschancen geht.

*Sachliche Borniertheit:* Darunter sei verstanden: die Dominanz des *materiellen Interesses über das ideelle.* Sie ist Ausfluß jenes »fordistischen« Vergesellschaftungsmodus, der Selbstverwirklichung an Konsumsteigerung koppelt und industrielle Entfremdung dadurch instrumentell erträglich macht; drastischer formuliert (und schon einmal zitiert): »Die Leute sind zufrieden. Hauptsache, der Rubel rollt. Sie können Autos kaufen, sie können in Urlaub fahren. Weiter denkt kein Mensch.«

Allerdings: Die doppelt ruinöse, arbeitskraft- und arbeitsplatzvernichtende Geldfixierung resultiert tatsächlich weniger aus überschäumender Konsumentenlust; vielmehr reflektiert sie eine weitverbreitete Schwierigkeit, den durchschnittlichen Lebensstandard zu finanzieren: »Was brauche ich Arbeitszeitverkürzung, wenn ich da nichts im Geldbeutel habe«: Wer so eindimensional redet, beweist nicht grenzenlosen Materialismus, sondern illusionslose Einsicht in sein Milieu, das idealistische Anwandlungen zu Luxuslaunen macht, die er sich nicht leisten will (und praktisch nicht kann). Der gewöhnliche Lebenslauf folgt etwa diesem Muster: »Also die letzten zwei Jahre habe ich mir gedacht, daß wir mit dem Hausumbau fertig werden. Der Nachbar und ich. Da bin ich schon von der Hütte heruntergekommen, morgens, mittags oder abends, und hab' gedacht: Da wird das fertiggemacht oder das ... Da hat dann der Nachbar schon gewartet, der hat auch umgebaut. Wir haben uns gegenseitig geholfen und alles allein gemacht. Und in meiner Freizeit ... ich bin praktisch ein Borussen-Fanatiker (Borussia Neunkirchen – d. V.), das war meine Freizeit, auf dem Fußballplatz. Im Urlaub war ich bis jetzt noch nicht. Das konnte ich mir nicht leisten, auch vor dem Haus schon nicht. Ich habe 1950 geheiratet. Dann haben wir uns erst einmal Möbel anschaffen müssen. Dann war direkt ein Kind da. Wir haben es nicht wie andere gefunden, daß eine Schwiegermutter da ist oder daß der Vater da ist. Da konnten wir es nicht machen wie andere, daß wir da sparen und in Urlaub fahren und gehen dafür bei den Eltern essen. Meine Frau konnte auch nicht mitarbeiten, weil wir ja niemand hatten. In den letzten Urlauben, da haben wir das Haus gemacht und davor, da sind wir spazieren gegangen. Früher, da sind wir auch mit dem Fahrrad herumgefahren, und wenn ich dieses Jahr Urlaub kriege, dann wird da nochmal herumgebuddelt. Aber da gehen wir dann auch ein bißchen spazieren ...« Man sieht: Selbst was dieser Rückblick als luxuriöse Alternative vorstellt – Essen bei den Eltern, Mitarbeit der Frau, dafür richtig Urlaub machen – hält sich noch im bescheidenen Rahmen. Und die Diskotheken-Perspektive der Jungen sieht nicht weniger, nur in anderer Weise, trostlos aus.

»Wenn's dem Kollegen einigermaßen gut geht, ist er mit dem, was da ist, sehr zufrieden« – wenn's ihnen gut geht, das bedeutet offenkundig, daß sie »wie die Ochsen schaffen«; und schlecht geht's ihnen dann, »wenn sie wie die Ochsen schaffen und nichts kriegen«. »Nur das Materielle ist hier gegeben«, klagt er, der diesen harten Vergleich zieht. Andere weisen auf die Folgen hin fürs Ideelle, sei es bei sich oder ihren Kollegen: »Warum machen Sie beim Vereinsleben nicht mehr mit?« – »Weil man es zeitgemäß nicht mehr kann. Um den Lebensstandard heute einigermaßen zu ermöglichen und da nicht in den Hintergrund zu geraten, da muß man schon einiges tun, da reicht der Reinverdienst nicht aus. Was man da sich angeschafft hat, das möchte man nicht mehr mindern. Im Gegenteil, man möchte immer noch ein kleines bißchen dazu machen. Und da muß man halt ein kleines bißchen dazutun. Und das Privatleben muß man dadurch eben ein bißchen einschränken.«

Zum Privatleben gehört alles, was nicht Arbeit ist, vor allem natürlich »ideelle« Anliegen im weitesten Sinn (d. h. sie bringen kein Geld), angefangen bei Vereinstätigkeiten bis hin zur Gewerkschaftsmitgliedschaft, jedenfalls soweit sie Aktivitäten erfordert. Obwohl gewerkschaftliches Engagement ja gerade in kritischen Zeiten auch materielle Vorteile verspricht, nimmt man die kurzfristige Ablenkung vom Wesentlichen nicht in Kauf: »Diejenigen, die da Interesse haben und etwas weiter sehen«, stoßen auf Granit: »Wir haben dann versucht, die Kameraden aufzuklären und sind dabei ausgelacht worden, von den eigenen Arbeitskollegen. ... Und wenn wir zu den Jüngeren gesagt haben: Buben, geht in die Gewerkschaft, geht in die Versammlungen, alle drei Monate haben wir hier Versammlung, da ist dann fast kein Mensch gekommen. Da ist kein Interesse dran ... Und wenn Sie ihnen das gesagt haben, dann haben sie noch Palaver gemacht.«

Diese »geldgierige« Vernachlässigung »höherer« Zwecke schlägt leicht um in die offene Diskriminierung dessen, der sich wider Erwarten darum kümmert. Weiß man doch, daß dazu ein besonderer Menschenschlag gehört: »Es muß ein Idealist sein, der darf nicht aufs Materielle sehen« (s. o.). Warum sollte der andere aber so ganz anders sein? Vielleicht ist er nur raffinierter: »Gucken Sie mal«, klagt ein dermaßen Verdächtigter, »ich bin gewerkschaftlicher Vertrauensmann. Da braucht man bloß hin zu gehen und von den Gewerkschaften anzufangen. Daß die einem nicht auf den Backen hauen, ist ein Wunder. Die sagen: Laß uns mit den Spitzbuben in Ruh'. Die wollen nur unser Geld. So tun die – und das, obwohl in unserer Schicht bis auf zwei Mann alle in der Gewerkschaft drin sind.« Wehe besonders dem, der sein Engagement übertreibt:

»Über den Vertrauensmann schelten sie, wenn er jetzt in den Lehrgang geht, 14 Tage: Gehst Du mal auf unser Geld Dich durchfressen? Das bringen sie fertig.« Am Ende verkommt der suspekte Idealist gar zum bloßen Prügelknaben: »Wenn sie den ganzen Morgen noch niemand hatten, den sie ärgern konnten, dann kommt der Vertrauensmann dran. Dann sagen sie: He, hoppla, komm mal her, Dich machen wir jetzt fertig. So geht das bei uns.«

Fazit: Sachliche Borniertheit – diese Konzentration auf Verdienst und Verbrauch – verwandelt die Arbeiter tendenziell in »Monaden«, deren einzige Gemeinsamkeit im herrschenden Konsumstandard liegt – solange der hoch genug ist (und der Lohn niedrig genug), um den Arbeiter permanent auf Trab zu halten, sind solidarische Aufschwünge kaum zu befürchten: »Das ist eine Sache, wo die Gewerkschaft laufend appelliert und immer wieder hinterdran ist, um die Leute zu mobilisieren und zu sagen: Ihr müßt zusammenhalten, ihr müßt dafür kämpfen. Doch die Leute sind echt nicht gewillt. Durch den Streß, in dem sie tagtäglich stehen.«

*Soziale Borniertheit:* »Es ist schwierig genug, in dieser Situation die Kollegen nicht gegeneinander marschieren zu lassen.« Solche Besorgnis bringt ein strategisches Dilemma »proletarischer« Gegenwehr zum Ausdruck, das durch gewerkschaftliche Organisierung leicht noch weiter verfestigt und nicht überwunden wird: Der Abwehrkampf für die Erhaltung gefährdeter Arbeitsplätze schlägt unversehens um in den Konkurrenzkampf um verknappte Arbeitsplätze. Soziale Borniertheit so verstanden, meint: *Dominanz des besonderen Interesses gegenüber dem allgemeinen.* Eine derartige Selbstzerfleischung beginnt beim Egoismus des einzelnen und reicht über verschiedene Stufen kollektiver Eigensucht bis hin zur nationalen Überlebensfrage.

In den Köpfen konkurriert *Person* mit *Person* (s. o.):

»Gab es Spannungen zwischen den Kollegen?« – »Das würde ich sagen, die gab's da sehr. Da hat natürlich jeder versucht, die beste Leistung zu bringen. Das war natürlich ein bißchen arg.« – »Und hat man das diskutiert?« – »Das würde ich nicht sagen. Da hat jeder nur noch auf den anderen geschaut, was der für Fehler macht.«

Das Resultat ist: Die organisierte Vertretung der Arbeiter beschäftigt sich weniger mit dem gemeinsamen Leiden als mit dessen individueller Zuteilung: »Der Betriebsrat hat damals viel, viel Arbeit gehabt. Es hat viele Beschwerden gegeben, jeder einzelne ist gekommen und hat gesagt: Ich werde benachteiligt. Ich bin schon

30 Jahre auf der Burbacher Hütte, jetzt muß ich nach Völklingen. Und der andere ist erst 20 Jahre und der kann hier bleiben. So haben die viel Arbeit gehabt, um die Leute zu beruhigen.« Was anders als »beruhigen« hätten sie in der konkreten Situation auch machen sollen, wo jeder nur noch seine eigene Haut retten will (und muß)? »Das war hart: Jeder für sich! Sonst hat es nur die große Demonstration gegeben und dann noch eine auf dem Burbacher Markt. Aber das war ja blamabel. Da war auch der (Oberbürgermeister von Saarbrücken – d. V.) Lafontaine dabei, der hat nämlich mit einigen Tausend gerechnet, und wie wir da rumgeguckt haben, wer da da ist, da waren interessehalber ein paar Einwohner von Burbach und vor allem Funktionäre, alte Funktionäre.« Und wen es dann erwischt, darf auf Hilfe nicht hoffen, nicht einmal Aufmerksamkeit wird ihm zuteil: »Ich weiß nicht, wie viele entlassen worden sind«, versucht sich ein Davongekommener zu erinnern, »da können ja vielleicht ein paar entlassen worden sein, das haben wir nicht so mitgekriegt.«

Es konkurriert *Betrieb* mit *Betrieb*, z. B. Walzstraße gegen Hochofen und Stahlwerk: »Ich gehe mal davon aus«, rechnet ein Walzstraßenarbeiter, »daß, ich muß das mal ganz krass hinstellen, daß 80 bis 90 % vom Alter her eine Versetzung in Kauf nehmen müssen. Dann wird mit Sicherheit nicht passieren, daß das Unternehmen sagt: Diese 80, 90 Prozent, die ziehen wir aus der Feinwalzstraße heraus, versetzen sie nach Völklingen oder Homburg und tun 80, 90 Prozent vom Hochofen oder egal, woher sie die nehmen, dort oben hin und dann geht es auch. Das wird mit Sicherheit nicht passieren, denn mit Sicherheit wird es dann nicht laufen.« Diese *relative* Sicherheit (relativ deswegen, weil man schon 80, 90 % annehmen muß, um absolut sicher zu gehen) ist die materielle Basis für einen kurzsichtigen Dünkel gegenüber den weniger privilegierten Arbeitskollegen: »Man braucht nur im Neunkircher Eisenwerk drinzubleiben und sie dort zu beobachten, die Belegschaften der Walzstraßen«, klagt ein Betroffener, »es hieß ja: '80 ist das Stahlwerk und der Hochofen weg. Und das Walzwerk, das bleibt, liegt direkt neben dem Stahlwerk. Die Belegschaften von dem Walzwerk, nicht alle, aber viele, die fühlten sich so sicher und erhaben gegenüber den Kollegen, wo im Stahlwerk nebenan die Produktion gefahren haben, weil ihr Arbeitsplatz gesichert ist. Die hatten zu dem Zeitpunkt gar nicht erkannt, daß sie auch die Betroffenen sein werden, wenn Stahlwerk und

Hochofen zugehen. Das ist aber dann die Kurzsichtigkeit von den einzelnen. Das war tatsächlich so, das war schlimm.«

Es konkurriert *Werk* mit *Werk* – der im konkreten Fall am stärksten ausgeprägte Wettbewerb: »Denken die Betriebsräte nicht sehr betriebsegoistisch?« – »Von der rein menschlichen Seite her gesehen, würde ich es noch keinem verübeln, wenn er zuerst einmal an seine Haut denkt, das ist klar. Aber wenn es an das große Problem ging, wurde doch für jeden mitgedacht. Freilich, wenn so ein Werk geschlossen wird, dann denkt doch jeder echt an sich, fast jeder an sich.« Gegen diesen Betriebsegoismus kann das »große Problem« also doch nicht an, denn an der »menschlichen« Natur kommt keiner vorbei. Versuche, die gemeinsame Sache doch noch in Rechnung zu bringen, scheitern: »Da gab es eine Vertrauensleutekonferenz in Völklingen, und da gab es eine Resolution, und jedes Werk wollte da etwas für sich drinstehen haben und dem anderen nichts zubilligen. Und es hätte dann nie so ein Papier gegeben, wenn nicht jeder irgend etwas drin gehabt hätte. Für mich hat sich da gezeigt, das sind zwar alle Arbeitnehmer, aber es ist sehr schwer.« Anstrengungen werden nur unternommen, um den eigenen Standort zu retten: »Die meinen immer noch«, berichtet ein Neunkircher Stahlarbeiter resigniert, »daß es über '82 rausgeht. Und deshalb tun sie alles, damit das Produktionsergebnis im Neunkircher Eisenwerk so günstig aussieht wie nur möglich.« Gleichzeitig wirft man den anderen ihren Egoismus vor: »Und die da drüben, in Burbach, die sagen: Laßt doch das Neunkircher Eisenwerk kaputtgehen. Hauptsache, wir haben Arbeit. Die sagen: Besser die da unten als wir.« Auch wenn man an Protest denkt, geht er zu Lasten des konkurrierenden Standorts: »Wenn entschieden werden soll: Völklingen oder Neunkirchen, dann müßte ich sagen: Hier ist ein Aufhänger, das Ding wird nach Neunkirchen gebaut. Dafür gehen wir mal auf die Straße, dafür werden wir mal vorstellig da drüben in Völklingen.« Für solidarische Aktionen dagegen sind die paar Kilometer zu viel: »Ja, z. B. Neunkirchen«, erinnert sich ein Burbacher an so einen Fall, »da ist hier von den Gewerkschaften ein Rundschreiben gekommen, daß Busse zur Verfügung gestellt werden, um nach Neunkirchen zu fahren zu einer Demonstration. Gott, ich war da auch nicht dabei, ganz ehrlich. Aber leider Gottes, wie wir nachher gehört haben, war noch kein Bus voll. So gleichgültig war das.«

Es konkurriert *Stadt* mit *Stadt*: »Wenn man eine Diskussion hat:

Zu gleichen Teilen abbauen, und der Bürgermeister von Völklingen sagt: Macht Burbach zu, dann haben wir in Völklingen Ruhe – was wollen Sie dann noch drehen? Was soll man da noch machen?« Solidarität scheint einmal mehr ein aussichtsloses Unterfangen zu sein: »Die Solidarität untereinander, das ist das Komische. Wie damals die Saarbergwerke zugemacht haben, da hat kein Mensch, auch von der Hütte, hat da gesagt: Das geht mich was an. Wir haben doch Arbeit. Und bei den Hüttenleuten, weil es die Stadt betroffen hat, ist mal jemand mitmarschiert. Genau wie in Burbach, da haben die Neunkircher gesagt: Was gehen uns die Burbacher an.«

Zu guter Letzt konkurriert in den Köpfen auch noch *Land* mit *Land*. Sei es, daß man die Fremden verjagt haben will: »Wenn die die ganzen Ausländer rausgemacht hätten, hätten wir alle Arbeit . . . Da werden Ausreden gesucht: Ein Deutscher macht die Arbeit nicht mehr. Aber hier im Hüttenwerk müssen die Ausländer genau das machen, was wir auch machen. Wenn die nicht wären, wär's vielleicht noch besser gelaufen.« Sei es, daß die Fremden den Arbeitsmarkt von draußen her verderben: »Wir haben zuviel Stahl aus den Drittländern, Japan usw. Ich sag' immer: In den Drittländern, das hab' ich extra zu der Frau gesagt, was nützt mir das, wenn ich unten in Afrika ein Stahlwerk hinbaue, statt daß sie hingehen und würden dort erst einmal die Agrarwirtschaft flottmachen. Da stellen sie da unten ein Stahlwerk hin, das ist doch paradox.« Zur einheimischen Dummheit tritt die ausländische Schuld: »Da unten, die Kulis, die machen es für ein Stück Brot und einen Apfel.« Und wo ihnen das nicht genügt, versündigen sie sich dadurch, daß sie mit Hilfe staatlicher Subventionen den deutschen Fleiß um seinen wohlverdienten Lohn bringen: »Wenn wir so gegammelt hätten – gegammelt, ich sag' jetzt: gegammelt – mit Arbeitskämpfen usw. wie z. B. in Italien oder sonst irgendwo –, die Bundesrepublik wäre nicht so weit, wie sie heute ist.«

Alles in allem immer wieder, so muß es scheinen, derselbe Zirkel: vom hilflosen einzelnen ausgehend und mehr oder weniger umstandslos bei ihm endend – ohne Chance auf den Ausbruch aus dieser trostlosen Monaden-Existenz; nicht einmal der Wunsch dazu kann noch aufkommen.

Ganz stimmt dieses Bild nicht; eine begrenzte »Entfremdung« von den herrschenden Verhältnissen findet statt.

Einsicht, zumal praktische Einsicht in die eigene Situation, bedeutet für den Arbeiter: Solidarität mit seinesgleichen aufgrund der gemeinsamen Klassenlage. Sie bricht sich zwar immer wieder am systematisch aufgezwungenen Konkurrenzkampf um knappe Reproduktionschancen – trotzdem gibt es Beispiele genug, jedenfalls dann, wenn das Opfer erträglich bleibt.

Da ist etwa jener Arbeiter, der sich gegen die gängige Rede vom Krankfeiern wendet: »Das ist für Außenstehende schwer verständlich. An unserer Straße ist wirklich von Hand gearbeitet worden. Und das waren Blöcke bis zu 1,5 Tonnen. Und die hat ein Mann gedreht, 8 Stunden lang. Und wenn die aus dem Ofen rausgekommen sind, dann müssen Sie sich vorstellen, die Rollgänge sind 1,20 Meter breit, dazwischen haben Sie einen Meter, wo Sie stehen können, rechts und links liegen zwei von diesen Blöcken, und sie haben einen in der Zange. Und da können Sie physisch gebaut sein wie Sie wollen, das hält im Sommer kein Mensch durch. Und wenn jemand krank wird, weil er eben an so einer Arbeit schafft, dann kann man ihm das nicht verübeln. Dann kann ich nicht sagen: Der Mann ist ein Faulenzer.«

Ebenso wendet man sich gegen die auch von den Betriebsräten unterstützte »Auskämm«-Strategie nach »Arbeitsbildern«: »Der Betriebsrat hat keine Ahnung. Z. B. das Argument mit der Trinkerei bei der Arbeit, dazu möchte ich folgendes sagen: An der Straße, an der ich gearbeitet habe, hätte überhaupt keiner trinken können. Da waren Sie 8 Stunden lang dermaßen der Gefahr ausgesetzt, so daß schon Leute, die nüchtern waren, dauernd Unfälle gehabt haben. Und getrunken? Sicher ist es schon einmal vorgekommen, daß jemand während der Schicht getrunken hat. Aber da brauchen die nicht zu sagen, da habe jemand während der Schicht getrunken. Denn wenn die vier, fünf Stunden geschwitzt haben und trinken dann eine Flasche Bier, dann kann man das kaum verübeln. Wenn wir dann gemerkt haben, daß jemand nicht mehr gerade auf den Beinen steht, dann haben wir den geholt und im Büro eingesperrt, der ist überhaupt nicht mehr an die Straße gekommen. Das hat der Betriebsrat auch nie gemerkt.«

Man springt also klaglos für jemanden ein, wenn der einmal »ausflippt« und verteidigt ihn auch dort noch, wo die Argumente spürbar brüchig werden. Noch viel weiter geht das Engagement in Fällen wie diesem: »Wir waren zwei Mann, von 1966 bis 1979. Und ich wußte, daß auf dieser Schicht nur noch ein Mann bleibt. Ich hätte nicht weggemußt, weil ich erster Pumpenwärter war. Nun, mein Kamerad, der ist 53 Jahre, der hat eine Magenoperation gehabt und eine Bandscheibenoperation. Dann habe ich gesagt: Wenn einer geht, dann geh' ich. Was will man mit dem Mann im Stahlwerk machen! Da hab' ich gesagt: Laßt den nur da, der ist sowieso kaputt. Dann bin ich eben gegangen. Da oben, da hat man nicht viel schaffen müssen. Aber da unten, im Stahlwerk, wenn es da mal losgeht, da liegt man aber drin von mittags bis abends. Das macht auch am Lohn mehr aus. Trotzdem wäre ich lieber da oben geblieben, man hat das von '66 bis jetzt gemacht.«

Selbst Arbeitslose und Ausländer, die notorischen Opfer alltäglicher Diskreditierung, finden ihre Fürsprecher: »Man hat öfters die Aussage: Wer Arbeit finden will, der findet sie auch. Da kann man sagen: Ja und nein. Unter Arbeit darf man nicht nur verstehen, daß man heute mal gerade Kohle schippen kann, mal 8 Tage, mal 14 Tage. Unter einem Arbeitsplatz muß man schon etwas verstehen, wie wir das hier haben. Was Dauerhaftes, was seinen Fähigkeiten entspricht. Und das ist natürlich das, was Ihnen das Arbeitsamt nicht immer vermitteln kann. Natürlich kann man dann noch weitergehen und sagen: Da müßte man die 1,5 oder 2 Millionen Ausländer rausschmeißen. So sehe ich das nicht.« Sogar für jene übereifrigen Ausländer im Ausland, die »Kulis«, gibt es nicht nur Vorwürfe – auch Mitleid kommt auf: »Die müssen schaffen wie die Ochsen, daß Blut und Wasser runterläuft.«

Freilich: Mitleid und Nächstenliebe, selbst wenn sie so eindrucksvoll bestätigt werden wie durch diese Fälle, sind für sich genommen noch keine Kennzeichen einer Einsicht in die eigene Klassenlage. Ihre primäre »emotionale« Qualität paßt in verschiedene Orientierungsrahmen. Erst kombiniert mit dem »intellektuell«-strategischen Verhalten gegenüber der anderen Klasse liefern sie triftige Anhaltspunkte für »proletarisches« Denken.

*Die alltägliche Erfahrung:* Der »praktische« Verstand des Arbeiters schärft sich in täglichen Auseinandersetzungen mit der Unternehmenshierarchie. Je näher die Konflikte an den Arbeitsplatz rücken, desto mehr zählt das konkrete Produktionswissen. Während »Hüttenarbeiter oder Schlosser mit ihrer nur mittelmäßigen Intelligenz« vor abstrakten Fragekomplexen sehr schnell kapitulieren (angefangen bei Buchhaltungsproblemen bis hin zu Themen

»hoher« Politik), schaffen sie im Funktionskreis des eigenen Arbeitsplatzes »Inseln« der Gegenaufklärung und Gegenmacht.

Auf dieser konkreten Ebene gewinnen sie Einsicht in *Herrschaftsmechanismen* der Unternehmensorganisation: »Die Armaturenwerkstatt, wo ich jetzt beschäftigt bin, da der Chef, der wollte niemand im Betrieb haben, der älter als 25 ist. Also so eine Art Olympia-Mannschaft. Aber meiner Ansicht nach nicht, weil er gemeint hat, daß diese Leute leistungsfähiger sind, sondern weil er gewußt hat, daß das unerfahrene Leute sind, und daß er mit denen machen kann, was er will. So ist es auch genau gelaufen. Keine Erfahrung, kein Selbstvertrauen, Angst, keiner hat den Mund aufgemacht. Mit denen hat er gemacht, was er gewollt hat.« Ebenso deutlich zeichnet sich hier das Aktions–Reaktions-Schema des betrieblichen Klassenkonflikts ab: »Bei den Streiks '69, da war eine günstige Zeit, weil der Mischer« – dort wird das flüssige Roheisen bis zur Weiterverarbeitung gelagert – »auf einem hohen Stand gestanden hat, und wenn der kaputt gegangen wäre, das hätte einige Millionen gekostet.« Weshalb sich das Unternehmen keine längeren Streiks leisten konnte. Aber: »Seit diesem Tag sind sie soweit, daß sie den Mischer immer auf einem bestimmten Stand halten, das können die kontrollieren. Die wissen ganz genau, wenn jetzt eine Spannung da ist, dann können sie sehr schnell reagieren.

Die konkrete Konfrontation erzeugt Einsichten auch in den kapitalistischen *Verwertungsmodus*. Z. B. in der illusionslosen Lagebeschreibung eines Versetzten, dem die Rückkehr nach Burbach drohen könnte, falls dort wieder »entmottet« wird: »Es heißt, daß dort wieder angefahren wird. Dann werden da Leute gebraucht, und es heißt: Wer geht dort hin? Die müssen die Leute irgendwo abziehen, neu einstellen können sie nicht alle; das sind ja auch qualifizierte Arbeitsplätze, die man nicht von heute auf morgen einstellen kann. Ja, und dann fängt das Problem wieder an. Man hat jetzt einen einigermaßen guten Arbeitsplatz, der auch einigermaßen gut bezahlt wird. Und dann '81 muß man wieder retour auf die alte Walzstraße. Dann geht der Zirkus wieder los. Da weiß ja kein Mensch, wie lange das geht. Es ist dort keine Zukunftsabsicherung. Es geht vielleicht 5 oder 6 Jahre, ich weiß es nicht. Von langer Dauer wird das aber nicht sein. Und wenn ich dorthin zurückgehe oder gezwungen werde, dorthin zurückzugehen, dann stehe ich in absehbarer Zeit genau wieder vor demselben Problem. Was wird?

Wenn ich hier von der Drahtstraße mal weg bin, die wartet ja nicht, bis ich wiederkomme.«

Im konkreten Erfahrungsbereich wird zudem sehr klar erkannt, wo kapitalistische *Täuschungsstrategien* eingeleitet werden. Noch einmal demonstriert am Burbacher »Entmottungs«-Plan und dem, was der Wartungskolonne dabei auffällt: »Unter Wartung stellt man sich«, meint einer, »ja was ganz anderes vor. Unter Wartung versteht man: Ich muß das jetzt hegen und pflegen, von Zeit zu Zeit muß ich das Gerät kontrollieren, Sie müssen es ab und zu laufen lassen ... Für diese Arbeit muß eine Kontonummer da sein und diese Kontonummer ist nicht da. Das muß ja bezahlt werden, aber dieses Werk hat keine Kontonummer, keine Buchführung, wo gesagt wird: Das und das wird jetzt gemacht, es kostet so und so viel. Wir sind z. B. hingegangen und haben mal den Versuch gemacht und wollten die Tiefofen auseinandernehmen und kontrollieren. Weil in der langen Zeit, wo die stillstehen, geht ja alles kaputt. Und da haben wir angefangen und die Regler herausgeholt, um zu sehen, was kaputt ist und was ganz ist. Und da haben wir 2 Tage lang gearbeitet, und da ist unser Chef gekommen und hat gesagt: Sofort einstellen, weil kein Zahlungskonto da ist. Also der Wartungstrupp ist bloß da, um den Staub wegzumachen, sonst nichts.« Andere Beobachtungen verstärken die Skepsis: »Also an den Tiefofen steht ein Schnelltransportwagen. Und der ist abmontiert worden. Da haben wir gesagt: Halt, warum wird dieser Schnelltransportwagen abgeschafft? Wir wollen doch wieder entmotten, da brauchen wir den doch. Und ein Stück Rollgang, der zur Walze läuft, ist auch mit abmontiert worden. Und die Ankerschrauben von dem, die sind ja im Beton festgemauert. Und da haben wir uns gesagt: Wenn das wieder entmottet werden soll, warum brennen die dann die Schrauben ab? Da müßt' ich doch die Schrauben abdrehen. Wenn das jetzt wieder instand gesetzt werden soll, müssen hier neue Fundamente gemacht werden ... Oder nehmen Sie z. B. die Wasserrohre. Da ist kein Druck mehr drauf. Und wenn wir das Wasser wieder aufdrehen, gehen ja alle Wasserrohre kaputt.« Einer faßt die verschiedenen Eindrücke zusammen: »Wenn man die verschiedenen Walzstraßen so sieht und wenn man sie vorher gekannt hat und sieht, wie sie jetzt da vergammeln, da kommt man automatisch auf die Idee: Wie will man so etwas wieder anfahren?«

Schließlich ist der Produktionsbetrieb auch die Stätte, wo eine Vielzahl geplanter *Widerstandsaktionen* ausgeklügelt und durchgeführt werden kann, wobei Angriff wie Verteidigung teilweise so raffinierte (oder auch pervertierte) Formen annehmen, daß sie von außen gar nicht mehr erkannt werden:

»Wehren Sie sich denn überhaupt nicht?« – »Doch, darf ich vielleicht gerade ein Beispiel bringen. Sie wissen, daß die Walzstraßen 16 und 17 zugemacht wurden. Und die Leute, die haben sich dagegen gewehrt. Aber nicht offensichtlich, daß sie da Aufmärsche gemacht hätten. Sondern in einer ganz anderen Weise, als der Betrieb sich das hätte träumen lassen. Die Leute haben nämlich angefangen, billiger zu produzieren. Sie haben mehr Schrott verwertet, als die überhaupt bringen konnten. Aus nichts haben die noch was gemacht.« – »Aber war das nicht im Sinne der Betriebsleitung?« – »Nein, gar nicht. Denen hat man Schrott geliefert mit dem Gedanken: Das wird nichts mehr. Daß sich der Unternehmer nicht darüber gefreut hat, das sehen Sie daran, daß er, wie er gesehen hat, daß das nicht ausreicht, um die Straße unrentabel zu machen, daß er da hingegangen ist und hat alle Leute, die da frei rumgelaufen sind, auf diese eine Walzstraße gebucht. Dann war die Sache gleich schon etwas schlimmer, aber es hat immer noch nicht gereicht, um es unrentabel zu machen.«

Ähnliches hat es schon mal gegeben »vor zwei oder drei Jahren, bevor die Krise akut wurde«: »Unsere Walzstraße war eine alte Straße und die war ausgelegt für Wald–Wiesen–Stahl, also Baustähle. Dann ist man plötzlich dazu übergegangen und hat uns hochlegierte Stähle walzen lassen, in der Hoffnung, daß das nicht geht. Mit Sicherheit. Und wir haben es trotzdem gemacht. Und dann hat man uns die Pistole auf die Brust gesetzt und hat gesagt: Wenn das nicht geht, dann ist die Straße nicht tragbar. Und wir haben dann ebenso lange herumgewurstelt, bis es gegangen ist. Und zum Schluß waren unsere Stähle besser wie die in Völklingen.«

Allerdings, am Ende war man doch der Dumme: »Als alles nicht gereicht hat, da hat man eben gesagt: Schluß.«

Bei allem Engagement für den »Widerstand« und trotz seines staunenswerten Scharfsinns: Diese Abwehrstrategie war natürlich von Anfang an perspektivlos. Das nicht gesehen zu haben, ist ein Zeichen von »halbierter« Einsicht: die zwar Konkretes durchschaut, doch blind bleibt gegenüber *abstrakten* Gesetzen.

Je weiter die Zusammenhänge den »gesunden Menschenverstand« übersteigen, desto sprachloser reagiert der Arbeiter – oder er verrennt sich in verkehrte Vorstellungen und diffuse Spekulationen. Ausgangspunkt ist das Unvermögen, den Prozeß der Kapitalverwertung zu verstehen; daraus resultiert eine nebelhafte Einschätzung staatlicher Einflußmöglichkeiten. Sie ihrerseits führt zu jenem autoritären Syndrom, das auch als Sanktionsmittel gehandelt wird (2.3).

*Das unmoralische Kapital:* Das mindeste, was man »dem« Kapital vorwerfen kann, ist, daß es – speziell mit seinen Stillegungsplänen – *unverständlich* handle: »Ich kann mir das nicht vorstellen, eine Walzstraße wie unsere, die so lange gelaufen ist und so lange rentabel war, daß die plötzlich nicht mehr rentabel sein sollte.« In dasselbe Horn stößt ein Zweiter: »Es lag nicht am Neunkircher Eisenwerk, die Auftragslage oder von der Güteklasse her – wir haben ja noch heute eines der modernsten Aggregate überhaupt. Und trotzdem wird zugemacht. Deshalb ist es unglaublich, und die Kollegen verstehen das auch heute noch nicht, warum, weshalb.« Außerdem: »Hier ist auch eine gute Stamm-Mannschaft, hier wäre auch Nachwuchs gewesen . . .« Noch verwirrender: »Die bauen in Völklingen ein neues Blasstahlwerk, aber hier haben wir auch noch ein relativ neues Blasstahlwerk und auch in Burbach. Der Kollege kann das einfach nicht mehr verstehen, der sieht das nicht ein.« Wozu das alles? Zumal gerade sie »in Neunkirchen einen Automatenstahl haben, der sonst nirgends in der Qualität zu erreichen ist.« Doch eben dieses Werk wird stillgelegt.

Weiter wird am Kapital kritisiert, es verhalte sich *unverantwortlich:* »Also die Kapitaleigner, wenn die ihr Schäfchen ins Trockene bringen, dann müßte man solche Leute auch zur Verantwortung heranziehen. Denn für mich hat der Kapitaleigner die Verantwortung für die Beschäftigten in seinem Betrieb. Die soziale Verantwortung hat er. Und die können sich in Deutschland, vielleicht auch in anderen Ländern, ihrer Verantwortung entziehen, indem sie einfach sagen: Wir sind bankrott. Sie sagen: Ich hab' nichts mehr, und stecken keine Mark mehr rein. Die können ja eine ganze Region lahmlegen, weil ein einzelner oder eine Familiengruppe einfach nicht mehr will, keine Lust mehr hat . . .«

Darüber hinaus ist zu tadeln, wie *unmäßig* das Kapital sein Interesse verfolgt: »Ich bin dafür, das fängt im Kleinen an«, so eine verbreitete Stimmung, »jemand, der ein Häuschen hat und hat einen Stock vermietet, daß der also nicht, die Miete, die er einnimmt, im Monat, ganz verbrauchen muß, um das Haus zu unterhalten. Er soll auch einen Gewinn davon haben. Und dasselbe gilt im Großen auch. Der soll also ein bißchen besser leben können als wir, er soll aber nicht den ganzen Gewinn verpulvern können. Oder egal, was er damit macht. Hier muß sichergestellt sein, daß von dem Reingewinn ein gewisser Prozentsatz festgelegt wird für solche Zeiten, wo es eben nicht floriert. . . . Wenn er also einen Verdienst hat, der über Gebühr ist, was er also gar nicht verleben kann . . .« Deshalb »brauchen die Gewinne auch nicht dauernd zu steigen, jedes Jahr um 20 Prozent. Da reichen ja auch mal 10 Prozent oder, wie der Arbeiter, mal 7 Prozent.«

Zu allem Überfluß erweist sich das Kapital schließlich auch noch als *undankbar*: »Woher haben die wohl ihr Vermögen?« fragt jemand. »Von ihren persönlichen Fähigkeiten her bestimmt nicht. So viel denken kann überhaupt keiner, um an diese Millionenbeträge ranzukommen. Und so dicke Muskeln, um das zu erarbeiten, kann er auch nicht besitzen. Also muß er es schon irgendwo her bekommen haben. Und die Aggregate, die heute stehen, die haben ja praktisch wir, d. h., der schaffende Mensch hat das aufgebaut. Und das ist immer wieder das Trübe an der Geschichte: Den arbeitenden Menschen, den braucht man nur so lange, wie man sein Produkt besitzt. Und dann macht man ihn tot oder vernichtet ihn sonst irgendwie.«

Kurz und gut: Es gibt eine Vorstellung vom »anständigen« Kapital, das vernünftig reagiert, maßhält, menschlich ist, den Arbeiter als seinesgleichen achtet. Und nach dem Motto, daß wer nicht hören wolle, fühlen müsse, wird der Staat aufgerufen, Verfehlungen unnachsichtig zu ahnden.

*Der strafende Staat:* Es wäre jedenfalls die *Pflicht* des Staates, gegen nachlässige oder kriminelle Kapitalisten vorzugehen – schließlich hat man »denen die Steuergelder in den Rachen geworfen«. Daß er sie gehörig erfülle, daran bestehen freilich Zweifel – jenes generelle Mißtrauen gegenüber »schmutziger« Politik findet in den speziellen Erfahrungen der Krisenzeit neue Nahrung: »Ja hören Sie mal«, beschwert sich einer, »wenn ich da im Fernsehen gucke, die Saar-Nachrichten, und ich sehe einen Wirtschaftsminister in unserem eigenen Land, der dafür ist, daß das alles so läuft, da kann man nur den Kopf schütteln. Und wenn sich der verstorbene Ministerpräsident Röder auch noch hinstellt als Ministerpräsident und sagt: Das ist richtig, was da gemacht wird, daß alles zusammengelegt wird usw. – also hören Sie mal, wo sind wir denn da?« Daher drängt sich unweigerlich ein Schluß auf (s. o.): »Also das ist so, die Bundesregierung und die Landesregierung, das soll man ganz klar erkennen, das ist ein Hand-in-Hand-Geschäft zwischen Arbeitgebern und Regierung. Das sollte mal jemand mit der Zeit unterbinden.«

Wer könnte dieser »jemand« sein? Regierungsparteien sind das offenkundig nicht – sie zetteln ja die Kungelei gerade an. Außerdem: »In vielen Sachen waren die zu lasch.« So taucht – nicht nur als Drohung, sondern auch als beste Alternative – der Gedanke an den *autoritären Durchgriff* auf. Das strenge und unparteiische Patronat des »Vaters Staat« wird beschworen, zusammen mit dem Ideal einer *funktionalen Gerechtigkeit*: »Gewinne macht der Unternehmer immer, doch er ist mit den Gewinnen, die er macht, nicht zufrieden. Er will jedes Jahr mehr ausschöpfen. Und das geht zu Lasten der Arbeitnehmer. Das müßte man unter Kontrolle bringen. Die Entscheidungsgewalt des Unternehmers dürfte einen gewissen Spielraum nicht übersteigen. Einen gewissen Gewinn braucht man ja, um neue Investitionen und gewisse Erweiterungen zu machen. Aber er dürfte nicht nach jeder Rationalisierung noch höhere Gewinne ausschöpfen.« Gewinne müssen sein, aber in Maßen – dem Arbeiter soll auch ein gerechter Anteil bleiben; er andererseits bescheidet sich mit einem Lohn, der das »Ganze« nicht zu sehr belastet.

Das »müßte man unter Kontrolle bringen« – die Frage ist nur: Wie das Kapital an die Kandare nehmen? Am Anfang der autoritären Wendung stehen sprachlose Bemühungen, sich noch innerhalb des Status quo zurechtzufinden: »Also, ich würde ja immer sagen, wenn's gut ist, hier hat die Regierung das nicht gerad', ich würde doch sagen, immer diese, wollen wir mal so sagen, die Regierungspartei als solche, die da oben ist, die müßte ja doch, weil sie ja doch die Steuergelder und auch verantwortlich dafür ist ...« Offenkundig führt sie zu nichts, diese Suche nach Zuständigen und denen, die einen gerade enttäuscht haben – sie endet im ratlosen Anspruch auf bessere Behandlung beim nächsten Mal: »Bei jeder Krise, die kommt – es gibt überall Krisen, aber die muß man doch anders meistern wie hier. So was darf normal nicht mehr vorkommen.«

Ein anderer ergänzt ebenso vage: »Das müßte man besser in den Griff bekommen.« Und ein Dritter deutet die allgemeine Richtung an: »Ein kleines bißchen müßten da die Zügel gestrafft werden: Da, hopp, fertig, aus. Bei uns kann doch jeder machen, was er will.«

Diffuse Handlungsgebote dieser Art und jene Illusion von einem »moralischen« Kapitalismus verbinden sich zur ungeduldigen Beschwörung des wohlwollend-diktatorischen Staatseingriffs als notwendig-möglicher Schutzstrategie zugunsten der hilflosen Lohnabhängigen. Für den gewaltsamen Akt hält man je nach Temperament auf höfliche Formen: »Der Staat soll den Kapitaleigner holen und sagen: Hier bitte!« – und plädiert für ein zurückhaltendes Vorgehen: »Ein kleines bißchen sagen: He, wo sind wir denn da?« Oder man gibt eher der rabiaten Prozedur den Vorzug: »Die Regierung müßte sagen: Dort ist ein Werk hinzustellen und dort und dort und hier. Euch treten wir den Schuh in den Arsch, so geht es ja nicht.«

Der Gedanke, solches könnte immerhin ein bildhaft zurechtgelegter Überrest sozialistischer Tradition sein, überlebt den ersten Eindruck nicht – zu sehr bewegen sich die Reformhoffnungen in eingefahrenen Geleisen: »Für Verstaatlichung wäre ich gewesen«, rekapituliert einer ganz nüchtern, »ob sie das Geld so reinschmeißen oder so. Mir persönlich wäre das egal gewesen, ob ich beim Staat schaffen gegangen wäre oder zur Arbed.« Besser kann man es nicht auf den Begriff bringen, was so oder ähnlich praktisch alle denken.

Auch in diesem Sinne ist das Bewußtsein »halbiert« – es vermag sich nichts anderes mehr vorzustellen als den Status quo: »Verstaatlichung? Ich kann mir da ein schlechtes Bild machen. Das ist mir ein kleines bißchen schleierhaft. Ich kann mir da nichts drunter vorstellen.« Und was ihm an Phantasie noch bleibt, diskreditiert sich selbst: weil es nach »Kommunismus« riecht.

## *2.9 Der versperrte Ausweg*

Das Warten auf den starken Staat oder auch Mann ist der gedankliche Ersatz für praktische Radikalität. Nachdem sich herausgestellt hat, daß jene verantwortlichen »Schutzmächte«, allen voran die Gewerkschaft, nur begrenzt helfen können und wollen, müßten andernfalls eigene Aktivitäten unternommen werden, vor denen man zurückschreckt: *militante* Strategien mit *sozialistischen* Zielen. So etwas Systemfremdes scheint nicht einmal vorstellbar, geschweige denn realistisch.

*Die verdrängte Militanz:* Die saarländischen Krisenereignisse sind zusammengefallen mit einschneidenden Rationalisierungsprogrammen in England und – gewissermaßen vor der Haustür – Frankreich (Lothringen). Dort haben erbitterte Streiks oder gewaltsame Widerstandsaktionen das Bild geprägt, so daß man sich zwangsläufig gefragt hat: Warum nicht bei uns?

Auf den ersten Blick sind die Antworten durchaus vielfältig. Eine besonders einfache lautet: Der Deutsche ist halt *anders.* »Die Franzosen haben sehr wahrscheinlich eine andere Mentalität als wir« – diese Begründung findet auch im englischen Fall Resonanz: »So was wie in England ist hier nicht denkbar. Die Deutschen haben eine ganz andere Mentalität.«

Angesichts der Lebensverhältnisse liegt auch die Erklärung nahe, der Deutsche sei vergleichsweise *saturiert:* »Uns ist es die ganzen Jahre gut gegangen. Uns geht es jetzt auch noch gut. Wenn Sie die Statistiken holen, dann geht es dem deutschen Arbeiter immer noch mit am besten. Da sagt der deutsche Arbeiter natürlich: Warum soll ich streiken? Ich habe doch alles. Was hat England, was hat Frankreich? Die haben ja praktisch die Besitzstände gar nicht, die wir haben. Oder nicht so hoch wie wir.«

Verständlich mag weiter sein, wenn man sein Verhalten so rechtfertigt: Der Deutsche sei eben *vernünftig.* »Vielleicht«, überlegt jemand, »sind wir doch weitsichtiger und nicht durch Parolen noch einmal auf die Straße zu jagen, um wie in Frankreich alles zu zertrümmern. Wir zeigen da ein gewisses Maß mehr an Demokratie. Wir setzen uns lieber an den Verhandlungstisch und diskutieren und setzen unsere Forderungen so durch. Dieser Weg ist wahrscheinlich der vernünftigere.« Schließlich ist »Tatsache, daß mit einem monatelangen Streik, auch wenn die Kollegen organisiert sind, ein Lohnverlust verbunden ist«, und »zu dem Vertragswerk wäre es dann vielleicht gar nicht gekommen«.

Andere Begründungen fallen weniger schmeichelhaft aus, etwa die, der Deutsche verhalte sich, verglichen mit seinen Nachbarn, spießig: »Der Franzose ist da ganz anders aufgebaut vom Lebensstandard her. Der Deutsche legt mehr Wert auf schönes Wohnen usw., auf solide Sachen, während der Franzose ganz anders eingestellt ist: Die leben, um eben zu leben. Die legen keinen Wert auf schönes Wohnen usw. Der Franzose ist mehr für das Leben, auf das gemütliche Heim legt der weniger Wert. Der Deutsche hat da eine etwas andere Einstellung.« Oder mit gleichem Tenor: »Die Franzosen schaffen, um zu leben. Und wir in Deutschland, wir leben, um zu schaffen. Der Deutsche ist froh, wenn er eine Arbeit hat, wenn er schafft. Und wenn er pensioniert wird, dann soll es auch noch gehen.«

Schlimmer noch: Der Deutsche scheint auch schlicht *dumm* zu sein: »In ganz Deutschland ist es so: Der deutsche Michel schafft, ist zu ruhig ...« – zu seinem eigenen Schaden: »Mit dem dummen Deutschen können sie alles machen. Der hält still. In anderen Ländern, wie Frankreich oder England, würden sie das nicht machen, was sie hier machen. Gucken Sie mal in die Geschichte, was der Deutsche gemacht hat, nach dem Krieg. Gut, der hat sein Land aufgebaut. Aber daß mal ein Streik gekommen wäre, wie z. B. beim Franzosen. Sagen wir mal ein Beispiel: Dem haben sie die Flasche Wein weggenommen und das gute Essen, da geht der Franzose schon auf die Barrikaden. Und beim Engländer ist es genauso. Wenn ich beim Engländer hingehe und hole seinen Tee weg, dann ist der Streik da. Das kann beim Deutschen nie passieren.«

Schließlich gilt der Deutsche bei seinesgleichen als *egoistisch:* »Was jetzt z. B. in England passiert: Alle Achtung, obwohl die keine Unterstützung kriegen, sich in ihrem Lebensrhythmus ganz entscheidend einschränken müssen ... Das könnten wir uns gar nicht vorstellen, daß man es so in der Lebensauffassung ganz anders muß gestalten. Da sagen die, es wäre eine andere Mentalität von den Menschen. Da sag' ich: Das stimmt nicht. Wie der eine Engländer die Woche gesagt hat: Ich muß meinen Urlaub nach Spanien fallen lassen, und jetzt gibt's kein Fleisch mehr, aber wir müssen zusammenhalten. Das ist die Solidarität untereinander, die bei den Engländern anders ist als etwa bei den Deutschen.« Deshalb die Frage:

»Und das wird durchaus als positiv gesehen?« – »Ja, was die Engländer machen, das würde ich sagen.« – »Kann es denn nicht auch ein Vorbild sein?« – »Das ist eine schwierige Frage. Ich würde sagen, das wäre Vorbild, aber ich glaube nicht, daß es eines ist.«

Dieser Arbeiter reagiert typisch, dabei ein tieferliegendes Muster enthüllend, das dem Meinungsspektrum zugrunde liegt. Er bewundert die Militanz der *anderen* (nur ganz wenige rechtfertigen den »deutschen« Weg) und macht sie gleichzeitig zur Sache des *na-*

*tionalen Charakters:* was ihre *Unverbindlichkeit* für alle Zeiten festschreibt.

Das »Paradies« proletarischer Militanz rückt dadurch in unerreichbare Ferne, ohne daß die deutsche Arbeiterseele wirklich litte. Resignation und Apologie liegen hier dicht beisammen. Freilich: Jene ausländischen Vorbilder können, jedenfalls nach außen, auch mehr Opfer als Erfolge für sich reklamieren – woran ihre Überzeugungskraft naturgemäß leidet. Noch schlechter steht es, so gesehen, ums sozialistische Endziel.

*Der diskreditierte Sozialismus:* Frage: »Was halten Sie von einer sozialistischen Lösung?« – »Nichts. Das wäre ja wie in der DDR.« – »Und einen anderen Sozialismus können Sie sich nicht denken?« – »Das ist jetzt die Frage. Da muß man heut' vorsichtig sein . . . Sagen wir mal so: Man schießt Raketen auf den Mond, da könnte man schon mal sagen: Wir müssen den Leuten auch mal ein bißchen entgegenkommen.«

Daraus geht eines hervor: Unter Sozialismus versteht man entweder DDR oder (fast) gar nichts. Das sozialistische Ideal ist damit erledigt: »Da kann ich ja wieder auf Adolf Hitler retour nehmen« – so drückt einer drastisch aus, daß er von *dieser* Sorte Diktatur nichts hält. Daran ändert sich nichts, wenn statt der »braunen« die »rote« Gefahr gesehen wird: »Das ist so: Der Deutsche ist nicht gewillt, mit dem Kommunismus zu sympathisieren. Jedenfalls der größte Prozentsatz nicht. Weil die sagen: Was in Rußland ist, in der Ostzone usw., diese Diktatur durch den Kommunismus wollen wir hier nicht aufkommen lassen. Und meiner Ansicht nach wäre das auch schlecht.«

Das vernichtende Urteil steht gewissermaßen apriorisch fest – positive Erfahrungen mit Kommunisten (DKP) kommen dagegen nicht an. Teils werden sie als Taktik eingestuft und abgetan: »Die sind in Arbeitnehmersachen momentan sehr stark. Auch für die Orientierung der Leute usw. Kaum ist irgend etwas bekannt von der Landesregierung, dann kommen die schon und teilen Flugblätter aus. Die sind schon rege. Ich schätze das so ein, daß sie endlich – sie versuchen es ja schon seit Jahren – irgendwie in den Landtag hineinkommen wollen. Ich glaube, das ist ihr Wunsch.« Was verschlägt es da, wenn »die« in ihren Materialien besser informieren als alle anderen: »Die haben das kritischer gesehen als die, die selbst betroffen waren. Das ist die allgemeine Meinung unter den Kollegen, die sagen: Die hatten doch recht . . .« Trotzdem: »Wenn von denen einer kommt mit einer These, da sagen die Leute: Wenn das alles so gut ist, dann geh doch rüber und tu Deine Thesen da drüben im gelobten Land abgeben, bei den Russen, da dürftest Du nämlich nicht so verfahren.«

Dieser Horror vor den »Thesen«, derentwegen ein als Informant sonst durchaus geschätzter Kommunist nach Sibirien gewünscht wird, macht eine zweite Form der Selbstimmunisierung gegen die kommunistische Ansteckung sichtbar: »Also die DKPler sind 100%ige Gewerkschaftler. Als Partei wird die DKP allerdings überwiegend abgelehnt.« Ähnlich ein anderer: »So wie ich die Kollegen beurteile, sind sie als erstes IG-Metall- und Betriebsratsmitglieder und dann erst DKP-Mitglieder.« D. h.: Man nimmt die politische Dimension des betrieblichen Engagements einfach nicht zur Kenntnis und bewertet es »pur«. So wird von einem DKP-Betriebsrat berichtet: »Was er konkret macht, zählt schon. Ich meine, sonst würde er ja nicht nochmal gewählt. Im Betriebsrat ist er schon rührig. Nur wenn er dann kommt und darüber hinaus und fängt ein bißchen zu politisieren an, dann . . .«

Am Ende wird mit dem Sozialismus jeder autonome Politisierungsansatz diskriminiert: »Wenn einer wirklich aus sich herausgeht und macht den Mund echt auf, dann heißt es: Das ist ja kein Wunder, der Kollege muß unbedingt links sein. Oder ultralinks. So wird er in eine kommunistische Ecke hineingedrängt, nur weil er mal versucht hat, den Mund aufzumachen.«

Hier schließt sich der Kreis: Die Verhältnisse bleiben so lange stabil, wie sich keine besseren denken lassen.

*Der individualistische Zirkel:* Der relative Wohlstand ruhiger Tage und die absolute Ohnmacht in kritischen Phasen haben eine gemeinsame ideologische Wurzel: den *Individualismus.* Arbeiterorganisationen, d. h. Partei oder Gewerkschaft, setzen ihm kein Ende, sondern organisieren ihn nur – zwangsläufig jedenfalls dann, wenn sie reformistisch am System festhalten.

*Organisierter* Individualismus meint: Abwanderung des instrumentellen Denkens aus dem Arbeitsverhältnis, in dem es, krisengeschüttelt, einer bürokratischen Orientierung weicht, in die politische »Arena«, deren Strukturen normalerweise eher traditionell-bürokratisch bestimmt sind (Sozialdemokratie-Gewerkschafts-Komplex). Erwartungen intensivieren sich, Enttäuschungen treten ein, Kritik nimmt zu, Konsequenzen werden erwogen – aber alles vom vereinzelten Standpunkt her und als passive

Reaktion auf Organisationspolitiken außerhalb des eigenen Aktionsradius.

Den Unterschied zu einem solidarischen Verhalten hat dieser Stahlarbeiter, nach dem französischen und englischen Beispiel gefragt, präzise erfaßt: »In England oder Frankreich, da legen die Arbeiter weniger Wert auf Organisation, die legen mehr Wert auf Zusammenhalt.« Ganz gleichgültig, ob er damit im konkreten Fall recht hat: Der Kontrast *Organisation* versus *Zusammenhalt* charakterisiert das verfügbare Handlungsspektrum des Status quo. Hier heißt für die Organisation votieren, sich gegen den Zusammenhalt entscheiden – im Saarland so gut wie anderswo.

Diese Mechanik schafft den Handlungsraum für die etablierten Organisationen samt ihren Kartellierungsstrategien – deren Effekt wiederum darin liegt, relativen Wohlstand und absolute Ohnmacht zu garantieren. Aus dem Zirkel gibt es kein Entkommen, solange sich eine (zur kapitalistischen) *alternative Hegemonie* nicht aufbaut. Und das, so heißt es gewöhnlich, wird solange nicht geschehen, wie der Sozialismus von seiner »realen« Praxis diskreditiert wird. Die Reaktion der Betroffenen zeigt freilich, daß das Problem in Wahrheit tiefer liegt: diese Arbeitergeneration wenigstens kann sich den idealen Sozialismus nur noch als »freundlichen« Kapitalismus vorstellen – funktionierend nach dem Muster der sozialen Marktwirtschaft in »fordistischer« Prägung.

# V. Fazit

*Krisenkartelle* sind zugeschnitten auf konkrete ökonomische, politische, ideologische Situationen und dadurch unterscheidbar von anderen Reaktionsmustern desselben »korporatistischen« Typs mit anderen Themen (etwa Einkommenspolitik statt industrieller Sanierung), anderer Reichweite (national statt regional), anderer Rollenverteilung (beispielsweise ohne staatlichen Finanzierungsbeitrag) und anderen Stabilitätsbedingungen (einfachere Kündigungsmöglichkeiten, für einen oder alle Beteiligte).

In ihrer »aktionistischen« Erscheinung legen gerade politische Krisenkartelle ein zweifaches Mißverständnis nahe, vor dem wieder besonders Poulantzas (1978, 119) gewarnt hat:

– Erstens den Staat als *Sache* einzustufen; dies »ist eine alte instrumentalistische Konzeption vom Staat als einem passiven, wenn nicht sogar neutralen Werkzeug, das von einer einzigen Klasse oder Fraktion total manipuliert wird. In diesem Fall gesteht man dem Staat keinerlei Autonomie zu.«

– Zweitens den Staat als *Subjekt* anzusehen; hier »wird die absolut gesetzte Autonomie des Staates durch seinen Willen als Vernunftinstanz der bürgerlichen Gesellschaft begründet«. Diese Autonomie stützt sich »auf die angebliche Macht des Staates und auf die Träger dieser Macht und der staatlichen Rationalität: auf die Bürokratie und speziell auf die politische Elite«.

Gegen die staatliche Null- und Total-Autonomie dieser Konzeptionen setzt Poulantzas jenes Postulat der *relativen Autonomie* – Resultat seiner Auffassung vom Staat als der »materiellen Verdichtung eines Kräfteverhältnisses zwischen Klassen und Klassenfraktionen« (1978, 119 – siehe Kap. I, S. 14ff.). Diese relative Autonomie des Staates charakterisiert auch seine Rolle als Organisator politischer *Krisenkartelle* – der Ernstfall verändert die normale Routine nur graduell. Zwar macht die Krise rasche, großzügige, kurz »unbürokratische« Hilfe nötig und möglich, doch sind dem staatlichen Eingriff bestimmte Grenzen gesetzt – »übergeordnete Gesichtspunkte« oder »sachliche Zwänge« markieren den zugelassenen Handlungskorridor; also: *relative* Autonomie. Andererseits: Die Krise ist für den Staat solange kein Thema, wie sie nicht *seine* Krise wird. Fällige Bankrotte oder ihre sozialen Opfer sind erst dann

Anlässe zur staatlichen Intervention, wenn politische Konsequenzen drohen – Massenunruhen, gewerkschaftlicher Widerstand, Pressionen von Unternehmen/Unternehmensverbänden, allgemeiner Vertrauensverlust, fiskalische Einbrüche, industriepolitische Rückschläge usw.; also: relative *Autonomie*.

Zusammengefaßt: Politische Krisenregulierung durch Kartellbildung wird vom Staat veranstaltet
- als Reaktion auf ökonomische »Ernstfälle« (Situation),
- in relativer Autonomie (Form),
- zur Schaffung konkurrenzfähiger Produktionseinheiten (Funktion),
- mit Hilfe einer korporatistisch ausgehandelten Kompromißlösung (Strategie).

Ein erfolgreiches Kartell stabilisiert die momentane Lage; was daraus in größeren Räumen und ferneren Zeiten wird, bleibt offen: Der einzelne Fall repräsentiert idealerweise das typische Politikmuster, dessen Effektivität sich aber im ganzen erweisen muß. *Effektivität* der Krisenregulierung meint: politisch reibungslose, weil von allen Seiten »aktiv« unterstützte Anpassung an ökonomische »Sachzwänge«, also *Legitimität.* Das effektive Organisationspotential des Staates, sein legitimes Interventionsniveau, richtet sich, dies zeigen die Krisenfälle, nach dem spezifischen Regulierungsobjekt:

– Dieses Potential hat im Saarland ausgereicht, um ein *einzelnes Unternehmen* (Arbed) zu *mobilisieren,* das mit staatlicher Hilfe und gewerkschaftlicher Unterstützung die Krise bereinigen soll. Dieser Erfolg bleibt freilich prekär. Immer neue Konzessionen werden Staat und Gewerkschaft abverlangt, um die internationale Konkurrenzfähigkeit der Arbed Saarstahl wiederherzustellen, ohne daß der »gesunde Kern« bisher feste Umrisse gewonnen hätte.

– Dieses Potential ist an seine Grenze gestoßen, als es darum ging, *zwei Unternehmen* (Hoesch und Krupp) zur Ruhrstahl AG zu *fusionieren,* die alleine noch so vital waren, daß sie auf eigene Rechnung spekulieren konnten und sich am Kooperationskarussell deshalb nur unter Vorbehalt beteiligten. Sobald sich eine bessere Alternative anbot (jedenfalls einem der Beteiligten), erfolgte der Absprung, ungeachtet staatlicher oder gewerkschaftlicher Proteste.

– Wie gezeigt, sind beide Fälle zwischenzeitlich in ein neues Stadium eingetreten: heute geht es darum, die *ganze Branche* zu *reorganisieren*. Der besonders ernste Fall erzwingt intensivere Hilfsanstrengungen und modifizierte Kartellstrukturen. Die Kapitalseite wird nicht mehr durch den direkten Staatseingriff organisiert. Ihm vorgeschaltet ist eine »Stahlmoderatoren«-Kommission, zusammengesetzt aus Repräsentanten des in Milliardenhöhe engagierten Finanzkapitals. Sie präsentiert dem prinzipiell subventionswilligen Staat *ihre* »optimale« Branchenlösung als Kombination von (vorrangiger) ökonomischer Rationalität und (nachrangiger) sozialer Rücksicht. Weil jedes Optimum Kompromisse einschließt, also Opfer fordert, und »Opfergleichheit« zwar ideal wäre, aber nicht realisierbar ist, wird um dieses Konzept derzeit heftig gestritten. Und über seinen Erfolg oder Mißerfolg entscheiden weniger der Druck von Staat und Gewerkschaft als – ähnlich wie im Fall Ruhrstahl – die Vitalität und Alternativen der beteiligten Konzerne.

Für die Stabilität/Instabilität korporatistischer Krisenkartelle in der Bundesrepublik Deutschland läßt sich daraus folgern:

– Es wäre verfehlt, angesichts des den Lohnabhängigen abverlangten Opfergangs auf *ihr* Widerstandspotential oder das ihrer Repräsentanten zu spekulieren (Panitch 1981). Selbstredend gibt es den gewerkschaftlichen Protest – nach gewohntem Muster ebenso dramatisch in der Form wie reserviert in den Folgen. Aber »unvernünftige« Reaktionen provoziert das eskalierende Stahldebakel auf der *Gewerkschaftsseite* nicht. Jenem System, dem sie grundsätzlich angehören will, kann die IG Metall bei Gelegenheit kaum entfliehen: Profit, Konkurrenz, Weltmarkt sind strukturelle Vorgaben in guten Zeiten gewesen und bleiben es in schlechteren – wenigstens so lange, wie viel bessere Aussichten nicht, aber immer noch schlechtere denkbar sind – die *Logik des kleineren Übels*.

Der (scheinbare) Widersinn dieser Logik liegt darin: sie zieht ihre »Schraube« um so fester an, je größer das kleinere Übel ist. Und mit zunehmender Krisentiefe und Regulierungsdichte sinken die Chancen gewerkschaftlicher Gegenmachtbildung systematisch: Der »objektive« Spielraum für Alternativen nimmt ab und verengt sich schließlich auf den schieren Überlebenskampf. Gleichzeitig reduziert sich die »subjektive« Bereitschaft zum Experiment; wo es ums ökonomische Sein oder Nicht-Sein geht, treten »Schönwetter«-Interessen in den Hintergrund. Gewerkschaftliche Kooperationspolitik individualisiert also das Risiko und spaltet die Betroffenheit: statt kollektiver Gegenwehr kennzeichnet privatistische

Anpassung den Konfliktverlauf. Diese (doppelt) gebremste Militanz wiederum hindert die Organisationsführung daran, Gegenvorstellungen mit der nötigen Konsequenz zu vertreten. Gewerkschaften laufen also Gefahr, gerade dann, wenn ihre Schutzfunktion besonders wichtig wäre, *real funktionslos* zu werden – was sie sich und ihren Mitgliedern freilich nicht eingestehen (können), weshalb auch keine Lernprozesse den Zirkel aufbrechen.

– Bruchstellen zeigt das Kartellmuster eher an seiner *Unternehmerflanke.* Erstens weil kein den Gewerkschaften vergleichbares Kollektivorgan existiert, das imstande wäre, die Konkurrenz der Kapitalakteure stillzustellen, um »höherrangige« Interessen durchzusetzen. Zweitens scheint der Staat *allein* in dieser Rolle immer dann ordnungs- wie fiskalpolitisch überfordert zu sein, wenn sich dem/den Unternehmen außerhalb des Kartells profitablere Alternativen (einschließlich des Bankrotts) anbieten – eine Option, die den »integrierten« Lohnabhängigen samt ihrer Interessenvertretung ebenfalls nicht offensteht.

So macht eine Krisenausweitung zwar die staatliche Regulierung des Unternehmerinteresses komplizierter, das Gewerkschaftsinteresse indessen scheint eher an Virulenz einzubüßen. Der *Kartellcharakter* als ganzer jedenfalls bleibt bisher erhalten. Organisation und Desorganisation im Herrschaftsprozeß haben offenkundig ihre krisentaugliche Form gefunden.

# *Anmerkungen*

1 Die wichtigsten waren: Erlaß eines DM-Eröffnungsbilanzgesetzes, das die Möglichkeit zu einer Neubewertung des Produktivvermögens und zu erhöhten Abschreibungen bot; Gewährung von besonderen Investitionszuschüssen; Gewährung erhöhter und verbilligter ERP-Kredite; Zoll- und Steuererlasse; direkte Bundeszuschüsse zum saarländischen Haushalt; Forcierung von Infrastrukturinvestitionen. Bis zum 1. 11. 1961 beliefen sich die Leistungen des Bundes auf ca. 2,9 Milliarden DM (vgl. Memorandum der Regierung des Saarlandes 1967, 70f.).

2 Nach Angaben des Abgeordneten Springer erzielte die Fa. Mabanaft innerhalb weniger Jahre mit Hilfe ihrer Anteile am Neunkircher Eisenwerk AG einen Spekulationsgewinn in Höhe von 75 Mill. DM; (Landtag des Saarlandes, 8. Wahlperiode, 36. Sitzung, 3. 12. 1982, 1767).

3 Die einzelnen Phasen ähneln zwar teilweise den von *Lichte* (1978, 353f.) dargestellten Beobachtungen. Doch werden hier die Bedingungen und Formen der politischen Auseinandersetzungen bei einem industriellen Konflikt mitberücksichtigt, während Lichte diese ausblendet und sich auf die Ebenen Arbeitsplatz und Arbeitsalltag konzentriert.

4 Der damalige saarländische Ministerpräsident Roeder führte dazu vor dem saarländischen Landtag am 22. November 1977 folgendes aus: »Ich kann Ihnen hier sagen, daß sowohl von mir selbst als auch vom Herrn Kollegen Klumpp (dem saarländischen Wirtschaftsminister – d. V.) mit den einzelnen Eigentümern sehr ernsthafte und weitgehende Gespräche geführt wurden. Herr Kollege Klumpp hat, um die Bedeutung dieser Gespräche noch zu unterstreichen, einige dieser Gespräche, soweit es sich vornehmlich um ausländische Eigentümer (die Arbed SA – d. V.) gehandelt hat, in Anwesenheit eines Mitglieds der Bundesregierung (Staatssekretär Rohwedder vom Bundeswirtschaftsministerium – d. V.) geführt, um diesen ausländischen Eigentümern deutlich zu machen, daß das, was wir uns bei einer möglichen Konzeption für die saarländischen Hütten vorstellen, auch die Billigung der Bundesregierung findet, zumindest aber, damit er erkennen konnte, inwieweit die Bundesregierung bereit ist, eine solche Konzeption ihrerseits zu unterstützen.« (Landtag des Saarlandes, 7. Wahlperiode, 34. Sitzung am 22. 11. 1977, 1821)

5 Dazu der saarländische Wirtschaftsminister Klumpp in der Landtagsdebatte vom 22. 11. 1977: »Es dürfte Ihnen klar sein, daß die Hütten nicht in der Lage sind (die Mittel) aufzubringen. Hier sind massive staatliche Investitionszuschüsse, Zinsverbilligungen und ähnliches bis hin zu den Bürgschaften erforderlich. Dieses ganze System der Hergabe öffentlicher Mittel muß jetzt ausgewogen werden. Es wäre absurd, anzunehmen, wir könnten dies vom Land her allein machen, denn allein können wir das gar nicht be-

zahlen ... Wir wollen nicht nur Gelder bereitstellen, sondern die Bundesregierung und auch die Landesregierung sind nicht bereit, weiterhin Bürgschaften über Bürgschaften, Subventionen über Subventionen zu gewähren für Dinge, die hinterher nicht gehen und wo man dann in einem halben Jahr wieder zur Kasse bitten muß ... Von den Vorrednern ... ist immer wieder gesagt worden, daß, was man hier tue, sei keine Marktwirtschaft. Natürlich ist das keine Marktwirtschaft. Aber es ist kein Preisgeben marktwirtschaftlicher Prinzipien, wenn man in einer Situation wie der jetzigen, die wir als Krise bezeichnen, Mittel einsetzt – und das sind staatliche Subventionen, die wir fördern; und die Bürgschaften, die wir geben, sind auch nichts anderes –, um am Ende wieder eine wettbewerbsfähige Stahlindustrie zu haben.« (Ebenda, 1808f.)

6 Diese Bedingungen formulierte die IG Metall im März 1978 in folgenden 7 Punkten:

»1. Die Interessen der Arbeitnehmer gehen dem Wohle eines Konzerns vor.

2. Die Montanmitbestimmung in den saarländischen Stahlwerken muß in Umfang und Qualität erhalten bleiben.

3. Der Arbed-Konzern hat als neuer Mehrheitsaktionär auf den Abschluß von Beherrschungsverträgen zu verzichten.

4. Die rechtliche Selbständigkeit der bestehenden Unternehmen muß erhalten bleiben.

5. Die Neuordnung erfolgt unter Beibehaltung der bisherigen Produktionsstandorte. Sie darf nicht einseitig zu Lasten eines Unternehmens geführt werden.

6. Es darf keine arbeitgeberseitigen Kündigungen geben.

7. Das Ausbildungsplatzangebot muß erhalten bleiben, wenn eine Austrocknung der gesamten beruflichen Qualifikation verhindert werden soll und die Schaffung neuer Arbeitsplätze nicht bereits aus Mangel an qualifizierten Arbeitskräften illusorisch wird.« (IG Metall, *Nachrichten für die Beschäftigten der Stahlindustrie im Saarland* 3, 23. 3. 1978)

7 »Ich bin noch heute der Überzeugung: Das Konzept, mit dem wir 1978 angetreten sind, ist nach wie vor richtig. Den Zusammenbruch des Stahlmarkts in dieser Form hat damals keiner vorhergesehen. Ich behaupte auch nicht, daß ihn jemand vorhersehen konnte. Daß marktwidrige Praktiken und Subventionen in unseren europäischen Nachbarländern z. T. dazu beigetragen haben, daß aber auch die allgemeine Wirtschaftslage damit zu tun hat, ist unbestreitbar.« (Bundeswirtschaftsminister Graf Lambsdorff, in: Deutscher Bundestag, 9. Wahlperiode, 125. Sitzung, 28. 10. 1982, 7536)

8 »Ich darf zunächst einmal sagen, ... daß seit 1978 an öffentlichen Mitteln für das Unternehmen 2,2 Mrd. DM in der Form von Zuschüssen und Bürgschaften zur Verfügung gestellt worden sind. Die Verfassung des Unternehmens sieht so aus, daß sie die Bürgschaften schon auf die Zuschuß-

seite rechnen müssen. Alles andere ist eine ganz unehrliche Argumentation und Diskussion. Diese Bürgschaften sind leider verloren.« (Bundeswirtschaftsminister Graf Lambsdorff, ebenda)

9 Daß die Verunsicherung unter den Belegschaften schnell um sich gegriffen hatte, belegt ein Schreiben von Arbeitern des Stahlwerkes Völklingen an den der FDP angehörenden saarländischen Wirtschaftsminister Hügel, das dieser in der Landtagsdebatte vom Dezember 1982 der SPD-Opposition entgegenhielt: »Die überwiegende Mehrheit unserer Gießhallenbelegschaft ist bereit, die Bedingungen der Bundesregierung, um unsere Arbeitsplätze langfristig zu erhalten, in der Weise zu erfüllen, daß wir für die Jahre 1983 und 1984 die Hälfte unseres 13. Monatsgehaltes dem Unternehmen, der Arbed Saarstahl GmbH, als zinsloses Darlehen zur Verfügung stellen. Wir wollen damit unser Engagement für den Erhalt unserer Arbeitsplätze und den Fortbestand des Unternehmens dokumentieren und einen substantiellen Beitrag zur Gesundung des Unternehmens leisten.« (Landtag des Saarlandes, 8. Wahlperiode, 36. Sitzung, 3. 12. 1982, 1773)

10 Die IG Metall kommentierte den Vorgang so: »Die Bundesregierung wollte den Konflikt. Teile der Belegschaften und auch viele unserer Funktionäre waren trotz vorangegangener machtvoller Demonstrationen den enormen Belastungen in der Hochphase der Auseinandersetzung nicht mehr gewachsen. Das Trommelfeuer der Politiker aus CDU/CSU und FDP . . . hat eine Stimmung bei den Belegschaften erzeugt, die zu einer Zerreißprobe zwischen Arbeitnehmern und Gewerkschaften auszuufern drohte. . . . Das mußte verhindert werden . . . Die Bezirksleitung der IG Metall in Frankfurt hat einen Tarifvertrag abgeschlossen . . . Das ist sicher keine schöne Sache, aber es war die einzige Chance, den Konflikt abzubiegen.« (Rudolf Judith, Stahlkonferenz der IG Metall, 14. 2. 83) Daß die Vorgehensweise der Bundesregierung auch eine deutliche Abkehr von bisherigen Regeln der Kooperation implizierte, sprach die SPD im saarländischen Landtag an: »Bisher war es gute Sitte und guter Stil der Beteiligten, mit der IG Metall und den Betroffenen, wenn es Schwierigkeiten gab, in Spitzengespräche einzutreten und dann die notwendigen Dinge, die zu einer tragfähigen Lösung führen können, mit dem notwendigen Punkt und Komma festzulegen. Das hat sich schlagartig mit der neuen Bundesregierung geändert. Das ist das, was ich hier in eklatanter Weise vermisse.« (Abgeordneter Netzer, SPD; Landtag des Saarlandes, 8. Wahlperiode, 36. Sitzung, 3. 12. 1982, 1743)

11 Bereits im Juli 1977 bezog die IG Metall deutlich Position: »Die IG Metall hat erst jetzt davon Kenntnis erhalten, daß spätestens seit März 1977 zwischen Beauftragten der Wirtschaftsvereinigung Eisen und Stahl, den Eigentümern und den Vorständen der saarländischen Hütten Verhandlungen stattgefunden haben. Ergebnis dieser Verhandlung ist der Entwurf einer Vereinbarung . . . Über diese Absichten sind weder die IG Metall, die Aufsichtsräte noch die Betriebsräte informiert worden. . . . Die beteiligten

Unternehmensleitungen haben sowohl ihre aktien- als auch betriebsverfassungsrechtlichen Pflichten verletzt. Die vorgesehene Umstrukturierung orientiert sich ausschließlich an technischen und unternehmerischen Maßstäben; dies bedeutet Arbeitsplatzvernichtung in einem nicht bekannten Ausmaß, ohne daß gleichzeitig alternative Beschäftigungsmöglichkeiten aufgezeigt werden. Es besteht die Gefahr, daß die vorgesehenen Maßnahmen die Mitbestimmungsrechte aushöhlen . . . Die IG Metall fordert von den Anteilseignern und Vorständen unverzüglich die Entwicklung von Vorschlägen zur Schaffung produktiver Arbeitsplätze für die durch die Umstrukturierung freiwerdenden Arbeitnehmer.« (Stellungnahme der IG Metall, zit. nach Judith u. a. 1980, 137f.)

12 In der erwähnten Stellungnahme vom November 1977 machte die IG Metall diese Mitwirkungsnotwendigkeit auch bürokratisch aktenkundig: »In einer Konferenz der Bezirksleitung Frankfurt der Industriegewerkschaft Metall für die drei Saarhütten haben die Betriebsräte . . . der IG Metall nach entsprechender Beratung und Diskussion festgestellt, daß die Unruhe unter den Beschäftigten der Stahlindustrie im Saarland sich . . . verstärkt hat.«

13 Zum Begriff des »Regulierungskartells« ist anzumerken, daß es sich nicht um ein Kartell im ökonomischen Sinn handelt. Insbesondere fehlen ihm die Kennzeichen eines expliziten Zusammenschlusses unter Ausschaltung dritter und die Kodifizierung bestimmter Verhaltensregeln. Vielmehr handelt es sich um ein Kartell in einem sozialen Sinn, das die Regelung eines politischen Problems übernommen hat und dies in funktional arbeitsteiliger Weise tut. Der Begriff »Regulierung« unterscheidet sich ferner von dem in den USA gebräuchlichen und derzeit auch in der Bundesrepublik diskutierten der »regulation«, der sich im wesentlichen auf die staatliche Setzung von Normen und Verfahrensregeln zur Kontrolle von Märkten oder anderen ökonomischen Prozessen bezieht (vgl. hierzu Feick 1980). Der von uns benutzte Begriff der »Regulierung« ist demgegenüber umfassender und bezieht sich auf den Gesamtprozeß sozialer Krisenbewältigung.

14 Dieses Merkmal der staatlichen Politik räumt selbst der Bundeswirtschaftsminister Graf Lambsdorff offen ein: »Ich werde im Zusammenhang mit der Situation der Stahlindustrie ganz gewiß keine marktwirtschaftlichen und ordnungspolitischen Gesänge anstimmen. Eines will ich allerdings sagen. Dies ist ein Musterbeispiel dafür, wie man durch langjährige Staatsinterventionen und Außerachtlassung marktwirtschaftlicher Gesetze eine Branche so ruiniert, daß wir uns heute damit zu beschäftigen haben, wie wir sie mit unserem Geld auffangen können.« (Deutscher Bundestag, 28. 10. 1982, 7533)

15 »Es geht doch gar nicht um die Frage, ob nun die CDU, die FDP oder die SPD Recht hat, sondern es geht um die Frage, ob dieses Land nach einem Zusammenbruch von Saarstahl überhaupt noch lebensfähig ist. Man kann ein Land nicht dreimal sanieren, einmal wurden wir schon saniert.

Wir werden dann ein Regierungsbezirk Saarbrücken sein. Das wäre auch die Basis, auf der man die Solidarität der Saarländer, über die Parteigrenzen hinweg, dieses Land zu erhalten, herbeiführen könnte. Daß dies nicht eintritt, kämpfen wir doch alle neben der Erhaltung der Arbeitsplätze im Saarstahlbereich.« (Abgeordneter Frank, CDU, Landtag des Saarlandes, 3. 12. 1982, 1760)

16 Bereits seit dem Jahre 1923 unterstützte Thyssen offen Hitler und die NSDAP (Bracher 1964, 206).

17 Trotz einer Beteiligung von mehr als 140000 Beschäftigten und einer Dauer von fast 3 Wochen zählt die IG Metall sie noch 10 Jahre später unverständlicherweise unter »einigen kleinen Aktionen« auf. IG Metall 1979, 8; vgl. demgegenüber Schumann u. a. 1971 und IMSF 1969.

18 Diese acht Konzerne waren: Thyssen, Krupp, Hütten-Union, Klöckner, Mannesmann, Hoesch, die Gute-Hoffnung-Hütte und Rheinstahl.

19 Außerdem müssen die Lohnorte der Arbeiter, denen dann die Arbeitslosigkeit zugerechnet wird, nicht identisch mit den Unternehmensstandorten sein.

20 Die Strategie des Thyssen-Konzerns formulierte dessen Vorstandsvorsitzender Spethmann so: »Jedes Unternehmen steht für sich selber in der Pflicht. Lösungen sind nicht nach einem Einheitsschema möglich. Nur rechtzeitige und unternehmerische Mittel können da helfen. Thyssen wird eine Phase der andauernden Abschwächung durchstehen. Anderswo mag das anders sein.« (*Handelsblatt* v. 18. 3. 1977) »Wenn die vorgesehenen weiteren Preiserhöhungen durchgesetzt werden – und daran ist nicht zu zweifeln –, hat auch der Letzte wieder seinen cash flow. Damit kann man zwar noch keine Vergangenheitsbewältigung betreiben, aber doch investieren.« Schließlich zur Frage der Subventionen: »Ich kann nicht auf deutscher Ebene gutheißen, was ich auf europäischer Ebene verurteile, und ich muß darauf achten, daß keine Wettbewerbsverzerrungen zwischen den deutschen Stahlstandorten eintreten.« (*Die Zeit*, 14. 8. 1981)

21 Der Vorsitzende der Thyssen AG, zugleich Vorsitzender der Wirtschaftsvereinigung, bezeichnete es als »verhängnisvoll oder schlimmer«, daß »manche Länder und Regionen ausgeklügelte Instrumente entwickelt hätten, mit denen sie Geld aus jenen staatlichen Kassen herausholen, in die sie eigentlich Steuern zahlen sollten.« (*Frankfurter Rundschau* v. 14. 3. 1980; *Der Spiegel* v. 24. 3. 1980)

22 Diese Mitteilung machte der Vorstandsvorsitzende der Hoesch AG, Rohwedder, auf der Sondersitzung des Rates der Stadt Dortmund am 6. 11. 1980, Niederschrift S. 9.

23 So bestreikten ca. 15000 Hoesch-Arbeiter am 31. 10. 1980 zwei Betriebsteile und demonstrierten vor dem Verwaltungsgebäude.

24 Strittig zwischen der deutschen und der niederländischen Seite waren vor allem die Aufteilung der bisher aufgelaufenen Schulden in Höhe von ca.

1,5 Mrd. DM sowie die Verteilung der von der EG-Kommission zugestandenen Produktionsquoten. Beides konnte geregelt werden. Die Übernahme der Schulden erfolgte im Verhältnis 2 : 1 (Hoesch-Hoogovens).

# Literatur


Aglietta, M. (1976), *Régulation et Crises du Capitalisme*, Paris.

Agnoli, J. (1975), *Der Staat des Kapitals*, in: ders., *Überlegungen zum bürgerlichen Staat*, S. 60–111, Berlin.

Altvater, E./J. Hoffmann/W. Semmler (1979), *Vom Wirtschaftswunder zur Wirtschaftskrise*, Berlin.

Anglo-German Foundation for the Study of Industrial Society (1982), *Managing the Consequences of the Steel Crisis*, London–Bonn.

AES: Arbeitgeberverband Eisen und Stahl, Jahresberichte 78/79; 79/80; 81/82, Düsseldorf.

Arbeitsamt Dortmund: Monatsberichte, fortlaufend.

Arbeitskammer des Saarlandes, *Bericht an die Regierung des Saarlandes*, Dillingen, jährlich.

Arndt, H. (1977), *Wirtschaftliche Macht*, München.

Autorengemeinschaft (1979), *Sozialplanpolitik in der Eisen- und Stahlindustrie*, Köln.

Badstübner, R./S. Thomas (1979), *Entstehung und Entwicklung der Bundesrepublik Deutschland*, Köln.

Bahnmüller, R. (1981), *Die ohnmächtige Wut*, Frankfurt.

Baier, H. (1977), *Herrschaft im Sozialstaat*, in: v. Ferber/Kaufmann (Hg.), *Soziologie und Sozialpolitik*, Opladen.

Bakke, E. W. (1969), *Citizens Without Work*, Hamden (Orig. 1940).

Benjamin, W. (1974), *Über den Begriff der Geschichte*, in: ders., *Gesammelte Schriften*, Bd. I, 2, Frankfurt, S. 691–704.

Bierich, M./A. Herrhausen/G. Vogelsang (1983), *Stahlgespräche – Bericht der Moderatoren* (unveröff. Ms.).

Blies, L. (1978), *Klassenkampf an der Saar 1919–1935*, Frankfurt.

Bömer, H. (1977), *Internationale Kapitalkonzentration und regionale Krisenentwicklung*, Dortmund.

Bosch, G. (1978), *Arbeitsplatzverlust*, Frankfurt.

Bosch, W. (1954), *Die Saarfrage*, Heidelberg.

Bracher, K. D. (1964), *Die Auflösung der Weimarer Republik*, Villingen.

Bravermann, H. (1977), *Die Arbeit im modernen Produktionsprozeß*, Frankfurt–New York.

*Brennpunkt Stahlkrise* (1981), hg. v. der Revier-Redaktion, Duisburg.

Buci-Glucksmann, Ch./G. Therborn (1982), *Der sozialdemokratische Staat*, Hamburg.

Bühler, M. (1981), *Weltmarkt, internationale Arbeitsteilung und nationale Reproduktion*, in: *Prokla* 44/1981, S. 139–158.

Bünning, J./S. Zundel (1981), *Verlauf, Ursachen und Lösungsperspektiven*

*der Stahlkrise*, in: Revier-Redaktion (Hg.), *Brennpunkt Stahlkrise*, Duisburg.
Busch, K. (1979), *Krise der Stahlindustrie und Politik der EG*, in: *Prokla* 37/1979, S. 43–58.
Capron, C. (1981), *Die Krise der europäischen Stahlindustrie*, in: W. Wolf/M. Capron, *Spätkapitalismus in den achtziger Jahren*, Frankfurt, S. 127–155.
Dege, Wilhelm und Wilfried (1980), *Das Ruhrgebiet*, Kiel.
Dey, G./J. Müller (1979), *Qualifikation und Interessen, Branche – Betrieb – Belegschaft, Materialien zur Stahlindustrie*, Bremen.
Dingel, F. (1978), *Die sozialdemokratische Partei des Saarlandes*, Ms. 1978.
Dzielak, W. u. a. (1980), *Arbeitskampf um Arbeitsplätze*, Frankfurt.
Economic Commission for Europe, *The Steel Market*, Jahrgänge bis 1979.
Erbes-Seguin, S./R. Volz (1979), *Les Syndicats face à L'Evolution Economique en Allemagne Fédérale et en France*, Paris.
Esser, J. (1982), *Gewerkschaften in der Krise – Die Anpassung der deutschen Gewerkschaften an neue Weltmarktbedingungen*, Frankfurt.
Esser, J./W. Fach (1981), *Korporatistische Krisenregulierung im »Modell Deutschland«*, in: U. v. Alemann (Hg.), *Neokorporatismus*, Frankfurt, S. 158–179.
Esser, J./W. Fach/G. Simonis (1980), *Grenzprobleme des »Modells Deutschland«*, in: *Prokla* 40/1980, S. 40–63.
Esser, J./W. Fach/W. Väth (1978), *Die sozialen Kosten einer modernisierten Volkswirtschaft: Arbeitslosigkeit und gesellschaftliche Desintegration*, in: U. Bermbach (Hg.), *Politische Wissenschaft und politische Praxis, PVS-Sonderheft* 9, S. 140–168.
Esser, J./W. Fach/G. Gierszewski/W. Väth (1979), *Krisenregulierung – Mechanismen und Voraussetzungen*, in: *Leviathan*, 1/1979, S. 79–96.
Esser, J./J. Hirsch (1982), *Materialistische Staatstheorie und Verwaltungswissenschaft*, in: J. J. Hesse (Hg.), *Politikwissenschaft und Verwaltungswissenschaft, PVS-Sonderheft* 13, S. 105–121.
Feick, J. (1980), *Zur Kritik regulativer Politik in den Vereinigten Staaten*, in: *PVS*, S. 43–61.
Fischer, P. (1959), *Die Saar zwischen Deutschland und Frankreich*, Frankfurt.
Ford, H. (1923), *Mein Leben und Werk*, Leipzig.
Freymond, J. (1961), *Die Saar 1945–1955*, München.
Gaebe, W. (1979), *Veränderungen der weltwirtschaftlichen Arbeitsteilung. Am Beispiel der Eisen- und Stahlindustrie*, in: *Geographische Rundschau* 3/1979, S. 109–118.
Georgi, H./V. Giersch (1977), *Neue Betriebe an der Saar*, Saarbrücken.
Goldberg, W. H. (1981), *Codetermined Merger – A Case of Capacity Reduction*, Berlin, Ms.

Goldberg, W. H. (Hg.) (1982), *Positive Adjustment to Structural Change: The Case of Steel Industry*, Berlin, WZB-pap.
Goldthorpe, J. H. u. a. (1970/71), *Der »wohlhabende« Arbeiter in England*, 3 Bde. München.
Gramsci, A. (1967), *Philosophie der Praxis* (hg. von C. Riechers), Frankfurt.
Habermas, J. (1973), *Legitimationsprobleme im Spätkapitalismus*, Frankfurt.
Hack, L./I. Hack (1979), *Bewirtschaftung der Zukunftsperspektive*, in: *Gesellschaft – Beiträge zur Marxschen Theorie* 12, Frankfurt, S. 101 ff.
Hallgarten, George W. F. (1955), *Hitler, Reichswehr und Industrie 1918–1933*, Frankfurt.
Hartmann, H. (1980), *Arbeitserfahrung, Konfliktpotential und gesellschaftliches Bewußtsein industrieller Arbeitnehmer*, in: *Materialien aus der soziologischen Forschung*. Verhandlungen des 18. deutschen Soziologentages, München.
Hautsch, G./B. Semmler (1979), *Stahlstreik und Tarifrunde 78/79*, Frankfurt.
Herding, R./B. Kirchlechner (1980), *Lohnarbeiterinteressen. Homogenität und Fraktionierung*, Frankfurt.
Hintze, O. (1964), *Der Beamtenstand*, in: ders., *Soziologie und Geschichte*, Göttingen.
Hoesch-Hoogovens (1972), *Bericht über den Zusammenschluß*, Dortmund.
IG Metall (Hg.) (1979a), *Stahlkrise – Krise des Ruhrgebiets?*, Frankfurt.
IG Metall (Hg.) (1979b), *Der Arbeitskampf in der Eisen- und Stahlindustrie (1978/79)*, Frankfurt.
IG Metall (Hg.) (1980a), *Zur Situation bei Eisen und Stahl*, Frankfurt.
IG Metall (Hg.) (1980b), *Der Kampf um den Erhalt der Montanmitbestimmung*, Düsseldorf.
IMSF (Hg.) (1969), *Die Septemberstreiks 1969*, Frankfurt.
Industrie- und Handelskammer Essen (1980), *Die Ruhrwirtschaft im Frühjahr 1980*, Essen.
Industrie- und Handelskammer des Saarlandes, *Die Saarwirtschaft*, Saarbrücken, jährlich.
Industrie- und Handelskammern des Ruhrgebiets (1982), *Wirtschaftspolitik für das Ruhrgebiet*, Bochum.
Jäger, S. (1981), *Dortmund kann Lehrstück sein*, in: Revier-Redaktion (Hg.), *Brennpunkt Stahlkrise*, Duisburg, S. 103–130.
Judith, R. (1980a), *Diskussionsbeitrag*, in: OECD (Hg.): *Steel in the 80's*, Paris.
Judith, R. (1980b), *Zur Situation der Arbeitnehmer in der Eisen- und Stahlindustrie*, in: IG Metall (Hg.), *Zur Situation bei Eisen und Stahl*, Frankfurt.

Judith, R. (1981), *Situation in der Eisen- und Stahlindustrie*, Ms. Mühlheim.
Judith, R./J. Peters (1980), *Krise in der Stahlindustrie – Krise einer Region*, in: R. Judith u. a. (Hg.), *Die Krise der Stahlindustrie – Krise einer Region*, Köln, S. 15–57.
Judith, R. (1982): *Beschäftigungsauswirkungen der Stahlkrise und Maßnahmen zur Arbeitsplatzbeschaffung*, in: Anglo-German Foundation, 1982.
Judith, R. (1983), *Rede auf der Stahlkonferenz der IG Metall in Dortmund am 24. 2. 1983*, (unveröff. Ms.).
Jürgens, U. (1980), *Selbstregulierung des Kapitals*, Frankfurt–New York.
Kern, H./M. Schumann (1977), *Industriearbeit und Arbeiterbewußtsein*, Frankfurt.
Klaus, P./B. Lang (1974), *Überblick über die deutsche Stahlindustrie unter besonderer einzelwirtschaftlicher Berücksichtigung der wichtigsten Hüttenbetriebe*, o. O.
Klemmer, P./H. Schrumpf (1982), *Die Auswirkungen der Stahlpolitik auf die Wirtschaftsstruktur des Ruhrgebiets – Gutachten im Auftrag des Kommunalverbandes Ruhrgebiet*, Essen.
Köhler, Herbert W. (1967), *Walzstahlkontore – neuartige Vertriebs-, Investitions- und Produktionsgemeinschaften der deutschen Stahlindustrie*, Düsseldorf.
Köhler, Herbert W. (1971), *Das Kontornachfolgekonzept: Vier Rationalisierungsgruppen*, Düsseldorf.
Köhler, Herbert W. (1977), *Grenzüberschreitende Zusammenarbeit in der Stahlindustrie*, Düsseldorf.
Komarowsky, M. (1940), *The Unemployed Man and His Family*, New York.
Kommission der Europäischen Gemeinschaft (1982), *Die europäische Stahlpolitik*, Luxemburg.
Kommunalverband Ruhrgebiet (1982), *Strukturanalyse Ruhrgebiet*, Essen.
Kuda, R. (1979), *Die Stahlindustrie – Dimension einer Krise*, in: Ruhr-Universität/IG Metall (Hg.), *Ringvorlesung 1978/79: Stahlkrise – Krise des Ruhrgebiets*, Frankfurt, S. 23–35.
Kudera, W. u. a. (1979), *Industriearbeit und Arbeiterbewußtsein*, Frankfurt.
Kulozik, E. (1981), *Probleme und Möglichkeiten kommunaler Arbeitsmarktpolitik aus der Sicht eines Arbeitsamtes*, Ms. Dortmund.
Kunzmann, K. R. (1982), *The Impact of Steel Industry on Urban and Regional Development in the Ruhrgebiet*, Ms. Dortmund.
Landesentwicklungsbericht Saarland (1979), Hg. vom Ministerium für Umwelt, Raumordnung und Bauwesen des Saarlandes, Saarbrücken.
Landesregierung Nordrhein-Westfalen (Hg.) (1979), *Politik für das Ruhr-*

*gebiet* Bd. 1, *Leistungen des Landes,* Bd. 2, *Dokumentation der Ruhrkonferenz,* Bd. 3, *Das Aktionsprogramm,* Düsseldorf.
Landesregierung Nordrhein-Westfalen (Hg.), *Landesentwicklungsbericht 1979 und 1980,* Düsseldorf.
Latz, R. (1978), *Gegenwart und Zukunftschancen der deutschen Stahlindustrie,* Frankfurt.
Latz, R. E. (1979), *Aufstieg und Bedeutung des ARBED-Konzerns,* in: *Saarbrücker Zeitung,* 27. 9. 1979.
Lauffs, H.-W./W. Zühlke (1976), *Politische Planung im Ruhrgebiet,* Göttingen.
Lenhardt, A./G. Weiß (1978), *Stahlkrise an der Saar – Ein Kampf um Arbeitsplätze,* Frankfurt.
Lichte, R. (1978), *Betriebsalltag von Industriearbeitern,* Frankfurt.
Lindbloom, Ch. E. (1980), *Jenseits von Markt und Staat,* Stuttgart.
Loderer, E. (1977), *Die Stahlindustrie im wirtschaftlichen und politischen Spektrum,* in: IG Metall (Hg.), *Zur Situation bei Eisen und Stahl,* Frankfurt.
Loderer, E. (1981), *Wirtschaftlicher und politischer Hintergrund der Stahlkrise,* Ms. Mülheim.
Loderer, E. (1983), *Die Vorschläge der IG Metall zur Bewältigung der Stahlkrise. Rede auf der Stahlkonferenz der IG Metall in Dortmund am 24. 2. 1983* (Unveröff. Ms.).
Marx, K. (²1970), *Resultate des unmittelbaren Produktionsprozesses,* Frankfurt.
Memorandum 1981, *Ein Beispiel gesellschaftlicher Strukturreformen: Die Vergesellschaftung der Eisen- und Stahlindustrie,* Köln, S. 205–319.
Memorandum der Regierung des Saarlandes (1967), *Das Saarland 10 Jahre nach seiner Eingliederung in die Bundesrepublik Deutschland,* Saarbrücken.
Monopolkommission (1978), *Fortschreitende Konzentration bei Großunternehmen,* Baden-Baden.
Narr, W.-D. (1980), *Zum Politikum der Form,* in: *Leviathan,* 2/1980, S. 143–163.
Nathusius, M. (1970), *L'Acier Sarrois et L'Europe,* Lausanne.
Neumann, F. (1967), *Der Funktionswandel des bürgerlichen Gesetzes,* in: ders., *Demokratischer und autoritärer Staat,* Frankfurt, S. 7–57.
Niederrheinische Industrie- und Handelskammer, *Jahresbericht,* jährlich, Duisburg.
Nozick, R. (1974), *Anarchy, State and Utopia,* New York.
OECD (1980), *Steel in the 80's,* Paris.
Offe, C. (1972), *Strukturprobleme des kapitalistischen Staates,* Frankfurt.
Offe, C. (1975), *Berufsbildungsreform,* Frankfurt.
Ollig, G. (1980), *Staat und Stahl in Deutschland,* in: *Annalen der Gemeinwirtschaft,* 4/1980, S. 423–437.

Osterland, M. u. a. (1973), *Materialien zur Lebens- und Arbeitssituation der Industriearbeiter in der Bundesrepublik Deutschland,* Frankfurt.
Palloix, C. (1979), *Internationalisierung des Produktionssystems und Aufteilung in industrielle und finanzielle Branchen am Beispiel der Stahlindustrie sowie der Elektroindustrie und des Maschinenbaus,* in: C. Deubner u. a. (Hg.), *Die Internationalisierung des Kapitals,* Frankfurt.
Panitch, L. (1981), *Trade Unions and the Capitalist State,* in: *New Left Review* Nr. 125/1981.
Peters, J. u. a. (Hg.) (1979), *Sozialplanpolitik in der Eisen- und Stahlindustrie,* Köln.
Polanyi, K. (1944), *The Great Transformation* (Deutsche Ausgabe: Frankfurt 1978).
Potthoff, E. (1957), *Der Kampf um die Montan-Mitbestimmung,* Köln.
Poulantzas, N. (1974), *Politische Macht und gesellschaftliche Klassen,* Frankfurt.
Poulantzas, N. (1975), *Klassen im Kapitalismus – heute,* Berlin.
Poulantzas, N. (1978), *Staatstheorie,* Hamburg.
Priester, K. (1977), *Zur Staatstheorie bei Antonio Gramsci,* in: *Das Argument,* Heft 104, S. 515–532.
Reis, Norbert (1979), *Für die Stahlindustrie geht es um die Erhaltung eines lebensfähigen Kerns,* in: *Saarbrücker Zeitung,* Sonderbeilage 5. 7. 1979.
Rheinisch-Westfälisches Institut für Wirtschaftsforschung (1978), *Wirtschaftsstrukturelle Bestandsaufnahme für das Ruhrgebiet,* Essen.
RKW (1938), *Die Wirtschaft des Saarlandes,* Berlin.
Röchling, H. (1934), *Wir halten die Saar,* Berlin.
Rohe, K./H. Kühr (Hg.) (1979), *Politik und Gesellschaft im Ruhrgebiet,* Königstein.
Ronge, V. (1979), *Bankpolitik im Spätkapitalismus,* Frankfurt.
Ronge, V. (Hg.) (1980), *Am Staat vorbei,* Frankfurt–New York.
Rusconi, G. E. (1977), *La crisi di Weimar,* Torino.
Ryll, S. (1982), *Kapitalgesellschaft und Kapitalverbund,* Frankfurt.
Saarländische Wirtschaftsvereinigung Eisen und Stahl (1971), *Saarhütten – Grundpfeiler der Saarwirtschaft,* Saarbrücken.
Scharpf, F./B. Reissert/F. Schnabel (1976), *Politikverflechtung – Theorie und Empirie des kooperativen Föderalismus in der Bundesrepublik,* Kronberg.
Scharpf, F. W. (1978), *Die Funktionsfähigkeit der Gewerkschaften als Problem einer Verbändegesetzgebung,* Wissenschaftszentrum Berlin, dp 78–71.
Scharpf, F. u. a. (1982), *Offensive Arbeitsmarktpolitik,* Frankfurt.
Scheider, W. (1978), *Strukturelle Probleme des Weltmarktes in ihrer einzel- und gesamtwirtschaftlichen Bedeutung für die deutsche Stahlindustrie,* in: *zfbf* 30, S. 473–489.
Schlupp, F. (1979), *Internationalisierung und Krise – das »Modell Deutsch-*

*land« im metropolitanen Kapitalismus,* in: *Leviathan* 1/1979, S. 12 bis 35.
Schluppkotten, K. (1969), *Saarwirtschaft im Wandel,* in: Staatskanzlei des Saarlandes (Hg.), *Der Weg des Saarlandes 1959–1969,* Saarbrücken.
Schmidt, M. (1980), *CDU und SPD an der Regierung,* Frankfurt.
Schmidt, R. H. (1959) (Bd. 1), 1960 (Bd. 2), 1962 (Bd. 3), *Saarpolitik 1945–1957,* Berlin.
Schmidt, W. (1980), *Gewerkschaftliche Politik in der Stahlindustrie,* in: *Frankfurter Hefte*, 9/1980, S. 25–32.
Schneider, H. (1974), *Das Wunder an der Saar,* Stuttgart.
Schneider, M. (1975), *Unternehmer und Demokratie,* Bonn.
Schröter, L./P. Velsinger/H. Zierold (Hg.) (1977), *Aktuelle Probleme der Regionalentwicklung im Ruhrgebiet,* Dortmund.
Schröter, L. (1982), *Steelwork Now! The Conflicting Character of Modernization – A Case Study of Hoesch in Dortmund,* Ms. Dortmund.
Schütz, W. (1978), *Die Stahlkrise,* in: IHK des Saarlandes, *Saarwirtschaft 1977,* S. 7–39, Saarbrücken.
Schumann, M. u. a. (1971), *Am Beispiel der Septemberstreiks – Anfang der Rekonstruktionsperiode der Arbeiterklasse?,* Frankfurt.
Shonfield, A. (1965), *Geplanter Kapitalismus,* Köln–Berlin.
Simonis, G. (1982), *Fordismus – Entstehung und Krise der amerikanischen Hegemonie,* Habilitationsvortrag an der Universität Konstanz, Januar 1982, unveröff. Ms.
SJES, *Statistisches Jahrbuch der Eisen- und Stahlindustrie,* hg. von der Wirtschaftsvereinigung Eisen- und Stahlindustrie, Düsseldorf, jährlich.
Spethmann, D. (1982), *Die Bundesregierung soll am deutschen Stahlmarkt endlich die Notbremse ziehen,* in: *Handelsblatt* 12./13. 11. 1982, S. 6.
Stadt Dortmund (1980), *Hoesch, Dortmund und Umland,* Sitzung des Arbeitskreises (Dortmund-Konferenz).
Stäglin, R./H. Wessels (1976), *Abhängigkeit der Wirtschaftszweige und der Erwerbstätigen in der Bundesrepublik Deutschland von der Warenausfuhr,* in: *Krise und Reform in der Industriegesellschaft. Materialien zur IG-Metall-Tagung,* Frankfurt, S. 268–276.
Stora, B., *Weltkrise in der Stahlindustrie und Zukunftsaussichten in Europa,* in: *Annalen der Gemeinwirtschaft* 4/1980, S. 375–392.
Tufte, E. R. (1980), *Political Control of the Economy,* Princeton.
Väth, W. (1979), *De-Industrialisierung und kommunale Betroffenheit – das Beispiel der Stahlkrise im Saarland,* Thesenpapier zur Arbeitstagung des Arbeitskreises »Lokale Politikforschung« der DVPW, 9./10. 2. 1979, Darmstadt.
Väth, W. (1980), *Staatliche Politik und industrielle Restrukturierung – der Fall der Stahlindustrie im Saarland und im Ruhrgebiet,* Diskussionsbeitrag Nr. 5/1980 des FB Politik-/Verwaltungswissenschaft der Universität Konstanz.

Väth, W./J. Esser (1982), *Die Bewältigung der Stahlkrise in der Bundesrepublik Deutschland*, Occasional Paper, Berlin.
Vondran, R. (1982), *Die Stahlindustrie der Bundesrepublik wird von EG-Konkurrenten ausgetrickst*, in: *Handelsblatt* 31. 12. 82, S. 38.
Wiel, P. (1963), *Das Ruhrgebiet in Vergangenheit und Gegenwart*, Essen.
Wiel, P. (1970), *Wirtschaftsgeschichte des Ruhrgebietes*, Essen.
Wolter, F. (1974), *Strukturelle Anpassungsprobleme der westdeutschen Stahlindustrie*, Tübingen.
Zenner, M. (1979), *Das Saargebiet 1920–1935 und 1945–1957*, in: Schieder, Th. (Hg.), *Handbuch der Europäischen Geschichte*, Bd. 7/1, *Europa im Zeitalter der Weltmächte*, Berlin.
Zimmermann, E. (1979), *Krise und Internationalisierung am Beispiel der deutschen Stahlindustrie*, Diplomarbeit am FB Politikwissenschaft der Universität Konstanz, unveröff. Ms.
Zoll, R. (1981), *Arbeiterbewußtsein in der Wirtschaftskrise*, Köln.

edition suhrkamp. Neue Folge

166 Die neue internationale Informationsordnung. Red.: Reiner Steinweg
167 Ernst Bloch, Was schadet und was nutzt Deutschland ein feindlicher Sieg. Hg. v. Martin Korol
168 Peter Handke, Phantasien der Wiederholung
169 Volker Braun, Geschichten von Hinze und Kunze
170 Edward P. Thompson, Die Entstehung der englischen Arbeiterklasse
171 Roland Barthes, Elemente der Semiologie
172 Franz Xaver Kroetz, Frühe Stücke/Frühe Prosa
173 Werner Koch, Intensivstation
174 Literatur der DDR in den siebziger Jahren. Hg. v. Peter Uwe Hohendahl u. Patricia Herminghouse
175 Lloyd de Mause, Grundlagen der Psychohistorie
176 Josef Esser/Wolfgang Fach/Werner Väth, Krisenregulierung
177 Josef Winkler, Die Menscher
178 Uwe Kolbe, Abschiede und andere Liebesgedichte
179 J. M. A. Biesheuvel, Der Schrei aus dem Souterrain
180 Jochen Hörisch, Gott, Geld und Glück – Zur Logik der Liebe
181 Georg Vobruba, Politik mit dem Wohlfahrtsstaat
182 Walter Vogl, Hassler
183 João Ubaldo Ribeiro, Sargento Getúlio
184 Francis F. Piven/Richard A. Cloward, Aufstand der Armen
185 Abschied vom Recht? Hg. v. Rüdiger Voigt
186 Celso Furtado, Brasilien nach dem Wirtschaftswunder
187 Martin Roda Becher, Der rauschende Garten
188 Das Schwinden der Sinne. Hg. v. Dietmar Kamper u. Christoph Wulf
189 Rüdiger Lautmann, Der Zwang zur Tugend
190 Vom Krieg der Erwachsenen gegen die Kinder. Red.: Reiner Steinweg
191 Brecht-Journal. Hg. v. Jan Knopf
192 Feminismus. Inspektion der Herrenkultur. Ein Handbuch. Hg. v. Luise F. Pusch
193 Alexander Kluge, Schlachtbeschreibung
194 Andrea Lee, Russisches Tagebuch
195 Taktische Kernwaffen. Die fragmentierte Abschreckung. Hg. v. Philippe Blanchard, Reinhart Koselleck u. Ludwig Streit
196 Rüstung und soziale Sicherheit. Red.: Reiner Steinweg
197 Andreas Buro/Karl Grube, Vietnam! Vietnam?

198 Franz Böni, Der Johanniterlauf
199 Ngũgĩ wa Thiong'o, Der gekreuzigte Teufel
200 Walter Benjamin, Das Passagen-Werk. Hg. v. Rolf Tiedemann

Neue Historische Bibliothek
Hg. von Hans-Ulrich Wehler

241 Werner Abelshauser, Wirtschaftsgeschichte der Bundesrepublik Deutschland. 1945–1980
242 Dirk Blasius, Geschichte der politischen Kriminalität in Deutschland 1800–1980
243 Kurt Kluxen, Geschichte und Problematik des Parlamentarismus
244 Peter Marschalck, Bevölkerungsgeschichte Deutschlands im 19. und 20. Jahrhundert
245 Wolfgang Wippermann, Europäischer Faschismus im Vergleich 1922–1982
246 Michael Geyer, Deutsche Rüstungspolitik 1860–1980
247 Volker Hentschel, Geschichte der deutschen Sozialpolitik 1880–1980
248 Detlef Lehnert, Sozialdemokratie zwischen Protestbewegung und Regierungspartei 1848–1983
250 Peter Alter, Nationalismus
254 Hans-Ulrich Wehler, Grundzüge der amerikanischen Außenpolitik 1750–1900

# edition suhrkamp. Neue Folge